离婚财产分割与共同债务承担司法实务

Property Division and Debt Undertaking in Divorce

邹茜雯——著

法律出版社 | LAW PRESS
北京

图书在版编目(CIP)数据

离婚财产分割与共同债务承担司法实务 / 邹茜雯著
. -- 北京 : 法律出版社, 2023
ISBN 978 - 7 - 5197 - 8194 - 1

Ⅰ. ①离… Ⅱ. ①邹… Ⅲ. ①离婚 - 家庭财产 - 研究
- 中国②债务 - 婚姻法 - 研究 - 中国 Ⅳ. ①D923.904

中国国家版本馆 CIP 数据核字(2023)第 150640 号

离婚财产分割与共同债务承担司法实务
LIHUN CAICHAN FENGE YU GONGTONG ZHAIWU CHENGDAN SIFA SHIWU

邹茜雯 著

责任编辑 似 玉
装帧设计 鲍龙卉

出版发行 法律出版社
编辑统筹 法律应用出版分社
责任校对 朱海波
责任印制 刘晓伟
经　　销 新华书店

开本 710 毫米 × 1000 毫米 1/16
印张 30.25 **字数** 495 千
版本 2023 年 9 月第 1 版
印次 2023 年 9 月第 1 次印刷
印刷 永清县金鑫印刷有限公司

地址:北京市丰台区莲花池西里 7 号(100073)
网址:www.lawpress.com.cn
投稿邮箱:info@lawpress.com.cn
举报盗版邮箱:jbwq@lawpress.com.cn

销售电话:010 - 83938349
客服电话:010 - 83938350
咨询电话:010 - 63939796

书号:ISBN 978 - 7 - 5197 - 8194 - 1　　**定价**:128.00 元

凡购买本社图书,如有印装错误,我社负责退换。电话:010 - 83938349

序

康德曾说:“家庭乃是社会之缩影,事实上,家庭是具有自发维持能力的最小社会。”这个最小社会的组成源自两个爱人之间彼此坚定共度一生的承诺。然而,随着时空推移浪漫褪去,当你发现身边人并非那个与自己步伐一致的人时,最小社会也将濒临崩塌。

如何以合适的方式终止这一段“文明契约”?随着改革开放以来的家庭财富大幅升值,新的财产类型层出不穷,加之孩子以及两个家庭结合所产生的各种羁绊,想要像结婚登记一样快速、干脆地办理离婚手续几乎不现实。于是,客户找到我们家事律师,殊不知家事问题往往是复合性问题,其复合性体现在,面对离婚时多种复杂财产的交错,婚前、婚后、离婚时这一漫长时间跨度中所产生的夫妻共同财产的质变和量变的盘根错节,当然还充斥着当事人理性与感性的交织,亲情、爱情与激情的杂糅。作为家事律师不仅要倾听、分析和疏导,更要陪伴当事人一同解决问题。当然,问题的解决过程就是当事人对家进行重新认识的过程,重新与自己对话,重新思考自己和自己,自己和伴侣,自己和家的关系。无论是年近七旬的老太还是闪婚不久的“90”后小年轻,无论是面临重大变故丈夫入狱的妻子还是身居高位面临妻子出轨犯错的丈夫,无论是为满足妻子奢侈消费最终负债累累的丈夫还是未婚怀孕生产在即的准妈妈。这些鲜活的案例其实也是在告诉我们,随着文明进步,生活水平的提升,无论性别、年龄、社会地位、身处何种境地,在一段家庭关系走向终结之时,仍然有更多找寻幸福的选择和权利。

本书希望可以面向从事婚姻家事业务的律师同人,从事私人财富管理领域的机构、私人银行、家族办公室、信托公司从业人员,高校中民商法或私人财富管理方向的学者,面临或即将面临离婚诉讼或非诉纠纷的当事人。婚姻家事作为私人财富管理领域的一个重要环节,对每个个体关系重大,作为一本“好读有用”的婚姻家事及私人财富管理领域的法律实务书籍,主要体现以下特色:

1. 选取案例样本充足、时效性强。添加大数据分析，读者可以从《民法典》正式实施以来，根据离婚不同财产类型近3000份判决书，得到一般数据（案由、管辖层级、地域、数量、关联性等）和特殊数据（判决结果、司法实践处理态度等）的分析结论。

2. 以不同财产类型进行编排，添加夫妻共同债务模块。本书共七章，财产部分主要包括：房产和股权这两大主要财产类型，以及合伙份额、股票、上市公司期权、知识产权、数字货币、游戏虚拟财产、自媒体账号、网络购物平台账号、保险、艺术品等新型财产。

3. 注重裁判文书再加工，律师建议以及诉讼策略分析实务指导性强。援引真实案例进行适用案例支撑和典型案例详细分析，绘制案件脉络图及人物关系图，从实务律师视角总结法律问题并展开分析，最终给出"即插即用"的律师建议或诉讼策略分析。

正如法官在个案中严格遵循法定程序、充分说理论证得出正确有益的法律理解视角以及纠纷处理方式一样，婚姻家事律师也应在代理每一件案件时论证充分、说理详细、逻辑严密，援引类案时效新，关联度高，促成代理思路和诉讼目标水到渠成，本书关于每一种财产类型的引用案例和说理，都希望可以为广大读者在面临相关问题时，找到答案。本书在即将付梓之际，为初探市场反馈选取小部分内容进行公开发表，其中《夫妻共同房产分割的29种情形详解》一文很荣幸被最高人民法院司法案例研究院进行转载和刊登，同时，不仅多位实务律师主动表达，从已发表的数篇文章中为正在承办的具体案件找到了解决之道和不同的办案策略，还有多位同人对文章观点和建议的倾囊相授表示感谢。非常感谢各位的不吝肯定，然本书观点可能不尽全面，希望各位读者在阅看本书时，可以怀着批判的态度多提宝贵意见。

感谢法律出版社的似玉女士对本书出版给予的大力支持与帮助。感谢上海市锦天城律师事务所陆坚松、孙黎、邹洪君律师等各位前辈、同人以及各位良师益友的鼎力支持。感谢团队助理刘萍、夏伊民、蔡淑瑾、马佩瑶等对本书作出的特别贡献。最后，感谢我的爱人张干先生及家人一直以来对我的工作的鼓励和支持，是你们成就了一名受认可的婚姻家事及私人财富管理律师。

邹茜雯律师

2023年8月于上海

目录

第一章　房产篇

第二章　股权、财产份额等其他权益性资产篇

第三章　知识产权篇

第四章　网络虚拟财产篇

第五章　艺术品篇

第六章　保险篇

第七章　夫妻共同债务篇

附 录

第一章

房产篇

第一节　房产分割的常见问题

一、热点问题裁判规则总结

近年来我国婚姻家事案件的数量一直居高不下。房屋作为每个普通家庭最重要的资产类型，再集合婚姻、代际传承、出资贡献等现实场景，必然会引发许多争夺纠纷。笔者以“离婚、共同财产、商品房”为关键词，以“离婚后财产纠纷、离婚纠纷、分家析产纠纷”为案由，检索 2022 年 4 月 30 日之前全国范围的民事判决书，共获得 27,439 份判决书。

（一）“不予处理”的情形

通过分析判决书，笔者发现在该类案件中，法院对一部分案件“不予处理”。对这些案件进行分类，可以分为三种情形：(1)房屋本身条件不满足，包括房屋未办理所有权登记、房屋被依法查封的情形。(2)当事人无法确定房屋价值，导致法院无法酌情确定折价款。(3)涉及第三人利益，包括第三人已经登记在册和未登记的第三人主张所有权。

1. 房屋未办理所有权登记，导致案件不予处理

实践中，对于该情形的讨论观点较多，会区分房屋是否备案、交付，作出不同的处理。

如果当事人协议约定对“未办理所有权”房屋的处理方案，法院一般会按照当事人的协议处理。如果当事人没有协议，那么对于仅备案的房屋，法院“一般不予处理”；对于已经交付的房屋，法院会更倾向于“处理”。但有的法院不考虑

是否交付,一律采取“不予处理”观点或“分割房屋相关的权利义务”。

2. 房屋被依法查封,导致案件不予处理

根据《城市房地产管理法》第38条的规定,司法机关和行政机关依法裁定、决定查封或者以其他形式限制房地产权利的房地产不得转让。因而,当事人无法通过判决的形式,来规避法律,实现房屋的变更登记。如若当事人坚持“要求变更房屋登记”,法院也不会支持其诉请。相关案例如适用案例1-1。

适用案例1-1 景某诉孙某离婚后财产纠纷案①

生效判决已认定涉案房屋系孙某与景某共有财产。景某有权要求分割共同财产。现涉案房屋由于孙某未履行生效判决确定的义务,已被法院依法查封,故暂时不具备变更登记的客观条件。经法院释明,景某坚持不变更诉讼请求,故其诉讼请求法院不予支持,其可待执行标的物解除强制执行状态后再行主张。

3. 当事人无法确定房屋价值,导致案件不予处理

在离婚分割房屋时,当事人需要先确定房屋的价值。确定价值的方法包括竞价、协商一致、评估、拍卖、变卖。如果当事人无法适用其中任一方法,那么法院无法酌情确定补偿数额,只能判决另行解决。相关案例如适用案例1-2。

适用案例1-2 范某诉许某离婚后财产纠纷案②

一审法院根据该房屋的购买情况、装修情况等,认定该房屋为夫妻共同财产并无不当。鉴于双方未申请对房屋及装修现有价值进行评估,就房屋价值双方也无法达成一致,故本案中不宜对上述房屋进行分割,双方可另行解决。

4. 房屋与他人共有,导致案件不予处理

在离婚诉讼中,可能会发生系争房屋上存在“除夫妻以外”的“第三人”登记的情况。这时,由于案件案由的不同,法院的处理态度可能大相径庭。在“离婚纠纷”案由中,法院一般不会追加第三人,那么在案件无法查明第三人对房屋分割的态度时,法院当然是无法处理该类案件的。而在“离婚后财产纠纷”案由中,当事人可以申请追加第三人,法院也可以依职权追加第三人,来了解第三人

① 参见北京市东城区人民法院民事判决书,(2021)京0101民初23319号。

② 北京市第三中级人民法院民事判决书,(2021)京03民终9138号。

对共有房屋分割的态度。如果法院没有追加第三人，那么理论上法院也无法对“涉及第三人登记”的房屋进行处理。相关案例如适用案例1－3。

适用案例1－3 李某诉郭某离婚后财产纠纷案①

涉案房屋为被告与董某按份共有，其中被告占1/3份额。因涉及案外人利益，本案不宜直接处理，各权利人可另行解决。

5. 第三人主张对房屋的所有权，导致案件不予处理

根据上海市高级人民法院《关于审理婚姻家庭纠纷若干问题的意见》的规定，夫妻双方与他人（未成年子女除外）共同所有的房屋，应该另案处理，但若案外人仅享有居住使用权而无所有权，不影响该房屋在离婚诉讼中的分割。因而，如果有案外人在离婚诉讼中主张系争房屋的所有权，法院一般都会对系争房屋采取“不予处理“的态度。相关案例如适用案例1－4。

适用案例1－4 郑某诉赵某离婚后财产纠纷案②

鉴于赵某父母对涉案房屋的权属主张权利，考虑到涉案房屋的首付款投入比例、贷款额及还贷情况以及房屋产权证尚未办理等因素，本案不宜对房屋的所有权直接处理；同理，因案外人对房屋权属提出异议，对于涉案房屋的使用权，本案亦不宜作出认定，相关问题双方可另行解决。

（二）追加“第三人”的离婚案件

在离婚诉讼分割房屋时，有时会涉及第三人的利益。法院能否追加第三人？第三人在什么情形下会被追加？

在以“离婚纠纷”为案由的案件中，一般不追加第三人。1993年最高人民法院《关于人民法院审理离婚案件处理财产分割的若干问题具体意见》（已失效）第20条规定，离婚时夫妻共同财产未从家庭共同财产中析出，一方要求析产的，可先就离婚和已查清的财产问题进行处理，对一时确实难以查清的财产的分割问题可告知当事人另案处理；或者终止离婚诉讼，待析产案件审结后再恢复离婚诉讼。虽然该条文现已失效，离婚案件在出现分割财产及其他人时，多数法院的处理方式是先判决或调解离婚，具有争议的财产或涉及的第三人等

① 北京市西城区人民法院民事判决书，（2020）京0102民初256号。

② 北京市房山区人民法院民事裁定书，（2018）京0111民初21928号。

问题会要求当事人另案起诉,不与婚姻关系一并处理。故而,笔者下文讨论的“第三人”情形,都是以“离婚后财产纠纷”或“分家析产纠纷”为案由。

从第三人的“角色作用”来看,可以分为以下几类:

1. 需要第三人配合相关程序

在离婚诉讼涉及一手房购买且房屋尚未过户的情况下,系争房屋所有权权属的变更,需要房地产开发公司配合办理过户登记,因而原告通常会在诉讼中申请追加房地产开发公司为第三人。相关案例如适用案例1-5。

适用案例1-5 唐某诉高某合同纠纷案[①]

第三人花百里公司作为涉案房屋的出卖方,现该房屋并未过户,故其根据与唐某、高某签署的合同,有义务配合办理过户手续,且庭审中花百里公司亦表示同意协助办理涉案房屋的分户产权。综上,唐某的诉讼请求合法有据,法院依法予以支持。

需要注意的是,根据《民法典》第555条的规定,当事人一方经对方同意,可以将自己在合同中的权利和义务一并转让给第三人。因而,房屋买受人将购房合同权利义务的概括转让,是需要经过出售人(房地产开发公司)同意的。出售人有权作为第三人,提出“不同意将合同权利义务进行概括转移”的主张。相关案例如适用案例1-6。

适用案例1-6 罗某诉熊某离婚后财产纠纷案[②]

罗某根据其与熊某签订的《离婚协议书》中相关财产处理条款约定主张涉案购房合同中的权利义务由其享有并承受,审理中,熊某虽同意转让其在该合同中的权利义务,然合同相对方嘉裕公司不同意熊某将该合同中的权利义务进行概括转让。根据《民法典》第555条之规定,当事人一方经对方同意,可以将自己在合同中的权利和义务一并转让给第三人。具体而言,合同权利义务的概括转让应当具备以下要件:(1)前提条件是须有合法的债权、债务存在。(2)必备要件是债权、债务须具有可转让性。(3)实质要件是须经对方当事人同意,即合同权利义务的概括转让必须经另一方当事人的同意,否则,该转让协议不产生法律效力。(4)适用合同的范围是须有双务合同的存在,在此合同中,当事人

---

① 四川省成都市温江区人民法院民事判决书,(2019)川0115民初2450号。

② 北京市顺义区人民法院民事判决书,(2021)京0113民初16165号。

的义务与其所享有的权利是相互关联的。(5)形式要件是须依法进行。综上，在涉案购房合同相对人嘉裕公司不同意接受概括转让的情形下，现罗某基于《离婚协议书》而主张涉案购房合同中的权利义务由其享有并承受依据不足，故法院对罗某的相关主张难以支持。

在涉及拆迁款项分割的案件中，有时法院为了查询建房资料、动迁资料，而将房屋拆迁公司与当地居委会一并追加为第三人。相关案例如适用案例1－7。

适用案例1－7 张某1诉张某2法定继承纠纷案①

原审第三人：上海青浦工业园区房屋动拆迁有限公司。

原审第三人：青浦区香花桥街×××委员会。

一审法院经青浦区档案馆、香花桥街×××委员会及香花桥街道办查询，未查询到房屋有关共有人徐某某的建房资料。青浦工业园动迁公司向一审法院出具情况说明一份，内容为“经过查询涉案青浦区向阳村×××号房屋动迁相关档案，未能查询到有关共有人徐某某相关动迁情况”。

需要注意的是，在离婚诉讼中，如果系争房屋上仍有按揭贷款，法院一般不会将“贷款银行”列为第三人。重庆市高级人民法院《关于当前民事审判若干法律问题的指导意见》规定，诉讼中不需将贷款银行列为第三人，可采取协商或者竞价的方式确定房屋归属，但应明确分得房屋的一方承担偿还按揭贷款义务。

2. 查清父母对房屋的出资(未登记)的性质

生活中，在夫妻购置婚房时，父母往往参与出资，给予一些资助。那么对于父母这种“出资”的性质该如何认定呢？

根据案例检索，父母仅在“主张出资属于借贷”“主张出资是对己方子女的赠与”的情况下，才会主动踏进“离婚诉讼”的旋涡之中。此时，多数法院会根据当事人的举证情况，来判断父母出资的性质，因为出资性质的认定会进一步影响夫妻房屋份额的分割：如果认定为借贷，一般属于夫妻共同债务，夫妻虽然需要返还借款，但夫妻对房屋所作的贡献是一致；如果认定为对己方子女的赠与，那么夫妻无须返还赠与款项，且己方子女会被认定对房屋作出更大的贡献，可能会适当多分。实践中，父母作为第三人主张出资属于什么性质，并没有一个天然的更有利于父母的选项，而是在不同案件中利弊不同。

① 上海市第二中级人民法院民事判决书，(2021)沪02民终7527号。

当然，父母“主张出资属于借贷”或“主张出资是对己方子女的赠与”的前提是，父母必须先证明自己对房屋确有出资。相关案例如适用案例1－8。

适用案例1－8 刘某诉王某1离婚后财产纠纷案①

在王某1提供的证据不能证明西城房屋的出资全部源于其父母王某2、司某主张所依据的事实成立的情形下，一审法院考虑资金来源予以公平分割西城房产的意见并无不妥，故法院对王某1有关“西城房屋全部的购房资金都是源于王某2夫妇并登记在王某1名下，赠与合同也表明该房产应认定是王某1的个人财产，应驳回刘某的诉讼请求”的上诉理由和请求。根据现有证据查明西城房屋首付款、偿还贷款本金及利息、刘某和王某1共同出资、王某2夫妇实际出资的情况，结合西城房屋的评估价格以及刘某、王某1之间按各50%比例分割的情形。

3. 第三人主张享有对房屋及相关利益的份额

在夫妻双方就系争房屋要求离婚分割时，可能会出现第三人主张对房屋及相关利益的份额。那么，法院需要先查明该房屋及相关利益的权属情况，确认房屋及相关利益是否整体或某一部分属于夫妻共同财产。具体来说，实践中主要有两种情形：

第一种情形是第三人主张按份共有或共同共有。在该情形下，根据共有的依据不同，又可以分为两种类型：(1)依据房屋登记簿；(2)依据拆迁安置方案。在第二种情形中，法院在夫妻份额之前首先要对房屋进行分家析产。相关案例如适用案例1－9。

适用案例1－9 韩某1、周某诉范某分家析产纠纷案②

一审根据宅基地来源、各人的户籍信息、宅基地登记和使用情况以及韩某1与范某结婚年限等，综合认定宅基地区位补偿款及空地补助费由周某、韩某1、范某三人共同享有，每人享有1/3的份额，认定正确，应予维持。关于房屋及附属物重置成新价，一审结合证人所述、原有房屋系周某建设以及宅基地的来源、建房后居住情况等，酌情确定周某对新建房屋享有10%份额，其余部分为韩某1和范某的夫妻共同财产，并无显著不当。

① 北京市第三中级人民法院民事判决书，(2021)京03民终8986号。

② 北京市第三中级人民法院民事判决书，(2021)京03民终13439号。

第二种是第三人主张借名买房。主张借名买房的第三人需要承担举证责任,从出资来源、出资时间、款项用途等事实进行论证。相关案例如适用案例1－10。

适用案例1－10 高某诉王某离婚后财产纠纷案①

张某(第三人)主张涉案房屋为其借王某名义购买,但其就此提供的证据尚不足以证明双方之间存在借名买房的合议。仅凭张某提供的银行取款记录,也不能证明其用所取现金偿还了涉案房屋的购房贷款。至于张某在2019年1月之后通过转账方式转入还贷账户中的款项,则是在王某与高某进行离婚诉讼期间所支付,也不足以作为认定借名买房关系的凭证,张某可就此部分款项向王某和高某主张债权。张某与王某系母子关系,二者在高某与王某结婚后,并未向高某声明借名买房一事。张某在高某与王某离婚时才以借名买房为由,排除高某分享房屋升值利益的权利,显然有失公平。

4. 债权人主张夫妻离婚财产分割不当

在夫妻在离婚诉讼中对婚内财产作出安排时,可能会导致夫妻一方的"责任财产"不合理地减少,从而影响该方的债权人的利益。此时,债权人可以作为无独立请求权第三人参与离婚诉讼,要求法院确认夫妻财产协议无效。相关案例如适用案例1－11。

适用案例1－11 冯某诉郭某离婚后财产纠纷案②

根据生效裁判文书,被告需要在尚未缴纳出资1840万元的范围内对被执行人江西庐山银河生态旅游度假有限公司的债务承担补充赔偿责任。原告与被告在离婚协议中关于涉案房屋的约定直接导致被告责任财产大幅减少,欠缺合理性,可以认定侵犯了他人合法权益,应属无效,法院按照法定财产制的规定予以内部按份分割。

(三)含抵押权的房屋

笔者检索2021年5月1日至2022年4月30日"北京、上海、浙江、江苏"的民事判决书,共有10个案件的系争房屋含抵押权。具体情形见表1－1。

---

① 北京市朝阳区人民法院民事判决书,(2020)京0105民初62806号。

② 北京市朝阳区人民法院民事判决书,(2020)京0105民初56197号。

表 1－1　离婚诉讼中含抵押权的房屋处理

法院态度	法院裁判结果		案件数量
本案可以处理	房屋归登记一方	抵押债务与房屋归同一人	1
	房屋归非登记一方	应在偿还完毕后配合办理过户登记	3
		夫妻一方提前还款,影响房屋过户的权利负担和障碍即已涤除或消除,另一方应配合办理登记	1
	房屋原本登记夫妻双方,判决归一方	不影响正常分割	2
		因房屋已被司法拍卖,各半取得房屋涤除抵押权后的可分配金额	1
本案不能处理	房屋归非登记一方	因房屋贷款尚未还清,现仍存在抵押登记,故不具备办理过户手续的条件	1
		上述方案中贷款偿还存在不确定性,不能支持	1

从统计结果来看,可以得出以下初步结论:

第一,多数法院认为,含抵押权的房屋,在离婚分割财产时能够被处理。

第二,法院在判决时,会倾向于将房屋所有权和抵押债务判归一人;但在决定房屋归属时,并不考虑原先房屋的登记情况。

第三,即便法院支持分割含抵押权的房屋,但房屋的所有权登记仍然要等到抵押权消灭之后,除非夫妻一方提前还款。

(四)借名买房

实践中人们会因为自身所在城市购买房屋套数限制,或因职业身份特殊暂不便直接持有较多房产,或因扩大投资目的实现房地产投资的高额回报,或因法拍房限购政策等种种情形,选择借用亲人、朋友或他人姓名购置房屋。

根据上海市第一中级人民法院法官的实践总结,借名买房纠纷案件的审理难点主要包括:(1)借名事实认定难;(2)借名协议及购房合同效力认定难;(3)对于应作确权判决还是给付判决认识不一。

1. 借名买房事实认定难

法院在判断借名买房事实时,首先看有无书面约定。若存在书面约定,则一般可认定存在借名买房事实。若不存在书面约定,则法院会再进一步查明借名买房原因、购房款支付及贷款偿还情况、房屋实际占有使用情况、房屋权属证书保管情况、水电燃气及物业管理等日常费用实际支付情况、变更登记情况等多种因素。借名买房的问题具体将在本章第二节详细分析，在此仅作简单介绍。

2. 借名买房协议的效力

实践中，借名买房协议未必无效，除非损害公共利益，或损害他人利益。具体来说，规避限购令、降低交易成本享受特定优惠的借名买房协议都是有效的；借名购买政策性保障住房的合同，因为侵害了其他符合购买资格主体的合法权益，客观上损害了社会公共利益而无效；转移财产、规避债务类的借名买卖合同则效力存在争议，实践中的主流观点是无效。

3. 借名买房协议有效、无效的影响

在借名买房协议有效，且房屋不存在过户障碍的情形下，实际出资人可以请求出名人配合办理过户登记。在借名买房协议有效，但房屋存在过户障碍时，实际出资人可以解除合同，要求出名人赔偿损失（包括增值）。在借名买房协议无效时，实际出资人也是只能要求出名人赔偿损失（包括增值），法院会根据过错比例对损失进行分配。

4. 转移夫妻共同财产的借名买房协议

在夫妻一方通过借（父母）名买房，来转移夫妻共同财产时，另一方有何救济途径呢？笔者认为，被转移财产的一方首先需要举证转移方和其父母之间存在借名买房的事实，进而主张这一借名买房协议属于恶意串通损害了自身利益因而无效，并主张房屋支出价款的退还和房屋损失（包括增值）的赔偿。同时，被转移方还可以在离婚诉讼中，以转移方"转移夫妻共同财产为由"，主张转移方少分或不分夫妻共同财产。

由于借名买房包括"表面目的"和"实际目的"两层，其中的事实真相需要依靠很多证据来拼凑而形成证据链。而现实案件中，双方当事人往往都会选择性地隐瞒事实，仅主张对己方有利的部分事实，从而导致法院事实查明难度变大。

（五）"假离婚"买房

有一种"大城市现象"就是：一些夫妻为了获得在有限购政策的城市，在首套购房或贷款等方面的优惠政策，会通过所谓"假离婚"的方式来购房，计划在以单身身份购买二套房后再复婚。尽管有部分夫妻在离婚购房后确实复婚了，但有很多人"假离婚"最后变成了"真离婚"。对于"假离婚"后购买的房屋，应该如何定性呢？

必须明确的是，“假离婚”登记具有合法解除婚姻关系的效力，且“假离婚”时所订立的离婚协议原则上有效，除非违反《民法典》总则编对法律行为效力的规定。

如果夫妻一方想通过主张“假离婚”，来主张离婚期间购买的房屋是夫妻共同财产，其必须承担较重的举证责任。在具体案件中，法官在论证结论时，主要考虑出资情况，即资金是否源于夫妻共同财产，同时也会综合考虑其他因素。

对于这类“假离婚买房纠纷”，司法实践一般如下处理：(1)“假离婚”时，所签署的离婚协议原则上有效，除非存在欺诈、胁迫等可撤销情形。(2)“假离婚”后，用“共同财产”购买房屋，仅夫妻一方签署购买合同、办理按揭贷款手续，且登记在一方名下，一般认定为个人财产，另一方的出资可能以“借款”处理。(3)“假离婚”后，若双方复婚，在“离婚后、复婚前”一方购买的房屋，一般不属于夫妻共同财产，除非双方另有约定。

（六）婚前房产、婚后置换

生活中常常出现夫妻婚后为改善住房、实现学区或其他原因，将夫妻一方的婚前房屋出售得到价款，再次购房的情况。由于存在婚前财产转化为婚后财产，新房增值，以及婚前、婚后财产混同等问题，新购房屋在离婚时应该如何分割，一直是困扰众多当事人的难点以及司法实践的重点问题。

具体来说，婚前房产、婚后置换，涉及新购房屋登记及出资情况，可以分为两种情况：(1)将新购房屋登记在自己名下；(2)将新购房屋登记在夫妻双方或者对方名下。该两种情形下的房屋在离婚时如何分割，本章第二节会详细分析，在此不多赘述。

二、夫妻共有房产的认定

由于房价的昂贵，一对新婚夫妇购置房屋，通常需要耗费的是两个家庭的积年储蓄，甚至还需要先出售原有房屋来进行置换。这些都使得房屋的出资越发复杂。故而，夫妻在离婚分割房屋时，首先要解决的问题就是，该房屋属于夫妻一方个人财产，抑或夫妻双方共同财产。

概括来说，判断房屋属于个人财产还是夫妻共同财产，主要从四个角度：第一，购买时的婚姻状况。第二，首付情况。第三，还贷情况。第四，登记情况。

根据上述四个角度，可以将实践中的情形至少分为以下29（婚前购房14＋婚后购房15）种情形，（见图1－1和图1－2）下文将就这29种情形具体展开分析。

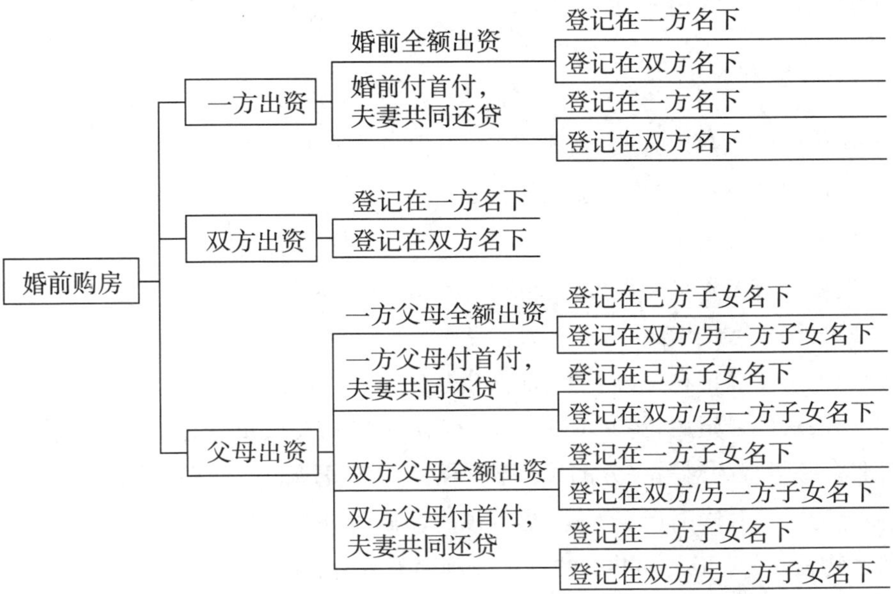

图1－1　婚前购房的几种情形

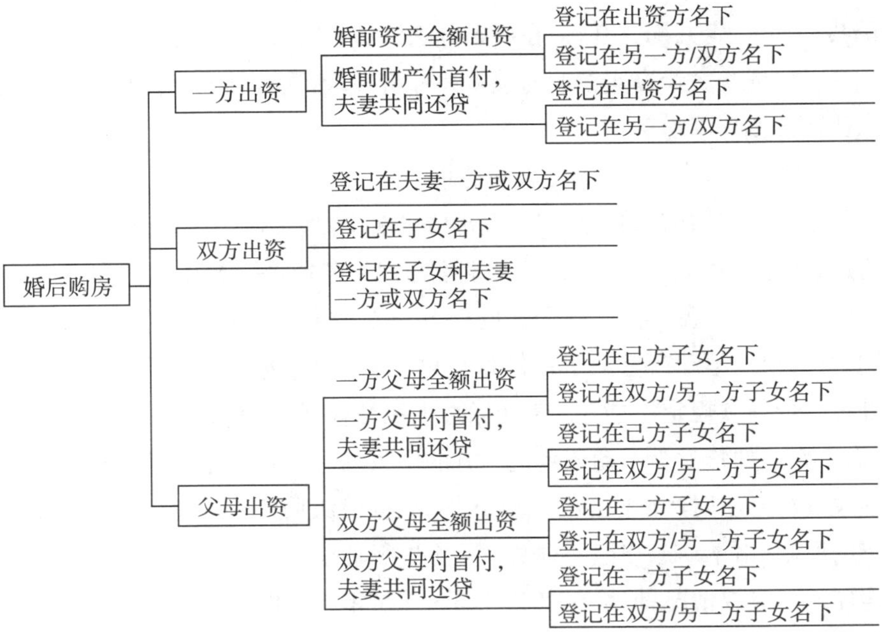

图1－2　婚后购房的几种情形

从签订买卖合同的时间来看，可以分为婚前订立和婚后订立。这是最大的区分标准，因为婚姻关系是否存在会极大影响财产的归属。婚前购买房屋最常见的是认定为个人财产，而婚后购买房屋最常见的是认定为夫妻共同财产。

（一）婚前购房

从出资（首付款、还贷）来源角度，可以分为夫妻一方出资、夫妻双方出资、一方父母出资、双方父母出资的情形。

1. 夫妻一方出资

夫妻一方出资又可以分为全额出资和部分出资的情形。

（1）婚前全额出资

如果房屋登记在一方名下，那么自然属于该方个人财产。

如果房屋在婚后，将原本登记在一人名下的房屋变更登记为夫妻双方的名字，那么一般视为对另一方的房屋份额赠与，该房屋的性质即从原本的个人财产转化为夫妻共同财产。但是，尽管该房屋属于共同共有，在分割时，一般不会按照《物权法》关于共同共有的处理原则而五五分，而是会考虑出资比例。上海市高级人民法院《关于审理婚姻家庭纠纷若干问题的意见》中提到："夫妻一方婚前出资购置房屋，权利登记在双方名下的，为夫妻双方共有财产。如未约定按份共有，可认定共同共有，但在离婚分割该房产时，出资一方可适当多分。"根据笔者对实践中大量真实案例的检索和分析发现，法院通常会按照三七比例或二八比例分割房屋份额。

（2）婚前付首付，婚后夫妻共同还贷

如果房屋在婚前购买，且登记在出资方名下，那么应适用最高人民法院《关于适用〈中华人民共和国民法典〉婚姻家庭编的解释（一）》第 78 条："夫妻一方婚前签订不动产买卖合同，以个人财产支付首付款并在银行贷款，婚后用夫妻共同财产还贷，不动产登记于首付款支付方名下的，离婚时该不动产由双方协议处理。依前款规定不能达成协议的，人民法院可以判决该不动产归登记一方，尚未归还的贷款为不动产登记一方的个人债务。双方婚后共同还贷支付的款项及其相对应财产增值部分，离婚时应根据民法典第一千零八十七条第一款规定的原则，由不动产登记一方对另一方进行补偿。"该条文没有明确指出这一类房屋的所有权情况，但早在 2011 年的《总结审判实践经验　凝聚社会各界智慧　正确合法及时审理婚姻家庭纠纷案件——最高人民法院民一庭负责人答记者问》中,最高人民法院民一庭负责人就已经明确表明“将按揭房屋认定为一方的个人财产相对比较公平”。故,最高人民法院《关于适用〈中华人民共和国民法典〉婚姻家庭编的解释(一)》第78条只是用司法解释的形式,表达了最高人民法院一直以来的观点。对于该新增司法解释,学界除认可其合理进步的一面外,也提出了一些批判观点,①该条文忽略了婚姻法的伦理性和特殊性,不利于家庭成员利益的保障和维护婚姻家庭的和谐稳定;②适用条件严苛,大量的夫妻按揭买房的情况不能适用该条款;③忽略了家事劳动的价值和非首付一方失去的机会成本[①]。

如果该房屋登记在夫妻双方名下,则房屋属于夫妻共同共有,但同样地,在离婚分割该房产时,出资一方可适当多分。

如果该房屋登记在非出资方名下,那么一般会从“是否有结婚目的”角度论述。笔者参考了广东省高级人民法院《全省民事审判工作会议纪要》(已失效),该会议纪要在“七、关于婚姻家庭、继承纠纷案件”中“(三)关于夫妻一方婚前个人出资购买的房屋,但登记在另一方名下,离婚时如何处理的问题”中“65.以结婚为目的,夫妻一方婚前个人出资购买的房屋登记在另一方名下,如果没有证据证明出资方明确表示归登记一方个人所有,离婚时对该房屋一般应按夫妻共同财产处理。”尽管该地方法律因为《民法典》的出台而失效,但是这种处理方式与《民法典》及相关现行司法解释的观点并不冲突。

2. 夫妻双方出资

婚前双方出资,在实践中主要有两种情形:(1)双方分别支付部分首付款至房地产开发商指定的银行账户。(2)一方将款项支付给签订合同一方,由签订合同一方向房地产开发商支付按揭。

如果登记在一方名下,那么非登记方的出资性质如何判断?实践中,主要有三种观点:一是认为构成借贷关系,二是认为构成赠与关系,三是认为是对房屋的出资。

在第一种、第二种观点项下,即使非登记方证明自己的出资,也无法主张房屋的共同共有。

在第三种观点项下,法院一般认为夫妻双方是在婚前以“结婚为目的”购置

① 张晓远:《论婚前按揭房屋的产权归属与分割——以〈民法典婚姻家庭编司法解释(一)〉第78条为中心》,载《西南民族大学学报(人文社会科学版)》2021年第5期。

房屋，该房屋属于夫妻所共有。但对于是按份共有还是共同共有，不同法院也有不同观点，例如，深圳市中级人民法院《关于审理婚姻家庭纠纷案件的裁判指引》认为，夫妻一方在婚前购买房产并登记在该方名下，另一方主张其在买房时亦有出资且婚前买房目的即为结婚共同居住，如果并无充分证据显示有关款项属于借款或者赠与等其他性质，人民法院应当认定双方按照各自的出资比例共有房产。

适用案例1-12 徐某诉孙某离婚纠纷案①

登记方主张另一方所支付的款项是结婚的条件。二审法院最终认为，“该房属于上诉人婚前取得的财产，应属于上诉人的婚前财产，对于被上诉人给付上诉人的购房款13万元应视为对上诉人的赠与。”

适用案例1-13 宋某诉吴某离婚后财产纠纷案②

二审法院认为，案涉房屋买卖合同虽以吴某个人名义签订，签订时间早于双方领证时间，现又登记于吴某名下，并不足以推定，该房产为吴某个人婚前财产。首先，在正式登记结婚之前，双方互有较复杂的资金往来。其次，案涉房屋的首付款，仅小部分由吴某个人支付给开发商，其他均由宋某支付。吴某主张宋某支付的部分均系对其个人的赠与，但无直接证据证实宋某在向第三方付款时明确作出了对其个人赠与的意思。最后，买卖合同签订时间距双方结婚登记时间仅有一个月。一审法院据此认定案涉房屋系双方婚前共同出资为结婚而购买、婚后共同偿还贷款的共同财产，按共同出资平均进行分割，并无不当。

如果登记在双方名下，则该房屋当然地属于夫妻共同共有。

3. 父母出资

父母出资的情形，可以根据是一方父母出资还是双方父母出资，部分出资还是全额出资进行更进一步的划分。

（1）一方父母全额出资

如果登记在己方子女名下，根据最高人民法院《关于适用〈中华人民共和国民法典〉婚姻家庭编的解释（一）》第29条第1款，当事人结婚前，父母为双方购置房屋出资的，该出资应当认定为对自己子女个人的赠与，但父母明确表示赠

① 辽宁省盘锦市中级人民法院民事判决书，（2013）盘中民二终字第00371号。

② 湖北省武汉市中级人民法院民事判决书，（2021）鄂01民终2760号。

与双方的除外。故,该出资可以认定为对自己子女的赠与,该不动产可以认定为出资方子女的个人财产。

如果登记在双方或另一方子女名下,根据最高人民法院《关于适用〈中华人民共和国民法典〉婚姻家庭编的解释(一)》第 29 条第 1 款,“登记在双方/另一方子女名下”的行为,可以推定“父母有赠与双方的意思”,因而应该认定为共同共有。同样,江苏省高级人民法院民一庭 2019 年 7 月印发的《家事纠纷案件审理指南(婚姻家庭部分)》也持相同观点,一方父母出全资购置的不动产,无论该出资行为发生在婚前还是婚后,所有权登记在子女双方名下或者另一方子女名下,该出资可以认定为对子女双方的赠与,该不动产可以认定为共同共有。

(2)一方父母付首付,婚后夫妻共同还贷

如果登记在己方子女名下,根据最高人民法院《关于适用〈中华人民共和国民法典〉婚姻家庭编的解释(一)》第 29 条第 1 款,父母婚前出资部分是对己方子女的赠与,该房屋属于一方的个人财产,另一方可以获得双方婚后共同还贷支付的款项及其相对应财产增值部分。

如果登记在双方子女或另一方子女名下,根据最高人民法院《关于适用〈中华人民共和国民法典〉婚姻家庭编的解释(一)》第 29 条第 1 款,“登记在双方/另一方子女名下”的行为,可以推定“父母有赠与双方的意思”,因而应该认定为共同共有。

(3)双方父母全额出资

所有权无论是登记在一方子女还是双方子女名下,根据最高人民法院《关于适用〈中华人民共和国民法典〉婚姻家庭编的解释(一)》第 29 条第 1 款,都应该视为对自己子女的赠与,该不动产可以认定为双方按照各自父母出资份额按份共有。

(4)双方父母部分出资,婚后夫妻共同还贷

所有权无论是登记在一方子女还是双方子女名下,根据最高人民法院《关于适用〈中华人民共和国民法典〉婚姻家庭编的解释(一)》第 29 条第 1 款,父母婚前出资的部分都应该视为对自己子女的赠与。北京市高级人民法院《关于审理婚姻纠纷案件若干疑难问题的参考意见》则进一步规定,婚后由一方父母支付首付款为子女购买的不动产,产权登记在出资人子女名下,由夫妻共同偿还余款的,该不动产应作为夫妻共同财产,在离婚时综合考虑出资来源、装修情况等因素予以公平分割。对于该情形,由于既包含婚前“父母对自己子女的赠

与”部分，又包含婚后“夫妻共有”部分，因而即便法院在裁判时不具体指明是按照“按份共有”还是“共同共有”判决，在酌情确定夫妻的房屋份额时，也理应考虑婚前父母出资的比例。

（二）婚后购房

1. 一方出资

生活中，可能夫妻一方的资力较为雄厚，由一方全额或主要出资来购买婚房的情况也十分常见。上海市第二中级人民法院熊燕法官在《涉房屋分割的离婚纠纷类改发案件裁判要点》一文中指出：“除夫妻一方婚前个人房产完全足以购买新房产且新房产仍登记于该夫妻一方一人名下等少数情况外，夫妻婚后所购房屋无论登记于夫妻一方还是双方名下，一般均属于夫妻共同财产。”根据熊燕法官的观点，一方以婚前资产全额出资，且登记在出资方名下时，房屋属于个人财产；其他情况下，房屋都属于夫妻共同财产。实践中，考虑到婚内财产混同的可能性极高，一方婚内出资购买的房屋认定为个人财产的情形是比较少见的。

2. 夫妻双方出资

无论房屋是登记在夫妻一方还是双方名下，根据上海市高级人民法院《关于审理婚姻家庭纠纷若干问题的意见》，夫妻双方婚后共同出资购买的产权房均为夫妻共同财产。

如果房屋登记在子女名下，那么实践中有两种态度，一种是区分子女是否成年，仅对未成年子女的情况特殊处理；另一种是不区分子女是否成年。

“区分”观点以深圳市中级人民法院、最高人民法院民一庭为代表。但两者的观点也有所区别，深圳市中级人民法院认为对于这一情形，法院应该在离婚案件中不予处理；而最高人民法院民一庭则认为，对于该情形要更仔细地查明当事人登记背后的真实意思，即夫妻双方是否有将房屋赠与子女的意思。

深圳市中级人民法院《关于审理婚姻家庭纠纷案件的裁判指引》指出，夫妻双方在婚姻关系存续期间购买房产登记在未成年子女名下，双方当事人在离婚时主张该房产为夫妻共同财产的，人民法院在离婚案件中不予处理，告知有关当事人在离婚后另行主张分割共有财产。

最高人民法院民事审判第一庭《夫妻共同出资购买的房屋，产权登记在未成年子女名下，离婚时应如何处理》指出，双方婚后用夫妻共同财产购买房屋，子女尚未成年，如果产权登记在该子女名下，夫妻离婚时不能简单地按照登记情况将房屋认定为未成年子女的财产。实际生活中，夫妻双方共同出资购买房屋后，可能基于各种因素的考虑而将房屋产权登记在未成年子女名下。如果真实意思是将房屋赠与未成年子女，离婚时应将该房屋认定为未成年子女的财产，由直接抚养未成年子女的一方暂时管理；如果真实意思并不是将房屋赠与未成年子女，离婚时将该房屋作为夫妻共同财产处理比较适宜。

"不区分"观点以江苏省高级人民法院为代表。江苏省高级人民法院认为，应该查明是否有真实的赠与意思，这与最高人民法院民一庭相同，但区别在于其不仅限于"未成年子女"的情形。

江苏省高级人民法院民一庭《家事纠纷案件审理指南（婚姻家庭部分）》指出，对于婚姻关系存续期间夫妻购置所有权仅登记在子女名下的不动产，一般应当认定为子女的财产。如果有证据证明夫妻双方将所有权登记在子女名下的真实意思仅是代名登记，夫妻双方并无赠与意思的，该不动产应当认定为夫妻共同财产。

但是，无论采用"区分"观点，还是"不区分"观点，两种观点都认为，若夫妻基于代持意思将房屋登记在子女名下，内部约定不能对抗善意第三人。

如果房屋登记在子女和夫妻一方或双方名下，按照上海市高级人民法院《关于审理婚姻家庭纠纷若干问题的意见》的规定，若产权登记中有子女，未约定按份共有的，应认定共同共有。

3. 父母出资

对于婚后父母出资的情形，最高人民法院《关于适用〈中华人民共和国民法典〉婚姻家庭编的解释（一）》第 29 条第 2 款修改了过去的最高人民法院《关于适用〈中华人民共和国婚姻法〉若干问题的解释（三）》（已失效）第 7 条的规定，不再区分是由"一方父母出资"还是"双方父母出资"，一律处理为"当事人结婚后，父母为双方购置房屋出资的，依照约定处理；没有约定或者约定不明确的，按照民法典第一千零六十二条第一款第四项规定的原则处理。"（见表 1－2）

表1－2　婚后父母出资购房新、旧法条对比

旧法	新法
最高人民法院《关于适用〈中华人民共和国婚姻法〉若干问题的解释（三）》第7条　婚后由一方父母出资为子女购买的不动产，产权登记在出资人子女名下的，可按照婚姻法第十八条第（三）项的规定，视为只对自己子女一方的赠与，该不动产应认定为夫妻一方的个人财产。 由双方父母出资购买的不动产，产权登记在一方子女名下的，该不动产可认定为双方按照各自父母的出资份额按份共有，但当事人另有约定的除外。	最高人民法院《关于适用〈中华人民共和国民法典〉婚姻家庭编的解释（一）》第29条第2款　当事人结婚后，父母为双方购置房屋出资的，依照约定处理；没有约定或者约定不明确的，按照民法典第一千零六十二条第一款第四项规定的原则处理。 《民法典》第1062条第1款第4项　夫妻在婚姻关系存续期间所得的下列财产，为夫妻的共同财产，归夫妻共同所有：……（四）继承或者受赠的财产，但是本法第一千零六十三条第三项规定的除外；……

（1）一方父母全额出资

如果房屋登记在己方子女名下，按照最高人民法院的观点（也是主流观点）①，普通民众对不动产登记的意义已经有较为充分的认识，在出资后将不动产登记在自己一方子女名下，认定是父母将出资确定赠与自己子女一方的意思表示，符合当事人本意，也符合法律规定的精神。但是也有少数学者认为，立法者为了维护婚姻家庭关系的和谐稳定和立法的统一，特意删除了最高人民法院《关于适用〈中华人民共和国婚姻法〉若干问题的解释（三）》（已失效）第7条，此举已经表明了立法者的态度，即不支持根据“登记一方名下”而直接认定为个人财产②。但由于最高人民法院法官已经对该问题作出回应，这些少数学者对法条作出的解释并不能被采用。

婚内一方父母全额出资购房且登记在己方子女名下，被认定为对己方子女的赠与的相关案例如适用案例1－14。

适用案例1－14　何某诉林某离婚后财产纠纷案③

被告（男方）在签订车位买卖合同后，其父亲向其转账了46万元，与车位合同价值及税费大体相当，且车位过户登记至被告（男方）一人名下。

① 郑学林、刘敏、王丹：《〈关于适用民法典婚姻家庭编的解释（一）〉若干重点问题的理解与适用》，载《人民司法》2021年第13期。

② 杨晓林、段凤丽：《夫妻法定财产制下婚后购置房产的产权性质——兼论〈婚姻法司法解释（三）〉第七条的废止》，载《家事法实务》（2021年卷），法律出版社2020年版，第60～63页。

③ 广东省广州市海珠区人民法院民事判决书，（2021）粤0105民初7082号。

■ 法院观点

被告称涉案车位系父亲赠与其个人有较大的可能,法院予以采信。根据最高人民法院《关于适用〈中华人民共和国民法典〉婚姻家庭编的解释(一)》第29条第2款和《民法典》第1063条第3项之规定,涉案车位应为被告(男方)的个人财产,原告(女方)要求分割涉案车位的请求,法院不予支持。

如果房屋登记在双方或对方子女名下,应当考量出资方父母的真实意思表示,如果能证明该出资是对子女双方的赠予,则该房屋可以认定为夫妻共同共有。当然,由于另一方子女未对出资作出贡献,在离婚分割份额时会相应少分。

(2)一方父母付首付,夫妻共同还贷

如果房屋登记在己方子女名下,该房屋应作为夫妻共同财产。一般认为,只有在一方父母全额出资,且登记在己方子女名下时,才能推定有赠与己方子女的意思;而在一方父母部分出资的情况下不能推定。这一点在过去适用最高人民法院《关于适用〈中华人民共和国婚姻法〉若干问题的解释(三)》(已失效)第7条第1款(明确规定视为赠与己方子女)也是如此。北京市高级人民法院《关于审理婚姻纠纷案件若干疑难问题的参考意见》中指出,婚后由一方父母支付首付款为子女购买的不动产,产权登记在出资人子女名下,由夫妻共同偿还余款的,不属于最高人民法院《关于适用〈中华人民共和国婚姻法〉若干问题的解释(三)》(已失效)第7条第1款规定的情形,该不动产应作为夫妻共有财产,在离婚时综合考虑出资来源、装修情况等因素予以公平分割。

如果房屋登记在双方子女名下,根据最高人民法院《关于适用〈中华人民共和国民法典〉婚姻家庭编的解释(一)》第29条第2款,父母出资应认定为对子女双方的赠与,又因为夫妻共同还贷,该房屋属于夫妻共同共有。

(3)双方父母全额出资

如果房屋登记在一方子女名下,根据过去的最高人民法院《关于适用〈中华人民共和国婚姻法〉若干问题的解释(三)》(已失效)第7条的规定,应该认定为按份共有。但是最高人民法院《关于适用〈中华人民共和国民法典〉婚姻家庭编的解释(一)》第29条第2款改变了这一规定,将其认定为夫妻共同共有。对此,最高人民法院法官在《〈关于适用民法典婚姻家庭编的解释(一)〉若干重点问题的理解与适用》一文中提到"实践中,由于房价高企,一方父母可能无力单独承担购房负担,由双方父母共同出资为子女购房的情形并不鲜见,父母为子女出资购房不仅是家族财产的传递形式之一,也寄托了父母对子女婚姻幸福美满的期望，在双方没有明确约定的情况下，认定为是按份共有与家庭的伦理性特征不相符，也与法律规定有一定冲突。根据民法典第一千零六十二条规定，在没有明确表示赠与一方的情况下，应当归夫妻共同所有。”①

如果房屋登记在双方子女名下，按照最高人民法院《关于适用〈中华人民共和国民法典〉婚姻家庭编的解释（一）》第29条第2款，该房屋属于夫妻共同共有。

（4）双方父母付首付，夫妻共同还贷

这一情形，类似于“一方父母付首付，夫妻共同还贷”的情形，在父母没有明确赠与某方的意思时，且考虑到“按份共有与家庭的伦理性特征不相符”，无论登记在一方还是双方子女名下，都应认定为共同共有。

三、房产的分割方式详解

笔者前文讨论了如何区分房产是个人财产还是夫妻共同财产。本部分内容将讨论定性之后的定量分割，即在离婚诉讼时，法院具体会如何处理房屋分割问题。笔者模拟法官判案时的思考路径，认为主要分为三步：第一步，判断当事人是否对房屋相关利益已有约定，如果有约定则按照约定，无约定才需要第二步；第二步，判断该房屋属于夫妻一方的个人财产还是夫妻共同财产；第三步，如果属于个人财产，亦可能存在可分割的利益；如果属于夫妻共同财产，那么应选择竞价、评估补偿、拍卖中的一种处理方式。（见图1－3）

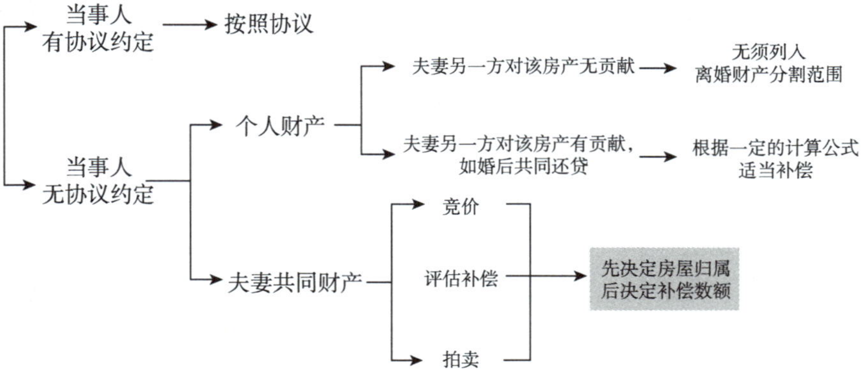

图1－3　离婚财产分割中法院处理房屋的方式

---

① 郑学林、刘敏、王丹：《〈关于适用民法典婚姻家庭编的解释（一）〉若干重点问题的理解与适用》，载《人民司法》2021年第13期。

（一）夫妻双方协议约定

生活中，夫妻双方可能在婚前、婚内、离婚时对夫妻名下的财产进行了约定，如果这些约定有效且未被撤销，那么对双方当事人有拘束力，法院应该按照夫妻协议来判决。

但需要注意的是，离婚协议中，约定房屋债务的归属，并不等于约定房屋的归属。尽管常情常理中通常认为谁享有房屋，谁就应该承担房屋按揭贷款，但提到“谁承担房屋按揭贷款”，是否就能推出“谁享有房屋”呢？笔者持否定观点。一方面，夫妻关系中本有除金钱外不同价值取向看重的因素，如孩子、感情等，诸多因素的考量会使得夫妻一方在财产分割时可能愿意“一揽子”作出较大让步，如承担房屋债务但不享有房屋所有权。另一方面，婚姻关系存续期间内的财产也并不只有房屋，夫妻一方或以承担房屋债务为代价来换取另一项财产的利益。

熊燕法官亦持此观点，婚姻关系存续期间夫妻贷款所购产权房属于双方共同财产，双方在离婚协议中仅约定各方出资、还贷金额的归属，并继续保持对房屋共同共有状况，而并未确定离婚后房屋归属或具体分割方案的，不能认定双方已就该房屋分割达成一致意见。登记离婚后，一方起诉分割该房屋的，可参照上述协议确定房屋出资情况并结合夫妻共同财产分割的一般规则予以处理[①]。

（二）个人财产

如果夫妻之间没有就房屋处理达成相关协议，且该房屋已经定性为个人财产，那么夫妻另一方是否就没有利益分割余地了呢？答案是“否”。

最高人民法院《关于适用〈中华人民共和国民法典〉婚姻家庭编的解释（一）》第 78 条规定，在双方不能达成一致协议时，人民法院可以判决该不动产归登记一方，尚未归还的贷款为不动产登记一方的个人债务。双方婚后共同还贷支付的款项及其相对应财产增值部分，离婚时应根据《民法典》第 1087 条第 1 款规定的原则，由不动产登记一方对另一方进行补偿。根据该条文，虽然该房

① 熊燕：《涉房屋分割的离婚纠纷类改发案件裁判要点》，载微信公众号“至正研究”2022 年 3 月 4 日，https://mp. weixin. qq. com/s/xWRGcXOsT1qw7xJfoBL7tg。

屋属于一方的个人财产，但另一方可以要求相应的补偿款。

实践中的难点往往不在于证明另一方可以分割补偿款，而在于如何计算补偿款的数额。笔者检索各地法院的相关法律文件和判决，发现共有三种计算方式（见图1－4）。

最高人民法院&北京市高级人民法院

房屋现值×共同还贷本息÷（房屋购买价格+按揭贷款利息总和）÷2

江苏省高级人民法院

房屋现值×共同还贷本息÷（房屋购买价格+共同还贷利息+其他费用）÷2

上海法院

［共同还贷本息+共同还贷本息÷（结婚时房屋价格+共同还贷利息+其他费用）×（房屋现值–结婚时房屋价格）］÷2

图1－4　离婚时房屋补偿款的三种计算方式

举例：房屋总价120万元，男方在婚前用个人储蓄支付了房屋的首付款36万元，按揭贷款84万元。贷款期限20年（240个月），利息总计60.34万元。

婚后男方和女方共同还贷3年，每月还款6014元（每月利息部分约2500元），购房交易税费约5万元。结婚时房屋的评估价值为180万元，离婚时房屋的评估价值为400万元。

第一种计算方式（以最高人民法院为例）

补偿数额＝房屋现值×共同还贷本息÷（房屋购买价格＋按揭贷款利息总和）÷2

＝4,000,000×（36×6014）÷（1,200,000＋603,400）÷2

＝24万元

第二种计算方式（以江苏省高级人民法院为例）

补偿数额＝房屋现值×共同还贷本息÷（房屋购买价格＋共同还贷利息＋其他费用）÷2

＝4,000,000×（36×6014）÷（1,200,000＋36×6014）÷2

＝30.57万元

第三种计算方式（以上海法院为例）

补偿数额 = [共同还贷本息 + 共同还贷本息 ÷ (结婚时房屋价格 + 共同还贷利息 + 其他费用) × (房屋现值 - 结婚时房屋价格)] ÷ 2

= [(36 × 6014) + (36 × 6014) ÷ (1,800,000 + 36 × 2500 + 50,000) × (4,000,000 - 1,800,000)] ÷ 2

= 23.1 万元

对比这三种计算方式,笔者发现,江苏省高级人民法院和上海法院,在计算共同出资的贡献率时,都是以“购买价格 + 共同还贷部分 + 其他费用”为基数,而最高人民法院则是将整个还贷周期的利息都作为成本进行一次性结算,对婚内参与部分还贷的配偶一方不利。上海法院在计算时,考虑到“买房后到结婚前”存在升值部分,将这部分升值没有算入其中,能够更好地保护婚前出资一方的利益。故,笔者认为上海法院的计算方式更为科学。

在确定了基础公式后,笔者想就之前分享的案情加以延伸,因为实践中的情形往往比笔者模拟的案情复杂得多。

变型1:婚前首付36万元,有20万元是婚前男方向他人借款,含利息共计30万元在婚内由夫妻共同还贷,对应的补偿数额如何计算?(按照上海法院的计算公式)

补偿数额 = [共同还贷本息 + 共同还贷本息 ÷ (结婚时房屋价格 + 共同还贷利息 + 其他费用) × (房屋现值 - 结婚时房屋价格)] ÷ 2

= [(36 × 6014) + (36 × 6014 + 300,000) ÷ (1,800,000 + 36 × 2500 + 50,000 + 100,000) × (4,000,000 - 1,800,000)] ÷ 2

= 38.67 万元

变型2:婚前首付36万元,有20万元是男方父母支付的,且房屋登记在男方与其父母名下,对应的补偿数额如何计算?(按照上海法院的计算公式)

男方与父母共同共有该房屋,假设男方可获得增值比例为1/3。

补偿数额 = [共同还贷本息 + 共同还贷本息 ÷ (结婚时房屋价格 + 共同还贷利息 + 其他费用) × (房屋现值 - 结婚时房屋价格) ÷ 3] ÷ 2

= [(36 × 6014) + (36 × 6014) ÷ (1,800,000 + 36 × 2500 + 50,000) × (4,000,000 - 1,800,000) ÷ 3] ÷ 2

= 14.91 万元

除此之外,即便女方没有参与婚后共同还贷,该房屋是男方在婚前全资购买,女方也可能分得房屋的部分利益。根据最高人民法院《关于适用〈中华人民共和国民法典〉婚姻家庭编的解释(一)》第26条的规定,夫妻一方个人财产在婚后产生的收益,除孳息和自然增值外,应认定为夫妻共同财产。因而,女方可否分得房屋部分利益的关键在于判断"房屋在婚后产生的收益"的性质。笔者将列举几个最常见的情形:

(1)因装修而产生的房屋增值:视情况而定。如果装修支出款项是源于夫妻共同财产,那么对于这一部分因装修而产生的房屋增值,女方是有资格分割的。

(2)因市场行情变动而产生的房屋增值:不能分割,属于自然增值。

(3)将房屋出租而产生的租金:能够分割。实践中,一般认为房屋出租行为,需要投入一定的时间、精力和劳动进行管理,属于"投资行为"。因而,租金往往被认定为婚后投资收益,属于夫妻共同财产。

(三)夫妻共同财产

如果夫妻之间没有就房屋处理达成相关协议,且房屋属于夫妻共同财产。根据最高人民法院《关于适用〈中华人民共和国民法典〉婚姻家庭编的解释(一)》第76条的规定,双方对夫妻共同财产中的房屋价值及归属无法达成协议时,人民法院按以下情形分别处理:(1)双方均主张房屋所有权并且同意竞价取得的,应当准许;(2)一方主张房屋所有权的,由评估机构按市场价格对房屋作出评估,取得房屋所有权的一方应当给予另一方相应的补偿;(3)双方均不主张房屋所有权的,根据当事人的申请拍卖、变卖房屋,就所得价款进行分割。

1. 竞价

选择竞价的方式来处理房屋争议,需要满足一定条件。根据上海市高级人民法院《关于审理婚姻家庭纠纷若干问题的意见》,按照婚姻法及其司法解释的规定,财产的处理应以照顾女方和抚养子女一方的权益为原则。在处理共有房产时,当事人提出采用竞价方法确定房产权利归属,若符合下列条件的,可予准许:(1)双方同意竞价;(2)双方经济、住房等条件基本相同。

《最高人民法院民法典婚姻家庭编司法解释(一)理解与适用》中也指出,竞价要谨慎适用。由于竞价是一种最终以谁的出价高由谁获得标的的归属决定方式,无法体现《民法典》所提倡的保护子女、女方和无过错方权益原则,无法给予需要特别保护的一方以相应的照顾,虽然相对来说比较公平,但考虑到上述情况,其适用也需人民法院严格把握。一般来说,在夫妻双方的经济水平大致相当的条件下，才可以适用。否则，不利于贯彻《民法典》保护弱势群体的基本精神。

2. 法院酌情确定

实践中，法院需要先确定房屋的归属，再确定房屋分割份额以及对应的补偿款数额。

虽然在具体事实考量上会有些许不同，但法院在确定房屋归属和房屋分割份额时，主要是从“钱”和“情”两方面来考虑。“钱”方面的因素，主要包括对房屋的出资额、签订房屋买卖合同的当事人、登记的名义、夫妻双方的支付能力、房屋的购买时间等；“情”方面的因素，主要包括抚养孩子的主体、夫妻双方名下是否还有其他房屋、对家庭的贡献、居住和生活地点等。相关案例如适用案例1－15至适用案例1－17。

适用案例1－15 刘某诉北京康都保洁服务中心等离婚后财产纠纷案①

因涉案两套房屋的产权用途或性质为商务型公寓、商务办公类用房，结合北京地区相关限购政策及目前的不动产权属登记状况，法院认为不变动目前的不动产权登记状况为宜，并由被告向原告支付对应的房屋折价款。

适用案例1－16 赵某诉李某离婚纠纷案②

婚前房产经过产权变更会成为夫妻双方的共有财产，共同享有所有权。但如果夫妻双方离婚，涉及房产分割时，应在自由裁量权内进行倾斜分割，而非绝对的平分。

适用案例1－17 赵某诉罗某离婚后财产纠纷案③

法院认为，涉案房产尚未办理不动产权证，不具备拍卖条件，故不予支持，考虑到离婚时孩子由被告方直接抚养，且被告在离婚后一直独自偿还涉案房产贷款，故涉案房产归被告所有为宜。

法院在计算房屋折价款时，以房屋现存的可供分割的财产价值(V)而非房屋市值(A)为计算基数。具体可通过双方协商或委托评估等方式确定房屋市

① 北京市朝阳区人民法院民事判决书，(2021)京0105民初20145号。
② 北京市第三中级人民法院民事判决书，(2015)京三中民终字第5333号。
③ 江苏省徐州市鼓楼区人民法院民事判决书，(2021)苏0302民初2882号。

值(A),另须查明尚欠的贷款本金(B),以房屋市值扣除尚欠的贷款本金,确定可供分割的财产价值(V=A-B)。

3. 拍卖、变卖

拍卖、变卖的适用条件是,离婚当事人双方对共同所有的房屋均不主张房屋所有权而要求分得相应房价款。之所以法律要在"竞价、法院酌情确定"之外规定"拍卖、变卖"程序,是因为人民法院不能以照顾子女或者女方利益原则为依据,强行判决将房屋所有权给一方并由其给予对方一定补偿而导致其利益受损。在符合拍卖、变卖适用条件后,当事人或者人民法院可以委托拍卖机构对该房屋依法进行拍卖,以房屋拍卖所得价款扣除拍卖所需费用后,作为夫妻共同财产进行分割。

但需要注意的是:(1)在拍卖、变卖的基础上,也不能忽略财产分割基本原则,切实保护子女、女方和无过错方权益。(2)人民法院适用本条规定时,委托估价机构或者估价事务所进行房地产估价的估价费,或委托拍卖机构进行拍卖的佣金等支出价款,应当由当事人按照分割房屋价值的比例分担。

四、夫妻间约定房屋"赠与",能否反悔

(一)司法实践和学界观点对比

对于这一问题,法院和学者有着不同的观点。

从实践的角度来看,法院不区分"一方所有的房屋归另一方或双方所有"还是"双方所有的房屋归一方所有",认为这两者的性质都是赠与约定。相关案例如适用案例1-18。

适用案例1-18 周某某诉青岛威邦贸易有限公司执行异议诉讼案[①]

夫妻双方签订离婚协议约定共有房产归一方所有但未办理过户登记的,该房产仍属于夫妻双方共同所有。《民法典》出台后,最高人民法院《关于适用〈中华人民共和国民法典〉婚姻家庭编的解释(一)》第32条也规定,婚前或者婚姻关系存续期间,当事人约定将一方所有的房产赠与另一方或者共有,赠与方在赠与房产变更登记之前撤销赠与,另一方请求判令继续履行的,人民法院可以按照《民法典》第658条的规定处理。

① 最高人民法院民事裁定书,(2017)最高法民申3915号。

如果根据实践的主流观点，将上述两种约定认定为夫妻财产约定，那么根据《民法典》第658条，赠与人在赠与财产的权利转移之前可以撤销赠与，即赠与人享有任意撤销权。但与此同时，最高人民法院也指出，“赠与人在离婚协议中的赠与”由于其特殊性质不得任意撤销。赠与人在离婚协议中的赠与，是为换取另一方同意协议离婚而承诺履行的义务。在相对方已经按约定与赠与人协议解除婚姻关系的情形下，赠与人也应按约定履行给付房屋的义务。如果赠与人不履行该义务，则构成违约，离婚协议相对方有权请求法院判令其履行房屋交付义务①。

但由于实践的主流观点完全否认了“非离婚性质的财产赠与约定”在登记前对双方的拘束力，因而也有学者提出了缓和的观点，认为夫妻财产赠与约定能否撤销要视情况而定。如果不考虑婚姻时间长短、过错等因素，机械地按照《民法典》合同编的规定去处理，与婚姻关系的伦理属性是不符合的。

从理论的角度来看，一些学者认为上述两种约定都属于夫妻财产制契约，应适用《民法典》第1065条第2款的规定，夫妻对婚姻关系存续期间所得的财产以及婚前财产的约定，对双方具有法律约束力，因而一概不可以撤销。这些学者认为，夫妻对财产归属之约定属于《民法典》第1065条第2款的“约定”，因而对双方具有“法律拘束力”。依文义解释，“拘束力”意味着双方须遵守和尊重夫妻财产归属约定，不得加以否认，事后不能加以反悔或撤销。如果可以否认、可以反悔或任意撤销，那就相当于没有拘束力。除非夫妻双方明确是赠与意思，否则不能适用最高人民法院《关于适用〈中华人民共和国民法典〉婚姻家庭编的解释（一）》第32条的规定，赋予撤销权②。

（二）大数据研究

为了进一步厘清该问题，笔者针对“夫妻财产赠与约定”进行了上海地区的案例检索。笔者将分享一个最高人民法院《关于适用〈中华人民共和国民法典〉婚姻家庭编的解释（一）》施行之前的案例（如典型案例1－1），之后再呈现最高人民法院《关于适用〈中华人民共和国民法典〉婚姻家庭编的解释（一）》施行之后上海地区相关案例的裁判实践情况。

---

① 最高人民法院民事审判第一庭主编：《民事审判实务问答》，法律出版社2021年版，第126～127页。

② 陈永强：《夫妻财产归属约定的法理明晰及规则适用》，载《中国法学》2022年第2期。

典型案例 1-1 陈某诉大罗、小罗离婚后财产纠纷案①

■ 案情

陈某和大罗于2000年12月26日于民政局协议离婚。

2000年12月27日，陈某和大罗在民政局签订离婚协议书，约定“产权房归儿子小罗”。

现，陈某起诉要求分割系争房屋，大罗和小罗辩称房屋已经在离婚协议中分割。

■ 法律问题

1. 离婚协议效力如何？

2. 陈某能否就离婚协议行使撤销权？

■ 法院观点

1. 离婚协议对双方有拘束力

法院认为，陈某、大罗于2000年12月27日在上海市宝山区民政局协议办理了离婚登记手续。在离婚协议书中，陈某、大罗一致达成了包括身份关系、子女抚养及共同财产处理等一系列问题的整体性协议，且双方均在协议书上签名予以确认，上述离婚协议是双方真实意思表示，签订协议时亦不存在欺诈、胁迫等法定可撤销的情形，故应当认定该离婚协议合法有效，对陈某、大罗双方均具有法律约束力。

2. 陈某不能行使撤销权

《合同法》（已失效）第186条规定：“赠与人在赠与财产的权利转移之前可以撤销赠与。”陈某主张即使被理解为其在签署离婚协议时将属于其50%房产份额赠与小罗，但在系争房屋尚未实际过户时，上诉人可行使撤销权。法院认为，以婚姻法司法解释关于离婚协议中赠与条款的法律约束力对抗合同法任意撤销权的任意性，根据特别法优于一般法的原则，本案应当优先适用婚姻法司法解释的规定。即涉及身份关系的协议内容不得随意撤销。故对上诉人该项主张，法院亦难认同。

■ 律师评析

最高人民法院在判决书中，用以论证“赠与约定”不得撤销的理由是“特别

① 上海市第二中级人民法院民事判决书，(2017)沪02民终4967号。

法优于一般法”。这里的一般法是《合同法》(已失效)对于赠与合同的约定,而特别法则是最高人民法院《关于适用〈中华人民共和国婚姻法〉若干问题的解释(二)》第8条第1款规定的“离婚财产分割协议对男女双方具有法律约束力”。而这一观点,与现在的主流观点恰相符合。仅仅将“离婚协议中的财产赠与约定”独立出来,而不适用赠与合同的规定。

另外,笔者在威科先行网站,以“撤销赠与”为关键词,限缩案由为“离婚纠纷、离婚后财产纠纷”,检索最高人民法院《关于适用〈中华人民共和国民法典〉婚姻家庭编的解释(一)》施行以来,上海地区的民事判决书,共获得22份判决书。对这22份判决书进行梳理,发现法院主要依据以下四种理由,认为“夫妻财产赠与约定”不可撤销。换言之,除了这四种主要情形,“夫妻财产赠与约定”一般可行使撤销权。

理由一:离婚协议中的赠与约定,不可随意撤销。这一点前文已经反复提及了,无论是旧法时代还是新法时代,最高人民法院都一直秉持该观点。

理由二:超过撤销权的行使期间。笔者所检索到的案例中,有一例中当事人是以意思表示不真实为由主张撤销,法院认为时间上已经超过了行使撤销权的除斥期间①。就该案例,笔者进一步思考,“任意撤销权”是否有其行使期间的限制呢?在赠与合同纠纷的案例中,笔者发现有一些法院认为“任意撤销权”应该受《民法典》总则编5年最长除斥期间的限制(如适用案例1-19),但并不是所有法院都持此观点。

适用案例1-19　邓某诉邓某某赠与合同纠纷案②

《民法典》第663条规定了赠与人法定撤销权的行使时间,与总则编规定的一般撤销权时间一致。虽在赠与合同章节中没有具体规定赠与人的任意撤销权行使时间,仅以赠与物权利转移作为界限,但根据总则编统领分责编的原则,任意撤销权仍应受第152条第2款关于5年最长除斥期间的约束。

理由三:已经办理登记手续。夫妻财产赠与约定类推适用的是《民法典》第658条,根据第658条第1款的规定,赠与人在赠与财产的权利转移之前可以撤

① 丁某诉周某离婚后财产纠纷案,上海市浦东新区人民法院民事判决书,(2021)沪0115民初10550号。

② 江西省吉安市中级人民法院民事判决书,(2020)赣08民终2404号。

销赠与。像房屋等不动产，根据物权法定原则，必须经登记才能转移物权。在夫妻财产赠与约定订立后，房屋转移登记前，物权并未转移，因而赠与人可以撤销赠与；但如果已经登记，那么由于物权已经完成变动，赠与人原则上不能撤销赠与。

理由四：属于具有道德义务性质的赠与。需要特别强调的是，认可“夫妻之间的某种赠与具有道德义务性质”的案例，在上海地区，在《民法典》施行前后，据笔者检索都仅此一例（如适用案例1－20）。实践中，比较常见的是认为父母对子女的房屋赠与，考虑到法定抚养义务的存在，可以认定具有道德义务性质；但很少由法院认为夫妻之间的房屋赠与，有道德义务性质。这一点既理所当然，又有所不妥。理所当然之处在于，最高人民法院《关于适用〈中华人民共和国民法典〉婚姻家庭编的解释（一）》第32条已经表明最高人民法院认为“夫妻财产赠与协议”理论上可以任意撤销的观点，自然不会允许将“夫妻关系等同于道德义务性质，而剥夺任意撤销权”的解释路径。不妥之处则在于，婚姻生活中情形错综复杂，如果一方基于对另一方造成的身体、心理上的伤害而自愿签订婚内财产赠与约定，仍然允许该方可以任意撤销似乎也不太合理。

适用案例1－20 赵某诉冼某1离婚后财产纠纷案[①]

夫妻间达成的婚内财产约定是基于夫妻这种特殊身份关系，并结合各种因素达成的合意，带有强烈的感情因素和伦理色彩。被告书写的悔过书表明被告违反夫妻忠实义务，在此基础上，其与原告达成的婚内财产约定，具有一定的道德义务性质，不能任意撤销。

五、夫妻约定房屋归属，能否对抗债权人的强制执行

（一）具体情形研究

其一，要区分债权人是“夫妻双方的债权人”还是“夫妻一方的债权人”，即该债务是属于夫妻共同债务还是个人债务。最高人民法院《关于适用〈中华人民共和国民法典〉婚姻家庭编的解释（一）》第35条规定，当事人的离婚协议或者人民法院生效判决、裁定、调解书已经对夫妻财产分割问题作出处

① 上海市徐汇区人民法院民事判决书，(2020)沪0104民初20961号。

理的，债权人仍有权就夫妻共同债务向男女双方主张权利。一方就夫妻共同债务承担清偿责任后，主张由另一方按照离婚协议或者人民法院的法律文书承担相应债务的，人民法院应予支持。根据该条文，对于“夫妻共同债务”，即使夫妻协议约定了房屋归一方所有，也不能对抗债权人，债权人可以找夫妻任意一方要求清偿债务；只有在“个人债务”的情况下，夫妻协议才有可能对抗债权人。

其二，在“个人债务”的情况下，要判断财产约定和债权人申请强制执行的时间先后。如果债权人先申请查封，夫妻再进行房屋归属约定，那么该约定不能对抗债权人（如适用案例1－21）；如果夫妻已经约定好房屋归属，债权人再申请查封，那么还需要讨论是否已经办理过户登记。

适用案例1－21　刘某诉郭某案外人执行异议纠纷案①

虽然王某与刘某于2014年12月1日协议离婚时约定五小房屋归刘某所有，但当时五小房屋已处于人民法院查封状态。根据《城市房地产管理法》第38条关于“下列房地产，不得转让：……（二）司法机关和行政机关依法裁定、决定查封或者以其他形式限制房地产权利的”的规定，王某不能对已查封的五小房屋进行处分。离婚协议中关于五小房屋归属的约定不具有对外效力，亦不能对抗人民法院的强制执行。

如果夫妻约定在先，且已经办理过户登记，那么原则上可以对抗夫妻任何一方的债权人。这里有两点需要注意：

（1）根据《浙江省高级人民法院案外人权益救济案件审判工作白皮书》，如果不动产所有权登记现状与离婚协议约定相一致，那么无须办理变更登记，就发生了物权变动效果，自然也可以对抗夫妻任何一方的债权人。

（2）《民法典》第1065条第3款规定，夫妻对婚姻关系存续期间所得的财产约定归各自所有，夫或者妻一方对外所负的债务，相对人知道该约定的，以夫或者妻一方的个人财产清偿。根据对上述条文的反面解释，对于非离婚协议性质的“婚内对共有房屋的归属约定”，如果债权人不知道夫妻内部的约定，那么该约定无论是否变更登记，都不能对抗善意债权人（如适用案例1－22）。

---

①　最高人民法院民事裁定书，（2019）最高法民申1813号。

适用案例 1-22 徐某诉中国神华能源股份有限公司、党某案外人执行异议纠纷案①

案涉房产系徐某与党某夫妻关系存续期间取得，属夫妻共同财产。徐某与党某约定将案涉房产归徐某单独所有，该约定对双方具有约束力，根据《婚姻法》(已失效)第19条规定，该约定不能对抗不知情的第三人。对于不知情的第三人而言，在夫妻关系存续期间，仅房屋从丈夫党某名下过户到妻子徐某名下的事实，并不能改变该房屋作为夫妻共同财产的性质。

如果夫妻约定在先，且未办理过户登记，约定是否具有对抗效力取决于法院的自由裁量权。法院需要先判断夫妻财产约定是否具有损害债权人利益的恶意。如果夫妻财产约定构成恶意串通，那么该协议一定不能对抗债权人；如果夫妻财产约定不构成恶意串通，那么法院会结合多个因素，来综合考量是否要赋予当事人对抗强制执行的权利。

(二)案例分享

笔者将分享两个案例，这两个案例均为夫妻约定房屋归属在先、未办理过户登记、不存在恶意串通的情况，且均由最高人民法院审理。最高人民法院根据案件中不同的具体事实，作出了截然相反的判决。

典型案例 1-2 刘某诉交通银行某支行、某医疗用品厂、吕某申请执行人执行异议纠纷案②

案情

刘某与吕某原系夫妻关系，双方于2013年9月6日办理了离婚登记手续。《离婚协议书》约定案涉房屋归刘某所有，案涉房屋贷款由吕某承担。但刘某并未及时要求吕某协助办理过户手续。

2013年10月，某医疗用品厂向交通银行借款3000万元，吕某对上述借款提供连带责任保证担保。后因某医疗用品厂不能清偿上述债务而被提起诉讼，法院判决吕某对上述债务承担连带清偿责任。2015年2月，法院依法查封了吕某名下的案涉房屋。

① 最高人民法院民事裁定书，(2018)最高法民申1198号。

② 最高人民法院民事裁定书，(2019)最高法民申3379号。

2016年9月，交通银行申请强制执行。2017年8月，刘某以其为案涉房屋所有权人为由提出执行标的异议，要求执行法院解除对案涉房屋的查封。刘某的执行异议被依法驳回后，刘某又提起执行异议之诉以及再审程序，但是法院最终仍未支持刘某的主张。

■ 法院观点

刘某与吕某协议离婚发生在2013年9月，吕某为他人提供担保发生在2013年10月，法院查封案涉房屋发生在2015年2月，但直至2017年8月，刘某才向法院起诉吕某要求办理房屋过户手续。双方协议离婚时，已将案涉房屋分割给刘某，但刘某在有条件要求吕某办理房屋过户登记手续的情况下，长达数年未主张办理，系怠于行使权利，致使案涉房屋因不符合登记要件不能认定为刘某的个人财产或刘某取得处分权利，刘某并未取得对抗执行的权利基础。

典型案例1－3　王某某诉钟某某、林某某案外人执行异议纠纷案①

■ 案情

钟某某与林某某原系夫妻关系，双方于1996年7月签订《离婚协议书》，约定涉案房屋归钟某某及其所生子女所有，但只准居住，不准转卖。

2009年9月，王某某与林某某因股权转让提起诉讼，法院判决林某某应返还王某某的股权转让款750.681万美元。在该案诉讼过程中，法院依法查封了林某某名下的涉案房屋。

2013年12月，钟某某以涉案房屋系其所有为由，向法院提起执行标的异议，请求停止对涉案房屋的执行，执行异议被依法驳回后，钟某某又提起执行异议之诉。该案经最高人民法院审理后支持了钟某某对涉案房屋停止执行的请求。

■ 法院观点

从成立时间上看，法院认定离婚协议约定在前，林某某所负债务发生在后；从内容上看，钟某某针对诉争房屋的请求权属于特定之债，优于债权人的种类之债；从性质上看，林某某与债权人之前的金钱债权，属于其个人债务；从发生根源上看，钟某某的债权系源于离婚财产分割，且该房产具有为其子女提供生活

① 最高人民法院民事判决书，(2015)民一终字第150号。

保障的功能，钟某某的债权在伦理上具有一定的优先性。因此，以上几方面综合分析后，确定了钟某某提起执行异议之诉请求阻却对讼争房产执行的理由成立。

从最高人民法院对上述两个案例的判决说理中，我们可以发现，最高人民法院并没有对“夫妻约定在先，且未办理过户登记”情形“一刀切”地处理，而是综合考虑多因素来决定是否要赋予当事人协议对抗债权人的效力。笔者总结了实践中法院主要考虑的一些因素，包括：(1)离婚协议签订与债务关系形成时间先后；(2)债权性质；(3)约定权利人对未办理过户登记手续是否存在主观过错；(4)房屋归属方配偶是否实际占有房屋；(5)约定权利人与债权人利益平衡等。

六、诉讼策略选择

(一)诉讼前的准备

1. 购房过程中能做什么

(1)明确房屋权属

在购买房屋时，如果就能明确房屋的权属，避免后续的诉讼纠纷是最佳的选择。具体来说，方法一是通过明确出资来源、出资目的的方式，来保证该房屋属于个人财产。方法二是通过夫妻协议来明确房屋的权属。

方法一：确保房屋是个人财产。

在前文中，笔者有提及根据“购买时的婚姻状况、首付情况、还贷情况、登记情况”可以将实践中的情形至少分为31种，在6种情形下，房屋一般被认定为夫妻一方的个人财产(见表1－3)。

表1－3　房屋被认定为个人财产的情形

购买时间	首付	还贷	登记名义
婚前	个人财产	个人财产	出资方
		夫妻	首付方
	一方父母	一方父母	己方子女
		夫妻	己方子女
婚后	个人财产	个人财产	出资方
	一方父母	一方父母	己方子女

值得一提的是第五种情形。由于夫妻结婚后,夫妻财产极易发生混同,因而夫妻一方想要证明购房款完全属于个人财产十分困难。除此之外,夫妻一方在婚内以个人财产全资购房,往往还牵涉"出售婚前房屋"的情形,甚至有时婚前房屋的出售款还不足以支付婚后想要购买房屋的全款。在这种"婚前房产婚后置换"的情况下,如何保证新购房屋是个人财产呢?笔者有以下两点建议:

①要防止出售房屋的款项与婚内其他财产混同。

可以开立独立的银行账户,存入出售房屋的款项;保存房屋出售转账记录、房屋出售合同。

②如果遇到款项不足的情况,找父母求助,不建议向配偶求助或者向第三人借款。

可以通过"父母出借"或者"父母赠与"的形式,筹集剩余款项。父母赠与或出借时,需要备注"赠与/出借一方所有"。

夫妻一方在婚内为了购房而向第三人借款,一般被认为是夫妻共同债务,对应而言,房屋自然有夫妻另一方的份额。

方法二:签订夫妻协议。

夫妻双方可以在婚前、婚内或离婚时,协议约定婚内房屋的归属。根据最高人民法院的观点,无论是将"一方所有的房屋约定为一方所有或双方共有",还是将"双方共有的房屋约定为一方所有",在房屋未办理登记之前,不发生物权效力。

最高人民法院《关于适用〈中华人民共和国民法典〉婚姻家庭编的解释(一)》第32条规定,婚前或者婚姻关系存续期间,当事人约定将一方所有的房产赠与另一方或者共有,赠与方在赠与房产变更登记之前撤销赠与,另一方请求判令继续履行的,人民法院可以按照《民法典》第658条的规定处理。根据上述条款,夫妻双方尽管订立了夫妻协议,但这种"婚前或婚内"夫妻协议的效力是极弱的,赠与人享有任意撤销权。

这里之所以强调是"婚前或婚内"夫妻协议,是因为"离婚协议"与前两者不同。根据最高人民法院民一庭在《民事审判实务问答》中的观点,赠与人在离婚协议中的赠与,是为换取另一方同意协议离婚而承诺履行的义务。在相对方已经按约定与赠与人协议解除婚姻关系的情形下,赠与人也应按约定履行给付房屋的义务。如果赠与人不履行该义务,则构成违约,离婚协议相对方有权请求法院判令其履行房屋交付义务。也就是说,离婚协议中的房屋赠与约定,赠与人并不享有任意撤销权。

解释完这些夫妻协议的效力之后,笔者为读者提供以下建议:

①夫妻双方应该善用协议来预先约定房屋的归属与份额,但是需要注意“非离婚性质”财产约定的可撤销性。

②离婚时,离婚协议中仅约定各方出资、还贷金额的归属,而并未确定离婚后房屋归属或具体分割方案的,仍视为对房屋权属份额没有达成约定。

③受赠人应及时依据房屋赠与协议,要求赠与人配合办理物权变更登记。

④在过户条件尚不充分的情形下,当事人双方可以通过办理公证来加强协议效力。

⑤受赠人可以在财产约定中,要求赠与人明确表明“放弃撤销权”。

(2)确定对房屋的出资贡献

若夫妻双方没有协议约定房屋归属和份额,且房屋被认定为夫妻共同财产,法院在进行份额分割时,会酌情考量夫妻双方对房屋的出资贡献。照理说,出资贡献应该很容易举证,但是在涉及父母出资的情况,情况可能会相对复杂。

若父母未登记在房屋登记簿上(如果父母登记了,需先筛除父母的份额,是另一问题),那么父母的出资有两种认定可能性:一是借贷,二是赠与。

如何区分赠与和借贷?在父母与子女没有约定的情况下,很大情况看地方法院的观点倾向。笔者建议父母和子女预先约定款项的性质,操作起来也非常简单:父母可以在转账的同时进行备注,或者和子女签订书面协议进行说明。

在父母出资认定为借贷的情况下,一般认为是对夫妻双方的借款,那么父母的这部分出资应该属于夫妻各一半的贡献,同时夫妻需要承担对父母的共同债务。

在父母出资认定为赠与的情况下,会区分是对夫妻一方的赠与还是对夫妻双方的赠与,受赠人自然相应地可以认定对房屋有更多的出资贡献。如何认定赠与的对象呢?根据司法实践的观点,婚前的购房款赠与一般属于对己方子女的赠与,除非一方父母全额出资,且将房屋登记在子女双方或者另一方子女名下。婚后的购房款赠与一般属于对双方子女的赠与,除非一方父母全额出资,且将房屋登记在己方子女名下。

要说将父母出资认定为哪种性质,对特定一方更有利,其实要分情况而言。如果父母出资的款项相较于房屋的升值额更大,那么主张借贷,可能更有利于父母出资的夫妻一方;如果父母出资的款项远小于房屋的升值额,那么主张对己方子女的赠与,可能更有利于父母出资的夫妻一方。

2. 起诉前要做什么

一般情况下,当事人都希望能够在一场诉讼中尽可能解决所有争议,避免诉讼所带来的精力、时间、金钱的重重消耗。但是笔者还是要指出,在一些情况下,由于房屋状态的特殊性,当事人可能要做好“要打不止一场官司”的预期,或者可以“等待时机成熟再起诉”。

根据笔者的整理,法院在一些离婚房屋纠纷中判决“本案不予处理”,主要分为三种情形:(1)房屋本身条件不满足,包括房屋未办理所有权登记、房屋被依法查封的情形。(2)当事人无法确定房屋价值,导致法院无法酌情确定折价款。(3)涉及第三人利益,包括第三人已经登记在册和未登记的第三人主张所有权。

结合上述情形,笔者给出以下建议:

(1)系争房屋可以未办理产权登记,但必须备案,最好已经交付或者具备过户登记的条件。

如果夫妻对房屋分割有协议约定,法院通常愿意根据夫妻协议来分割系争房屋相关的权利义务;如果夫妻一方能够举证房屋虽然“未办理过户登记”,但“已经具备了过户登记的条件”,法院一般倾向于处理系争房屋的分割问题;如果房屋虽然“未办理过户登记”,但已经交付,部分法院也倾向于处理房屋相关的权利义务分割问题;如果房屋仅“备案登记”,在当事人对系争房屋有争议时,那么法院完全可以依照最高人民法院《关于适用〈中华人民共和国民法典〉婚姻家庭编的解释(一)》第 77 条第 1 款,作出“本案不予处理”的判决。

(2)系争房屋已经被依法查封的,法院会等到房屋解除查封状态后再处理相关争议。

根据《城市房地产管理法》第 38 条,司法机关和行政机关依法裁定、决定查封或者以其他形式限制房地产权利的房地产不得转让。如若当事人坚持“要求变更房屋登记”,法院不会支持其诉请。

(3)房屋如果登记于第三人名下,最好先提起给付之诉,且完成房屋变更登记手续。

在存在借名买房的情况下,并非所有法院都愿意在“离婚后财产纠纷”诉讼中追加第三人来查明事实,而在“离婚纠纷”诉讼中,法院理论上不追加第三人,而告知当事人另案处理。因而,如果当事人不想在“离婚诉讼”后,提起“给付之诉”,再提起“离婚后财产纠纷”诉讼,最好在“离婚诉讼”前,先提起“给付之诉”,变更房屋的登记情况。

(4)夫妻与“未成年子女”以外的第三人按份共有房屋,要做好后续进行“离婚后财产纠纷”或“分家析产纠纷”的准备。

司法实践中,由于“离婚纠纷”中无法追加第三人,当事人只能在后续的“离婚后财产纠纷”或“分家析产纠纷”中主张系争房屋的分割。必须指出的是,在“离婚后财产纠纷”诉讼中,法院也可能会以“涉及第三人利益”为由,要求当事人另外提起“分家析产纠纷”。

(二)如何起诉

1. 诉讼案由确定

一般的离婚房屋分割诉讼的案由是“离婚纠纷”或“离婚后财产纠纷”。但因拆迁安置补偿享有相关权益的案件,往往涉及家庭共同财产,而家庭共同财产在离婚诉讼中往往不能进行分割,必须在离婚后另行提起分家析产诉讼。在分家析产诉讼中,法院应当将家庭所有成员(户口簿显示的所有家庭成员)列为共同当事人、共同原告或共同被告。

2. 诉讼请求怎么提

根据笔者的案例检索情况来看,原告的诉讼请求,一般有两种:一是概括式的,如请求法院判决分割房屋;二是具体式的,如请求法院判决房屋归原告所有。从相关案例的判决来看,法院并不会因为最后判决房屋的归属主体与诉讼请求中的不一致,而直接驳回原告的诉讼请求。但是,需要注意在一些情况下,原告的诉讼请求如果不恰当,可能会导致法院直接驳回。

在房屋“未办理产权登记”且“不具备办理登记的条件”的情况下,法院会驳回原告“要求被告配合办理登记”或“要求拍卖房屋、分割转让款”的诉讼请求,原告此时更恰当的诉讼请求应该是“请求法院分割系争房屋相关的权利义务”。

在房屋“含抵押权”的情况下,原告如果提出“要求房屋判归原告所有,且被告配合办理过户登记”,不同法院的态度可能不同。一部分法院认为,可以支持原告的诉讼请求,只是被告应在“贷款偿还完毕后”再配合办理过户登记。另一部分法院则认为,因为房屋含有抵押权,不具备办理过户手续的条件,因而不支持原告的诉讼请求。

（三）诉讼中的策略安排

在诉讼中，归根结底，律师要考虑的就是，如何让当事人分得房屋的所有权（基于当事人的意愿），或者分得更多的房屋份额。根据笔者的案例检索，法院在酌情确定房屋的归属和份额分割时，主要会考虑以下因素：

（1）居住和生活地点。法院倾向于将系争房屋判决给长期居住人。

（2）对房屋的贡献。如在夫妻一方婚前全额购房，婚后为另一方加名的情形下，尽管该房屋属于夫妻共同财产，但考虑到双方出资贡献差异巨大，法院一般会判决出资方享有70%～80%的房屋份额。

（3）房屋的登记情况。一些法院会倾向于维持房屋现有的登记状况，尤其是在房屋可能含抵押权或者变更登记涉及相关房屋政策的情况下。

（4）抚养孩子的主体。法院根据照顾孩子利益原则，会将房屋判决给抚养孩子的一方，从而使孩子的利益最大化。

（5）夫妻双方名下是否还有其他房屋。法院会倾向于保障夫妻中生活困难的一方的基本生存权益，而将房屋判决给名下无其他房屋的夫妻一方。

（6）房屋的购买时间。如果是婚前购买的房屋，法院会倾向于将房屋判归婚前购买方。

（7）夫妻双方的支付能力。考虑到在将房屋判归一方后，其需要向另一方支付补偿金，法院必须考虑到夫妻双方是否具备相应的经济能力。

夫妻双方都可以从上述七个因素着手，从自身的角度，论证房屋归自己所有以及自己应多分份额的原因。

作为一名合格的诉讼律师，我们常常要花费大量时间作各方面的准备，诉讼策略上、程序节奏上、准备内容上、意外情况、应急应对方案等，为当事人做好案件发展每一步流程的精准控制和把握。在购买房屋时，从保护当事人财产权利的角度，要提示当事人做好资产的隔离，通过协议的方式对房屋的归属和份额进行确定。在感情破裂期，提起离婚诉讼前，要提示当事人诉讼中可能遇到的风险以及可能的应对措施，并为当事人考虑是否有必要为了明确离婚财产分割的范围和减少财产分割处理的不确定性，提起一个辅助性的诉讼。提起离婚诉讼时，我们要考虑如何选择一个恰当的诉讼请求和案由，因为准确选择诉讼请求和案由是驾好“舵”的核心要义。在离婚诉讼过程中，我们要想法官所想，剖析法官、合议庭审理案件的思路，从法官所考虑的维度来论证己方的观点。

第二节　房产分割的特殊情形

一、"假离婚买房"

法律上并没有"假离婚"这一概念,双方当事人一旦办理了离婚登记手续,婚姻关系即告解除,双方也不再是合法的夫妻关系。以上海市为例,虽然自2020年起陆续出台诸多房地产新政限制此类情形的发生,但仍有不少夫妻愿意为了享受更多优惠,争取更多的购房机会,获取房地产投资领域的高额回报而"假离婚"。"假离婚"看似能让有些家庭从中牟利,实际上却潜伏着危机,可能给投机者带来物质和精神上的双重伤害。那么,对于"假离婚"后购买的房屋,应该如何定性呢?

(一)"假离婚"的法律效果

"假离婚"是办理离婚登记的,婚姻关系已由婚姻登记机关依照法定程序予以解除,鉴于婚姻登记之公示公信效力,虽然双方在办理离婚登记时真实意思为通谋虚假离婚,但并不因此导致离婚登记无效。同时,"假离婚"时所订立的离婚协议原则上有效,除非违反《民法典》总则编对法律行为效力的规定,如存在欺诈、胁迫、违背公序良俗等事由。

(二)如何举证"假离婚买房"

基于有效的离婚登记手续和有效的离婚协议,我们来探讨以夫妻一方名义在离婚后所购房屋的所有权属性。由于外人无法辨析夫妻之间究竟是"假离婚"还是"真离婚",而默认是"真离婚",因而主张"假离婚买房"是夫妻共同财产的一方需要承担较重的举证责任。

根据熊燕法官的观点,一般以签订买卖合同的时间来判断房屋是否属于婚内购买。但上述一般规则并不排除夫妻可在非婚状态时即以共同购买的合意共同出资购买房屋,此时该房屋宜参照夫妻共同财产予以处理。在发生夫妻可能系为规避房产限购政策而离婚买房的情形时,可综合考量签订房屋买卖合同时间、离婚时是否分割夫妻共同财产、是否复婚等事实来判断房屋究竟属于一方个人财产还是夫妻共同财产。若查明出资源于夫妻关系存续期间共同财产的，至少应对该出资金额予以分割①。

具体来说，主张“假离婚买房”是夫妻共同财产的一方，最重要的是房屋出资份额的举证。实践中，出资情况一般分为三种。

(1)由登记方全部出资。在该情形下，除非离婚协议完全没有对夫妻存款进行分割(如适用案例1-23)，或者能够证明双方在离婚后财产混同(如适用案例1-24)，否则很难认定是以夫妻共同财产出资。

适用案例1-23 方某诉刘某离婚后财产纠纷案②

双方办理离婚登记的目的在于购买涉案房屋，购房的首付款虽是刘某个人银行卡支付，但双方在民政局留存的《离婚协议书》中并未涉及双方是否有共同的存款且并未对夫妻共有的存款进行分割，从刘某在双方办理离婚手续的第二天就与方某及方某的母亲一起去签订购房合同、支付首付款的事实来看，购房首付款的资金来源还是双方夫妻共同财产。综合考量双方办理离婚手续的目的以及购房的资金来源，可以认定涉案房屋应属于方某和刘某的夫妻共同财产。

适用案例1-24 林某诉张某离婚纠纷案③

林某与张某虽然在购房时已经离婚，但生活上以及经济上并未分开，依然混同，购买诉争房屋完全是双方合意所为，当时虽然仅登记在张某一人名下，但基于双方经济混同，张某出资部分中应包括林某的份额，同时林某父亲在购房时也曾支付70万元，无论该笔款项是赠与还是借款，其针对的对象也是林某与张某双方，故可以认定双方购房时的真实意思应为所购房屋为共同所有，同时在双方婚后的2015年，诉争房屋产权登记人也变更为林某与张某两人。综上所述，诉争房屋应认定为林某与张某夫妻共同财产。

(2)非登记方将部分款项打入登记方账户，由登记方一并支付。

(3)非登记方和登记方分别将款项打入开发商指定的账户。

在第二种、第三种情形下，登记方往往会辩称“离婚后的转款”是属于其他

---

① 熊燕：《涉房屋分割的离婚纠纷类改发案件裁判要点》，载微信公众号“至正研究”2022年3月4日，https://mp.weixin.qq.com/s/xWRGcXOsT1qw7xJfoBL7tg。

② 浙江省德清县人民法院民事判决书，(2021)浙0521民初410号。

③ 上海市第二中级人民法院民事判决书，(2017)沪02民终1978号。

性质，如离婚补偿款、赠与，而非用来购房。法院一般会结合其他因素来进行事实认定（如适用案例1－25）。在非登记方无法证明“离婚后的转款”与“购房款项”之间的关联性时，法院便会认定房屋属于登记方的个人财产（如适用案例1－26）。

适用案例1－25　任某诉凌某所有权确认纠纷案[①]

本案中，任某与凌某就系争房屋的归属发生争议，任某主张因涉及限贷政策，其与凌某“假离婚”并借用凌某一人的名义购房，系争房屋实际为任某与凌某共有；凌某则认为任某的出资（包括首付款、税、费）系为了与凌某复婚从而购房赠与凌某，出资性质为赠与，且任某的出资可能源于双方曾共有的七宝房屋售房款或者离婚协议书约定的补偿款。对此法院认为，根据审理查明的事实，虽然系争房屋登记在凌某一人名下，但是2013年3月9日任某与凌某婚姻关系存续期间由任某支付了系争房屋定金40,000元；2013年4月1日在任某与凌某离婚10日后任某代凌某签订了购房合同，当日系争房屋的首付款888,958元由任某支付，之后以凌某名义办理商业贷款2,160,000元；2013年7月7日任某支付了系争房屋的相关税、费，办理完毕前述购房全部事宜并向房地产交易中心申请过户后，双方于2013年7月10日复婚。从上述时间节点和双方一系列行为，可以确定双方离婚和复婚前后具有在认可系争房屋为共同所有的前提下进行出资的共同意思表示，而办理离婚登记手续系为了便于办理购房和贷款手续，故法院认定系争房屋为任某与凌某共同共有。

适用案例1－26　王某诉李某离婚后财产纠纷案[②]

法院认为，首先，现王某所举证据既不足以证明双方系因购房政策及贷款政策而协议离婚，亦不足以反映双方在离婚之后仍存在持续、稳定、长期的同居关系；其次，王某与李某办理离婚登记后，李某以个人名义购买了案涉房屋，并支付了房屋首付款，办理了银行按揭贷款手续，现案涉房屋依法登记在李某个人名下，应属李某离婚后取得的个人财产，王某以其对案涉房屋存在出资为由主张作为共同财产进行分割，显然缺乏法律依据；再次，从王某提供的银行流水及刷卡记录来看，其于2014年11月15日刷卡支付了案涉房屋的部分首付款

① 上海市普陀区人民法院民事判决书，(2020)沪0107民初7459号。
② 安徽省合肥市中级人民法院民事判决书，(2020)皖01民终10192号。

31,181 元,剩余款项均由李某通过银行卡予以支付,王某虽主张其除上述 31,181 元外,另通过向案外人唐某忠借款 5 万元支付案涉房屋的首付款,但其所举银行流水仅能反映唐某忠向其转款 5 万元以及王某现金取款的客观事实,无法确认该笔款项与案涉房屋首付款之间的关联性,综上,王某主张案涉房屋为共同财产的依据不足,不予支持。

当然,在具体案件中,法官在论证结论时,不仅会考虑出资情况,还会考虑以下因素:(1)房屋的购买时点,包括距离婚时间是否接近,当事人是否在婚内已经支付相关款项或签订相关合同;(2)离婚后是否仍维持同居关系;(3)离婚后是否复婚;(4)房屋的具体使用情况;(5)房屋购买流程是否双方共同参与。

(三)"假离婚买房"的司法实践

如果确实发生了"假离婚买房"纠纷,而必须提起诉讼来维护自身的权益,那么第一步是要确定合适的案由。如果选择"离婚后财产纠纷"案由,那么法院主要判断离婚协议是否有效、是否存在未分割的共同财产,离婚后任何一方购买房屋理论上属于个人财产。如果选择"同居析产纠纷"案由,那么法院主要判断是否构成同居关系,若同居期间用共同财产购买房屋,且财产混同,那么构成按份共有。

对于这类"假离婚买房"纠纷,司法实践一般如下处理:(1)"假离婚"时,所签署的离婚协议原则上有效,除非存在欺诈、胁迫等可撤销情形。(2)"假离婚"后,用"共同财产"购买房屋,仅夫妻一方签署购买合同、办理按揭贷款手续,且登记在一方名下,一般认定为个人财产,另一方的出资可能以"借款"处理。(3)"假离婚"后,若双方复婚,在"离婚后、复婚前"一方购买的房屋,一般不属于夫妻共同财产,除非双方另有约定。

二、婚前房产,婚后置换

生活中常常出现夫妻婚后为改善住房、实现学区或其他原因,将夫妻一方的婚前房屋出售得到价款,再次购房的情况。由于存在婚前财产转化为婚后财产,新房增值,及婚前、婚后财产混同等问题,新购房屋在离婚时应该如何分割,一直是困扰众多当事人的难点以及司法实践的重点问题。

（一）购房款的性质

首先要明晰婚前房屋和出售婚前房屋所得款项的性质。其一，如果没有特别约定，或者通过婚后加名进行赠与等行为，婚前房屋属于个人财产。其二，夫妻一方个人财产在婚后产生的收益，除孳息和自然增值外，应认定为夫妻共同财产。夫妻一方的房屋在婚后出售的增值部分通常是自然增值，应排除在夫妻共同财产之外，一般依然认为是夫妻一方的个人财产。换言之，出售婚前房屋所得款项（含增值部分）都属于个人财产。

（二）"婚前房产、婚后置换"的情形梳理

具体来说，婚前房产、婚后置换，涉及新购房屋登记及出资情况，可以分为以下几种情况：

1. 将新购房屋登记在自己名下

（1）婚前房屋价值足够覆盖新购房屋出资

在这种情况下，房屋属于个人财产在婚后的形式转化，依然属于个人财产。

（2）婚前房屋价值不足以覆盖新购房屋出资

那么，此时就要看差额部分的出资来源。如果是由父母支出，那么房屋属于个人财产。如果是由另一方配偶支出，那么房屋属于夫妻共同财产。尽管法院在酌情分割时会考虑出资比例，但基于"夫妻共同财产"这一分割前提，房屋的增值额也会一起分割，且法院可能会采取一半的分割比例。如果是向第三人借款，且约定为个人债务呢？这一情况，相对较难判断。让我们来看一个案例，该案例中男方在婚内借全款购房，且约定为个人债务（如适用案例1－27）。通过该案例中法院的判决，我们可以得出：婚内借款购房，无论债务是约定为个人债务还是夫妻共同债务，房屋一律属于夫妻共同财产。因而，在一方个人财产不足以覆盖新购房屋出资，而向第三人借款，在婚内所购的房屋属于夫妻共同财产。

适用案例1－27 万某诉包某等物权纠纷案①

法院认为，在包某未与万某就系争房屋产权变更达成一致的情况下，购房

① 上海市高级人民法院民事判决书，(2016)沪民再27号。

款由包某个人承担还是在股权分割中以夫妻共同债务予以剔除，均与万某对系争房屋享有所有权无涉。本案双方争议的是系争房屋的权属，而非购买系争房屋的钱款，因此万某基于当时与包某的夫妻关系而对系争房屋享有的物权并不因包某个人承担购房款而改变。

2. 将新购房屋登记在夫妻双方或者对方名下

在夫妻双方没有特别约定情况下，无论婚前房屋价值是否足以覆盖新购房屋出资，只要新购房屋登记了两人名字，就属于夫妻共同财产。在分割时，法院一般会结合出资情况，对出资较多一方予以多分，另外还会考虑离婚过错及子女和女方权益，综合确定分割比例。

通过上述的情形梳理，我们会发现，即使用夫妻一方的个人财产在婚内购房，也很有可能会视作夫妻共同财产。因而，笔者提出以下几点建议，希望个人财产最大化保留的出资方可参考：

(1)保存好婚前房子的买卖合同。如果丢失的话只能去当地的房管局或者不动产登记中心调取房屋的内档资料。

(2)保存好婚前房屋的转账记录。在转账过程中，可以要求婚前房屋的买受人备注好“购房款”。如果买受人与实际支付购房款的人不一致，应在房屋买卖合同中备注清楚或签订代付款确认书。

(3)婚前房子的售房款和婚后其他财产进行隔离。可以开立独立的银行账户，存入出售房屋的款项。

(4)婚后再买房尽量采取转账的方式。采取转账方式的话可以显示资金来源、汇款和收款人的信息，一旦产生纠纷，可以更加容易厘清资金的来源和去向。

(5)若再购买房子，仅登记在自己个人名下。若写上配偶的名字，即使有证据证明购房款全部源于婚前财产，那也会视为一方对另一方的赠与而变成夫妻共同财产。

(6)婚后购买的房屋尽量一次性全款购买。如果遇到款项不足的情况，可以找父母出资，但不能找配偶，也不能向第三人借款。父母在转账时，也最好备注“赠与/出借一方所有”。

下面，笔者分享一个案例(如典型案例1－4)，该案中女方出售婚前的房屋一，在第一次离婚期间购买了房屋二。后女方又出售房屋二，将款项在第二次离婚期间转给男方，由男方购买了房屋三。

典型案例 1－4　邹某诉吕某离婚后财产纠纷案[①]

案情

邹某和吕某于 2013 年 1 月登记结婚，2020 年 5 月 29 日协议离婚，中间经历两次离婚和两次复婚。

在两次短暂的离婚期间，邹某与吕某实际仍然生活在一起，夫妻共同财产也并未分割。

在第一次离婚期间，吕某以婚前房屋出售款购买房屋（该房屋后被出售）；第二次离婚期间，邹某贷款购买房屋，吕某也支付了部分首付款。根据双方的叙述，第二次离婚，实际上是两人为了房屋优惠政策而实施的“假离婚”。

2020 年 5 月 29 日，邹某和吕某签订离婚协议（第三次离婚）。

现，邹某得知子女非自己亲生，起诉要求撤销离婚协议，并提出新的财产分割方案。

时间轴和人物关系，如图 1－5、图 1－6、图 1－7 所示：

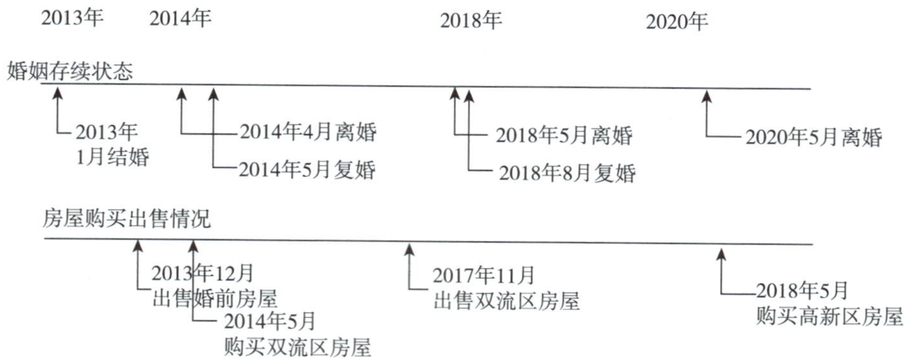

图 1－5　典型案例 1－4 时间轴

① 四川省成都市中级人民法院民事判决书，(2021) 川 01 民终 5232 号。

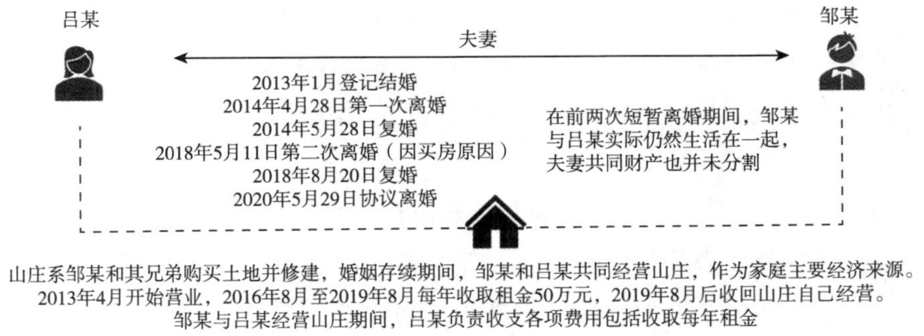

图 1－6　典型案例 1－4 人物关系(1)

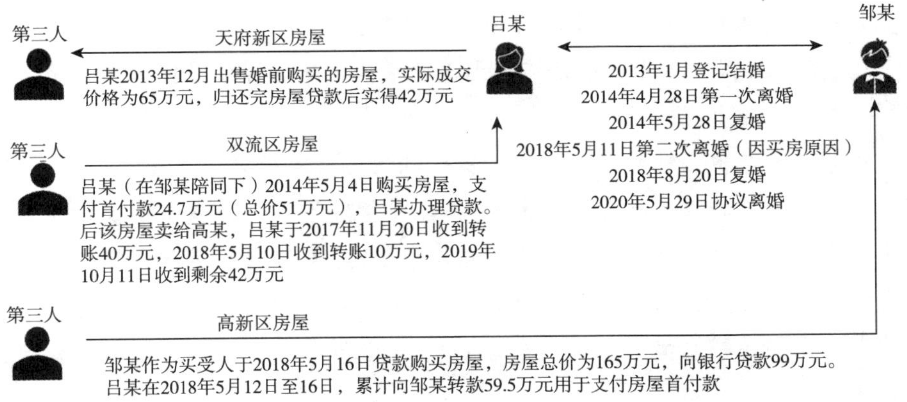

图 1－7　典型案例 1－4 人物关系(2)

法律问题

1. 离婚协议能否撤销?

2. 如果离婚协议被撤销,高新区房屋应该如何分割?

一审法院观点

1. 离婚协议欺诈可撤销

离婚时夫妻双方所签订的涉及财产分割、债务承担的协议与普通的民事合同存在一定区别,即除了纯粹的利益考量外,还不可避免地掺杂一定的感情因素和复杂动机。因此,法院在认定是否可以撤销离婚时所签订的财产分割协议时应十分谨慎,重点考察签订协议时是否存在有充分证据证明的欺诈、胁迫等法定事由以及相应事由对协议签订当事人作出真实意思的影响程度大小。

(1)协议是否存在财产明显让步的情况

就案涉协议而言,邹某在财产分割、债务负担上作出了较大让步,系一份明显对吕某有利的约定。案涉协议将邹某与吕某第二次离婚后以邹某个人名义购买的房产约定归吕某一人所有,且还约定邹某需要继续偿还3年高达30余万元的房屋贷款。协议中所涉及的49万元的其他债务也约定由邹某一人偿还。

(2)协议关于财产的约定是否受情感因素影响

案涉协议约定由吕某抚养婚生女邹某某。古语有云"万爱千恩百苦,疼我孰知父母?"父母对子女的爱是一种基于生物本能以及在长期共同生活中逐渐建立起的深厚情感。尽管在协议中并未直接写明邹某系考虑吕某抚养婚生女才愿意在财产上作出较大让步,基于父母对子女的人之常情,吕某抚养婚生女应当是邹某愿意在财产上作出较大让步的重要情感影响因素。

(3)签订协议时是否存在欺诈情形以及具体情形是否会严重影响当事人作出真实意思表示

吕某隐瞒与他人在受孕节点前后发生过性关系的相关情况多年,致使邹某在离婚时仍不知晓婚生女并非其亲生,并在此情况下签订了离婚协议。任何一个正常人在得知自己抚养多年的孩子并非亲生时,其受到的精神伤害都是极为巨大的。假设邹某在离婚时已经知晓子女并非亲生,无论基于感情、物质上受到的巨大伤害还是法律上没有抚养的义务,必定不会在财产方面作出如此巨大的让步。

(4)是否存在其他原因导致一方在财产分割上作出巨大让步

本案中,吕某辩称邹某因为出轨,故愿意在财产上让步,但吕某未提供充分证据证明存在相应事实。吕某还辩称因为山庄的经营权交给邹某,故邹某愿意在财产上作出较大让步,但离婚协议中并未体现关于山庄经营权的任何约定,吕某也当庭认可山庄经营权并非双方在婚内取得,而系邹某在婚前与其亲属共同取得,故吕某的该抗辩理由法院不予采纳。

综上,法院认为吕某隐瞒与他人在受孕节点前后发生过性关系的重要事实,致使邹某在不知晓女儿并非亲生的情况下签订了让步巨大的离婚财产分割、债务承担的协议,情节恶劣,可以认定为欺诈,故相关约定应予撤销并重新分割相应财产。

2. 高新区房屋归邹某,由邹某向吕某支付49万元

吕某在与邹某婚姻存续期间的2013年12月出售了婚前的华阳房屋,而后半年另行购买了房屋并在购买案涉房屋前半年左右出售,因此吕某婚前房屋的

一部分价值转化为了案涉房屋的一部分首付款。但是,在邹某与吕某夫妻关系存续期间吕某负责收取山庄的经营收入,从案涉房屋首付款支付及后续还贷来看,无法准确区分出资金完全源于吕某婚前房屋的转化还是邹某与吕某婚内取得的共同财产。故在此情况下,一审法院酌情考虑吕某婚前房屋价值转化情况,确定分割比例为邹某130%、吕某70%。因吕某称没有现金折现给邹某,邹某愿意折现给吕某,且考虑到案涉房屋及房屋贷款均在邹某名下,故一审法院确认案涉房屋归邹某所有,后续贷款由邹某继续偿还,邹某根据房屋的净价值向吕某支付房屋分割折现款为(160万元-90万元)×0.7=49万元。

二审法院观点

1. 在"离婚后纠纷"案中,也可以处理子女抚养相关问题

本案系离婚后财产纠纷,邹某起诉撤销离婚协议,离婚协议是关于财产分割、子女抚养、债务处理等"一揽子"协议,一审法院对包含有子女抚养相关问题的离婚协议进行审理并无不当,不属于上诉人主张的超范围审理。

2. 一审的房屋分割方案合理

一审判决吕某分割70%份额已经充分考虑吕某婚前房屋价值转化情况,再结合一审时吕某称其没有钱补偿邹某,而邹某愿意补偿吕某相应折价款,故一审对该房屋的分割方式恰当合理。

律师评析

1. 法院计算房屋份额的考量因素

一审法院在裁判文书中列出了计算公式,即(160万元-90万元)×0.7=49万元。如果默认法院是笔误将30%,写成了130%,那么我们可以讨论一下,法院为什么判吕某享有70%。第一,从出资来看。房屋的首付款共66万元,其中吕某支付了59.5万元,尽管这59.5万元存在吕某婚前和婚内财产的混同情况,但不可否认的是吕某对房屋的出资贡献是明显大于邹某的。第二,从过错来看。尽管离婚协议的撤销是因为非亲生子女,但判决法院明确指出,离婚的原因是关系不合而非非亲生子女,故而夫妻任何一方对离婚都没有过错,无须酌定一方多分。第三,从子女抚养角度来看。这是很多离婚财产纠纷中重要的财产分割酌定因素,但在本案中,恰恰没有其用武之地,因为婚生子女并非男方的亲生子女。综上所述,法院是基于吕某对房屋首付款的贡献,考虑到出资的混同情况,判决吕某享有70%的份额。

2.“假离婚”期间的财产性质

在很多“假离婚”案件中，男女双方之所以会产生争议，要么是因为“假离婚”后不愿意复婚，要么是因为复婚后不承认“假离婚”期间的财产是夫妻共同财产。本案有一些特殊之处，即在于：(1)在吕某和邹某的第一次、第二次离婚时，双方都没有签订离婚协议；(2)在吕某和邹某的两次短暂离婚期间，双方继续维持同居关系、进行共同经营，因而导致离婚期间的财产存在混同情况。由于存在上述两种情形，本案法院在判决时，没有特意区分房屋出资款项的流入和流出的具体时间节点，而将房屋直接按照夫妻共同财产处理。

3. 离婚协议的撤销

本案中法院支持了当事人以“欺诈”为由撤销离婚协议的诉请，而在实践中撤销离婚协议这一主张被支持的可能性较低。法院在认定存在可撤销事由时对请求撤销方举证要求非常高，请求撤销方通常需提供确凿充分的证据，否则法院会径直以没有证据或证据不充分为由驳回变更或撤销请求。以财产分割不均或严重失衡、离婚协议或财产分割协议显失公平为由请求变更或撤销财产分割条款或协议基本不被法院支持①。

三、借名买房

借名买房的司法实践问题往往比较复杂，不仅涉及一般的商品房，还涉及特殊类型房屋，如经济适用房。根据上海市第一中级人民法院法官的实践总结，借名买房纠纷案件的审理难点主要包括：(1)借名事实认定难；(2)借名协议及购房合同效力认定难；(3)对于应作确权判决还是给付判决认识不一②。

(一)借名买房事实认定难

借名买房纠纷案件中，借名人(实际出资人)与出名人(产权登记人)之间一般具有特殊身份关系，借名买房合意大多以口头形式达成、缺乏书面约定，在产生纠纷时，当事人对借名事实的认定标准及举证责任分配存在争议。

法院在判断借名买房事实时，首先看有无书面约定。若存在书面约定，则

---

① 刘纯：《离婚后能否撤销离婚协议，盘点8种情形和5点注意事项》，载微信公众号“遇见吴杰臻”2018年11月18日，https://mp.weixin.qq.com/s/qdS8huK-RJDuoZXIwj90DA。

② 杨斯空、翟宣任：《借名买房纠纷案件的审理思路和裁判要点》，载微信公众号“上海一中院”2021年11月8日，https://mp.weixin.qq.com/s/r8khr1_zivqGdtf0_FMMZw。

一般可认定存在借名买房事实。若不存在书面约定,则法院会再进一步查明有无以下事实:(1)当事人借名买房原因;(2)购房款支付及贷款偿还情况;(3)房屋实际占有使用;(4)房屋权属证书保管情况;(5)水电燃气及物业管理等日常费用实际支付情况;(6)是否及时要求办理变更登记;(7)无书面借名约定的合理性。

(二)借名买房协议的效力

1. 规避限购令的借名买房协议有效

实践中对此争议不大。部分省市就此问题出台会议纪要,均认为规避限购令的借名买房协议有效。如北京市高级人民法院民一庭《关于妥善处理涉及住房限购政策的房屋买卖合同纠纷案件若干问题的会议纪要》第 9 条规定,借名人在满足住房登记条件后,可以要求被借名人履行借名买房协议,事实上通过对继续履行方式的肯定确认了借名买房协议的效力。

2. 降低交易成本享受特定优惠的借名买房协议有效

从政府管理的宏观层面来看,被借名人将其优势资格处分后,其也再无资格同样再次享受优惠,从总量控制的角度分析,借名买房协议的达成并没有新增优惠资格数量,也并没有第三人因交易而受损。因此,此种类型的借名买房协议无涉社会公共利益,也没有损害第三人的利益,应属于有效协议。

3. 借名购买政策性保障住房的协议无效

政策性保障住房是面向低收入住房困难家庭出售的具有保障性质的政策性住房。对于购买人是否具备购房资格存在严格的审查和公示程序,且对房屋转让条件亦有严格限制。不符合购房资格的借名人购买经济适用房等政策性保障住房,不仅扰乱了国家对于保障性住房的监管秩序,也侵害了其他符合购买资格主体的合法权益,客观上损害了社会公共利益。根据《民法典》第 153 条第 2 款规定,违背公序良俗的民事法律行为无效,该类借名协议应属无效。

4. 转移财产、规避债务类的借名买房协议效力存在争议

在离婚诉讼中,有时会发现,夫妻一方借父母或其他亲戚名字买房,从而避免婚内新购房屋成为夫妻共同财产,该行为实质上是在转移夫妻共同财产。对于这一类借名买房协议,实践主流观点是无效。根据《民法典》第 154 条,行为人与相对人恶意串通,损害他人合法权益的民事法律行为无效。

但也有少数观点认为协议有效,原因在于:此类借名买房的当事人虽然动

机不纯,但并不影响借名人与出名人之间的权利义务内容,也不因此改变双方就借名登记及房屋权益归属的约定及效果,因此借名买房协议效力不受影响。

(三)借名买房协议有效、无效的影响

根据前文的描述我们可以区分借名买房协议的有效与否,在借名协议有效时,此类纠纷案件中借名人一般有要求配合过户、要求确权、要求确权并配合过户三种诉请。

在房屋不存在过户障碍的情形下,可判决出名人协助借名人办理房屋过户登记手续。审查房屋是否存在过户障碍,可以从以下两个方面进行:(1)结合最新的限购政策审查借名人是否具有购房资格;(2)审查房屋是否处于限制交易状态。

借名人依据借名协议以出名人为被告要求直接确认房屋归其所有的,法院可以向其释明,双方纠纷系债权债务关系,如借名人坚持其诉请则应判决驳回;如借名人变更其诉请为要求出名人按照约定将房屋过户至其名下,则参照前述要求配合过户的审理思路进行处理。也就是说,实际购房人不能提起确权之诉,而只能提出给付之诉,因为实际购房人依据有效的借名买房协议所享有的仅是债权请求权,而非物权请求权。物权请求权,是指当事人能够以实际所有权人的身份,确认房屋所有权归其所有;而债权请求权,仅赋予实际购房人依据借名买房协议要求出名人配合办理过户登记的权利。但在该种情形下,实际购房人提出“配合办理过户登记”的诉请其实没有太多价值,因为如果出名人愿意配合的话,双方不会到对簿公堂的地步。所以,实际购房人最实际的诉讼请求是“要求出名人承担借名合同违约责任,赔偿实际购房人相应的损失”。

在借名协议无效时,法院应当对合同无效的后果进行处理,即判决出名人补偿房屋折价款,并根据无效的原因,按照当事人过错比例对于交易费用等实际损失进行分担,而这一实际损失理论上也包括房屋的增值(如适用案例1-28)。根据笔者案例检索的情况来看,法院一般倾向于判决出名人和借名人各承担50%的其他费用和增值损失,或者出名人承担60%的其他费用和增值损失。

适用案例 1－28 张甲与张乙确认合同无效纠纷案[①]

张甲借用张乙名义购买涉案房屋时，双方均明知涉案房屋的权利性质为经济适用房，且明知张甲不具备购买资格，仍然签订《协议书》，对导致合同无效的后果双方均具有过错。关于张甲要求张乙赔偿房屋增值损失的诉讼请求，该损失符合信赖利益损失范畴，张乙应当予以赔偿，法院根据双方的过错程度酌定张乙赔偿增值损失的60%。

（四）转移夫妻共同财产的借名买房协议

笔者聚焦以“转移夫妻共同财产”为目的的借名买房协议，通过改编案例1－1来讲解应该如何应对这种情形。作为不知情的配偶一方，能否起诉确认借名买房协议无效？能否起诉确认系争房屋属于夫妻共同财产？

改编案例 1－1

■ 案情

建国和丽丽于2015年1月结婚。婚后没几个月，两人就一同购买了房屋一，登记在建国和丽丽名下，夫妻俩一起还贷。建国和丽丽工作辛苦但工资待遇不错，在结婚后的第2年4月，又攒了约150万元，用这笔钱买了房屋二，登记在建国父亲名下。2017年3月，丽丽怀孕了，考虑到以后的孩子，建国和丽丽在4月又按揭贷款购买了房屋三，并登记在丽丽父亲名下。就在双方为了这个新生的孩子而满怀期待之时，建国因为金融诈骗而锒铛入狱，被判3年有期徒刑。在建国入狱期间，丽丽一个人抚养孩子，并每个月打款/付现金给其父亲，偿还房屋三的贷款。现建国已经出狱，为了重操旧业，积攒创业资本，建国要求分割房屋。但丽丽不肯，于是建国起诉离婚，要求分割房屋一、房屋三的份额。

时间线如图1－8所示，房屋情况如图1－9所示。

① 北京市房山区人民法院民事判决书，(2020)京0111民初10807号。

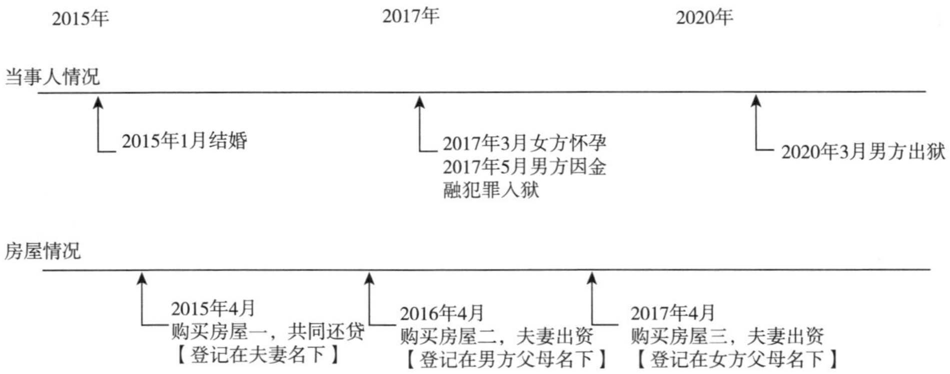

图1－8　改编案例1－1时间线

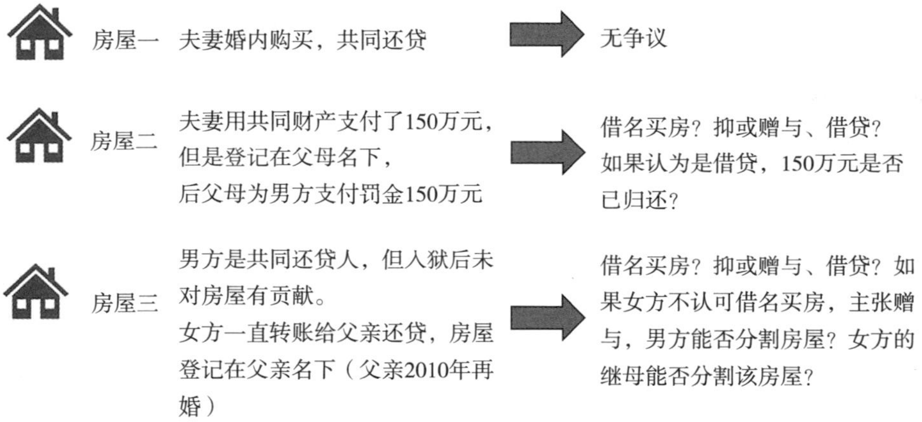

图1－9　改编案例1－1房屋情况

在离婚诉讼过程中，丽丽主张房屋三，是其父亲的房屋，其只是借款给父亲资助其购买房屋。对此，建国诉讼上应如何应对呢？建国可以提起所有权确认之诉要求法院确认登记在丽丽父亲名下的房屋属于夫妻共同财产吗？笔者认为这条路行不通，因为建国与丽丽一样，并不享有房屋的物权，对丽丽的父亲不享有物权请求权。建国可以另诉要求确认借名买房协议无效，并同时要求财产及损失的返还吗？笔者认为这条路可行，建国首先需要举证丽丽和其父亲之间存在借名买房的事实，进而主张这一借名买房协议属于恶意串通损害了自身利益因而无效，并主张房屋支出价款的退还和房屋损失（增值）的赔偿。同时，建国还可以在离婚诉讼中，以丽丽“转移夫妻共同财产为由”，主张丽丽少分或不分夫妻共同财产。

建国和丽丽的案例,只是笔者所遇到的诸多复杂案例中的一例,且本书讨论的角度仅为该复杂案件中的一个侧面。实践中,由于借名买房包括“表面目的”和“实际目的”两层,其中的事实真相需要依靠很多证据来形成证据链。而现实案件中,双方当事人往往会选择性地隐瞒事实,仅主张对己方有利的部分。作为律师,在通晓相关法律法规、裁判类案的同时,还需要有整体思维,在将案件脉络梳理清楚的同时,从请求权基础、诉讼策略等角度为当事人争取权益。

四、父母出资,孩子买房

生活中,由于新婚夫妇往往经济实力有限,无法仅凭自身积蓄购置婚房,因而夫妻一方或双方的父母会参与婚房的出资。当子女与其配偶感情破裂,或父母、子女、子女的配偶之间关系恶化时,争议出现,则出资的法律性质需要辨明,夫妻共同债务需要认定。就购房出资而言,出资的父母与子女的配偶往往对于出资性质各执一词。

那么,这种父母的出资的性质应该如何认定呢?在父母与夫妻之间没有协议的情况下,法院可能会有以下三种判断:(1)对房屋的共同出资;(2)赠与;(3)借贷。根据实践中的裁判案例,父母出资且登记在册或父母出资且与子女就房屋份额有明确约定的情况下会认定父母与子女共同共有该房屋;在父母仅出资而未登记也未约定的情况下,父母出资的性质一般为赠与或借贷。

(一)父母出资且登记在册

此类房屋姓名登记情况,实践中可以分为两种:(1)房屋登记的是一方父母和夫妻的姓名;(2)房屋登记的是一方父母和己方子女的姓名。在该部分,笔者将通过分享改编案例1-2,来展现法院在对该类案件判决时所考虑的一些因素。

1. 登记的是一方父母+夫妻

改编案例1-2

某房屋登记在小胡、小张夫妻二人与男方父亲老胡名下,为了分割清楚该房屋,小胡、小张夫妻二人与老胡之间一共经历了三场诉讼(见图1-10)。

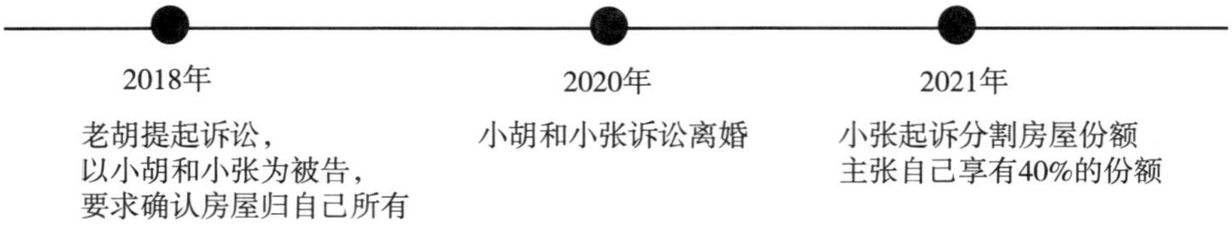

图1－10　改编案例1－2三场诉讼

■ 案件背景

2004年4月18日，老胡、小胡、小张与案外人签订《上海市房地产买卖合同》，房屋总价37.6万元。其中首付款19万元系老胡支付，以小胡和小张名义办理银行贷款18.6万元，实际每月贷款由老胡按月归还。

2004年5月10日，系争房屋登记在老胡、小胡、小张名下，由小胡、小张居住。

2005年1月17日，小胡、小张登记结婚。

2021年4月28日，小胡、小张判决离婚。

2021年，房屋的价值为365万元。

第一场诉讼：共有纠纷，上海市虹口区人民法院（2018）沪0109民初27405号民事判决书。

2018年，老胡提起共有纠纷，以小胡和小张为被告，要求确认系争房屋归其所有。该案法院认为：系争房屋系老胡、小胡、小张共有之房产，其三人存在家庭成员关系，故共有形式应为共同共有。现老胡表示如法院不能确认系争房屋产权全部归其所有，则其主张确认按份共有，小胡、小张亦同意确认按份共有，故法院依法对其各自的产权份额予以确认。对老胡、小胡、小张各自所占份额，法院综合出资等情况予以酌定，老胡占50%的产权份额，小胡、小张共占50%的产权份额。

第二场诉讼：离婚纠纷，上海市第二中级人民法院（2021）沪02民终1647号民事判决书。

该离婚诉讼案件中，虽然当事人提出分割系争房屋，但法官没有处理系争房屋的分割问题。

第三场诉讼：共有纠纷，上海市虹口区人民法院（2021）沪0109民初6451号民事判决书。

该案中小张起诉要求对系争房屋进行分割，并主张自身占40%的产权份额,其产权份额由小胡和老胡取得,小胡和老胡共同向小张支付折价款 146 万元。该案法院认为:生效判决确认小张、小胡共同享有系争房屋 50% 的产权份额。法院认为,当事人各方对系争房屋的贡献已在 27405 号案判决中充分予以了考虑,小张与小胡离婚案件判决的财产分割亦已对妇女、儿童利益进行了照顾,故法院对小张、小胡各自要求多分房屋产权份额的主张均不予支持,确认小张、小胡各占系争房屋 25% 的产权份额。

■ 律师评析

这三场诉讼中,法院的考量因素、当事人的起诉目的都各不相同。第一场诉讼中,老胡起诉是为了确认其所享有的房屋份额,预见性地避免了自己享有的房屋份额被后续的离婚诉讼所影响;而法官在该共有纠纷中,考虑到三方的出资份额以及小胡和小张是夫妻关系的这一情况,故而仅对父亲的房屋份额进行分割,而未对夫妻之间的份额进行分割,且判决夫妻二人和父母各占 50% 的份额。试想如果老胡在离婚后财产纠纷中作为当事人参与诉讼?那么,离婚后财产诉讼的法官或许会在本案中就处理完系争房屋的分割问题,而该法官在分割时可能会更倾向于基于离婚纠纷的事实与过错等问题,加上考虑保护妇女、儿童的利益,老胡可能大概率无法分到一半的份额。试想如果老胡在分家析产纠纷中作为当事人参加诉讼?那么,法院考虑到家庭关系,会将小胡和老胡看作一个整体,而仅分割出小张的份额,最终的份额安排或许也会因此不同。

第二场诉讼是为了解决夫妻之间的婚姻关系,且一并分割"能够处理"的夫妻共同财产。该离婚诉讼的法官显然认为系争房屋是与第三人共同共有的,涉及案外人利益,而在离婚诉讼中无法处理。在离婚诉讼中,法官分割夫妻共同财产更多的是从照顾妇女、儿童利益,离婚有无过错等角度来决定财产份额的分割结果。

第三场诉讼是为了处理离婚诉讼中"未处理"的系争房屋,法官考虑到夫妻二人已经离婚,双方丧失共有系争房屋的关系基础,按照共同共有分割的一般原则,判决小胡和小张各占 50% 份额的一半份额。

2. 登记的是一方父和母 + 己方子女

在这部分,笔者将分享典型案例 1 – 5,该案中系争房屋登记在女方父母和女方的名下,男方虽然参与出资,但姓名并未在房屋登记簿上,现夫妻双方已经离婚,男方要求分割自己对系争房屋的份额。

典型案例1－5 陈某诉蒋某等共有物分割纠纷案①

案件事实

2012年3月31日，陈某与蒋某登记结婚。

2015年3月5日，蒋某与其父母和案外人就系争房屋签订《上海市房地产买卖合同》，该合同约定：蒋某与其父母以170万元总价购买系争房屋。其中，陈某参与出资37万元。

2015年10月19日，蒋某与其父母登记为系争房屋的产权人，共有方式为蒋某与其父母共同共有。

2016年6月16日，蒋某与其父母以签订房屋买卖合同的形式，将系争房屋产权变更登记为按份共有，蒋某仅享有5%。

2018年10月26日，蒋某和陈某判决离婚。

法院判决

在陈某与蒋某婚姻存续期间，蒋某取得了系争房屋部分产权，依据不动产登记簿上记载蒋某与其父母为系争房屋的共同共有权利人，在无特别约定情形下，蒋某与其父母应为均等份，蒋某应享有1/3产权份额。在陈某与蒋某无特殊约定情况下，故蒋某占有的份额应认定为夫妻共同财产，应为共同共有。鉴于陈某与蒋某已离婚，共有人需分割房产，在无分割协议的情形下，应予均分。

律师评析

本案中法院支持了男方的主张，判决男方分得女方1/3共有份额的一半。但值得注意的是，法院并没有具体查清系争房屋的出资来源，而是直接按照人头进行比例的分割。

从案情对比的角度来看，虽然改编案例1－2与典型案例1－5中，系争房屋所登记的名义不同，但是系争房屋的出资情况却是非常相似的：都是主要由父母出资（在改编案例1－2中，夫妻甚至仅负有按揭贷款的名义，而从未实际承担起按揭贷款的缴纳义务）。从法院判决的角度来看，涉案法官未具体查明系争房屋的出资具体情况，仅考虑父母子女之间的家庭关系，按照共同共有处理。并且，由于父母主要出资，夫妻双方无论是登记一个人还是两个人，在分割

① 上海市普陀区人民法院民事判决书，(2020)沪0107民初1746号。

房屋比例时，法院都按照“一个人头”来计算比例。但从案例检索结果来看，在父母和夫妻出资相差不多，或者父母和夫妻出资的具体比例无法查清，且夫妻双方都登记在册的情况下，法院会倾向于按照登记人数来平均分割（如适用案例1－29）。

适用案例1－29　董某景诉赵某梅等共有物分割纠纷案①

一审法院结合董某栋、王某的婚姻登记变动情况、已生效离婚判决和当事人提交的载明出卖人为崔家胡同村委会、购买人为董某景和赵某梅的购房协议，未载明交款人的收款收据，证人乔某证人证言等证据，综合认定董某景、赵某梅、董某栋与王某原系家庭关系，董某景、赵某梅、董某栋与王某在家庭关系存续期间购买房屋，对所购房屋未约定各自享有的份额，对案涉房屋共同共有并各自占1/4的份额并无不当。

（二）父母出资但未登记

1. 案例对比

对于父母出资但并未登记的情况，应该如何认定出资的性质呢？笔者选取了“类案不同判”的两个详解案例用以对比，展示目前法院在判决中不同方向的说理逻辑与裁判观点以供参考。

典型案例1－6　朱某1诉朱某2、曹某某民间借贷纠纷案②

案情

原告朱某1与被告朱某2系父子关系，被告曹某某与被告朱某2原系夫妻关系，后两人离婚。

两被告在婚姻关系存续期间，共同购置价值180万余元的房屋一套，房屋登记为双方共同共有。为购置以上房产，被告曹某某商业贷款、公积金贷款共121万元。被告朱某2还向案外人赵某借款3万元、向案外人孙某借款2万元，两被告一致确认该两笔借款系夫妻共同债务，由双方各半负担，后来赵某、孙某将债权转让给本案原告朱某1。

此外，原告朱某1向朱某2转账共计51万元，后两被告未将该钱款还给朱

① 山东省德州市（地区）中级人民法院民事判决书，（2021）鲁14民终3365号。
② 上海市闵行区人民法院民事判决书，（2021）沪0112民初31731号。

某1,朱某1认为案涉51万元款项为两被告的夫妻共同借款,曹某某不予认可,现原告提起诉讼主张两被告归还款项。

人物关系如图1-11所示:

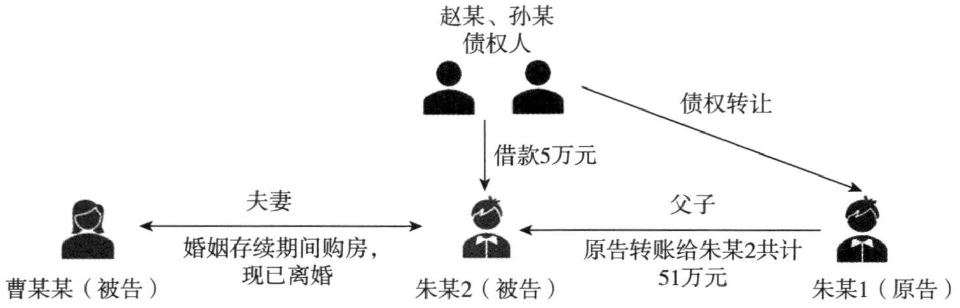

图1-11　典型案例1-6人物关系

法律问题

1. 案涉51万元款项是原告对两被告的赠与还是借贷?

2. 如果原、被告之间是借贷关系,那么51万元是否属于两被告的夫妻共同债务?

法院观点

1. 原、被告之间是借贷关系

主张赠与事实成立的证明标准是“排除合理怀疑”,该证明标准应高于一般事实的证明标准。本案中,原告提供了相应的转账凭证后,如被告认为该款项并非借款应就该抗辩提供相应证据,证明51万元是原告的赠与,在被告就相关抗辩举证后则举证责任回转到原告,原告应继续就借贷关系的成立进行举证。现原告已证明其在两被告购房时存在51万元的出资,原告已经就其主张的借贷关系完成了自己的举证责任。虽然被告曹某某对借贷关系不予认可,但是其未能证明双方之间存在赠与关系,其应承担举证不能的法律后果,故原、被告之间是借贷关系。

2. 51万元借款是夫妻共同债务

该款项用于两被告购买房屋,房屋最终也登记在两被告名下,属于债务用于家庭日常生活所需的情形,故借款属于夫妻共同债务,应当由两被告共同承担还款之责。

典型案例1－7 惠某某诉成某乙等民间借贷纠纷案[①]

案情

原告惠某某与第三人成某甲原系夫妻关系,2016年12月,两人第一次离婚诉讼被驳回。2018年3月,两人再次诉讼离婚,最终由法院调解离婚。

被告成某乙系原告惠某某与第三人成某甲之子,被告林某某系成某乙之妻。2016年4月,两被告购买总价395万元的房屋一套,并于2016年6月将房屋登记在两被告名下。

2016年4月13日,被告成某乙收到款项240万余元,并于同日将款项转账给被告林某某用于购买上述房屋。2017年9月,成某乙向原告惠某某出具借条,载明:为购买房屋成某乙向惠某某借款245万元,其中80万元为成某甲所有。此时,两被告因婆媳关系等家庭矛盾引发争执,致夫妻关系紧张。

现惠某某认为245万元的款项为借款,两被告应及时归还。

人物关系如图1－12所示:

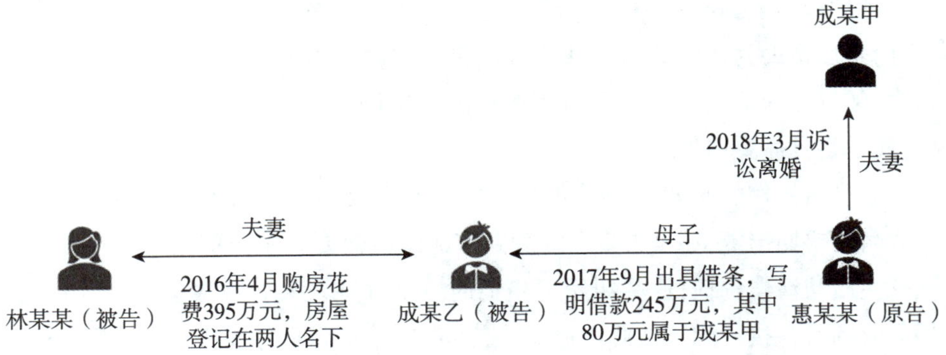

图1－12 典型案例1－7人物关系

法律问题

1. 原、被告之间是借贷关系还是赠与关系?

2. 如果是借贷关系,该借款是否是两被告的夫妻共同债务?

法院观点

第一,原、被告之间是赠与关系。

本案纠纷发生于家庭成员之间,相较于赠与行为,借贷关系更易于收集保留证据,也更易于证明,因此,主张借贷关系的一方(原告)应承担更严格的举证

---

① 上海市闵行区人民法院民事判决书,(2021)沪0112民初27843号。

责任。借条写于两被告夫妻关系紧张的敏感时点，在林某某缺席的情况下由成某乙单独出具，可以推定该借条系针对两被告的紧张关系而出具。且两被告婚后未购买房屋，一直与公婆共同居住生活，结合目前社会家庭关系的现状来看，父母出资为子女结婚或改善居住条件而出资购房的情况较为普遍，父母出资的目的主要是解决或改善子女的居住条件，而不是日后要回出资，基于父母子女的家庭成员关系，其赠与的可能性更大于借贷。

第二，由于原、被告之间是赠与关系，不存在合法有效的借贷，故不涉及夫妻共同债务问题。

典型案例1－6与典型案例1－7的背景存在极大的相似性，都是由父母出资为子女及子女的配偶解决婚姻生活所需的住房问题，父母都没有在款项支出前后明示款项为赠与或者借贷，且原告作为父母一方主张权利时都在被告的子女婚姻关系紧张的时点。而法院的立场却是明显不一样的。对于典型案例1－6，审理法院认为由受益的被告方对赠与关系负主要的证明责任，且要达到“排除合理怀疑”的标准，并认为父母帮助子女购房而提供经济帮助，不是法律义务，而是以帮助为目的的临时性资金出借。但典型案例1－7中的审理法院却认为，父母是为了减轻子女负担而赠与，主要目的是解决或改善子女的居住条件，而不是日后要回出资。

通过对案例的研究与分析可以发现，无论是父母通过诉讼的途径试图以借贷的名义要回出资，还是夫妻在处理财产纠纷时需要认定出资款性质进而判定债务性质与清偿责任，这些纠纷发生的时点往往在家庭关系紧张之时，各方为了争取利益各执一词。在此情形下，法官需在各方举证的基础上探知最接近客观事实的可能性，在判决时既要考虑法律规定与法理逻辑，也要兼顾家庭关系、事件脉络与社会普遍观念，在多重因素综合考量的基础上作出基于个案最公平的判决。

2.观点展示

典型案例1－6和典型案例1－7两种不同的判决思路，正好对应着实践中对“父母出资且未登记”的性质的两种观点。在这两种观点项下，法律适用、举证责任分配、情理阐述又各有不同。

(1)观点一：原则上属于赠与，除非举证借贷

①法律适用

这种观点首先被最高人民法院所支持。最高人民法院《关于适用〈中华人

民共和国民法典〉婚姻家庭编的解释(一)》第29条第2款规定,当事人结婚后,父母为双方购置房屋出资的,依照约定处理;没有约定或者约定不明确的,按照《民法典》第1062条第1款第4项规定的原则处理。而《民法典》第1062条第1款第4项规定的则是"受赠的财产"。因而从最高人民法院《关于适用〈中华人民共和国民法典〉婚姻家庭编的解释(一)》第29条第2款可以看出,最高人民法院认为父母为子女结婚购房而出资,一般属于赠与性质。另外,地方法院也有类似的规定。江苏省高级人民法院《家事纠纷案件审理指南(婚姻家庭部分)》指出,由父母承担对借贷的举证责任,否则将承担不利于己的后果,即以赠与关系为原则、以借贷关系为例外。

②举证责任分配

持"赠与"观点的法院通常认为,根据《民事诉讼法》第67条的规定,遵循"谁主张,谁举证"的原则,应有主张借贷关系的一方承担举证责任。最高人民法院民一庭的法官指出,对借贷关系是否成立应严格遵循"谁主张,谁举证"原则。在现实生活中,基于彼此间密切的人身财产关系,父母的借贷往往没有借条,父母的赠与也往往没有明确的表示。此时应严格执行"谁主张,谁举证"原则。如果父母有关借贷的举证不充分,则应认定该出资为赠与行为[①]。

③情理与社会观点

持"赠与"观点的法院通常认为,此种赠与是建立在血缘、姻亲关系上而成立,带有强烈的身份色彩,其根本目的是减轻子女负担,为新建小家庭提供良好的物质基础以便子女获得更为幸福的生活。如果父母出资认定为借贷,会违背子女及其配偶原始的信赖。特别是在出资时父母没有作出说明而之后年轻夫妻关系恶化才站出来主张借贷的情况下,明显伤及子女配偶的利益,其目的更加值得注意。

(2)观点二:原则上属于借贷,除非举证赠与

①法律适用

法院常以最高人民法院《关于审理民间借贷案件适用法律若干问题的规定》为依据进行判定。有的案件以最高人民法院《关于审理民间借贷案件适用法律若干问题的规定》第2条为依据,认为父母证明了出资的有关事实,被告未

---

① 最高人民法院民事审判第一庭主编:《〈最高人民法院关于《中华人民共和国民法典》婚姻家庭编的解释(一)〉理解与适用》,法律出版社2021年版,第149~152页。

抗辩或者抗辩不充分的情况下，应认定为借贷关系。[①] 有的案件以最高人民法院《关于审理民间借贷案件适用法律若干问题的规定》第 16 条为依据，认为父母出资更多的是带有暂时资助的性质，父母出具了出资的有关事实证据，虽没有明确约定还款时间不代表即无偿赠与，在被告未能作出合理说明的情况下，被告应承担不利的后果。[②]

②举证责任分配

持“借贷”观点的法院通常认为，在购房这种大额支出的情况下，如果无明确赠与的意思表示，应对出资性质谨慎认定，需要由主张赠与的当事人承担严格的举证责任。根据最高人民法院《关于民事诉讼证据的若干规定》第 86 条的规定，对于赠与事实的证明应达到“排除合理怀疑”的标准，那么无论主张借贷关系的一方举证到何种程度，主张赠与关系的当事人应充分就其主张进行证明，直到达到法定的“排除合理怀疑”的标准，否则出资会被认定为借贷。

③情理与社会观点

持“借贷”观点的法院通常认为，认定为赠与违背公平原则，子女享受房屋增值利益的同时，父母仍需承担房屋的首付款，必然存在利益失衡。此外，考虑到子女的年龄及收入状况，其作为具有完全民事行为能力的成年人，父母已对子女尽到了抚养义务，父母没有义务为他们出资买房，不应“包办”子女的一生，子女反而应该履行赡养父母的义务，不应给父母增添过重的负担。如果全部或大部分案件将父母出资认定为赠与，则不利于社会良好风尚的形成，容易助长坐享其成的心理，适时地认定为借贷关系才符合公序良俗。

总之，无论是将父母出资为子女购房认定为赠与，还是认定为借贷，在法律依据、思维逻辑与社会伦理上都有让人信服的合理性与适当性。如上文所述，父母在出资时未作表态，子女与其配偶关系恶化时父母出现主张两人还款，如将法律性质认定为借贷明显不当侵害了子女之配偶的利益。如果年轻夫妻长期没有独立的住所，经济上也比较困难，并且父母出资后长时间没有作出要求还款的意思表示，那么将法律性质认定为赠与更为合适。因此，在衡量父母出资为子女购房的法律性质时，裁量的天平倾向哪一边，应综合在案证据，根据来

---

① 朱某诉曹某某等民间借贷纠纷案，上海市闵行区人民法院民事判决书，(2021)沪 0112 民初 31731 号。

② 黄某诉余某虹民间借贷纠纷案，四川省成都市中级人民法院民事判决书，(2017)川 01 民终 4796 号。

自法律与情理的多重因素进行全面考察。

（三）案例检索

除此之外，笔者试图从司法实践的判决倾向中找到一些启发。

笔者先对全国范围的案例进行了粗略检索，发现采“借贷”观点的地方法院相对更多。例如，在房某某诉隋某某民间借贷纠纷案，山东省威海市中级人民法院(2021)鲁10民终1601号民事判决书中，法院认为在父母为孩子出资购买房屋、给付款项时未有明确表示出资系赠与的情况下，基于父母应负养育义务的时限，应予认定该出资款为对儿女的临时性资金出借。在这些同类案件中，法院对“借贷”的举证要求比较低，往往父母只要出示转账记录(和事后的借条)，法院就会认为父母完成了初步的举证责任。

笔者同时对上海范围的案例进行了较为仔细的检索。笔者在威科先行网站，以“借贷、赠与、父母、房”为全文关键词，以“民间借贷纠纷、离婚纠纷、离婚后财产纠纷”为案由，检索最高人民法院《关于适用〈中华人民共和国民法典〉婚姻家庭编的解释(一)》施行以来(2021年1月1日)上海地区的民事判决书，共获得45份民事判决书。

45件案件中，35件是以“民间借贷纠纷”为案由，主要为出资的父母为原告主张借贷关系。10件是以“离婚纠纷、离婚后财产纠纷”为案由，主要为夫妻一方主张是借贷关系。

在“出资父母主张借贷关系”的案件中，其中24件被认定为赠与，6件被认定为借贷。经过更进一步的查阅法院说理，笔者初步判断：上海法院的主流观点是父母出资原则上属于赠与。仅有的6件认定为借贷的案件中，主要分为两种情形：(1)该案父母有充足的证据证明属于借贷；(2)法院能从情理角度倾向于认定为借贷(见表1-4)。

表1-4 6件被认定为借贷案件的法院判决

论证角度	案件数量	审理法院	法院观点
证据角度	2	上海市第二中级人民法院、上海市徐汇区人民法院	婚前借条+婚前转账+款项用于购房； 主张借贷一方夫妻在之前的聊天记录中未否认借贷

续表

论证角度	案件数量	审理法院	法院观点
是否购房成功	1	上海市第二中级人民法院	根据双方陈述,张某转账上述款项用于怀某购房,但怀某未成功购房,从法律规定、普通民众的社会经验以及人之常情分析,现张某要求怀某返还该款并支付利息,并无不当
情理角度	3	上海市徐汇区人民法院、上海市闵行区人民法院	在父母出资时未明确表示出资系赠与的情形下,宜认定出资款系以帮助为目的的临时性资金出借为妥

在"夫妻一方主张是借贷关系"的案件中,既存在出资一方子女主张借贷的情形,也存在非出资一方子女主张借贷的情形。主张父母出资是借贷还是赠与,根据房屋增值情况的不同,对当事人利弊不同。其中有2件案件,法院决定不予处理,理由在于:(1)涉及案外人利益;(2)认为这是父母与子女内部的关系,与离婚案件无关。

故在"主张父母出资原则是赠与"和"主张父母出资原则是借贷"两种观点都合情合理,且法律没有明确规定的情况下,地方法院可以作出不同倾向的裁判。

五、未办理产权登记房屋

从生活实践来看,当事人在购买房屋的过程中,通常可以分为以下几个阶段(不含款项支付时点):签订合同—网签①—购房合同备案②—(预告登记③)—交付房屋—(预告登记)—过户登记。需要注意的是,网签和购房合同备案都是为了行政管理,非依据合意产生,并不具备物权效力;而预告登记必须双方协商一致,通过预告登记来使得"债权请求权"暂时性地具备物权效力,可以对抗第三人。法院在处理"未办理产权登记的商品房"时,往往先判断当事人有无合意。如果当事人协商一致,那么即使房屋所有权仍未确定,根据最高人民法院《关于适用〈中华人民共和国民法典〉婚姻家庭编的解释(一)》第77条

① 交易双方签订合同后,在房地产相关部门进行备案,并在互联网上公示。

② 签约之日起30日内,开发商在房地产管理部门登记备案。

③ 当事人签订买卖房屋或者其他不动产物权的协议,为保障将来实现物权,按照约定可以向登记机构申请预告登记(以备案为前提)。

第 1 款，法院仍应该在本案处理系争房屋的分割问题。

（一）有协议约定

根据笔者的案例检索，在当事人已经在离婚协议中对房屋处理作出约定的情况下，即便房屋未办理过户登记，法院通常仍然愿意按照当事人的协议，对房屋相关权利义务进行分割（如适用案例 1－30）。

适用案例 1－30 蔡某 1 诉杨某离婚后财产纠纷案①

法院认为，本案诉争的广海商品房仅办理预告登记，原、被告至今尚未取得完全所有权，而是基于《商品房买卖合同》取得债权，故不宜判决房屋所有权的归属，双方在离婚时已实际对该债权作出分割，故《商品房买卖合同》项下的权利义务应由蔡某 1 享有和承担。

（二）无协议约定

在双方当事人没有通过协议对房屋进行约定时，根据离婚时点和房屋状态时点的不同，可能会发生以下情形：

1. 在买卖、预售合同签订后，备案登记前离婚

对于这类房屋，由于房屋的所有权和使用权都处于不确定的状态，法院一般不予处理（如适用案例 1－31）。

适用案例 1－31 项某 1 诉李某离婚纠纷案②

庭审中，项某 1 承认购买该两处房产的事实，但表示房屋尚未交付，未办理产权证，也没有在房产部门备案，根据项某 1、李某所述，双方诉争的该两处房产权属待定，项某 1、李某并未实际取得该房产，故不予一并处理。

2. 在房屋备案后离婚

在“房屋已备案，但未过户登记”的情形下，法院会考虑其他因素，如房屋的交付状态、房屋是否具备领取产权证等条件。然而，不排除部分法院不考虑上述因素直接作出判决。

---

① 福建省惠安县人民法院民事判决书，(2020) 闽 0521 民初 9024 号。

② 辽宁省沈阳市中级人民法院民事判决书，(2020) 辽 01 民终 11808 号。

(1)部分法院会区分“房屋是否已交付”

一些法院认为需要区分房屋是否交付,认为“备案后、未交付”的房屋不予处理(如适用案例1－32),而“备案后、已交付”的房屋可以对房屋权利进行分割(如适用案例1－33)。

适用案例1－32 李某1诉张某离婚后财产纠纷案①

根据《民法典》第209条规定,不动产物权的设立、变更、转让和消灭,经依法登记发生效力。现原、被告诉争房屋尚未交付,未办理不动产登记,只是签订了物权转移合同,只产生合同效力,诉争房屋尚未发生物权转移效力,该物权仍属于拆迁人、开发或建设单位等人所有,现阶段只是享有债权。此时原告李某1要求对房屋进行处分后进行分割,于法无据,法院不予支持。

适用案例1－33 张某诉孙某离婚后财产纠纷案②

根据本案查明事实,701号房屋系双方婚姻存续期间购买,属于夫妻共同财产,由于701号房屋在双方离婚诉讼期间尚未交付,不具备分割条件,(2019)京0108民初59296号未对该房屋进行分割,现701号房屋已经交付且入住,虽然尚未办理房屋所有权证,但是房屋上的权利已具备确认条件,法院对于701号房屋上的权利依法分割。

(2)若当事人可举证“具备领取产权证的条件”,一般可在本案中对房屋分割处理

同样是未办理过户登记的房屋,但未办理的原因可能有所不同。一些法院认为,如果开发商已经具备了过户登记的条件,仅是当事人未积极行使权利的情况下,法院可以支持当事人要求分割房屋的诉请(如适用案例1－34);反之,则不然(如适用案例1－35)。

适用案例1－34 庄某诉吴某离婚后财产纠纷案③

102号房屋和103号房屋是原告和被告婚姻存续期间取得,为夫妻共同财

---

① 河北省石家庄市栾城区人民法院(原河北省栾城县人民法院)民事判决书,(2021)冀0111民初1767号。

② 北京市第一中级人民法院民事判决书,(2022)京01民终3447号。

③ 北京市朝阳区人民法院民事判决书,(2019)京0105民初31241号。

产，虽然涉案的102号、103号房屋未取得不动产登记证，但是上述房屋均具备领取产权证的条件，故本案予以处理。

适用案例1-35 琼某诉刘某夫妻财产约定纠纷案①

就301号房屋及车位，现根据厦门市自然资源和不动产权属中心出具的查询单，301号房屋及车位目前只做了预售登记，权利人系刘某，刘某并未办理产权证，且琼某并未举证证明目前该房屋及车位具备办理产权证的条件，亦未举证证明刘某怠于行使其办理产权证的权利。目前该房屋及车位尚不具备过户至琼某名下的条件，琼某要求过户或确认所有权的诉讼请求，法院不予支持，琼某可待条件成就后另行主张。

（3）多数法院不考虑“交付”“过户条件”因素

不考虑上述因素的法院，也分为两种观点：第一种观点认为，尽管房屋未办理产权证，但能够处理房屋相关的权利义务，法院一般以“判决房屋权利义务归一方所有，且支付另一方补偿费”的形式处理（如适用案例1-36）。第二种观点认为，因为房屋未办理产权证，故而房屋相关的诉讼请求都不能得到支持（如适用案例1-37）。

适用案例1-36 王某诉刘某离婚后财产纠纷案②

法院认为，刘某、王某于××××年××月××日登记结婚，双方未共同生活，亦未举办婚礼，后经人民法院审理判决离婚，在离婚案件中未对婚内财产作出处理。考虑到案涉房屋目前未办理产权登记，案涉商品房买卖合同的买受人载明为刘某、王某二人，而刘某、王某现已离婚，刘某提起本案诉讼请求对商品房买卖合同的权利作出认定处理，符合双方目前关系的需要，人民法院应予分割处理。

适用案例1-37 许某诉王某离婚后财产纠纷案③

法院认为，因302号房屋尚未办理房屋所有权证书，本案不宜径行处理，如许某认为其对该房屋享有所有权，可待获得房屋所有权证书后另行主张，故法

① 北京市朝阳区人民法院民事判决书，（2021）京0105民初58910号。
② 江苏省盐城市中级人民法院民事判决书，（2019）苏09民终2360号。
③ 北京市丰台区人民法院民事判决书，（2021）京0106民初15912号。

院对许某要求分割302号房屋产权的诉讼请求不予支持。

（三）预告登记能否产生“登记”的效果

值得一提的是，笔者在最初分类时，将“预告登记”单独作为一种情况来处理，探寻“预告登记”是否会影响法院选择“本案处理”。然而，在案例的延伸检索分析过程中，笔者发现“预告登记”是否存在不影响法院是否“本案处理”，但影响“房屋是否被认定为夫妻共有房产”。

适用案例1－38中，预告登记充当了类似于正式的“过户登记”的作用。根据最高人民法院《关于适用〈中华人民共和国民法典〉婚姻家庭编的解释（一）》第78条的规定，夫妻一方婚前付首付＋登记在首付方＝首付方个人房产。而在适用案例1－39中，夫妻一方婚前付首付＋预告登记在首付方＝首付方个人房产。但是，预告登记又并非完全等同于登记，仅在预告登记上将“未出资方”的名字加入，并不能推出有“约定共同共有”的意思（如适用案例1－39）。

适用案例1－38 刘某某诉肖某某离婚后财产纠纷案①

虽然诉争房屋尚未办理房地产权证，但被告已经履行了其与第三人上海万某有限公司签订的《上海市商品房预售合同》中作为买方应当承担的支付购房款的义务，并预告登记为预购权利人，故依照法律规定，该诉争房屋归被告所有，该房屋尚未归还的银行贷款由被告负责清偿，被告应给付原告婚后共同还贷支付的款项及其相对应财产增值部分。第三人上海万某有限公司负有配合被告办理诉争房屋产权变更登记至被告名下手续的义务。

适用案例1－39 方某诉高某离婚后财产纠纷案②

案涉争议房产系被告高某于婚前购买，由被告高某与房产开发商签订购房合同，后因原、被告登记结婚需共同办理商业按揭贷款及公积金贷款，被告高某向相关部门申请将原告方某加入并办理了预告登记，该办理预告登记的行为，非双方约定共有的意思表示，该房产权利仍应归属被告高某。

结合上述案例，笔者认为只有在“预告登记”没有争议的情况下，法院才可以类推“登记”的效果，即推定有“共同共有”的意思表示。

① 上海市浦东新区人民法院民事判决书，（2021）沪0115民初79716号。

② 浙江省丽水市莲都区人民法院民事判决书，（2020）浙1102民初2538号。

（四）恶意退房

笔者在前文中提到多数法院会对“未办理产权登记”的房屋作出“不予处理”的决定，并建议当事人“另案解决”。而在“不予处理”与“另案解决”中又存在一段时间差。实践中，有时会发生购房合同当事人利用这一时间差，与开发商恶意串通退房。如此一来不知情方利益将遭受威胁，故其可根据《民法典》第1066条，主张退房方转移、毁损夫妻共同财产，应少分或者不分夫妻共同财产（如适用案例1－40）。同时，不知情方可以要求退房方和开发商共同赔偿损失的租金数额的一半，理由是退房方和开发商此举构成共同侵权。

适用案例1－40 施某水诉陶某、南京长发都市房地产开发有限公司离婚后财产纠纷、财产损害赔偿纠纷、商品房预售合同纠纷案①

法律问题1：关于对诉争房屋的分割是否恰当？

根据《婚姻法》（已失效）第47条第1款的规定，离婚时，一方隐藏、转移、变卖、毁损夫妻共同财产，或伪造债务企图侵占另一方财产的，分割夫妻共同财产时，对隐藏、转移、变卖、毁损夫妻共同财产或伪造债务的一方，可以少分或不分。本案中，陶某未经施某水同意退房，损害了施某水对夫妻共同财产的权利，故根据《婚姻法》（已失效）的规定，对该夫妻共同财产分割时，陶某可以少分或者不分。原审法院据此酌定卫巷203室房屋的权利陶某应当少分10%并无不当。（二审法院）

法律问题2：关于对财产损害赔偿问题的处理是否恰当？

鉴于陶某与长发公司恶意串通，未经施某水同意退房，导致该房未被施某水及陶某占有、使用、收益，该部分收益系施某水基于夫妻共同财产的合法权益。一审法院据此认定由陶某和长发公司连带赔偿该损失并无不当。（二审法院）该收益可按评估的租金标准计算。考虑陶某侵权行为的过错及损害后果等因素，原审法院酌定由施某水享有该收益的60%，陶某享有40%。（一审法院）

（五）案例分享

典型案例1－8中，诉争房屋是以男方名义购买的，男方父亲主要出资。现

---

① 江苏省南京市中级人民法院民事判决书，（2015）宁民终字第5463号。

房屋尚未办理产权登记，女方提起离婚后财产纠纷，要求分割诉争房屋。

典型案例 1－8 杨某诉宋某离婚后财产纠纷案①

案情

宋某与杨某于 2011 年 10 月 19 日登记结婚，2020 年 12 月 9 日经法院判决离婚。

2016 年，宋某购买 130 号商品房。

2018 年，宋某购买 4143 号商铺。

购买 130 号商品房、4143 号商铺的主要款项来自宋某的父亲老宋。

现杨某起诉分割 130 号商品房、4143 号商铺，宋某辩称该房屋属于老宋。

人物关系如图 1－13 所示：

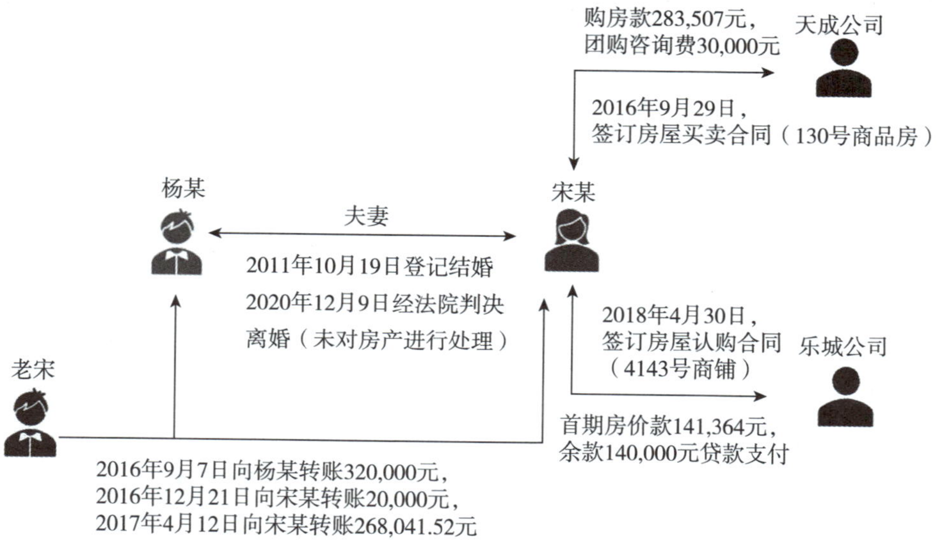

图 1－13 典型案例 1－8 人物关系

法律问题

涉案房屋和商铺是否属于夫妻共同财产？

法院观点

1. 未办理产权登记，且权属不明确，本案不予处理

结合在案证据及双方当事人陈述，上述房屋尚未办理产权登记手续，房屋

① 北京市第二中级人民法院民事判决书，(2021) 京 02 民终 9651 号。

系以宋某名义购买且宋某父母对于购置房屋进行了出资，宋某认为房屋系其父母购买并否认房屋属于夫妻共同财产。夫妻在婚姻关系存续期间所获得的相关财产为夫妻的共同财产。离婚时双方对尚未取得所有权或者尚未取得完全所有权的房屋有争议且协商不成的，人民法院不宜判决房屋所有权的归属。结合前述情况，涉案房屋权属不明确，结合在案证据亦不足以认定涉案房屋属于杨某与宋某的夫妻共同财产，涉案房屋或涉及案外人利益，故法院对于杨某基于房屋系夫妻共同财产而提出的分割房屋使用权的诉求，不应予以支持。

2. 父母出资属于赠与，可以行使撤销权

结合涉案录音内容，宋某父母仅就商铺问题作出表示，而并未明确作出将涉案钱款无偿给予宋某、杨某二人的意思表示。赠与人在赠与财产的权利转移之前可以撤销赠与，现涉案房屋尚未办理产权登记，宋某父母有权撤销对房屋的赠与，而宋某母亲已经于一审中当庭表示撤回赠与。

杨某主张涉案房屋有其份额缺乏依据，一审法院对其诉求不予支持正确。

杨某关于宋某父母系将购房出资赠与二人的上诉理由缺乏事实依据，杨某关于该出资有道德义务性不得撤销的上诉理由不符合法律关于不得撤销的相关规定，故其前述上诉理由均不能成立，法院不予支持。

■ 律师评析

1. 该案并不涉及法院对父母出资性质的认定，因为该案中父母主张是赠与，而当事人也没有加以否认。由于父母对子女的赠与，并不具有道德性质，根据赠与合同的规定，赠与方在赠与财产权利转移之前，享有任意撤销权。

2. 根据最高人民法院《关于适用〈中华人民共和国民法典〉婚姻家庭编的解释(一)》第 77 条第 1 款的规定，离婚时双方对尚未取得所有权或者尚未取得完全所有权的房屋有争议且协商不成的，人民法院不宜判决房屋所有权的归属，应当根据实际情况判决由当事人使用。“尚未取得所有权”是指，如本案中房屋虽然已经备案，但仍未过户登记的情形；“尚未取得完全所有权”是指，只享有对房屋的占有权、使用权、有限的收益权和处分权。根据第 77 条第 1 款，理论上，“未办理产权登记”的房屋在离婚分割时，一旦“有争议且协商不成”，法院就可以作出“本案不予处理”的判决。

对于“未办理产权登记”的商品房，离婚诉讼中并非完全不能处理。法院往往先判断当事人有无协议约定，再判断房屋的状态处于哪个阶段（备案、交付）。当事人在提起离婚诉讼时，要考虑到法院在一些情形下，可能会判决“不予处

理”，并相应做好心理预期和诉讼安排。

六、居住权问题

《民法典》实行之前即存在很多“有名无实”的居住权情形，然而，实务中的情形更加纷繁复杂，其中包括但不限于公房居住权问题，离婚后无住房一方及其未成年子女的居住问题，遗赠人对房屋的处分意愿与居住权人的住房需求冲突问题，子女不履行赡养义务导致老年人无房可住问题，等等。居住权的出台，使得这些当事人的居住利益得到法律上的认可和保护。本书仅针对离婚中所涉及的居住权这一情形展开论述，从“夫妻”和“出资父母”的双重视角入手，来探寻居住权制度的适用情况。为讲清离婚中的居住权问题，笔者会在第一部分简单介绍居住权的历史沿革和设立规则，于第二部分、第三部分就“夫妻一方的居住权”“出资父母的居住权”的情形分别加以分析。

（一）居住权的基本制度

1. 立法沿革

在《民法典》施行以前，法律中没有规定作为用益物权的居住权。但是，审判实践中早已进行过相应的探索。最高人民法院早在 1996 年《关于审理离婚案件中公房使用、承租若干问题的解答》（已失效）中便规定，离婚时，一方对另一方婚前承租的公房无权承租而解决住房确有困难的，人民法院可调解或判决其暂时居住，暂住期限一般不超过 2 年。暂住期间，暂住方应交纳与房屋租金等额的使用费及其他必要的费用。后来，最高人民法院又在《关于适用〈中华人民共和国婚姻法〉若干问题的解释（一）》（已失效）中规定，离婚时，一方以个人财产中的住房对生活困难者进行经济帮助的形式，可以是房屋的居住权或者房屋的所有权。根据该条文，夫妻一方离婚时生活困难的，人民法院可以判决其对另一方的房屋拥有居住权。

21 世纪初，我国部分学者对居住权有了初步的研究，中国政法大学江平教授指出，在我国，设立居住权是必要的。他认为，居住权的设立，能够保障社会弱势群体通过法律维护自身的居住权益，促进社会健康有序发展[①]。从《民法

① 杨晓峰、赵虎：《离婚诉讼中设定的居住权应规定为物权》，载《人民法院报》2009 年 3 月 17 日，第 6 版。

典》草案的编写到《民法典》的成立，经过专家学者的不懈努力，我国最终确定了居住权制度。《民法典》第366条规定了居住权的定义，居住权人有权按照合同约定，对他人的住宅享有占有、使用的用益物权，以满足生活居住的需要。

2. 居住权的设立

（1）以合同形式设立居住权

根据《民法典》第367条、第368条的规定，居住权合同必须采用书面形式，且居住权自登记设立。这一强烈的形式要求，导致实践中如果双方当事人仅有口头合意，而无书面合同，居住权无法顺利设立。此境遇下，弱势方只能通过诉讼的方式维护居住权，但由于其仅享有债权请求权，而不享有物权请求权。法院无法判决弱势方取得居住权，弱势方的实质诉求无法满足，且并非所有法院都支持对等的违约损失赔偿。因此，也有学者提出，以合同方式设立居住权时，居住权的设立不具有强制性，存在前置居住权合同阻碍弱势方取得保障性居住权的情形，有必要在立法上进行完善，以更好地保障弱势方的居住权①。

（2）以遗嘱方式设立居住权

根据《民法典》第371条的规定，居住权可以以遗嘱方式设立。但是，以遗嘱方式设立居住权时，居住权自何时起设立，在理论和实践中存在较大争议。有观点认为，以遗嘱方式设立居住权的，自办理居住权登记时设立，未办理居住权登记，不发生法律效力②。也有观点认为，被继承人死亡后，继承人即取得居住权，登记并非居住权的设立要件，但是可以起到强化物权公示效力的功能③。笔者采用后一观点，认为以遗嘱方式设立居住权的，登记不是设立要件，但未经登记的居住权不具有公示效力和公信效力，不得对抗善意第三人。

（3）以裁判方式设立居住权

对于能否“以裁判方式设立居住权”实际上是有一些争议的，《民法典》在居住权一章，并未就合同和遗嘱以外的方式设立居住权作出规定。但无论是学者积极从现行法中寻找法律依据，还是不断有地方法院首创“裁判设立居住权”

---

① 屈然：《论我国居住权的设立方式与登记效力》，载《法学杂志》2020年第12期。

② 杨立新主编：《中华人民共和国民法典释义与案例评注·物权编》，中国法制出版社2020年版，第591～615页。

③ 最高人民法院民法典贯彻实施工作领导小组主编：《中华人民共和国民法典物权编理解与适用》，人民法院出版社2020年版，第899页。

之先河[①],都表明“以裁判方式设立居住权”的存在有其急迫的现实意义。《民法典》第229条规定,因人民法院、仲裁机构的法律文书或者人民政府的征收决定等,导致物权设立、变更、转让或者消灭的,自法律文书或者征收决定等生效时发生效力。根据上述条文,以裁判方式设立的居住权,自法律文书生效时设立。

3. 居住权的新、旧法适用

最高人民法院《关于适用〈中华人民共和国民法典〉时间效力的若干规定》第3条规定,《民法典》施行前的法律事实引起的民事纠纷案件,当时的法律、司法解释没有规定而《民法典》有规定的,可以适用《民法典》的规定,但是明显减损当事人合法权益、增加当事人法定义务或者背离当事人合理预期的除外。在《民法典》施行之前,我国民事法律没有规定居住权制度。因而,法院在对2021年1月1日之前设立的“居住权”案件判决时,都会在援引上述条文后,适用《民法典》进行判决。但需要注意的是,该条的“但书”规定了“有利溯及”原则,即如果适用《民法典》不具有“明显减损当事人合法权益、增加当事人法定义务或者背离当事人合理预期”的情形,就必须适用新法规范,而不能选择适用(如适用案例1-41)。

适用案例1-41 蒋某诉程某华返还原物纠纷案[②]

法院认为,案涉房屋原产权人蒋某泉的遗嘱已证明被告程某华对案涉房屋享有居住权益,在蒋某泉将房屋赠与原告蒋某后,蒋某作为新产权人也在遗嘱上签字确认蒋某1、程某华有生之年对案涉房屋享有居住权。该设立居住权的意思表示均以书面方式作出,合法有效,虽然双方未进行居住权的登记,但鉴于该法律行为作出时《民法典》尚未生效,尚无关于居住权登记的法规及配套手续,故不能以未登记而否认程某华的居住权。从尊重当事人意思自治、保障当事人合理预期的角度出发,程某华对案涉房屋所享有的居住权益应受到法律保护。

---

① 近日,上海市第二中级人民法院审结一起因房屋拆迁利益分配引发的民事纠纷案件。本案最终以设立附期限居住权、支付补偿款的方式调解结案。上海市第二中级人民法院出具调解书后,为保障居住权的顺利登记,承办法官陪同双方当事人一同前往静安区自然资源确权登记事务中心办理登记手续。该中心在核查民事调解书后,确定应依照《上海市不动产登记技术规定》第11.1.3条的规定,办理“因人民法院生效法律文书设立居住权的首次登记”。日前,当事人已经取得了居住权登记证明。

② 湖南省湘阴县人民法院民事判决书,(2021)湘0624民初1230号。

(二)夫妻一方的居住权

上文简单介绍了居住权的基本制度,本部分聚焦到"离婚诉讼"中的居住权问题。根据笔者的案例检索,"离婚诉讼"中的居住权问题主要涉及两大主体:一是夫妻一方,二是出资父母。在夫妻一方享有居住权的情形中,既可能是夫妻双方在婚内或离婚时约定"居住权",也可能是法院在离婚诉讼中判决夫妻中生活困难的一方有居住权。

1. 夫妻协议约定居住权

(1)未成功设立居住权的居住权合同本身的效力

①是否承认债权效力

由于《民法典》对合同形式设立居住权设定了严格的形式要件。根据物权法定原则,如果当事人缺少书面合同或登记手续,居住权是无法设立的。而笔者的问题在于,我们固然可以否认居住权合同就此产生物权效力,但我们是否要承认居住权合同本身的债权效力呢?如果承认债权效力,即意味着尽管当事人不能请求对方配合办理居住权登记手续,但是可以依据合同要求对方承担违约责任,赔偿损失。如果不承认债权效力,即意味着当事人无法得到任何形式的替代救济。根据笔者对案例的检索发现,实践中对于"书面约定居住权而未登记"的情形,可以分为以下两种观点。

第一种观点严格遵守居住权设立的形式要件,认为未经登记,居住权未设立,该居住权合同不对当事人有拘束力。这种观点不仅否认了物权效力,也否认了债权效力(如适用案例1-42)。

适用案例1-42 金某诉朱某居住权纠纷案[①]

本案中,金某与朱某虽于民政部门签订了离婚协议书,对案涉房屋的居住进行了约定,但双方均未向房屋管理部门进行登记,居住权未设立。故对金某要求确认享有北京市丰台区紫芳园六区×号楼×单元×室次卧居住权的诉讼请求,证据不足,法院不予支持。

实践中,原告多是提出"要求确认居住权"或者"要求配合办理登记"的诉讼请求,而法院在当事人未进行登记的情况会驳回该诉讼,而未提及替代性的

① 北京市丰台区人民法院民事判决书,(2021)京0106民初34102号。

损害赔偿要求。笔者认为，如果这些法院认同“居住权合同”有债权效力，就有义务进行释明，告知当事人可以变更其诉讼请求，但这些裁判文书中不能反映这一点。

第二种观点则认为，尽管未办理登记，居住权无法设立，但居住权合同本身仍具有债权效力（如适用案例 1－43）。

适用案例 1－43 孙某某诉夏某某等居住权纠纷案[①]

法院认为，对于孙某某主张涉案居住权不成立、涉案协议作废的上诉意见，虽然本案居住权因未登记而不成立，但因涉案协议系孙某某与夏某某的真实意思表示，且不违反法律、行政法规的强制性规定，应依法认定是合法有效的协议，对双方具有约束力。孙某某称该协议因夏某某未按约履行而作废，法院认为，该协议并未约定履行期限，夏某某虽未及时履行但给付了相应款项，孙某某亦以夏某某按约履行和解协议为由申请撤回扶养费起诉，故对孙某某主张协议作废的上诉意见，法院不予支持。因此，一审法院认定涉案居住权不成立，但是因孙某某需按协议履行义务，判决孙某某应保障夏某某在涉案房屋合理期限内的居住权益，并无不当。

该案的法院将物权效力和债权效力分开判断。“书面居住权合同”加上“登记”，产生“居住权设立”的效果。而书面居住权合同本身是否有效（此处不讨论口头居住权合同的效力，实践中难以举证），要根据《民法典》合同编的要求加以判断，是否存在欺诈、胁迫、违背公序良俗等效力瑕疵事由。在书面居住权合同有效的情况下，当事人就算不能确认居住权，仍能够要求对居住利益的其他保障，在适用案例 1－43 中即体现为“允许继续居住”。

笔者采用第二种观点，认为物权效力和债权效力应独立判断。在《民法典》生效之前，约定居住权合同仅有债权效力，不具有公示外观，无法切实保障当事人的利益。故而，立法者参考比较法上的规定，引入了“居住权”这一物权概念。但这一概念引入的目的是加强对当事人的保护，而不是产生“连最基础的债权效力”都就此灭失的效果。

与此同时，笔者也认为，这种居住权合同可能属于赠与合同性质（一方所有的房屋为另一方设立居住权），在属于无偿赠与的情况下，如果一方想要行使任

---

① 江苏省连云港市中级人民法院民事判决书，（2021）苏 07 民终 4496 号。

意撤销权，撤销赠与也相应成立。笔者想要强调的是，不能因为判决最后处理结果的相同，就否认居住权合同的物权效力和债权效力的区分，否认赠与合同撤销权需要主动行使的这一步。

②两种特殊情形下对债权效力的普遍承认

笔者对大量类案检索和研判后发现，除前文提到"一概承认居住权合同效力"的法院，还有部分法院于特殊情形下亦承认居住权合同的债权效力。

第一种情形：如果当事人仅因房屋尚不具备办理过户登记条件而未办理登记，那么法院会支持原告"要求确认居住权"的诉讼请求（如适用案例 1－44）。

适用案例 1－44 郭某某诉金某某居住权纠纷案[①]

案涉房屋至今未办理不动产登记，故居住权登记尚不具备条件，现原告仅要求确认其对案涉房屋享有居住权，限被告向其交付使用，于法有据，法院予以支持。

第二种情形：当事人在离婚协议中对居住权进行约定。

由于离婚协议是"一揽子"协议，包括一系列财产、人身的约定，一方作出"居住权"的让步，往往是为了取得对等的其他利益，可能是为了让对方愿意离婚，可能是房屋的所有权。故，离婚协议中的"居住权约定"属于附条件的赠与，不能任意撤销，对当事人有拘束力（如适用案例 1－45）。

适用案例 1－45 陈某文诉潘某、陈某丹居住权纠纷案[②]

据法院（2019）粤 0104 民初 9774 号民事判决书所述，"男女双方基于离婚事由将夫妻共同财产处分给子女的行为，可视为一种附离婚条件的赠与行为"。同时，《离婚协议书》亦明确约定"上述房屋男方仍拥有居住权，居住到终老"，该约定亦应当视为赠与行为所附的另一条件，在被告陈某丹清楚是附条件赠与的前提下，接受赠与人即被告陈某丹应当受该条件约束。

（2）居住权收回条款

如果当事人在居住权合同中约定了解除权，或者满足了法定解除权的情况，那么当事人可以通过行使解除权使合同的权利义务归于消灭。根据《民法

① 江苏省南通市通州区人民法院（原江苏省通州市人民法院）民事判决书，（2021）苏 0612 民初 3208 号。

② 广东省广州市越秀区人民法院民事判决书，（2021）粤 0104 民初 42562 号。

典》第 370 条的规定，居住权期限届满或者居住权人死亡的，居住权消灭。居住权消灭的，应当及时办理注销登记。理论上，在居住权合同被解除后，由于居住权合同是居住权的权源，当事人也应该及时办理注销登记。

笔者查询了地方性法规等文件①，发现"居住权"的注销有三种情况：①居住权未到期提前注销；②居住权到期办理注销；③居住权人死亡办理注销。第二种、第三种情况实际上就是《民法典》第 370 条的情形。笔者认为，居住权合同被解除的情况，属于第一种情形。该情形下，需要产权人及居住权人双方到场，携带身份证明、居住权合同、权属材料到当地的不动产登记和交易中心办理注销手续。但笔者认为这从实操角度有一定难度。因为居住权人可能不愿意配合办理注销登记，而是主张自己没有违反居住权合同的约定。这会导致产权人最后还是要通过诉诸法院的途径来主张解除合同，一并注销居住权。

且不论解除权成就后该如何操作，笔者发现，对于居住权合同中约定或法定解除权的行使，实践中存在一定的争议。下文将具体讨论居住权合同中，"不还房贷"的违约行为能否导致"法定解除权"的产生，以及人身性质的"约定解除权"条款是否有效。

①基于不还房贷等违约行为，能否收回居住权

在承认夫妻一方享有居住权的情形中，如果居住权合同（离婚协议）中同时约定了由居住权人来承担房屋还贷义务，居住权人不按时还贷，所有权人能否主张其丧失居住权呢？根据实践来看，法院不会支持所有权人的该主张（如适用案例 1－46）。因为"房屋还贷义务"并不是"居住权"的对等性义务。简单来说，所有权人并不是因为对方愿意承担房屋还贷，才愿意赋予其居住权的。

适用案例 1－46 金某诉郭某甲居住权纠纷案②

法院认为，原、被告的离婚协议系双方真实意思表示，合法有效，原、被告均应按协议的约定履行。原告对案涉房屋具有居住权的约定，具备居住权合同的基本要素，合同已成立，且未附条件。被告提出双方并未签订书面合同，且原告未按约偿还房贷故不享有居住权的抗辩，缺乏依据，法院不予采信。至于原告停止支付房贷，确实构成了违约，但其并不因此丧失居住权。被告在代偿之后，与原告之间形成债权债务关系，被告有权向原告追偿，但不能因此单方改变协

---

① 如《上海市不动产登记若干规定》《杭州市不动产登记若干规定》。

② 江苏省南通市中级人民法院民事判决书，(2021) 苏 06 民终 4478 号。

议的约定。案涉房屋至今未办理不动产登记，故居住权登记尚不具备条件，现原告仅要求确认其对案涉房屋享有居住权，限被告向其交付使用，于法有据，法院支持。

②如果在合同中约定“一方再婚，即刻收回居住权”，约定是否有效

从实践中的裁判情况来看，既有法院认为该条款因违背公序良俗而无效（如适用案例1－47），也有法院认为该条款是双方真实意思表示而有效（如适用案例1－48）。

适用案例1－47 王某诉周某1、周某2离婚后财产纠纷案①

法院认为，结婚与离婚是我国公民享有的一项基本民事权利，任何人不能干涉他人婚姻自由。本案中王某与周某1所签订的离婚协议约定“双方为照顾小孩可以暂时居住，如一方再婚必须搬走”，是以双方是否再婚来约束、限制双方对该处房屋享有的居住权，对双方再婚附加苛刻的财产条件是对双方婚姻自由的限制，因此该附加条件的民事法律行为，因违背了社会公序良俗而无效。民事行为部分无效，不影响其他部分效力的，其他部分仍然有效。

适用案例1－48 游某霞诉姚某保、李某连居住权纠纷案②

本案中，虽然姚某霞（姚某保、李某连之子）与游某霞签署的离婚协议书中载明给予游某霞居住权，但是居住权以登记为成立要件，而双方均未向登记机构申请居住权登记，故居住权不成立。另根据姚某霞与游某霞在离婚协议书中约定“双方成家结婚不得在两栋房子里”，而现游某霞已再婚，故按照该离婚协议书约定，游某霞不能再以离婚协议书中约定享有居住权为由居住在该涉案房屋。

笔者认为，婚姻自由包括结婚自由和离婚自由。结婚自由，就是结婚须男女双方本人完全自愿，不许任何一方对他方加以强迫，或者第三人加以干涉。以限制再婚为条件的财产协议因干涉他人婚姻自由、违背公序良俗而无效。法律行为的部分无效不影响整体效力，对当事人居住权的约定仍然有效。

（3）设立虚假居住权，逃避债务

生活中有一种情形，夫妻中一方欠了很多外债，于是夫妻谋划将房屋约定

① 安徽省濉溪县人民法院民事判决书，（2021）皖0621民初5379号。

② 湖南省岳阳市中级人民法院民事判决书，（2021）湘06民终3175号。

且变更登记为未欠外债的一方,并同时为欠外债的一方设立居住权。这一种生活情形,进一步催生了司法实践中与"居住权"有关的"案外人执行异议、债权人撤销权"纠纷。

如果抵押人在抵押不动产之前,在该不动产上设置虚假居住权,这样的居住权表面上具有强大的对世效力,抵押权人的权利很难得到兑现。因而,有学者提出,需要通过严格的审查程序对虚假居住权予以涤除,如果仅凭借形式审查轻易认定其居住权合同能够对抗抵押权人,将严重影响抵押权的实现以及抵押物受让人的交易安全[①]。笔者认为,这一情形与"双方协议"能否对抗债权人的问题较为相似,应采用相似的处理方式,即由法院来审查"协议和申请执行的时间先后、当事人有无恶意串通、是否办理登记"等因素,来判决"居住权约定"能否对抗债权人。

2. 裁判设立居住权

"居住权"一词第一次在法律条文中出现,就是为了解决"离婚时生活困难的一方"的生活基本保障问题。因而在物权法上的居住权制度确立之后,我们仍不能忘记"居住权"在这一问题上的重要作用。

(1)法律依据

一些学者(包括笔者)认为,虽然《民法典》第1090条删除了最高人民法院《关于适用〈中华人民共和国婚姻法〉若干问题的解释(一)》(已失效)"提供帮助的形式可以是房屋的居住权"的规定,但是保留了其他内容,即离婚时,如果一方生活困难,有负担能力的另一方应当给予适当帮助。具体办法由双方协议;协议不成的,由人民法院判决。《民法典》第1090条可以为法院裁判设立居住权提供实体法依据。

但也有学者提出,因为《民法典》第1090条删除了最高人民法院《关于适用〈中华人民共和国婚姻法〉若干问题的解释(一)》(已失效)第27条的相关表述,这就意味着引用第27条来证成其论点的进路,已罹于实体法依据的失效。而最高人民法院《关于适用〈中华人民共和国民法典〉婚姻家庭编的解释(一)》第77条仍有"根据实际情况判决由当事人使用"的表述,可见最高人民法院仍

① 孙昂、曹军宇:《强制执行中居住权与抵押权的冲突与平衡》,载《山东法官培训学院学报》2022年第2期。

肯定了法官可以判决设立居住权的做法[①]。

这两种观点都认同“以裁判设立居住权”是具有实体法依据的，但区别在于所寻找的实体法依据不同。笔者检索了相关案例（较少）后发现，全国第一起裁判设立居住权的案例出自上海市第二中级人民法院，但上海市第二中级人民法院是以出具调解书的方式结案；而后重庆法院则依据《民法典》第 1090 条判决设立居住权。

（2）“生活困难”的判断

在离婚后，有生活困难的一方向另一方寻求帮助是法律之外的义务。只有在离婚后，夫妻存在无法继续生活的问题，即必须是严格意义上的生活艰难时，法院才会强行介入，判决其享有居住权。确定当地居住期间也必须考虑住宅制度改革的实际情况，生活困难者的劳动能力和生活状况等因素综合判断后再判决，使之合理合法地实现当事人权益保护效果和社会效果的有机整合[②]。

（3）判决的“居住权”要合情合理

目前，在司法实践中，法官对确定生活困难者居住时间的控制空间较大，判决的大部分居住时间都在 2 年或 2 年以上。有学者提出，根据房屋是属于个人财产还是夫妻共同财产，来确定居住权的基本年限。具体来说，如果房屋是一人在结婚前的个人财产，那么法院应判决的居住权就应该为短期居住权；而如果房屋是结婚夫妇的共同财产，双方都充分考虑并且参与了房地产的购买，在建设和室内装饰的人、力、物方面双方都花费一定的资金和精力，那么在这种情况下的判决则应该为有房的一方提供支持，在支持房地产所有权时，可以判决较长的居住期限。实际上，这种建议并不是没有根据的。前文我们已经提到，在居住权制度出现之前，各地法院为了解决离婚诉讼中生活困难的一方的居住问题，判决一方有“暂时居住”的权利，但同时最高人民法院也指出了“暂住期限一般不超过两年”[③]。

---

① 任翔宇：《〈民法典〉视域下居住权的解释论重构》，载《湖北经济学院学报（人文社会科学版）》2022 年第 6 期。

② 张雪峰、靳钜尧：《离婚诉讼中居住权相关问题研究》，载《黑龙江人力资源和社会保障》2022 年第 7 期。

③ 最高人民法院《关于人民法院审理离婚案件处理财产分割问题的若干具体意见》“14、婚姻存续期间居住的房屋属于一方所有，另一方以离婚后无房居住为由，要求暂住的，经查实可据情予以支持，但一般不超过两年。无房一方租房居住经济上确有困难的，享有房屋产权的一方可给予一次性经济帮助。”

(4)"居住权"的单方登记

由于裁判设立的居住权会使得所有权人的所有权的使用权能受到极大限制,所有权人可能不愿意配合办理居住权登记。因而,应允许当事人根据法律文书来申请单方登记。实践中,各地登记规定均确认,申请居住权首次登记的,申请人为生效法律文书确定的享有居住权的人,办理申请时提交生效法律文书即可。通过居住权人单方申请登记,可以有效避免所有权人不履行或不配合完成登记手续的情形,同时可以减少因居住权未经公示登记而产生的物权纠纷,有利于维护交易第三人的合法权益,且最大限度地保障了居住权人的居住权益及时实现①。

(三)出资父母的居住权

生活中,很多父母将自己半辈子的积蓄拿出来给子女买婚房,甚至为筹集这笔钱而欠债。父母可能和子女在购房时就已经约定好,该房屋会留出一间房间供老人居住。但是由于子女所购的婚房上并没有登记出资父母的姓名,如果子女反悔了或发生离婚纠纷,则父母该如何维护自己的居住权益呢?

在前文讲述"夫妻之间的居住权合同"时,笔者提到实践中泾渭分明的观点,且实际上主张"居住权合同"没有债权效力的观点更多一些。但对于"出资父母与子女的居住权合同",观点则大不相同。

为了保护出资父母的权益,笔者认为,可以将出资父母与子女之间的居住权合同,认定为"有偿合同",即父母支付房屋价款是子女设立居住权的对价。当然,这必然也会引发疑问,在父母没有赠与且表示居住意愿的前提下,老年人为子女偿付买房款占总价的多少视为对价?抑或有出资即视为对价?对此,有学者认为,就对价的认定,法院在审理时可以参考离婚诉讼中父母为子女买房的份额分摊和举证标准。例如,对于父母的出资构成房屋的首付款且是启动购房流程的基本因素的,或是父母出资是子女能够获得贷款并以自己名义购得并使用房屋的前提条件的,当然应当认为是"对价"②。一旦这种居住权合同被认定为有偿合同,那么就应该适用双务合同的条款,而非适用赠与合同的条款,居

---

① 申卫星、冉超、李惠:《居住权制度立法供给与司法需求的完美对接——"邱某与董某某居住权执行案"评释》,载《荆楚法学》2022 年第 3 期。

② 何丽新、朱欣蕾:《〈民法典〉视域下居住权的养老功能与实现路径》,载《厦门大学学报(哲学社会科学版)》2022 年第 2 期。

住权合同对当事人具有较强的约束力。

关于出资父母的居住权，笔者分享典型案例1－9。该案中，老人全额出资购房，为了孙女的学校问题，房屋登记在孙女和儿媳名下。现儿媳已经与儿子离婚，孙女和儿媳起诉老人搬出房屋。

典型案例1－9　高某、小小郑诉丁某、老郑排除妨害纠纷案[①]

案情

小郑与高某于2008年登记结婚，2010年两人生育一女小小郑。

2013年4月22日，高某、小小郑与案外人签订买卖合同，以396万元的价格购入诉争房屋，全款系由老郑和丁某支付。

同年11月14日，诉争房屋登记至高某、小小郑名下，高某5%，小小郑95%。

2020年6月，小郑与高某诉讼离婚，诉争房屋中属于高某的5%的产权份额由两人各享有2.5%。

现，高某和小小郑起诉要求老郑和丁某搬出房屋。（丁某名下无其他房屋）

法律问题

老郑和丁某就诉争房屋是否享有居住权益？

法院观点

1. 高某和小小郑已经长期默认了老郑和丁某的居住权益

根据本案查明事实，诉争房屋虽登记于两原告名下，但购买诉争房屋的出资完全源于两被告，两被告对诉争房屋取得具有重大贡献。房屋购买后，长期以来一直由两被告居住，两被告也照顾了小小郑的读书起居，该状态一直持续到高某与小郑离婚之前。虽然原、被告之间就诉争房屋的居住无书面约定，但结合当事人之间的家庭关系、出资情况、住房情况、两被告年龄，可以推定两原告对两被告长期居住诉争房屋是同意的。虽然高某已与小郑离婚，但不应因此改变两被告的居住状态。两原告的诉请，有违诚实信用原则。

2. 高某和小小郑的诉讼请求有违公序良俗

无论高某、小郑离婚与否，两被告与小小郑的祖孙关系改变不了。房屋由祖父母出资购买无偿赠给孙女，而孙女却要求长期居住在内的祖父母搬离，有

① 上海市徐汇区人民法院民事判决书，(2021)沪0104民初2874号。

违公序良俗,也与公平、友善的社会主义核心价值观相悖。

3. 老郑和丁某的居住并不妨害高某和小小郑的物权

两原告以两被告居住使用诉争房屋妨害其物权为由要求被告搬离,但根据诉争房屋的结构,原、被告完全可以共用诉争房屋,两被告未排斥原告的居住,两被告的居住也并未妨碍原告使用,原告也未提供充分证据证明两被告有其他妨害原告居住使用诉争房屋的障碍。综上理由,两原告要求两被告搬离诉争房屋的诉讼请求,法院不予支持。

律师评析

本案中,虽然法院没有明确地以"裁判的方式"为出资父母设立"居住权",但其达成的效果在一定程度上却是相似的。法院通过驳回所有权人的"排除妨碍"请求权,保障了出资父母的居住权益。法院论证"出资父母"的居住权益的理由在于"家庭关系、出资情况、住房情况",这与"为生活困难的夫妻一方设立居住权"的原理也是相通的,都基于人情常理,对弱势的家庭成员给予一定的照顾。

但是值得注意的是,法院是在"不承认居住权"和"设立居住权"之间作了一个妥协。既出于伦理的考量,不能完全忽视出资父母的必要生活需求;又限于法律规定,不敢完全创新性地为父母设定居住权。这导致的结果就是,出资父母相当于享有了一个可以对抗"所有权人"、却不能对抗"第三人"的居住权。笔者不禁担忧,如果案例中的孙女和儿媳将房屋出卖给善意第三人,那么这对老夫妻的居住权益又该如何保障呢?

综上所述,本部分围绕《民法典》新规定的居住权制度,将主题聚焦到婚姻关系中的居住权问题。在明确居住权可以通过合同、遗嘱、裁判三种途径设立后,分别讨论夫妻之间、出资父母与子女之间的居住权情形。通过论述,相信大家至少会有一个基本的印象就是,夫妻之间的居住权合同只有登记才有牢固的保障,法院裁判为生活困难的夫妻一方设立居住权虽然少见但是一大趋势;出资父母与子女之间的居住权合同,法院倾向于维护其效力,而即便出资父母与子女之间没有这种约定,法院也会从人情常理的角度尽量维护父母的利益。

第二章

股权、财产份额等其他权益性资产篇

第一节　有限责任公司、股份有限公司股权及收益分割

一、股权是否属于夫妻共同财产的认定

在夫妻双方离婚时，存在股权分割的前提是：第一，夫妻一方或双方享有股权；第二，该部分股权属于夫妻婚内共同财产。

（一）夫妻一方或双方享有股权

理论上，非股东方配偶可以通过查询公司登记的股东信息来作为主张股权的依据。但是，在实际生活中，可能发生两种情形：第一，股东方配偶在婚姻存续期间内持有过股权，但在提起离婚诉讼之前已经将股权对外转让。第二，股东方配偶虽然一直享有股权的受益权、行使股东参与公司管理权，但是并没有登记在工商登记名册或公司内置的股东名册上。

1. 股权已经对外转让

如果股权对外转让，发生在婚姻存续期间内，是经过夫妻双方同意的，那么并没有太多的讨论价值，因为夫妻双方对股权处分达成了一致，只需分割股权转让款即可。但是如果股权对外转让，是股东方配偶的单独行为呢？

首先，这一行为可能被定性为无权处分。实践中，法官对“股东方配偶未经另一方同意，将股权对外转让”的行为是否构成“无权处分”有两种观点：第一种观点认为，夫妻一方的自行处分行为未获得另一方的追认，因而转让股权的行为属于无权处分（如适用案例 2 - 1）。第二种观点认为，在股权交易中应遵循

商事外观主义，要保护第三人对权利外观的合理信赖，维护商事交易的效率，因而转让股权的行为属于有权处分（如适用案例2－2）。

适用案例2－1 徐某某与沈某某诉周某某等股权转让纠纷案①

本案中，徐某某作为沈某某的配偶，其基于夫妻存续期间取得的股权所享有的共有财产权利体现在股权所对应的财产性收益上，即转让股权所取得的对价，故沈某某处分其名下的股权时涉及徐某某的利益，其自行处分行为未获得徐某某追认，故其转让股权的行为属于无权处分。然而，即便沈某某系无权处分，尚不足以认定该转让合同无效。如果受让人系善意、有偿取得该财产的，应当维护第三人的合法权益。周某某与沈某某系母子关系，沈某某在其起诉离婚前，将诉争股权无偿转让给与其具有特定的身份关系的周某某，由于周某某获得诉争股权未支付对价，沈某某与周某某主观上具有损害了徐某某对涉案股权依法享有的收益权的故意，故周某某不属于善意第三人，依法应当认定周某某无偿受让沈某某股权的民事法律行为无效。

适用案例2－2 赵某诉张某荣、吴某名股权转让纠纷案②

法院认为，夫妻一方对其名下的股权对外享有完全的处分权。股权作为一项特殊财产，在交易过程中遵循依法登记和外观主义的原则，权利人经登记和公示取得了权利外观，导致第三人对其权利确定性产生合理信赖，据以作出的民事法律行为应当受到优先保护。从股权获取的角度看，即使是以夫妻共同财产出资，基于股权与出资所用财产的独立性，出资财产的权利归属并不能决定股权的归属。就社会生活的一般经验逻辑而言，财产投资后取得股权的过程无须征询行为人配偶的同意，其转让、质押等处分行为也无须征求配偶的同意，而行为人投资和处分股权的行为造成配偶方损失的，配偶方仅能向行为人主张投资权益或者损害责任，并不能直接向投资对象或相对人主张权利。若股权的取得和变动、处分，均需要征求配偶方的意见，将极大损害商事交易的效率。夫妻之间虽然对共同财产享有平等的处理权，但针对股权这一特殊财产，其平等处理权应限于夫妻之间内部权利义务和责任追究范畴，不应扩展到夫或妻可以参与到登记在对方名下股权的交易过程之中。

① 江苏省靖江市人民法院民事判决书，(2020)苏1282民初3431号。
② 江苏省苏州市相城区人民法院民事判决书，(2019)苏0507民初8124号。

其次，如果该行为认定为无权处分，仍有可能构成善意取得。根据《民法典》第 311 条第 1 款，如果股权受让方满足“善意”“合理价格”“已经登记”三个要件，构成善意取得，受让方仍能取得股权。

最后，如果构成善意取得，非股东方配偶能够通过否定转让合同效力，来追回股权。根据《民法典》第 154 条、第 157 条，非股东方配偶能够证明“股东方配偶与受让方恶意串通，来转移夫妻婚内共同财产”的，可以请求法院确认转让合同无效，从而追回股权。

非股东方配偶，可以通过论证“构成无权处分，且不构成善意取得”或者“恶意串通的转让合同无效”来追回股权。而对于“夫妻二人同为有限责任公司”的情形，另一方配偶还有另外两条救济途径：一是在法定时限内主张行使优先购买权，要求返还股权；二是以股东会决议存在可撤销情形为由要求确认决议无效，进而撤销股权变更登记，追回股权。

2. 配偶一方是隐名股东或名义股东

隐名股东是指虽然实际出资，但不在工商登记名册和公司股东名册上的人。名义股东是指虽然在工商登记名册和公司股东名册上，但没有实际出资的人。在离婚案件中，既可能发生“股东方配偶主张自己是名义股东”的情形，也可能发生“一方配偶主张另一方是隐名股东”的情形。但无论发生哪种情形，都存在股东“名实不符”的情形，确定是否存在代持关系是离婚分割股权的前提。一般而言，法院会从资金的来源、代持协议、生效的判决、公司中的股东原始记录等事实来综合判断是否存在代持关系。夫妻一方如果想要主张代持关系存在，既可以在离婚诉讼中主张，也可以另案起诉确认股东资格。根据案件统计结果来看，主张“夫妻一方是隐名股东”的案件更多是采用另案起诉的方式，有的法院甚至要求必须先另案起诉且变更工商登记；主张“夫妻一方是名义股东”的案件更多是采用本案抗辩的方式，其中一部分案件中，代持关系只是股东一方不想将股权作为婚内财产分割的借口。

另案起诉确定股东资格的案件，具体来看，又分为两种类型：(1) 非股东方配偶将“另一方配偶和名义股东”作为被告起诉，要求确认名义股东名下的股权属于另一方配偶。(2) 第三人将“股东方配偶”作为被告起诉，要求确认股东方配偶名下的股权属于自己，非股东方配偶以“第三人”的诉讼地位参与案件审理。在第一种情形中，如果作为非股东方配偶的律师，那么我们还必须熟悉确认股东资格案件的举证要求。首先，非股东方配偶必须举证存在代持关系，提供包括证明隐名股东实际出资的转账记录、代持协议原件、公司的股东原始记录等证据。其次,针对有限责任公司,非股东方配偶还必须证明公司过半数以上股东同意和放弃优先购买权,作为“隐名股东”的夫妻一方才能成为该有限责任公司的股东。

(二)该部分股权属于夫妻婚内共同财产

首先,根据《民法典》第1062条的规定,夫妻在婚内以共同财产购买的股权,理所应当属于夫妻共同财产。但有疑问的是,如果购买股权的时点是婚前呢?如果不是以共同资产购买的呢?

其次,对于婚前购买的股权,如何处理?根据最高人民法院《关于适用〈中华人民共和国民法典〉婚姻家庭编的解释(一)》第25条的规定,一方婚前股权,婚后有共同资产投入,相应部分及收益属于夫妻共同财产。具体来看,婚前股权,婚后公司未分配利润转增资对应的增值,属于夫妻共同财产;婚前认缴出资,婚后用共同财产实缴的出资额及增值,属于夫妻共同财产。最高人民法院《关于适用〈中华人民共和国民法典〉婚姻家庭编的解释(一)》第26条规定,夫妻一方个人财产在婚后产生的收益,除孳息和自然增值外,应认定为夫妻共同财产。但值得注意的是,可归因于一方或双方的经营行为的股权增值,属于共同财产;市场行情变动带来的股权增值,不属于共同财产。

最后,对于出资不是源于夫妻共同财产,或不能确定源于夫妻共同财产的股权,怎么处理?其一,一方婚前股权出让所得与婚后财产混同,属于夫妻共同财产。一方持有的婚前股权在婚后发生交易,出让所得如果购入新的资产,除非能证明新资产的资金完全源于个人财产,没有与共同财产混同,否则一般认为属于夫妻共同所有(如适用案例2-3)。其二,未明确归一方所有的婚内继承或受赠的股权,属于夫妻共同财产。根据《婚姻法》(已失效)的相关规定,在婚姻存续期间,夫妻一方基于赠与所取得财产归夫妻共同所有,除非赠与合同明确只归夫或妻一方的财产(如适用案例2-4)。其三,一方所有股权,协议约定为夫妻共同财产,属于夫妻共同财产。《民法典》规定夫妻双方可签订婚前或婚内财产协议约定一方所有的财产为共有,但在未办理登记前可撤销(除非经公证或其他法定不可撤销情形)。其四,婚内约定出资,离婚后实缴出资,不属于夫妻共同财产。婚前签订出资协议,只是拟成为股东,离婚后才缴纳出资并取得股东资格,因而该股权不属于夫妻共同财产(如适用案例2-5)。

适用案例 2－3　王某诉张某离婚纠纷案①

关于上诉人张某提出将其婚前购买股票、基金理财个人财产及增值部分应予扣除的上诉主张。张某婚前购买股票、基金，已经与夫妻共同财产发生混同，且该投资性收益明显具有风险性、不确定性特点，现张某提供的证据不足以证明该款项为其婚前个人财产及对应增值，故对张某该项上诉主张，法院不予支持。

适用案例 2－4　夏某欣诉朱某明、朱某辰股权转让纠纷案②

朱某辰取得该股权的时间发生在夫妻关系存续期间。双方的争议在于夏某欣认为朱某辰取得上述股权系基于真实有效的股权转让合同关系，而朱某辰、朱某明、刘某晴、汇山公司则认为股权转让仅系形式需要，实际为提高朱某辰的个人信用等级用以购买房屋所需故由其代持，且非对夫妻双方的赠与。对此，一审法院认为，父母与子女之间的股权变更，不能仅以是否无偿或价格款项认定其性质系转让抑或赠与，该种特殊主体关系下的股权转让价款的高低往往掺杂其他家庭或感情因素，故朱某辰和朱某明、刘某晴、汇山公司以上述股权转让仅为形式所需、朱某辰仅为挂名和代持的答辩意见，依据不足，一审法院不予采信。现朱某辰系通过签订《股权转让协议》的形式取得对应股权，并办理了股权变更登记，且法律并未禁止亲属之间进行股权的赠与，故朱某辰与其亲属间所签订的《股权转让协议》应视为当事人真实意思表示，其股权转让的性质并不因是否有偿发生变化，故夏某欣所称朱某辰系通过股权转让取得对应股份的意见有事实及法律依据，一审法院予以采纳。此外，朱某辰名下本市诸光路×××弄×××号房屋于2017年11月21日获得产证后，其亦未及时将股权转回，而是直至2019年2月28日才与朱某明签订系争《股权转让协议》，再于2019年4月18日向一审法院起诉要求与夏某欣离婚，该事实亦与朱某辰所主张内容相悖。退一步讲，即使朱某辰取得上述股权系基于其亲属对其的赠与，但根据《婚姻法》（已失效）的相关规定，在婚姻存续期间，夫妻一方基于赠与所取得财产归夫妻共同所有，除非赠与合同明确只归夫或妻一方的财产。现朱某辰和朱某明、刘某晴、汇山公司并未举证证明朱某辰所取得的股权系朱某明和刘某

① 辽宁省沈阳市中级人民法院民事判决书，（2021）辽01民终11998号。

② 上海市第二中级人民法院民事判决书，（2020）沪02民终8837号。

晴对其个人的赠与，理应承担举证不能的不利法律后果。另外，朱某辰两次出具了《婚内夫妻财产约定协议书》，商定其与夏某欣名下的一切财产全部视为两人共同所有，全部作为夫妻共同财产，故该股权仍应属于夫妻共同财产。

适用案例2-5　曾某诉钟某离婚后财产纠纷案①

关于钟某持有的真成公司股权。天河城建总、广州市天河区城建实业公司及钟某等28人于2002年7月28日签订的《股东转让出资合同书》中，约定天河城建总、广州市天河区城建实业公司将其原出资转让给钟某等28人。根据《企业国有资产监督管理暂行条例》第23条的规定，本案所涉《股东转让出资合同书》依法属于应当办理批准手续的合同。天河国资办于2002年12月25日加注“同意将真成物业公司股权转让给受让方28个职工”，钟某此后才取得真成公司股东资格，而钟某与曾某于2002年10月18日离婚，故钟某取得真成公司股权系在双方离婚之后，曾某主张分割钟某持有的真成公司股权及分得红利收益缺乏依据，法院不予支持。

二、股权的分割方式

在确认了具有离婚分割股权的前提条件后，本书推进的逻辑顺理成章就进入了“离婚时，如何分割股权（不含上市公司股权）”。

从分割结果来看，既可以对股权本身进行分割，也可以对股权的价值进行分割，即获得股权折价款。从分割过程来看，需要遵循“夫妻协商在先，法院决定在后”的原则。

下文将区分“股权分割是否涉及其他股东利益”，根据股权的来源，将股权类型分为“一人公司股权”“夫妻公司股权”“股份有限公司（除夫妻公司）股权”“有限责任公司（除一人公司、夫妻公司）股权”，分别阐述如何先夫妻协商，后法院裁判。

（一）对一人公司的股权进行分割

一人公司是指由夫妻一方完全持股的有限公司。在夫妻协商一致的情况下，对一人公司的股权分割共有以下三种情形：（1）夫妻双方均不愿取得股权成

① 广东省广州市中级人民法院民事判决书，（2021）粤01民终4549号。

为股东，使得公司无法继续经营的，按照《公司法》等有关法律法规的规定，对公司资产进行清算，清算后的资产由夫妻双方进行分割，并注销公司。(2)夫妻双方达成了一致意见，其中一人继续对公司进行经营，另一人折价获得相应的款项，此时一人公司的性质不会发生任何变化，仅是双方就股权价格进行协商。(3)夫妻双方达成了一致意见，由双方共同对该公司进行经营，两人可以按照约定的比例来进行股权的分割。如果双方已经按照规定完成了股权的变更，那么此时原有的一人公司就不复存在，取而代之的是有限责任公司。

在夫妻无法协商一致的情况下，对一人公司股权进行分割，会有以下四种情形：(1)股东一方配偶不愿意继续经营，另一方配偶也不愿意接手的，依法对公司进行清算，结清债权债务后，若有剩余资产，平分给当事人。(2)双方均想要公司股权，且不排斥与另一方共同经营的，一人公司变为普通有限责任公司。(3)双方均想要公司股权，且排斥与另一方共同经营的，双方竞价，由价高者取得一人公司股权，另一方获得相应的折价补偿。(4)双方对于股权分配给谁没有争议，对于补偿价格有争议，可以聘请第三方机构进行评估。

(二)对于“夫妻公司”的股权进行分割

1. 夫妻协商一致

“夫妻公司”是指股东为夫妻双方的有限公司或股份公司。在夫妻协商一致的情况下，对夫妻公司股权进行分割，有以下四种情形：(1)股东为夫妻双方的有限公司或股份公司。(2)双方合意解散公司，依法对公司进行清算，结清债权债务后，若有剩余资产，平分给当事人。(3)双方协议分立公司，即新设两个一人公司。(4)双方协议变更公司，即其中一方转让股权，而将公司变更为一人公司。

关于情形(3)需特别指出，分立得到的一人公司必须满足《公司法》的相关规定。具体来说包括：(1)遵守《公司法》第58条，夫妻每一方只能投资设立一个一人有限责任公司。(2)遵守《公司法》第175条，公司分立，其财产作相应的分割。公司分立，应当编制资产负债表及财产清单。公司应当自作出分立决议之日起10日内通知债权人，并于30日内在报纸上公告。(3)遵守《公司法》第176条，公司分立前的债务由分立后的公司承担连带责任。但是，公司在分立前与债权人就债务清偿达成的书面协议另有约定的除外。(4)遵守《公司法》第179条第1款，公司分立，导致登记事项发生变更，应当依法向公司登记机关办理变更登记。

2. 夫妻无法协商一致

在夫妻无法协商一致的情况下，对夫妻公司股权进行分割，有以下四种情形：(1)双方都不愿持有公司股权，依法对公司进行清算，结清债权债务后，若有剩余资产，平分给当事人。(2)双方均对分得股权或折价补偿无偏好，但不愿与对方共同经营。由双方就股权的折价补偿进行竞价，由价高者取得股权，另一方获得折价补偿，原公司变为一人公司。(3)双方均想持有股权，且不反对与对方共同经营，但对于份额不能协商一致，法院判令夫妻各持股50%，并作相应的股权变更登记。(4)双方均想持有股权，且反对与对方共同经营，法院可判决“夫妻公司”依法分立为两个一人有限责任公司，原公司资产各分一半；法院也可以判决公司归一人所有。

关于情形(3)需要注意的是，夫妻公司在工商登记名册上登记的持股比例，不会作为离婚时股权分割的参考依据。法院一般认为，公司在注册时登记的股权比例，往往带有随意性或仅出于形式上的需要，除非夫妻双方对夫妻关系存续期间的财产有约定，否则登记的股权比例的配置并不能真正反映夫妻实际权益的分配，不能作为离婚时分割共同财产的依据(如适用案例2-6)。

适用案例2-6 范某诉李某离婚后财产纠纷案①

对于有限责任公司股份的分割，当事人协商不成或按市价分配有困难的，人民法院可以根据数量按比例分配。案涉的义乌市莫丽贺卡有限公司系由原、被告作为股东，没有第三方参与出资的公司，是民间俗称的“夫妻公司”，其注册时夫妻股权比例的配置往往带有随意性或者仅出于形式上的需要，除非夫妻双方对夫妻关系存续期间的财产有约定，否则公司注册登记机关登记的夫妻股权比例的配置并不能真正反映夫妻实际权益的分配，工商登记的夫妻股权比例不能作为夫妻财产所有权份额的依据，现被告李某并未提供证据证明双方曾有过财产约定，故法院认定案涉的义乌市莫丽贺卡有限公司股份属于原、被告夫妻共同财产。离婚时，夫妻的共同财产由双方协议处理，协议不成时，由人民法院根据财产的具体情况进行判决。

关于情形(4)需要注意的是，法院“判决公司归一人所有时”，往往是考虑

① 浙江省建德市人民法院民事判决书，(2019)浙0182民初4606号。

到夫妻感情破裂而离婚,不具备股东信赖基础,不宜由两人共同持有公司股权。法院会在考虑各方的经营经验、经济条件、社会效益、利于公司发展的情况下,将公司判给对公司持续健康经营更有利的一方,另一方获得折价补偿(如案例详解 2－1)。

案例详解 2－1 老胡诉邝某等离婚后财产纠纷案[①]

案情

老胡(男方)与邝某(女方)于 2015 年判决离婚。

由于在离婚诉讼期间,关于"邝某和小胡名下的 A 公司、B 公司、C 公司是否属于夫妻共同财产"尚未审结,离婚诉讼中没有对 A 公司、B 公司、C 公司的股权进行分割处理。

现相关诉讼已经确认老胡为 A 公司、C 公司的实际出资人。

老胡起诉邝某,要求分割 A 公司、B 公司、C 公司的股权,且主张股权判归自己所有,邝某获得相应的股权折价款。

人物关系如图 2－1 所示:

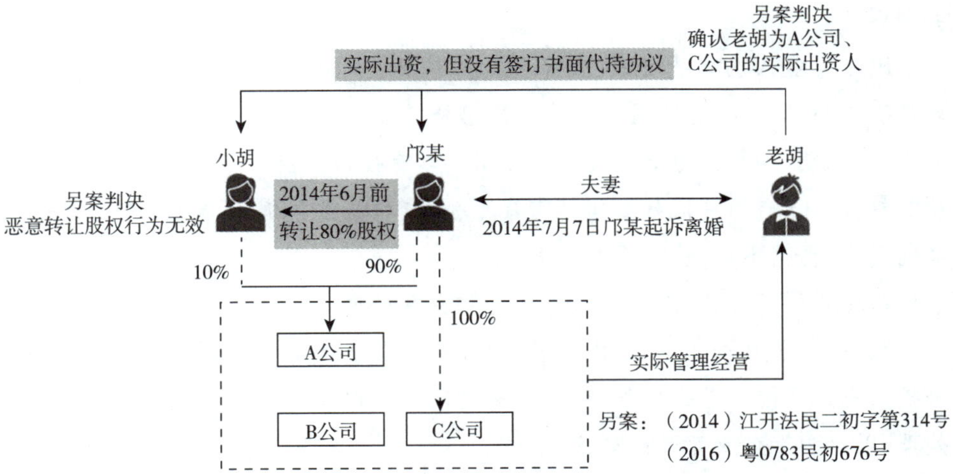

图 2－1 案例详解 2－1 人物关系

① 广东省开平市人民法院民事判决书,(2018)粤 0783 民初 1894 号。

■ 法律问题

1. 老胡能否根据生效判决，要求分割属于夫妻共同财产的A公司、B公司、C公司股权？

2. 老胡应该如何论证，来使得法院判股权归其所有？

■ 法院观点

1. A公司、C公司的股权属于夫妻共同财产，B公司股权不属于夫妻共同财产

经查明，A公司登记的股东邝某持90%股权、小胡持10%股权，但在已发生法律效力的江门市中级人民法院(2015)江中法民二终字第228号民事判决中已认定老胡和邝某以夫妻共同共有财产出资成立A公司，老胡和邝某均是A公司的共同出资人。显然，小胡并不是A公司的实际出资人，仅是名义股东。因此，A公司100%股权的出资额应属老胡、邝某的夫妻共同财产。

登记在邝某名下的C公司100%的股权，邝某是在与老胡婚姻关系期间取得的，应认定老胡和邝某以夫妻共同共有财产出资成立C公司，老胡和邝某均是C公司的共同出资人，故C公司100%股权的出资额应属老胡、邝某的夫妻共同财产。

B公司由A公司投资成立，A公司持有B公司100%股权，属于A公司的财产。虽然A公司是老胡与邝某共同出资成立，但A公司成立后具有独立法人资格，老胡、邝某作为出资人对B公司仅享有投资权益，并不享有B公司财产所有权。原告老胡主张B公司持有景万公司100%股权属于老胡、邝某的夫妻共同财产，理据不足，法院不予确认。

2. A公司、B公司、C公司的股权应该一并处理

从A公司、B公司、C公司的股权结构看，该三家公司实际是由老胡、邝某直接出资或间接出资的企业，三家公司之间紧密联系，在股权分割中宜作统一处理，以有利于企业管理和发展。

3. A公司、C公司的股权应该归于一人

基于有限公司的人合性，A公司、C公司股权结构特殊性，老胡、邝某作为两家公司的共同出资人股东，因夫妻感情破裂而离婚，矛盾突出，不具备股东信赖基础，不宜由两人共同持有该公司股权。分割股权宜由一方持有属夫妻共同财产的出资额取得公司股权经营，取得股权一方给予另一方相应补偿。

4. A 公司、C 公司的股权应该归于老胡

鉴于原、被告均提出要求取得股权经营公司，结合各方的经营经验、经济条件、社会效益、利于公司发展多方面考虑。

(1)三家公司一直由老胡负责经营管理，老胡有丰富的经营管理和安全生产的经验积累。该三家公司系从事燃气生产、供应相关经营的企业，对安全生产管理应负有更高的安全义务，具有更强的安全责任意识，须采取严格的工作标准和管理措施确保企业的安全生产，在经营过程中须将安全责任落实管理到位，因此，经营管理人员的选任就显得极为重要。

(2)由老胡继续经营，有利于公司持续稳定经营发展，有利于社会稳定，对社会效益有正能量贡献。该三家公司经营的燃气业务属民生工程，该三家公司的经营稳定性对使用燃气用户有较大影响。

(3)邝某虽是登记为 A 公司、C 公司的股东及法定代表人，但邝某并未参与公司的经营管理，缺乏公司经营管理经验，如由邝某取得股权经营公司，对公司的持续稳定健康发展可能会产生不利影响。

故综合考虑，案涉夫妻共同财产的公司出资额(股权)归老胡为宜，由老胡继续经营相关公司，由老胡向邝某给予相应补偿。

5. 如何确定股权折价款

法院依老胡申请，依法委托资产评估公司对三家公司的股权进行评估，并依法委托会计师事务所对三家公司的财务进行审计。资产评估公司根据法院委托作出评估结论(2018 年 10 月 31 日为评估基准日)：A 公司的净资产评估值为 -505.62 万元，增值率为 -59.18%；B 公司的净资产评估值为 42.54 万元，增值率为 105.55%；C 公司的净资产评估值为 54.51 万元，增值率为 -34.09%。法院酌定老胡应给予邝某 A 公司、C 公司股权补偿款为(42.54 +54.51)万元 ÷ 2 =485,250 元。

6. 法院判令老胡和邝某依法办理股权变更登记手续，第三人小胡协助办理登记手续

律师观点

1. 关联公司股权分割的特殊性

关联公司的类型有两种：一种是横向的兄弟公司，另一种是纵向的母子公司。由于关联公司之间联系紧密，所以法院在判决时倾向一并处理。如果要分割股权，法院也倾向于将关联公司的股权归于同一人。

2. 子公司的股权不属于夫妻共同财产

《公司法》第3条第1款规定，公司是企业法人，有独立的法人财产，享有法人财产权。公司以其全部财产对公司的债务承担责任。子公司的股权属于母公司的财产。配偶一方作为母公司的股东，只享有对母公司的股权，而不享有母公司的财产所有权，即子公司的股权。

（三）对股份有限公司（不含上市公司、夫妻公司）的股权进行分割

股份有限公司（后称股份公司）更强调资合性，股权的流转相对自由，股东人数2人及以上。因而，在离婚分割股份有限公司股权时，很少考虑其他股东的利益，规则相对简单。最高人民法院《关于适用〈中华人民共和国民法典〉婚姻家庭编的解释（一）》第72条规定，夫妻双方分割共同财产中的股票、债券、投资基金份额等有价证券以及未上市股份有限公司股份时，协商不成或者按市价分配有困难的，人民法院可以根据数量按比例分配。根据我们对该条文的理解，对股份公司的股权进行离婚分割，总共有三个先后步骤：（1）夫妻先双方协商分割；（2）协商不成，按照市价分割；（3）无法确定市价的，根据数量按比例分割。

在对股份有限公司的股权进行离婚分割时，会有一个特殊问题：如果该股东方配偶同时是公司的发起人或董监高，会受到《公司法》第141条股权转让时间和数量的限制，怎么办？《公司法》第141条规定，发起人持有的本公司股份，自公司成立之日起1年内不得转让。公司公开发行股份前已发行的股份，自公司股票在证券交易所上市交易之日起1年内不得转让。公司董事、监事、高级管理人员应当向公司申报所持有的本公司的股份及其变动情况，在任职期间每年转让的股份不得超过其所持有本公司股份总数的25%；所持本公司股份自公司股票上市交易之日起1年内不得转让。上述人员离职后半年内，不得转让其所持有的本公司股份。针对这一问题，笔者进行了大量案例梳理和研究，当下无论是法院还是学者，普遍的观点都是"《公司法》对特定持有人转让的限制，不会影响离婚案件中的股权分割"。在实践中，法院不受《公司法》对"特定持有人"转让限制的影响，直接判决分割股权。学者们也认为，《公司法》第141条限制特定持有人的股权转让，主要是为了稳定公司股权架构、监督董监高对公司的忠实义务、保障股份公司的利益。因离婚而导致的分割不是出于特定持有人

的主观意愿，不会出现损害股份公司利益的后果①。

（四）对有限责任公司的股权进行分割

有限责任公司更强调人合性，股权的流转受到限制，股东人数 50 人及以下。因而，在离婚分割有限责任公司股权时，更多考虑其他股东的利益。根据《公司法》第 71 条的规定，有限责任公司股东之间转让股权，可以自由流转。有限责任公司股东向股东以外的人转让股权，其他股东有优先购买权。所以，在离婚分割有限责任公司股权时，还要区分仅夫妻一方为股东，抑或夫妻双方为股东。

1. 仅夫妻一方为股东且协商一致

在仅夫妻一方为有限责任公司股东，且夫妻协商一致分割股权时，有三种情形。

（1）夫妻双方合意将股权部分或者全部转让给非股东一方配偶。

该种情形下，非股东一方配偶并非一定能获得股权份额，成为股东。最高人民法院《关于适用〈中华人民共和国民法典〉婚姻家庭编的解释（一）》第 73 条规定，人民法院审理离婚案件，涉及分割夫妻共同财产中以一方名义在有限责任公司的出资额，另一方不是该公司股东的，按以下情形分别处理：①夫妻双方协商一致将出资额部分或者全部转让给该股东的配偶，其他股东过半数同意，并且其他股东均明确表示放弃优先购买权的，该股东的配偶可以成为该公司股东；②夫妻双方就出资额转让份额和转让价格等事项协商一致后，其他股东半数以上不同意转让，但愿意以同等条件购买该出资额的，人民法院可以对转让出资所得财产进行分割。其他股东半数以上不同意转让，也不愿意以同等条件购买该出资额的，视为其同意转让，该股东的配偶可以成为该公司股东。

也就是说，股东方配偶想要将股权转让给非股东方配偶，必须书面通知其他股东，经半数以上股东同意，且明确表示放弃优先购买权。根据其他股东是否同意、是否行使优先购买权，会产生四种结果（见表 2－1）。

---

① 刘惠芹：《一方名下夫妻共有股权若干法律问题研究》，载《黑龙江省政法管理干部学院学报》2018 年第 5 期。

表 2-1　其他股东同意与否及优先购买权行使与否对非股东方配偶产生的四种结果

	半数以上其他股东同意	其他股东以同等条件购买股权	结果
情形 1	√	×	成为股东
情形 2	×	√	对转让出资所得财产进行分割
情形 3	×	×	视为同意，成为股东
情形 4	√	√	对转让出资所得财产进行分割

对于希望受让股权的非股东方配偶，其必须在离婚诉讼中举证“其他股东放弃行使优先购买权”，才能真正地成为股东。根据笔者对众多案例的研读，可以作为证明依据的事实包括：

①股东书面声明或以股东会议的方式表明“放弃优先购买权”。

②在法院限期内，公司没有提交“是否同意非股东一方配偶成为股东的股东会决议或股东书面声明材料”。

③其他股东虽然愿意购买，但不愿以“同等条件”购买。

④法院向股东进行发函询问，股东明确放弃或不予回复。

⑤其他股东作为离婚案件的第三人，法院判决确认非股东一方配偶享有股权，第三人没有上诉。

⑥其他股东就转让价格不能达成一致，公司不配合专业机构进行股权的价值评估。

⑦其他股东未在优先购买权的行使期限内行权。

就第⑦点而言，如何判断“优先购买权”的期限呢？在出让股东履行通知程序的情况下，根据最高人民法院《关于适用〈中华人民共和国公司法〉若干问题的规定（四）》第 19 条的规定，股东应当在收到通知后，在公司章程规定的行使期间内提出购买请求。公司章程没有规定行使期间或者规定不明确的，以通知确定的期间为准，通知确定的期间短于 30 日或者未明确行使期间的，行使期间为 30 日。在出让股东未依法履行通知程序的情况下，根据最高人民法院《关于适用〈中华人民共和国公司法〉若干问题的规定（四）》第 21 条第 1 款的规定，其他股东主张按照同等条件购买该转让股权的，人民法院应当予以支持，但其他股东自知道或者应当知道行使优先购买权的同等条件之日起 30 日内没有主张，或者自股权变更登记之日起超过 1 年的除外。

(2)夫妻双方合意股东一方配偶继续持股,另一方获得相应的折价补偿。

(3)夫妻双方合意将股权转让给他人,双方平分股权转让款。

2. 仅夫妻一方为股东且无法协商一致

在仅夫妻一方为有限责任公司股东,且对于分割股权无法协商一致时,法院往往会倾向于判决由股东方配偶继续持有股权,另一方获得相应的补偿。因为这样的判决,法院可以避免处理“其他股东优先购买权”的问题。

3. 夫妻双方均为股东且协商一致

在夫妻双方均为有限责任公司股东时,如果夫妻双方对分割股权协商一致,就按照协商处理。

4. 夫妻双方均为股东且无法协商一致

如果夫妻双方无法协商一致,可以分为三种情形。

(1)双方都想获得更多股权。一是就股权归属竞价,由出价高的一方获得股权,另外一方获得相应的折价补偿;二是在不愿竞价的情况下,法院裁决平分股权。

(2)双方都不想要股权。先看股权有无对外转让的可能,如果可以转让,那么平分出售股权获得的财产;若无人愿意受让股权,那么只能平分股权。

(3)双方对股权转让价格无法达成一致意见,可以由夫妻双方约定由第三方机构评估,从而确定补偿金额。

(五)“折价补偿”数额的确定方式

确定“折价补偿”数额的问题,本质上是股权价值评估的问题。下文将从实践中的股权价值评估方法、理想的股权价值评估方法两方面加以展开。

1. 实践中的股权价值评估方法

首先应当遵循夫妻双方的合意,如果不能达成协商一致,那么既可以由当事人委托专业机构评估股权价值,也可以由法院酌情确定股权价值。

(1)夫妻双方合意优先

夫妻共有股权的财产价值,首先应由夫妻双方协商确定。即便双方协商确定的股权价值过分低于或过分高于股权的实际价值,法律亦无介入之必要,以充分彰显对于当事人意思自治之尊重。若双方当事人对于股权的财产价值未能达成一致意见,此时才需要诉诸法院。实践中,有时也会在法官的主持下,双方当事人对股权轮流报价,以当事人所报的最高价格作为股权的最终价格,股权也应由报价最高的当事人享有，并由该方当事人给予另一方相当于该股权价值一半的补偿。

(2)法院酌情确定

法院酌情确定的方法有以下四种。

其一是以股权转让价格确定股权价值。此种方案系将夫妻共有股权转让于其他股东或公司外第三人，将所得股权转让款在夫妻双方之间平均分配。这实际上是以股权的交易价格作为股权的财产价值。交易价格仅是股权公平价值的一个相关因素，不能等同于股权的市场价格。在实践中，股权转让价格一般是由具有股东资格的配偶一方与他人协商确定，不具有股东资格的配偶一方通常并未参与股权转让价格的协商过程，难免对于股权转让款的具体数额存在异议。尤其是在股东一方与第三人恶意串通的情况下，非股东一方获得的分配价款可能远低于股权价值。

其二是以实缴出资额确定股权价值。虽然将实缴出资额作为股权转让价值简单明了，但这种方法实际上混淆了股权与出资的概念，既没有把收益也没有把亏损考虑在内，无法得出公允的市场价值。实缴出资额只能反映股权的初始价值，与股权真实价值的偏离程度较大。①

其三是以公司净资产为基准确定股权价值。公司净资产作为股权价值最重要的影响因素，具有相对明确、客观的量化依据，且能在一定程度上反映股权价值随公司业绩变动的情况。对于公司净资产的确定，实践中通常以审计报告为依据。审计报告是对公司财务收支、经营成果和经济活动全面审查后作出的客观评价，基本内容包括资产、负债、投资者权益、费用成本和收入成果等，不涉及公司盈利能力等因素。而股权的价值系由固定资产、流动资金、知识产权、专有技术及产品盈利能力等多种因素构成。因此，公司净资产并不能完全反映股权的真实价值。

其四是股权拍卖。考虑到有限责任公司的封闭性特征，其股权流动性较差，公司外部第三人无法预估股权的真实价值，参与竞拍的积极性有限。同时，根据《公司法》规定，竞拍取得股权的公司外部第三人仍受到其他股东优先购买权的制约。这进一步抑制了公司外部第三人参与股权拍卖的积极性。②

① 吴笛：《离婚夫妻分割股权类资产的问题研究》，载《法制与社会》2020年第30期。

② 王琦：《离婚时夫妻共有股权的处分规则——以夫妻共有股权的价值评估为中心》，载《河南财经政法大学学报》2020年第3期。

（3）专业机构评估

确定评估机构的方法一般包括夫妻双方协商聘请第三方专业机构和请求法院指定评估机构。查询评估机构的途径有很多，笔者仅列举两条，一是12348法网，二是关于《国家司法鉴定人和司法鉴定机构名册（上海市）》（2021年度）的公告。笔者检索大量案例后发现，实践中，专业机构评估股权价值的基准往往是"公司净资产"。有的案件中，专业机构给出的股权价值评估意见书，名字直接叫"×××公司资产评估报告书"。以净资产作为评估标准，难以避免之前所提及的标准单一问题。[①]

根据司法判例来看，专业机构的评估意见有较强的权威性。基于不充分的公司财务材料形成的评估意见，若不能举证有严重问题，依旧有效。选择专业机构评估股权价值，相对科学，但是操作复杂，成本高昂。审计、评估固然在相当程度上反映公司真实的经营状况，但公司并非离婚案件的当事人，无义务在股东离婚案件中披露营运和财务信息或接受强制审计。如果离婚方所占股权份额有限，要求企业公开财务数据或者接受强制审计对其他股东不公平，也为企业发展带来诸多不稳定因素。

2. 理想的股权价值评估方法

（1）评估考量的因素

《民法典》婚姻家庭编及相关司法解释，未对夫妻因离婚而分割共有股权时的股权价值评估设置专门规范。但是，《公司法》上并不缺乏对股权进行价值评估的制度和实践。例如，《公司法》第74条所规定的异议股东股权回购请求权，即要求确定回购股权的合理价格。对此，理论和实践中已经形成了较为成熟和系统化的评估体系和方法。通常认为，在异议股东行使股权回购请求权时，法院必须综合考虑公司现金流、净资产值、盈利前景、公司利润等直接关系股权价值的因素，以合理反映公司整体价值，并在此基础上确定回购股权的合理价格。[②]

对比可见，实践中对于夫妻共有股权进行价值评估时的考量因素过于单一。但这一问题的产生并不能单方面归咎于评估人未能选取合理的评估因素，

---

① 相关案例如丁某与李某离婚后财产纠纷案，安徽省铜陵市中级人民法院民事判决书，（2014）铜中民一终字第00136号。

② 王琦：《离婚时夫妻共有股权的处分规则——以夫妻共有股权的价值评估为中心》，载《河南财经政法大学学报》2020年第3期。

实践中往往因为无法要求公司提供财务资料,而只能参考审计报表、工商登记信息来确定股权价值。

因而,笔者延伸思考一个问题:如何要求公司提供财务资料?对于非股东方配偶而言,其只能向法院申请调查令;而对于另一方同为股东的情形,其可以通过行使知情权来获得公司的财务资料。

股份有限公司和有限责任公司的股东,其知情权行使的范围不同。

根据《公司法》第33条,有限责任公司的股东有权查阅、复制公司章程、股东会会议记录、董事会会议决议、监事会会议决议和财务会计报告。第33条同时也规定了有限责任公司的股东在查阅公司会计账簿时,必须提出书面请求,说明正当目的。公司有合理根据认为股东查阅会计账簿有不正当目的,可能损害公司合法利益的,可以拒绝提供查阅,并应当自股东提出书面请求之日起15日内书面答复股东并说明理由。公司拒绝提供查阅的,该股东可以请求人民法院要求公司提供查阅。而对于"不正当目的"如何判断呢?

最高人民法院《关于适用〈中华人民共和国公司法〉若干问题的规定(四)》第8条列举了三种主要情形:①股东自营或者为他人经营与公司主营业务有实质性竞争关系业务的,但公司章程另有规定或者全体股东另有约定的除外;②股东为了向他人通报有关信息查阅公司会计账簿,可能损害公司合法利益的;③股东在向公司提出查阅请求之日前的3年内,曾通过查阅公司会计账簿,向他人通报有关信息损害公司合法利益的。对于股份有限公司的股东而言,根据《公司法》第97条的规定,股东有权查阅公司章程、股东名册、公司债券存根、股东大会会议记录、董事会会议决议、监事会会议决议、财务会计报告,对公司的经营提出建议或者质询。法院通常认为,《公司法》对于股份有限公司之股东查阅相关文件,并未设置"正当目的"的限制(如适用案例2-7)。

适用案例2-7 贺某诉四川天剑光电科技股份有限公司股东知情权纠纷案①

贺某作为天剑公司的股东,其依法享有股东知情权。关于贺某是否具有不正当目的,可能损害公司合法权益的问题。法院认为,股东是否具有不正当目的系针对有限责任公司的股东查阅会计账簿时需要审查的内容,而天剑公司系股份有限公司,且贺某查阅的上述资料并不包含会计账簿,故天剑公司以贺某

① 四川省成都市中级人民法院民事判决书,(2021)川01民终23387号。

具有不正当目的为由拒绝贺某查阅,无事实和法律依据,法院不予支持。

无论是有限责任公司的股东,还是股份有限公司的股东,依照《公司法》规定要求查阅或复制公司特定文件材料后,被公司拒绝,该股东有权提起“股东知情权诉讼”。在股东知情权诉讼中,原告股东需要证明:①原告是被告公司的股东;②原告已向公司提出要求查阅财务账簿的书面请求并说明了查阅财务账簿的目的;③公司拒绝了原告的查阅请求或者公司未在法律规定的15日内给予股东书面答复。被告公司需要证明:股东行使知情权存有不当目的。在股东根据股东知情权诉讼的胜诉判决,要求查阅公司文件材料时,股东不仅可以自己查阅,也可以在该股东在场的情况下,由会计师、律师等依法或者依据执业行为规范负有保密义务的中介机构执业人员辅助进行。

(2)评估基准日

根据笔者的案例检索结果发现,实践中,法院并不重视股权价值评估基准日,仅有少数法院在判决中确定了评估股权价值的日期。笔者认为,这背后的原因有二:其一,法院确定股权价值的依据通常并非专业机构所出具的资产评估报告,而是公司上一年度的审计报告、资产负债表、财务报表甚至是工商登记信息,各项文件的出具日期不尽相同,难以统一。其二,有限责任公司具有一定的封闭性,其股权价值并无明确的定价标准,随市场环境变化的幅度并不如股份有限公司显著。

实践中法院作为评估基准日的“时点”一般有两个:一是离婚日期,二是当事人提起分割财产诉讼的日期。支持以“离婚日期”作为评估基准日的法官认为,由于公司资产状况处于不断变动之中,且与一方投入的时间、精力和管理有关,离婚后夫妻双方不再具有财产共有的基础关系,对离婚后原共有股权所产生的收益另一方无权主张。因此,应当以离婚判决的生效日或者离婚协议的签订日作为基准日。支持以“当事人提起分割财产诉讼之日”作为评估基准日的法官认为,若不具有股东资格的配偶一方在离婚后长期未起诉要求分割财产,而公司净资产因经济环境变化、产业政策调整等客观原因减少,此时若以离婚日期作为基准日确定股权价值,则具有股东资格的配偶一方需要支付给另一方超过股权实际价值的价款,对其明显不公(如适用案例2-8)。

适用案例2-8 崔某诉孙某离婚后财产纠纷案[①]

在确定基准日后,关于如何确定股权价值问题。虽然通过鉴定评估能够更准确地确定股权价值,但崔某二审申请评估鉴定后,因未按期缴纳鉴定费用导致本案未能进行鉴定。根据双方一审、二审提交的证据,法院认为,二审中,崔某提交了2014年1~12月天禄公司向新乡市地方税务局化学与物理电源产业园税务分局申报纳税的资料,其中附有天禄公司同期1~12月的资产负债表。其内容与法院委托原审法院向新乡市地方税务局化学与物理电源产业园税务分局调取的材料内容一致。因为该组证据系天禄公司向税务机关纳税时自行申报的,以正常理性判断,一家公司向税务机关报税时虚增公司资产的可能性较低,而且孙某对该组证据的真实性表示认可。故以该组证据中天禄公司的资产负债表为依据认定股权补偿价款不会损害崔某的利益。因此,应认定天禄公司2014年5月净资产为42,725,090元,并以此为基数确定孙某应得股权份额折价款。

三、一人公司股权分割

股权作为一种商事权利,其包括股东获得个人利益的权利和股东参与公司经营的权利。在离婚分割股权时,很多时候,我们着重关注股权与个人利益相关的权利,因为股权仅被作为投资理财的方式之一。但在一人公司的情形下,配偶一方股东实际上就是公司的实际经营人,离婚分割股权时,要更多地考虑股权与公司经营的关系。

(一)一人公司的股权分割方案

一人公司是指由夫妻一方完全持股的有限公司。在对一人公司的股权进行分割时,根据离婚财产分割时"夫妻协商优先,法院决定在后"的原则,要区分夫妻协商一致和无法协商一致两种情况。

1. 夫妻对股权分割协商一致

在夫妻协商一致的情况下,对一人公司的股权分割共有三种情形。

(1)夫妻双方均不愿取得股权成为股东,使得公司无法继续经营的,法院一

① 河南省高级人民法院民事判决书,(2015)豫法民一终字第70号。

般会按照《公司法》等有关法律法规的规定，判决当事人自行对公司资产进行清算，清算后的资产由夫妻双方另行分割。但如果法院发现，当事人长时间未能自行展开清算程序，而双方又坚持清算后分割公司资产的，法院也会判决公司资产的分割方案（如适用案例2－9）。

适用案例2－9 陶某诉陈某离婚后财产纠纷案[①]

杭州市中级人民法院将本院（2015）杭西民初字第4232号离婚后财产纠纷案件发回重审的理由是因当事人对分割两家公司财产的时间节点、该节点上股权的价值、公司账目不清的责任方等意见分歧巨大，结合离婚判决生效后两家公司迟迟未启动清算程序，本院一审再次判令双方自行对两家公司清算，再行分割的处理办法不具有可执行性，故要求本院对离婚时点两家公司股权价值进行审计评估。

（2）夫妻双方达成了一致意见，其中一人继续对公司进行经营，另一人折价获得相应的款项，此时一人公司的性质不会发生任何变化，仅是双方就股权价格进行协商。

（3）夫妻双方达成了一致意见，由双方共同对该公司进行经营，两人可以按照约定的比例来进行股权的分割。如果双方已经按照规定完成了股权的变更，那么此时原有的一人公司就不复存在，取而代之的是有限责任公司。

（4）在第（2）种、第（3）种情形下，考虑到一人公司股东推定的连带责任规则，有必要讨论在一人公司的股东变更时，如何保护一人公司债权人的利益。第一，一人公司股东变更是否需要经过公司债权人的同意？根据《民法典》第551条的规定，债务人将债务的全部或者部分转移给第三人的，应当经债权人同意。债务人或者第三人可以催告债权人在合理期限内予以同意，债权人未作表示的，视为不同意。为此部分学者认为一人公司的原股东负有推定的连带责任，其在进行股权转让时，同时将连带责任转移给了新的股东，股权转让行为需要经过一人公司债权人的同意[②]。但这一观点仅极少数学者支持，实践中也未见该种做法。从理论上说，一人公司原股东承担的债务仅是推定的、未来的，一人公司内部的股东变动不应该受一人公司债权人所影响。且后文会提到，有其

① 浙江省杭州市西湖区人民法院民事判决书，（2019）浙0106民初5383号。
② 张伟、叶名怡：《离婚时夫妻所持公司股权分割问题研究》，载《法商研究》2009年第3期。

他制度能够较为全面地实现对一人公司债权人的利益保护。第二,如何实现对一人公司债权人的利益保护?实践中,法院要求,原股东如果不能证明其在持有股权期间与公司财产的独立性,即使其股权已经转让,其仍然要就原有的债务对公司债权人承担连带责任。具体来说,股权分割的第(2)种、第(3)种情形略有不同。

在第(2)种情形下,虽然仍然维持一人公司的性质,但股东发生了变化。实践中,法院往往根据《公司法》第63条认为,一人有限责任公司股东转让全部股权,公司仍是一人有限责任公司的,即使债务发生于股权转让前,原股东、新股东在其无法证明自身财产独立于公司财产的情况下,仍应承担连带责任(如适用案例2-10)。

适用案例2-10 欣驰公司诉洺扬公司、陈某某、姚某某、张某某、蔡某某买卖合同纠纷案①

根据洺扬公司的股权变更情况,涉案交易发生期间,洺扬公司系由陈某某一人持股的有限责任公司,根据《公司法》第63条的规定,一人有限责任公司的股东不能证明公司财产独立于股东自己的财产的,应当对公司债务承担连带责任。现陈某某并未就其持股期间公司与股东个人的财产状况提供相应证据证实,故陈某某应当对其持股期间发生的公司债务承担连带责任,且其作为连带债务人,并不因股权转让的事实而免除对债权人的债务负担。另外,姚某某于2015年2月10日受让陈某某的股权而成为洺扬公司的一人股东,此时洺扬公司与欣驰公司之间的债权债务关系仍然存续,故姚某某亦应按照《公司法》第63条的规定对洺扬公司的债务承担连带清偿责任。

在第(3)种情形下,公司由一人公司的形态变为了有限责任公司的形态。实践中,法院往往根据《公司法》第63条,认为一人有限责任公司股东对外转让全部股权,公司变更为普通有限责任公司,原股东未能举证证明在持股期间公司财产独立于自己财产的情况下,该股东应承担的责任不因股权转让而消灭(如适用案例2-11)。故而,夫妻双方在离婚分割股权时,尤其是一人公司股权时,必须考虑股权涉及的债务的分割,如果缺乏相应的方案安排,可能会发生夫妻双方在离婚后仍共同承担债务的情形。

① 广东省广州市中级人民法院民事判决书,(2017)粤01民终16310号。

适用案例2－11　**赛芯公司诉裕昇公司、户某欢、黄某东、黄某亮侵害集成电路布图设计专有权纠纷案**[①]

在一人公司的股东未能举证证明其在持股期间公司财产独立于自己财产的情况下，该股东对其持股期间产生的公司债务所承担的连带责任不因股权转让而消灭。准芯微公司因侵犯了赛芯公司的集成电路布图设计专有权而应当对赛芯公司承担赔偿责任，准芯微公司的被诉侵权行为系其债务形成原因，该债务发生于被诉侵权行为实施之时。户某欢作为准芯微公司实施被诉侵权行为时的唯一股东，未能举证证明公司财产独立于自己财产，其应当对准芯微公司因实施被诉侵权行为而产生的公司债务承担连带责任。

2. 夫妻对股权分割无法协商一致

在夫妻无法协商一致的情况下，对一人公司股权进行分割，会有以下四种情形：(1)股东一方配偶不愿意继续经营，另一方配偶也不愿意接手的，依法对公司进行清算，了结债权债务后，若有剩余资产，平分给当事人。(2)双方均想要公司股权，且不排斥与另一方共同经营的，一人公司变为普通有限责任公司。(3)双方均想要公司股权，且排斥与另一方共同经营的，双方竞价，由价高者取得一人公司股权，另一方获得相应的折价补偿。(4)双方对于股权分配给谁没有争议，对于补偿价格有争议，可以聘请第三方机构进行评估。

值得注意的是，较多学者认为，法院不能强制判决将一人公司转变为两个股东的有限责任公司。第一，一旦法院判决夫妻双方共同经营原一人公司，《公司法》对于一人公司所设置的种种便利规定将丧失适用余地，如一人公司关于不设股东会的特权将被取消。这与设定一人公司规则所为实现的“确立投资收益和投资风险的唯一归属者，激发投资者单独投资创业的积极性”的目的相违背，仅因夫妻之间身份关系的变动而冲击公司治理结构及其正常经营活动，将对公司自治造成不当干扰，并非可取的方式[②]。第二，夫妻离婚最主要的原因即为夫妻感情破裂，在此种情况下，如果法律强制对一人公司股权进行划分，使其转变为两个股东的有限责任公司，显示两个关系破裂之人成为一人公司内唯一

① 最高人民法院民事判决书，(2019)最高法知民终490号。

② 王琦：《离婚时夫妻共有股权的处分规则——以夫妻共有股权的价值评估为中心》，载《河南财经政法大学学报》2020年第3期。

两位股东，既不符合有限责任公司之人合性，也难于在现实中使企业存续与发展①。

另外，也有部分学者和律师认为，一人公司股权的离婚分割，可以类推适用对个人独资企业共同财产的离婚分割规定，即最高人民法院《关于适用〈中华人民共和国婚姻法〉若干问题的解释（二）》（已失效）第 18 条。该条文规定，夫妻以一方名义投资设立独资企业的，人民法院分割夫妻在该独资企业中的共同财产时，应当按照以下情形分别处理：（1）一方主张经营该企业的，对企业资产进行评估后，由取得企业一方给予另一方相应的补偿。（2）双方均主张股权且愿意和对方共同经营的，可按比例分割股权；双方均主张股权但不愿意和对方共同经营的，可在考虑有利公司经营的基础上由一方取得公司股权、给予另一方相应经济补偿，或通过竞价方式处理。（3）双方均不愿意经营该企业的，可另行对公司进行拍卖、变卖或解散清算并分割价款。支持该观点的学者和律师，理由是一人公司和独资企业具有相似性，即只有一个股东。反对该观点的学者则指出，一人公司和独资企业具有本质上的区别，即承担的是有限责任还是无限责任，而这会影响离婚时公司的财产处理方式，故而不能类推适用。

（二）案例分享

接下来，笔者将分享案例详解 2－2：“离婚分割一人公司股权”。这个案件的案情相对复杂，虽然名义上是由妻子和女儿持有股权，但实际投资人是丈夫。双方在离婚诉讼时已经将公司名下的厂房和宿舍分割给了丈夫，现在厂房和宿舍被拆迁，丈夫想要拿到拆迁补偿款。

案例详解 2－2 刘某诉蒋某离婚后财产纠纷案②

■ 案情

在刘某与蒋某的婚姻存续期间（2003 年），刘某成立的个体工商户荣华厂与市头村签订了长期租赁合同（地块一、地块二、地块三）。

2006 年，刘某与蒋某协议离婚。根据离婚协议：原本刘某和刘父持股的隆辉公司归蒋某一人所有；地块一和地块二上的厂房和宿舍归刘某所有。

2007 年，刘某和蒋某签订租赁合同，刘某所有的厂房和宿舍出租给隆辉公

① 黄思婷、朱炎生：《涉股权纠纷离婚处理中潜在的价值冲突》，载《甘肃社会科学》2009 年第 5 期。

② 广东省广州市中级人民法院民事判决书，（2019）粤 01 民终 5908 号。

司使用，租赁期限：无限期。

2017年8月，政府因建设项目需要，征收地块一、地块二、地块三，这直接导致地块一和地块二上的厂房和宿舍因动迁而被拆除。

2017年10月，后市头村将地块一、地块二、地块三的补偿款676万元支付给了隆辉公司。几天后，作为隆辉公司唯一股东的蒋某又陆续将隆辉公司账上的补偿款670万元转入自己账户。

现刘某起诉蒋某和隆辉公司，主张确认地块一和地块二上厂房和宿舍对应的拆迁补偿款归自己所有。

人物关系如图2－2和图2－3所示：

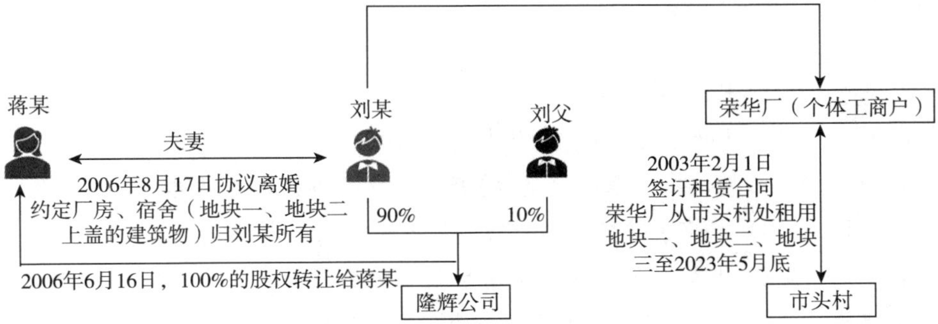

图2－2　案例详解2－2人物关系(1)

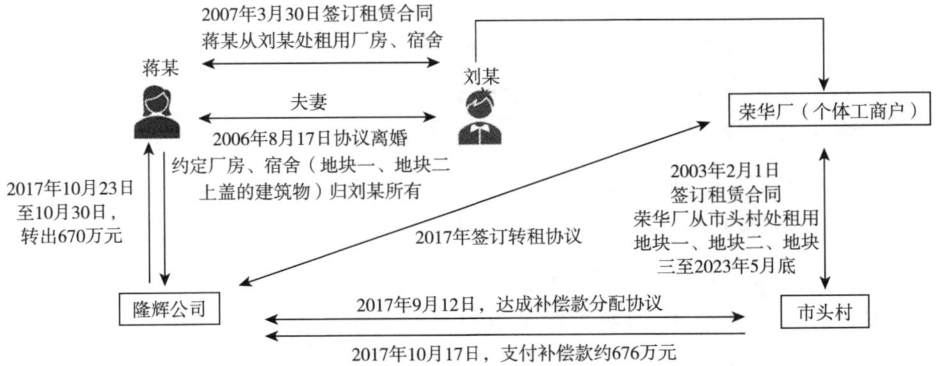

图2－3　案例详解2－2人物关系(2)

■ 法律问题

1. 拆迁补偿款的归属如何？

2. 刘某应该单独起诉蒋某或隆辉公司，还是同时起诉蒋某和隆辉公司？

3. 刘某若同时起诉蒋某和隆辉公司,依据的请求权基础为何?

4. 刘某可以获得多少拆迁补偿款?

法院观点

1. 厂房和宿舍属于夫妻共同财产

工商登记材料显示,荣华厂是个体工商户。而隆辉公司是在刘某与蒋某离婚前登记为自然人股东的有限责任公司,股东分别是刘某与刘父,其中刘某占90%股份。刘某与蒋某于2006年8月17日协议离婚,刘某与刘父于2006年6月16日将隆辉公司的股权全部转让给蒋某一人所有,即此时的隆辉公司为自然人一人公司。在离婚时,无论是荣华厂还是隆辉公司,实际上都是刘某与蒋某的夫妻共同财产。

2. 厂房和宿舍已经根据离婚协议归刘某所有

在离婚协议中,刘某与蒋某对于属于夫妻共同财产的荣华厂和隆辉公司的股权及资产进行了分割和约定,其中约定面积5339平方米的厂房、3723平方米的宿舍(地块一、地块二上盖的建筑物)归刘某所有。此时的隆辉公司是自然人一人公司,公司财产即使未经清算审计,亦不影响刘某与蒋某对隆辉公司资产进行分割约定,自此案涉地块无论是由荣华厂出资还是隆辉公司出资兴建均不影响离婚协议中约定面积5339平方米的厂房、3723平方米的宿舍(地块一、地块二上盖的建筑物)归刘某所有的事实。隆辉公司在刘某与蒋某离婚后财产已经分割完毕后变更股东的情况亦不影响上述认定。

3. 厂房和宿舍的拆迁补偿款应该归刘某所有

隆辉公司与蒋某在一审、二审阶段均不能提供充分有效的证据证明案涉地块的厂房是其新建或者重建,而且刘某与蒋某在离婚后签订了《工业厂房租赁合同》,在实际履行中亦有按照合同约定的租金数额交纳租金,故一审认定案涉建筑物因征地取得的补偿款应当归刘某所有正确,法院予以确认。

4. 蒋某与公司财产混同,刘某可以要求公司承担连带责任

财产混同的事实1:蒋某无论是以股东的名义还是以法定代表人的名义与刘某签订场地租赁合同,该场所作为生产经营场地都是交由隆辉公司在使用,隆辉公司作为案涉厂房的实际使用人,在取得相关征地补偿后将上述巨额款项悉数移至其股东蒋某名下,其所主张该行为系公司内部经营和财务行为,却没有提供有效的证据证明其公司财务独立于股东。

财产混同的事实2:隆辉公司经营的厂房租赁合同由刘某与蒋某签订,租金

由两人的婚生儿子向刘某交纳，而其儿子又是隆辉公司的监事。

以上查明的事实可以确认刘某主张隆辉公司存在股东资产与公司资产混同的情形，刘某上诉要求隆辉公司承担连带责任的意见成立，法院予以支持。

5. 刘某可获得的补偿款的计算

法院按照地块一、地块二、地块三的面积比例，来酌情确定每个地块对应的补偿款。刘某所有的厂房和宿舍对应的是地块一和地块二，其应该获得相应的补偿款约332万元。

6. 由谁向刘某支付约332万元的补偿款

蒋某实际占有了三块地块670万元的补偿款，而隆辉公司没有实际占有地块一、地块二的补偿款，因而刘某只能要求蒋某支付补偿款，而不能要求隆辉公司支付补偿款。

律师观点

1. 刘某可供选择的诉讼策略提示

从案情来看，当事人刘某虽然已知悉：(1) 政府将动迁补偿款支付给了公司；(2) 隆辉公司存在股东与公司财务混同的情形。但刘某并不知道补偿款实际转给了蒋某，否则其可能不会执意要求隆辉公司承担连带责任。在仅知上述信息的情况下，刘某实际想告的是隆辉公司，其希望从隆辉公司处拿到补偿款。那么刘某有两种诉讼策略：第一，提起不当得利之诉。先起诉公司，为了保险起见，根据财产混同，要求蒋某承担连带责任。第二，提起离婚后财产纠纷之诉。先起诉蒋某，为了达成起诉目的，根据财产混同，要求公司承担连带责任。这两种诉讼策略理论上，如果举证充足，都能达成刘某的诉讼目的。但是，从实践来看，不当得利对诉请方的举证责任较重，胜诉的难度较大。

2. 反向否认公司人格

《公司法》第20条第3款规定，公司股东滥用公司法人独立地位和股东有限责任，逃避债务，严重损害公司债权人利益的，应当对公司债务承担连带责任。该条文的逻辑是：公司的债权人，在股东与公司财产混同时，可以要求股东承担连带责任。本案中，法官适用了该条文，且对其进行了扩张解释：股东的债权人，在股东与公司财产混同时，可以要求公司承担连带责任。本案法官的这种“扩张解释”是非常大胆的，一些学者认为这种“扩张解释”过分超出了条文本身的含义，而不应该被允许。但是，最高人民法院的判例已经为“反向否认公司人格”提供了可参考的先例。最高人民法院在(2020)最高法民申2158号的判决书中写到,《公司法》第63条的规定虽系股东为公司债务承担连带责任,但目前司法实践中,在股东与公司人格混同的情形下,公司亦可为股东债务承担连带责任。为了更直观地对比《公司法》第20条第3款的正向适用和反向使用,笔者引用了学者论文①中的一张图(见图2-4)。

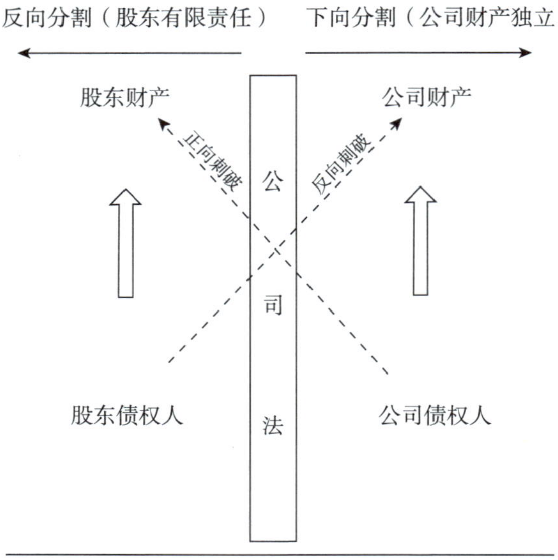

图2-4 《公司法》第20条第3款的适用

四、夫妻一方擅自处分、转移夫妻共有股权

在离婚财产分割诉讼的前后,常见一类情形,即配偶一方为了可以在财产分割时占据优势,让另一方配偶少分财产,故通过各种手段转移、隐匿夫妻共同财产,伪造共同债务,从而为另一方配偶分割夫妻共同财产时增加信息不对称、取证困难等障碍。在传统方式上,被转移的"财产"可能是房屋、银行存款等较容易被关注的财产;而今,被转移的财产也可能是"股权"等较为隐蔽和取证难度较大的权益性资产。股权作为一种典型的商事权利,在离婚纠纷中出现时,其转让规则往往同时受民法和商法两类法律的规制。因而,在处理"夫妻一方在婚内,未经另一方同意,擅自将作为婚内共同财产的股权对外转让"这一细分情形时,也有其特殊性,需要同时结合民事法律思维和商事法律思维进行综合

① 岳万兵:《反向否认公司人格:价值、功用与制度构建》,载《国家检察官学院学报》2021年第6期。

考量和处理。

（一）夫妻一方擅自转让股权行为的效力

当夫妻一方，未经另一方同意，擅自处分股权时，首先会产生是否构成“无权处分”的疑问。在认定构成无权处分，且不构成善意取得的情况下，第三人无法有效取得股权所有权。

学界对于夫妻一方擅自转让股权行为的效力，有两种观点。主张“无权处分”的学者认为，股权虽为综合性的商事权利，然其本质上仍为财产性权利，自可为夫妻所共有。将股权对外转让获得利益的权利，自然也属于夫妻所共有。《民法典》第1062条第2款规定，夫妻对共同财产，有平等的处理权。股东方配偶转让名下股权，未经非股东方配偶同意即构成无权处分。主张“有权处分”的学者认为，夫妻一方婚内取得的股权，非持股方只能共享其财产权益部分及转让所得，股权的享有和行使属持股一方。持股方无须经非持股方同意，无论何时处分名下股权皆为有权处分。

在司法实践中，理论上的两种观点各有践行的法院。最高人民法院一直以来支持的都是“有权处分”观点。在最高人民法院第二巡回法庭2020年第3次法官会议纪要中提到：“《公司法》确认的股权合法转让主体是股东本人，股东转让其所有的股权是其行使所有者权能的具体方式，并未要求自然人股东转让其名下股权应取得其配偶或其他家庭成员同意。”（如适用案例2－12）

适用案例2－12　张某某诉天风证券股份有限公司等金融借款合同纠纷案①

在夫妻关系存续期间，登记方单独进行的股权转让、质押系有权处分，在没有恶意串通损害第三人利益导致合同无效等事由时，相关股权转让、质押合同应为有效。

适用案例2－12中，最高人民法院的论述虽然针对的是配偶一方将股权对外质押的情形，但“对外质押”和“对外转让”具有本质上的相似性，都是与第三人进行了股权处分的行为。尽管最高人民法院的态度明显，但这似乎并不影响基层法院支持“无权处分”的观点（如适用案例2－13）。

---

① 最高人民法院民事裁定书，（2021）最高法民申3045号。

适用案例2-13 天津宝仓钢管集团有限公司诉徐某某股权转让纠纷案[①]

夫妻共有属于共同共有，如果没有特别约定，对共同共有财产的处分须征得全体共有人同意。股东方配偶在未征得非股东方配偶同意的前提下处分涉案股权，构成无权处分。

夫妻一方擅自转让股权行为的效力，之所以成为一个理论和实践中都难有共识的问题，根本原因在于：现行法没有规定，对于离婚案件中的股权转让纠纷，究竟应该适用《民法典》婚姻家庭编的规定，还是适用《公司法》的规定。而规则选择的实质是价值选择，价值选择从来都没有优劣之分。商事法以追求效率和交易安全为价值目标，故其奉行外观主义，其是解说和制定众多商法具体规则的法理基础[②]。而婚姻财产法致力于构造平等、和睦、文明的婚姻生活共同体，故婚姻关系的调整、夫妻权利义务的分配均以"夫妻平等协商、取得一致意见"为前提，勠力实现夫妻在家庭中的地位平等，公平保护配偶各方在家庭中的婚姻利益。

（二）夫妻一方擅自转让股权，另一方配偶的救济途径

在夫妻一方已经将股权对外转让后，另一方才"姗姗来迟"地知道了消息。此时，另一方有什么救济手段呢？笔者将区分"另一方是股东"和"另一方不是股东"两种情况，分别提供救济手段的建议。

1. 另一方配偶并非公司股东

其一，另一方配偶可以主张股权转让行为系无权处分，且不构成善意取得，从而追回股权。根据《民法典》第311条第1款，无处分权人将不动产或者动产转让给受让人的，所有权人有权追回；除法律另有规定外，符合下列情形的，受让人取得该不动产或者动产的所有权：(1)受让人受让该不动产或者动产时是善意；(2)以合理的价格转让；(3)转让的不动产或者动产依照法律规定应当登记的已经登记，不需要登记的已经交付给受让人。该规定表明，如果股东方配偶被认定为无权处分股权，受让方满足"善意""合理价格""已经登记"三个要件，构成善意取得，受让方仍能取得股权；反之，不构成善意取得，非股东方配偶才可以追回已经对外转让的股权。

---

① 天津市第一中级人民法院民事判决书，(2019)津01民终2402号。

② 张保红：《中国商事立法研究》，法律出版社2019年版，第101页。

其二,另一方配偶可以主张股权转让合同无效,从而追回股权。需要注意的是,《民法典》第 215 条规定,当事人之间订立有关设立、变更、转让和消灭不动产物权的合同,除法律另有规定或者当事人另有约定外,自合同成立时生效;未办理物权登记的,不影响合同效力。该条文表明我国采用的是“区分原则”:物权行为的效力,不影响债权行为的效力。即股权转让行为无效,并不导致股权转让合同无效,合同自成立时生效。什么情况会导致股权转让合同无效呢?根据《民法典》第 154 条的规定,行为人与相对人恶意串通,损害他人合法权益的民事法律行为无效。如果另一方配偶可以证明“股权转让行为是夫妻一方与第三人的恶意串通,其目的是转移夫妻婚内共同财产,损害己方的利益”,那么其可以请求法院确认转让合同无效,从而追回股权。

实践中的难点往往就在于如何认定“恶意串通”。根据笔者对大量同类案件的判决书的研读发现,法院在认定“婚内股权转让行为是否构成恶意串通”时,往往会从以下因素来论证:(1)是否实际支付股权转让款。(2)股权转让款的来源:是否来自受让方。(3)股权转让款的去向:是否转给了出让方。(4)股权转让时是否有市场评估,及转让价格与市场价值的差异。(5)股权转让时间:与离婚诉讼时间是否相近。(6)股权出让后,出让方是否依旧参与公司经营。(7)受让方与出让方的关系:如亲戚关系。

其三,在认定“有权处分或善意取得”的情况下,另一方配偶可以主张分割股权转让款。在有权处分或善意取得的情况下,股东方配偶的婚内处分行为,使得财产的形式从“股权”转换为“股权转让款”。在离婚分割财产时,虽然股权所有权已经消灭,但是股权转让款属于可以被分割的离婚财产范围。

总而言之,对另一方配偶非股东的情况,该配偶有三条救济路径。只有通过第一条、第二条路径,该配偶才能追回股权,但举证责任较重;而第三条路径,虽然举证责任较轻,但该配偶只能获得金钱补偿。第一条、第二条路径理论上都可行,但也有区分:第一条路径会因法官个人观点的不同而导致不同的裁判结果,风险较大,故而选择第二条路径相对更稳妥。

2. 另一方配偶同为公司股东

前文讨论的都是非股东方配偶如何寻求救济,但实际上生活中还会发生“夫妻双方均为同一有限责任公司股东,一方对外转让股权”的情况。在这种情况下,另一方在上述两条救济路径之外,还有其他救济渠道。

其一,另一方配偶可以在法定时限内主张行使优先购买权,要求返还股权。

根据最高人民法院《关于适用〈中华人民共和国公司法〉若干问题的规定(四)》第21条的规定,转让方配偶未就股权转让事项征求其他股东意见,其他股东可以主张按照同等条件购买该转让股权,但其他股东自知道或者应当知道行使优先购买权的同等条件之日起30日内没有主张,或者自股权变更登记之日起超过1年的除外。其他股东非因自身原因导致无法行使优先购买权,还可以要求该股东赔偿损害。

其二,另一方配偶可以"股东会决议存在可撤销情形"为由要求确认决议无效,进而撤销股权变更登记。根据《公司法》第22条的规定,股东会召开必须通知全体股东,如果没有履行通知程序,其他股东可以自决议作出之日起60日内,请求人民法院撤销。公司根据股东会或者股东大会、董事会决议已办理变更登记的,人民法院宣告该决议无效或者撤销该决议后,公司应当向公司登记机关申请撤销变更登记。最高人民法院公报案例"张某某诉江苏万华工贸发展有限公司、万某、吴某某、毛某某股东权纠纷一审案"中,另一方配偶也采用了这一救济手段。

(三)案例分享

笔者将在下文分享案例详解2-3:"婚内恶意转让股权"。在该案中,男方"疑似"实施了转让股权、转移婚内财产的行为,于是女方向法院提起了诉讼。其中,特别值得关注的是,法院在判决书中是根据哪些事实,从而"排除合理怀疑",认定男方构成了恶意转让股权。

案例详解2-3 王某诉裴某、刘某股权转让纠纷案①

■ 案情

王某(女方)于2018年2月9日起诉裴某(男方)要求离婚。

在离婚诉讼过程中,王某发现,裴某在婚姻关系存续期间内,先后向关某、刘某"恶意转让股权来达到转移婚内财产的目的"。为了能够在离婚财产分割时分割相应股权,王某就两次股权转让行为先后提起了"股权转让行为无效"的诉讼。

裴某先于2016年12月20日以1000元的价格向关某转让和致公司55%

① 广东省深圳市中级人民法院民事判决书,(2020)粤03民终29074号。

的股权（裴某原先受让的价格为50万元6.25%的股权）。对于该笔股权转让行为，王某已经在另案起诉，并取得了“法院判决裴某与关某恶意转让股权无效”的胜诉结果，判决书为（2020）粤03民终7159号。

裴某后于2018年3月22日以480万元的价格向刘某转让和致公司60%的股权。该笔股权转让行为，虽然价格合理，但存在其他疑点：(1)协议签订当天裴某和刘某就办理了工商登记手续；(2)刘某将股权转让款支付给和致公司而非裴某；(3)刘某股权转让款源于盛某，而盛某另案被判向裴某和王某返还共480万元。现王某依据上述疑点，望法院考虑裴某之前已经存在“恶意转让股权”的行为，要求法院判决“裴某与刘某”恶意转让股权行为无效。

人物关系如图2－5、图2－6、图2－7所示：

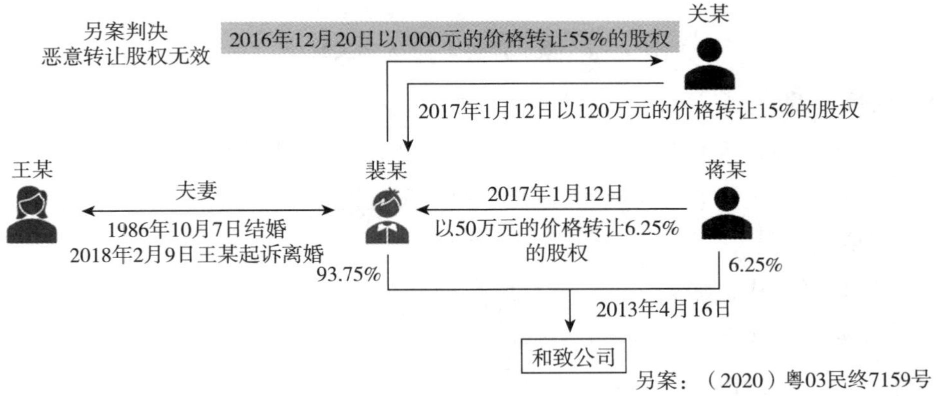

图2－5　案例详解2－3人物关系(1)

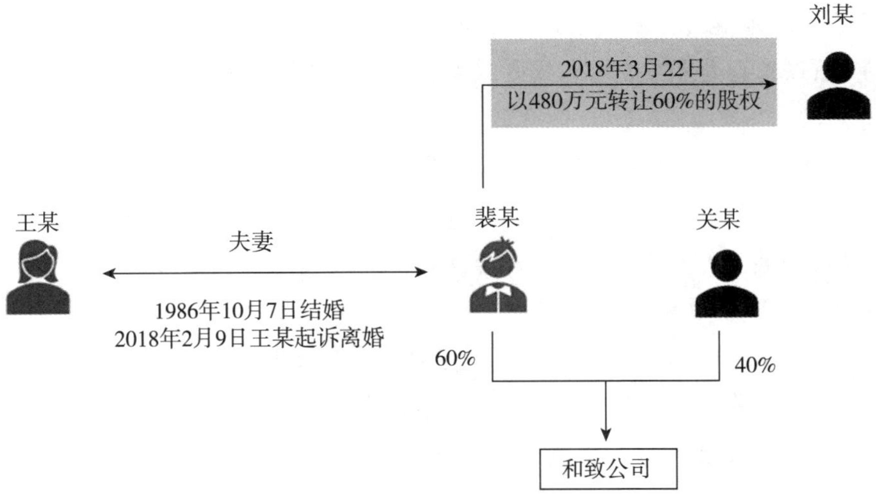

图2－6　案例详解2－3人物关系(2)

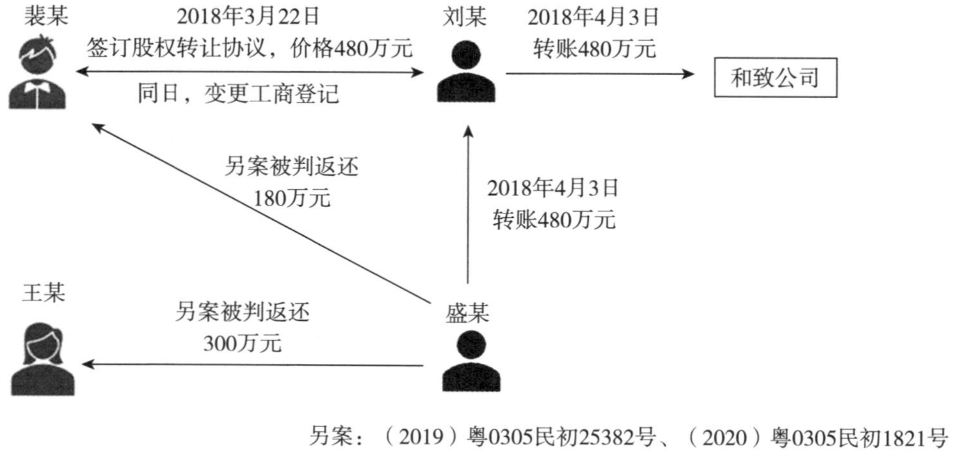

图 2－7　案例详解 2－3 人物关系(3)

■ 法律问题

1. 王某如何证明“裴某和刘某构成恶意转让股权,因而转让行为无效”?

2. 在确认裴某和刘某转让行为无效后,王某是否需另案起诉分割股权?

■ 法院观点

1. 需要严格审查裴某无权处分股权行为是否真实、合理

裴某转让的和致公司的股份属于王某与裴某的夫妻共同财产,其转让行为并未取得王某的同意。王某于 2018 年 2 月 9 日起诉离婚,裴某于 2018 年 3 月 22 日向刘某转让和致公司 60% 的股权,裴某与刘某均为深圳市腾达恒升科技有限公司股东,在该前提下,对涉案股权转让是否真实、合理,应作出更为严格的审查,以防止夫妻一方转移或者以明显不合理低价转让财产,造成另一方损失。

2. 涉案股权转让存在诸多疑点和不合常理之处,裴某、刘某未能作出合理解释

(1)刘某支付的股权转让款源于盛某,而盛某与裴某有较多的资金来往,且刘某无法解释款项来源。

(2)裴某在收到刘某的转款之前,已经为刘某办理了工商变更登记手续。

(3)裴某将股权转让款支付给了目标公司,而非刘某。

(4)股权转让时,双方未对股权价格进行市场评估,股权价格远低于股权价值。

(5)股权转让后,裴某依旧担任公司总经理和法定代表人,并参与公司的经营管理,而刘某从未参与过公司的经营管理。

3. 王某证明恶意串通,达到了“排除合理怀疑”的标准,认定构成恶意串通

法律规定认定恶意串通的证明标准要严于民事诉讼中高度盖然性的一般证明标准,需要达到排除合理怀疑的程度。本案中,王某虽未能提交直接证据证明刘某主观恶意的存在,但根据上述对涉案股权转让背景、合同订立主体的关联关系、合同约定的内容以及合同的实际履行等因素的分析,本案现有间接证据所形成的证据链亦能达到排除合理怀疑的证明标准,因此,一审认定裴某与刘某构成恶意串通,损害王某合法利益,裴某与刘某之间的股权转让行为无效,该认定符合民事诉讼举证规则,并无不当。

■ 律师观点:确认股权转让行为无效,最终目的是分割完整的离婚财产

“确认股权转让行为无效”的本案实际上是离婚诉讼的衍生之诉。在离婚诉讼中,如果王某想要分割裴某在和致公司的股权,首先必须确认裴某享有这些股权,而实际上裴某早已将股权转让给了刘某。为了达成在离婚诉讼中一并处理股权分割的目的,王某必须在离婚诉讼前或离婚诉讼中提起确认股权转让行为无效之诉(案由为与公司有关的纠纷)。

在确认股权转让无效之诉中,王某是以《民法典》第 154 条(恶意串通损害他人利益的行为无效)作为请求权基础的。而在民事诉讼中,法院对于“恶意串通”有更高的证明标准的要求。法院对民事诉讼的一般事实的证明标准的要求是“高度盖然性”,而对于“欺诈、胁迫、恶意串通”“口头遗嘱或赠与”事实的证明标准的要求是“排除合理怀疑”。“排除合理怀疑”指法官对要件事实的“确信”要达到不允许相反事实可能存在的程度,故“排除合理怀疑”的证明标准比“高度盖然性”要高。对“恶意串通”的证明标准有更高的要求是因为:如果认定构成恶意串通会导致合同无效,从维护法律秩序的稳定性、保障交易安全的民商事立法目的来看,需要对这些事实适用更高的证明标准。实践中,“排除合理怀疑”标准在具体适用时,一方面,需由主张恶意串通的一方,证明恶意串通事实的基本可能性,完成初步举证;另一方面,证明责任发生转移,由行为人和相对人进行举证抗辩,排除恶意串通的可能。具体到本案中,王某需要先证明存在恶意串通的基本事实,然后由裴某来举证抗辩不存在恶意串通的可能性,最后由法院自由裁量,原告对恶意串通的举证是否足以使之确信本案只有恶意串通这种可能性。

五、婚内夫妻一方接受父母股权

股权已经是当今中国家族的主要财富形式之一。父母往往按照中国人的思维习惯将自己持有的公司的股权传给自己子女，并通过签订股权转让合同或赠与等方式办理股权转移登记，如此操作虽然帮助家族企业传承，但往往忽视了因子女婚姻变故带来的对家族企业所有权、控制权的影响。在这样的背景下，父母以实质零对价的方式无偿转让股权给子女的行为应该如何定性？若被认定为股权赠与行为，那么婚内单方受赠股权究竟属于个人财产还是夫妻共同财产？本书将通过案例分析和知识点详解两个角度，来解决上述疑惑，也希望为广大同人和客户在面临此类问题时提供实操层面的参考价值。

（一）案例分享

笔者在梳理近百个同类案件过程中，挑选出两个“配偶一方在婚内从父母处无偿取得或受赠股权”的案例（如案例详解 2 -4 和案例详解 2 -5）。案例详解 2 -4 和案例详解 2 -5 在案情上具有高度相似性，但法院裁判观点和结果却大相径庭，读者们可以试着一边跟随笔者思路阅读案件及分析，同时一边自主思考“类案不同判”背后的原因。

案例详解 2 -4 夏某诉小朱、老朱股权转让纠纷案①

■ 案情

夏某与小朱于 2014 年结婚。

2016 年 11 月，小朱的父母老朱、刘某无偿将共计 82% 的汇山公司股权，转让给小朱。对该股权转让行为，夏某称是父母对夫妻俩的赠与，小朱称是父母为了帮助其购买房屋而在增信措施上给予的支持。

2017 年 11 月，小朱购买了房屋。

2018 年 6 月，夏某与小朱签订了婚内协议，约定两人名下所有财产视为两人共同所有。

2019 年 2 月，小朱无偿将 82% 的汇山公司转让给其父亲。

2019 年 4 月，小朱起诉离婚。

① 上海市第二中级人民法院民事判决书，(2020) 沪 02 民终 8837 号。

现夏某在离婚诉讼外另案起诉，请求法院确认"小朱与其父亲2019年2月的无偿股权转让行为"无效。

人物关系如图2－8所示：

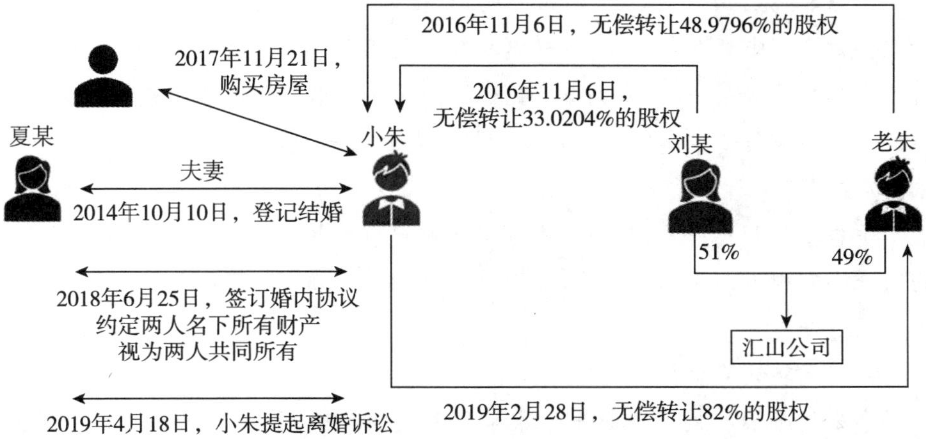

图2－8　案例详解2－4人物关系

■ 法律问题

1. 小朱转让给老朱的股权是否属于夫妻婚内共同财产？

2. 小朱与老朱之间的股权转让行为的性质与效力如何？

■ 法院观点

1. 小朱婚内取得股权的依据是股权转让

父母与子女之间的股权变更，不能仅以是否无偿或价格款项认定其性质系转让抑或赠与，该种特殊主体关系下的股权转让价款的高低往往掺杂其他家庭或感情因素。现小朱通过股权转让协议的形式取得对应股权，并办理了股权变更登记，且法律并未禁止亲属之间进行股权的赠与，故被告小朱与其亲属间所签订的股权转让协议应视为当事人真实意思表示，其股权转让的性质并不因是否有偿发生变化。

2. 小朱未能举证存在代持关系

被告小朱、被告老朱和第三人刘某、第三人汇山公司称，股权转让仅系形式需要，实际为提高被告小朱的个人信用等级用以购买房屋所需故由其代持。但被告小朱名下本市诸光路×××弄×××号房屋于2017年11月21日获得产证后，其亦未及时将股权转回，而是直至2019年2月28日才与被告老朱签订系争股权转让协议，再于2019年4月18日向法院起诉要求与原告离婚，该事实亦与被告老朱所主张内容相悖。

3. 即便认定小朱婚内取得股权的依据是赠与，仍属于对夫妻双方的赠与

根据《婚姻法》（已失效）的相关规定，在婚姻存续期间，夫妻一方基于赠与所取得财产归夫妻共同所有，除非赠与合同明确只归夫或妻一方的财产。现被告小朱和被告老朱、第三人刘某、第三人汇山公司并未举证证明被告小朱所取得的股权系被告老朱和第三人刘某对其个人的赠与，理应承担举证不能的不利法律后果。

被告小朱两次出具了《婚内夫妻财产约定协议书》，商定其与原告名下的一切财产全部视为两人共同所有，全部作为夫妻共同财产，故该股权仍应属于夫妻共同财产。

4. 恶意转让股权行为无效

小朱处分股权的行为超出了家事代理权的范畴，且未经配偶夏某的同意。小朱擅自将上述股权转让的行为侵害了夏某的权益，依据相关法律的规定可认定为无效。

案例详解2-5 欧阳诉小董确认合同无效纠纷案①

■ 案情

欧阳与小董于2016年5月结婚。

2017年3月，小董用来自其姐大董的202万元以及其他途径的48万元，共计250万元购买了誉汇公司7.14%的股权。

2018年5月，小董将7.14%的股权无偿转让给大董。

2018年7月，欧阳起诉离婚。

现欧阳另案起诉，请求法院确认“小董与大董2018年5月的无偿股权转让行为”无效。

人物关系如图2-9和图2-10所示：

① 广东省广州市中级人民法院民事判决书，(2020)粤01民终1664号。

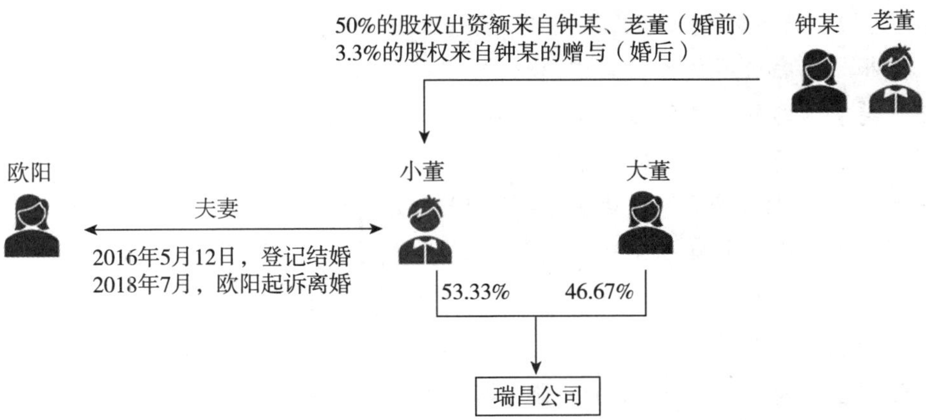

图2－9 案例详解2－5人物关系(1)

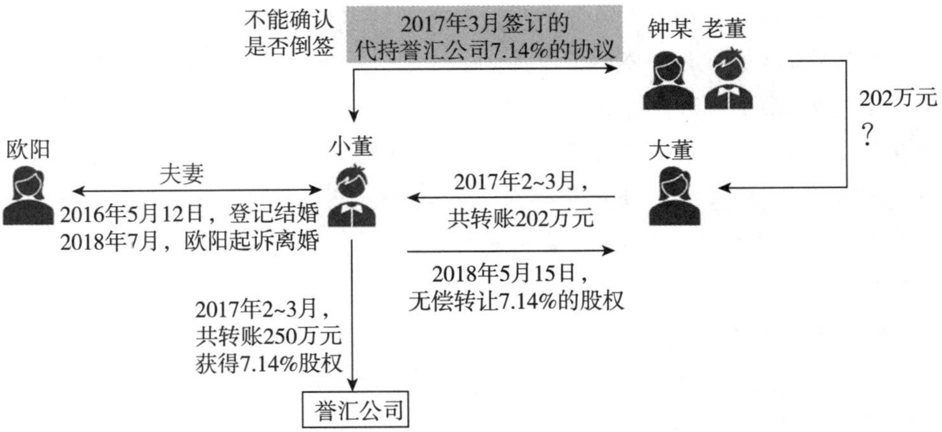

图2－10 案例详解2－5人物关系(2)

■ 法院观点

1. 小董婚内取得股权的依据是赠与

(1) 小董的出资款来自大董

诉讼中,欧阳确认小董于2015年9月毕业于华南师范大学成人学院,毕业后仅有实习收入以及在瑞昌公司的基本工资收入,双方在2016年5月登记结婚后,小董即于2017年3月获得誉汇公司7.14%的股权,并实际缴纳出资款202万元,故仅以小董本人的收入情况显然并不具备支付该笔巨额股权出资款项的经济能力。据小董、大董的银行转账记录,小董投入誉汇公司的202万元出资款实际源于大董的个人账户。

(2)小董与父母之前也有类似的股权安排

根据瑞昌公司的股权结构,该公司登记股东仅为大董与小董姐弟二人,小董所持有的瑞昌公司50%出资额实际亦源于其父母的资金积累。这反映小董原家庭成员间一直存在对公司股权的内部协议和安排,因此相对于本案誉汇公司的股权出资,大董表示该款项实际源于其父母委托管理的财产并不违背常理。

2. 赠与应认定为只对小董的赠与

最高人民法院《关于适用〈中华人民共和国婚姻法〉若干问题的解释(三)》(已失效)第7条第1款规定:"婚后由一方父母出资为子女购买的不动产,产权登记在出资人子女名下的,可按照婚姻法第十八条第(三)项的规定,视为只对自己子女一方的赠与,该不动产应认定为夫妻一方的个人财产。"该条款虽仅规范了父母向子女一方赠与不动产的情形,但其立法本意显然是从遵循日常生活经验法则考量,根据资金来源合理划分夫妻共同财产与夫妻一方原家庭成员间流转的财产,以平衡各主体利益关系,以避免任意一方不当获取巨额利益的情形。本案中,小董持有的誉汇公司股权虽不属于不动产范畴,但其对应的出资额高达200余万元,且根据法院前述认定,该部分出资完全源于小董原家庭成员多年积累的财产。故一审法院参照上述司法解释的规定,认定该股权出资属于小董原家庭成员对其个人的单方赠与更符合出资人的真实意思,亦更符合公平合理原则。

3. 股权转让行为有效

小董与大董订立《股东转让股权合同书》以零对价转让誉汇公司股权,是为保全其原家庭成员的正当财产权益,该行为并不存在违背诚实信用或公序良俗的情形,更未对欧阳的个人利益造成损害。

■ 案例对比评析

这两个案件在案情上具有相似之处。首先,夫妻一方在婚内取得股权的原因相似:案例详解2-4是父母无偿转让,案例详解2-5是来自姐姐提供的资金(进一步源头为父母)。其次,代持协议的情况相似,案例详解2-4根本没有与父母签订代持协议,案例详解2-5虽然看似有代持协议,但鉴定机构就签订时间无法给出结论,事实存在倒签的可能性。最后,都存在在起诉离婚前几个月,将股权无偿转让给自己的亲属的行为。案例详解2-4和案例详解2-5唯一明显的区别是,案例详解2-4中夫妻双方还签订了婚内协议,约定夫妻任何一方名下的财产都归双方所有。

基于相似度较高的案情，两个法院却作出不同的判决结果。案例详解2－4中的法院认为，夫妻一方在婚内获得股权是基于无偿的股权转让行为，且不存在代持关系；就算退一步认为是基于受赠取得股权，该赠与行为也应该认定是对夫妻双方的赠与。案例详解2－5中的法院则认为，妻一方取得股权不是基于股权转让，当然不存在代持关系。其取得股权的依据是赠与，但该赠与行为应该认定是对夫妻一方的赠与。为什么两个案例的审判法院会呈现出两种截然相反的观点呢？

原因一在于两个法院对于"父母与子女之间无偿的股权变更行为"的性质认定方式不同。案例详解2－4中的法院认为，无偿的股权变更行为不能直接认定为赠与。首先，"无偿"只是股权对价的表现形式之一，股权的对价往往包括现金、劳务、知识产权等多元形式，在案例详解2－4中就表现为父母对子女的情感因素。其次，需要从协议文本的文义来判断。案例详解2－4中，父母与子女明确签订了股权转让协议，股权变更行为宜认定为股权转让性质。案例详解2－5中的法院，虽然没有直说，但是其"直接省略论证非股权转让行为"的做法，表现出其认为，无偿转让股权，应直接视为赠与。

原因二在于两个法院对于"父母对于己方子女的股权赠与，是否属于婚内共同财产"这一问题的观点不同。案例详解2－4中的法院认为，根据《民法典》第1062条、第1063条的规定，夫妻一方基于赠与所取得财产归夫妻共同所有，除非赠与合同明确只归夫或妻一方的财产。案例详解2－5中的法院认为，根据最高人民法院《关于适用〈中华人民共和国婚姻法〉若干问题的解释（三）》（已失效）第7条的规定，被登记在一方名下的不动产，应视为对夫妻一方的赠与。由于股权也具有不动产的高价值属性，且股权也适用于登记制度，案例详解2－5中的法院对第7条进行类推适用，从而认为登记在夫妻一方名下的股权，应视为对夫妻一方的赠与。

除此之外，还有一点值得探讨。案例详解2－5中，被告一直主张的都是代持，法院能否不理会当事人的抗辩，直接认定涉案合同的性质是赠与呢？答案很直接：法院可以。在本案中，原告的主张是"股权转让合同"无效；被告的主张是存在代持关系。法院认定合同的性质是赠与，实质上就是支持了原告的主张，并没有违反"不告不理"原则。

（二）父母对子女无偿转让股权的行为性质

对于"父母对子女无偿转让股权的行为"的性质认定，实践中有两种观点：

案例详解 2 -4 中的法院代表了第一种观点,即该行为认定为“股权转让”还是“赠与”要视具体情况而定;案例详解 2 -5 中的法院则代表了第二种观点,即该行为可以直接认定为“赠与”。具体来说,这种观点的冲突,仅发生在父母与子女签订的是“股权转让协议”的情况。如果双方签订的本来就是赠与协议,那么无须考虑这一步。

实践中,法院审查双方之间是买卖合同关系还是赠与合同关系的过程,就是探究当事人真实意思表示的过程。虽然,法院要寻求的是“合同的实质”,但法院往往要从“合同的形式”来倒推“合同的实质”。从司法实践来看,法院会从以下几个方面加以考量:(1)合同所使用的措辞,如合同的标题、条款适用的是“转让”一词,抑或“赠与”等词。(2)双方虽然不需要支付货币对价,但有无存在其他对价,如劳务对价、知识产权或其他权利对价。(3)双方之间是否还存在其他合同安排,如股权激励、股权代持、明确股权转让合同是为了履行其他协议。(4)合同的内容规定的是否具体,对于定金、支付日期、违约责任、权属转移登记的条款是否写明。综合考虑以上四点后,法院会根据“合同的实质”对合同的性质加以认定。在“名为买卖,实为赠与”的情况下,法院会根据《民法典》第 146 条,认定行为人与相对人以虚假的意思表示实施的股权转让行为无效,以虚假的意思表示隐藏的赠与行为的效力,依照有关法律规定处理(若未违反合同无效的规定,一般赠与合同有效)。

(三)受赠性质下,股权的归属问题

在已经认定股权转让协议“名为买卖,实为赠与”或者双方本身签订的就是股权赠与协议的情况下,笔者将进一步讨论这种“父母对子女在婚内所赠与的股权”属于夫妻共同财产还是个人财产。

第一种观点认为,婚内单方受赠股权属于夫妻共同财产。该观点的法律依据是《民法典》第 1062 条(《婚姻法》(已失效)第 17 条)所规定的夫妻财产共同制。根据第 1062 条的规定,夫妻一方在婚后受赠的财产,除非赠与合同确定只归一方所有,不然属于夫妻共同财产,归夫妻共同所有。支持该观点的人认为:(1)民法规定夫妻财产共同制,是为了维护婚姻家庭的和睦,实现婚姻家庭共同育幼养老的目标,如果将受赠财产规定归一方所有,不符合婚姻法的立法理念。(2)在夫妻财产关系领域,除法律另有强制性规定之外,应当遵循民法的意思自

治原则，并且符合公平、正义的私法之基本价值取向[①]。该观点是目前理论界的主流观点，也有很多法院践行该观点。

第二种观点认为，婚内单方受赠股权属于个人财产。该观点的法律依据是最高人民法院《关于适用〈中华人民共和国婚姻法〉若干问题的解释（三）》（已失效）第7条。第7条规定，婚后由一方父母出资为子女购买的不动产，产权登记在出资人子女名下的，视为只对自己子女一方的赠与，该不动产应认定为夫妻一方的个人财产。股权赠与从两方面具有可以类推适用第7条的可能性：其一，从第7条的立法目的来看。基于中国家庭的传统，父母在为子女婚后出资购房时往往并不会明确赠与哪一方，也较少有父母会在子女结婚时签署书面协议明确房屋与子女的配偶无关。当父母倾其所有为子女购买房屋时，一旦双方离婚，出资父母不但感情上受到伤害，在经济方面也会受到损失[②]。而随着中国社会经济的发展，家庭财产的主要形态逐渐从房产转变成为股权。在股权传承方面，也存在几乎同样的问题。类推适用第7条的规定，可以使父母出资购买股权真实意图的判断依据客观化，有利于均衡保护结婚双方及其父母的权益。其二，从第7条的构成要件来看。第7条关注的是"通过登记产生的公示效力达到明确赠与一方的作用"，而股权同样可以进行登记。

但是，第二个解释存在缺陷，因为国内股权无法实现共有登记。故，必然会发生股权登记在单方名下的结果，如果按照类推适用的结果，那么会导致的后果就是，原则上股权属于个人财产（依据登记在一方名下判断），除非约定为夫妻共同财产。因而，也有学者提出，我国应该允许股权进行"共有登记"。在允许股权共有登记的情况下，可以依据"载明为夫妻共有"和"未载明为二人共有"来区分[③]。笔者认为这个学者的观点有可采之处在于其敏锐地发现了"房屋"和"股权"的重要区别，即能否登记为"共有"。只有在"可以登记为共有"而"未登记为共有"的情况下，才能从当事人的登记行为中推出其的真实意思表示。故而，笔者认为，由于"房屋"和"股权"这一重要区别的存在，离婚时股权分割无法类推适用第7条。

---

① 贾明军、王芳：《婚姻家庭法领域业务创新与拓展——"全国婚姻家庭法律师实务论坛"综述》，载《中国律师》2011年第9期。

② 李松妍：《婚内单方受赠股权的归属及财富传承》，载《南方论刊》2020年第9期。

③ 夏平：《登记于夫妻一方名下的股权归属与转让法律问题研究》，载《潍坊工程职业学院学报》2016年第2期。

当然,必须指出的是最高人民法院《关于适用〈中华人民共和国婚姻法〉若干问题的解释(三)》第7条已经失效,笔者做的更多的是一种理论上的探讨。在《民法典》施行以后,第7条已经被大幅修改,对应的是最高人民法院《关于适用〈中华人民共和国民法典〉婚姻家庭编的解释(一)》第29条。根据第29条的规定,即使是对于诸如房屋这样价值大的不动产,也不再采用"视为对自己子女一方的赠与"的观点。反之,立法者认为要先按照约定判断;如果没有约定,除非赠与合同明确规定归一方所有,否则仍属于夫妻共同财产。

(四)股权的财富传承

随着股权越发地作为一种家庭特殊形式的资产出现和增值,如何实现股权的安全、稳定、可靠地传承且尽量不受被传承的下一代婚姻变故的影响也将是一个重要的问题。虽然本书的重心不在详述财富传承的法律问题,但笔者也想就此略谈几句。

提起股权传承和二代接班,很多人自然而然想到的就是股权转让的方式。然而,前文的案例及论述已经可以让大家发现,无偿股权转让协议很可能会被判定为股权赠与协议,而根据股权赠与的规定,股权将属于夫妻婚内共同财产在离婚时一并分割。若希望采用股权转让的方式来有效实现财富传承,避免因下一代婚姻变故导致股权价值贬损,所有权、控制权出现危机,建议尽可能在《股权转让协议》中加上定制化条款,比如"如受让方在付款期限内未支付股权转让款的,转让方有权选择要求受让方继续支付股权转让款或将股权赠与受让方而放弃要求受让方支付股权转让款;但转让方选择将股权赠与受让方的,仅是对受让方单方的赠与,不构成对受让方夫妻的共同赠与"。通过《股权转让协议》的定制化条款,既是一种税务筹划的选择,又是实现家族企业股权传承的方式之一①。

除在《股权转让协议》中添加定制化条款,约定归属一方的赠与协议、委托信托公司、婚内财产约定文件等都是可借鉴的股权传承的方式方法。然而,每一种方法都存在自身的制度和安排的"漏洞或缺陷",当事人最好选择委托专业人士,结合当事人具体诉求和真实意愿来对财富传承进行严密而周全的安排。

---

① 李松妍:《婚内单方受赠股权的归属及财富传承》,载《南方论刊》2020年第9期。

六、诉讼策略选择

离婚纠纷涉及股权分割往往是代理律师面临的难点问题,由于这类问题一方面往往涉及婚姻家事领域的民事法律与公司法的交叉结合,另一方面常常涉及案外人而导致不可控因素增多。从是否为夫妻共同财产的定性到定量,从如何实现股权公平合理地进行分割到离婚诉讼多策略之间进行权衡,每个环节都是对代理律师的专业能力和诉讼经验以及总控案件的全局观念的挑战。

(一)大数据统计

笔者以"离婚+共同财产+股东+股权/股份-上市公司"为关键词,限缩案由为"离婚后财产纠纷,离婚纠纷,与公司有关的纠纷",限缩时间为"2019年7月1日至2022年3月31日",限缩地域为"北京、广东、上海、浙江、江苏",得到88份有效民事判决书。

笔者就这88份判决书的裁判结果进行分析,发现其中有52%的案件法官"全部不支持"原告的诉请,27%的案件法官"全部支持"原告的诉请,20%的案件法官"部分支持"原告的诉请,1%的案件原告撤回了诉请(见图2-11)。从初步的统计结果来看,原告的诉请得到"全部或部分支持"的概率与"全部不支持"的概率大约持平。下文将以裁判结果为区分标准,对不同分类的案件单独分析。

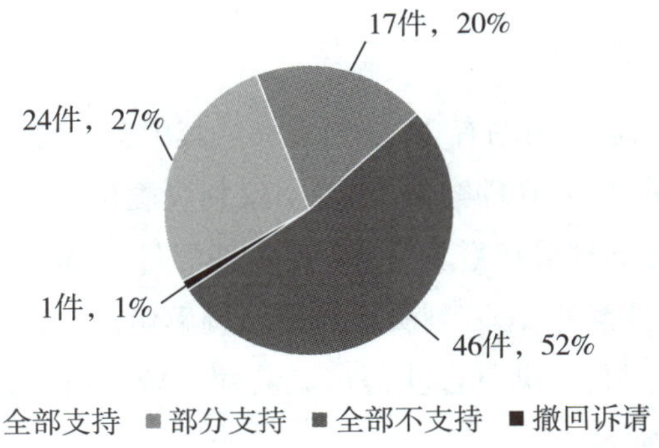

图2-11 88份判决书中原告诉请的判决结果

1."全部不支持"

"全部不支持"原告诉请的有46份判决书。对于这46份判决书,笔者根据法院不支持的理由,又加以分类。

第一类案件中，法院全部不支持的理由是：不存在可供分割的股权及相关利益。具体情形包括：(1)被告不具有股东资格；(2)股权不属于婚内共同财产；(3)股权已经分割过；(4)不能证明分红、股权转让款的存在；(5)出资额不能分割；(6)股权增值部分不能直接分割；(7)股权价值为零。

第二类案件中，法院全部不支持的理由是：无法确定分割股权的方案。无法确定的原因，或是因为不能确定股权价值；或是因为在分割有限责任公司股权份额时，原告未能提供其他股东同意股权转让且放弃优先购买权的证据。

第三类案件中，法院全部不支持的理由是：不能在本案中处理。具体情形包括：(1)涉及案外人利益，需另案主张；(2)股权转让协议的效力有争议，需另案主张；(3)股东行使知情权，需另案主张；(4)股东资格有争议，需先变更公司工商登记名册。

第四类案件中，法院全部不支持的理由是：原告的诉请超过了诉讼时效。根据《民法典》第 152 条的规定，原告发现财产分割协议存在欺诈胁迫情形，应当自知道或者应当知道之日起 1 年内，起诉撤销财产分割协议。根据最高人民法院《关于适用〈中华人民共和国民法典〉婚姻家庭编的解释(一)》第 84 条的规定，原告发现被告存在隐藏、转移、变卖、毁损、挥霍夫妻共同财产，或者伪造夫妻共同债务企图侵占另一方财产的行为，应当自发现之日起 3 年内，起诉请求再次分割夫妻共同财产。如果原告诉请的时点，超出了上述法律条文规定的诉讼时效期间，那么虽然法院会审理案件，但在被告以诉讼时效进行抗辩时，原告必然会败诉。

2.“全部支持”

“全部支持”原告诉请的有 24 份判决书。其中有 10 件案件，法院仅判决确认原告享有股权份额；有 6 件案件，法院不仅判决确认原告享有股权份额，而且判决被告配合原告办理股权登记手续；有 4 件案件，法院判决原告获得股权折价款；另外各有 1 件案件，法院判决原告按照调解协议分割离婚裁判、判决按照当事人当庭合意分割、判决原告获得涉案公司的资产补偿款、判决原告获得涉案股权的转让违约金。

3.“部分支持”

“部分支持”原告诉请的有 17 份判决书。根据“部分支持”的内容不同，又可以分为三类。

第一类案件中，原告提出了两个及两个以上与股权相关的诉讼请求，而法院仅支持了其中一个。具体情形包括:(1)法院支持分割股权份额,但不支持分割分红;(2)法院支持分割股权转让款和分红,但不支持主张计付利息;(3)法院支持了一个公司股权分割,但不支持对另一公司的股权分割;(4)法院支持分割股权补偿款,但不支持分割出资款。

第二类案件中,法院支持了对股权本身或者价值进行分割,但不支持被告提出的数额。具体情形包括:(1)法院支持分割股权份额,但比例不支持;(2)法院支持分割股权折价款,但数额不支持;(3)法院支持分割股权收益及折价款,但数额不支持。

第三类案件中,法院支持对股权利益进行分割,但不支持被告提出的股权分割形式。具体情形包括:(1)原告要求分割股权份额,被判股权折价款;(2)原告要求分割股权折价款,被判股权份额;(3)原告要求分割股权份额,被判股权对应的财产权益。

(二)离婚股权诉讼的三个重要问题

1. 是否需要在离婚诉讼前或过程中,另案起诉

根据案例统计结果,实践中,法院在四种情形下,认为原告的诉请不能在本案中处理。

其一是“涉及案外人利益,需另案主张”。这种情形往往发生在离婚分割有限责任公司股权时,非股东方配偶要求确认其享有股权份额。从案例检索结果来看,这类案例的判决书中,或是当事人没有举证证明“其他股东过半数同意且放弃优先购买权”,或是法院直接没有提及优先购买权,直接判定需要另案处理。因而,这不禁让笔者产生了一种疑惑:如果在本案中,当事人能够证明“其他股东过半数同意且放弃优先购买权”,法院又会怎么处理呢?笔者认为,法院可能有两种倾向:第一种倾向是,法院认为只要涉及案外人利益,离婚案件就不能处理。所以,有限责任公司的股权份额分割的问题必须另案处理。第二种倾向是,法院认为,由于案外人利益在本案中已经被充分考虑,所以能够在离婚案件中处理,因此法院支持原告分割股权份额的诉请。

其二是“股权转让协议的效力有争议,需另案主张”和“股东行使知情权,需另案主张”的情形。笔者之所以将这两种情形一起论述,是因为这两种情形有共通之处。从裁判实践来看,股权转让效力纠纷、股东知情权纠纷一般都不在离婚案件中处理。根据案件裁判结果的统计,如果原告无法证明存在可分割的

股权及相关收益，或是无法确定股权价值，法院不会支持其诉请。而另案提起股权转让效力纠纷、股东知情权纠纷的意义便在于：确认离婚案件分割的财产范围，为分割财产的特定诉请提供必要的证据支持。具体来说，股权转让效力纠纷是为了确认股东一方配偶的股权转让行为无效，请求法院回转股权；股东知情权纠纷是为了确认股东一方配偶的股权份额及相关收益的数额，以及获取股权价值评估所需的资料。可以说，另案起诉，在这两种情形中，是非常必要的。

其三是“股东资格有争议，需先变更公司工商登记名册”。从裁判实践来看，大多数法院会在离婚案件中查明代持关系，包括：（1）股东一方配偶主张自己不是实际出资人；（2）非股东一方配偶主张另一方是实际出资人。极少数法院要求当事人先确认股东资格、变更公司工商登记名册后，再分割股权。

最后，笔者想就法院“另案处理”的做法，发表自己的观点。“另案处理”不应该成为法院的“尚方宝剑”。第一，根据法律规定，法官应在离婚案件中处理财产分割问题。《民法典》第 1087 条规定，夫妻离婚时不能就财产分割达成一致意见的，法院应作出分割的判决。立法的原旨是，离婚诉讼既要处理夫妻人身关系的解除，也应同时解决夫妻共同共有财产关系的变更。第二，只有在法定情形下，法官才能够作出“另案处理”的判决。根据最高人民法院《关于人民法院审理离婚案件处理财产分割问题的若干具体意见》（已废止）第 20 条的规定，在离婚案件中的财产分割过程中，夫妻一方要求分割财产但一时难以查清的，法院可以告知当事人另行起诉或中止离婚诉讼。也就是说，只有在发生“争议财产无法确定”的情形时，法院才能另案处理；在“争议财产无法处理”的情形下，法院仍然应该作出分割的判决。第三，从维护当事人权益、保证司法公信力的角度，法院应尽量在离婚诉讼中解决财产分割问题。股权价值具有随经营发展以及市场状况不断变化的特点，另案处理可能会导致股权价值的波动，且可能会为拥有股权的一方配偶损害另一方当事人的利益提供时间。况且，另案处理势必会引起后续新的纠纷，加大当事人的讼累，也影响司法的公信力。法院应当在法律允许的范围内，穷尽一切可能的处理方案，让纠纷真正得到解决，而非简单追求结案率。虽然该解释已经被废止，但是最高人民法院民一庭指出，整体废止该解释主要是考虑其中内容或者已被其后的司法解释吸收，或者已不适应新的社会实际，但并不意味着所有条文中的规则都一概不能适用。因此，该条规定可以作为此种情况下处理案件的参考。

2. 要求分割股权的诉讼请求如何"提"

根据案例检索结果，笔者发现，当事人诉请分割股权，一般有两种提法：第一种提法比较笼统，如"请求依法分割夫妻共同财产""请求依法分割登记在被告名下×××公司的×%股权"。这种诉讼请求的提法相对比较少见，而且当事人在庭审中还是需要提出进一步的分割意见。第二种提法比较具体，如"请求判令登记在被告名下×××公司×%股权中的一半归原告所有""请求判令被告向原告支付股权补偿款×元"。这种诉讼请求的提法更加常见，虽然当事人在案件受理后，法庭辩论结束前仍可变更诉讼请求，但可能面临的风险是，法院不一定会支持当事人变更诉请的申请。

但是，法院不一定会支持当事人"具体"的诉讼请求，是否就意味着当事人会败诉呢？根据前文的案例统计结果，"部分支持"原告诉请的17份判决书中包括：(1)法院支持了对股权本身或者价值进行分割，但不支持被告提出的数额；(2)法院支持对股权利益进行分割，但不支持被告提出的股权分割形式。也就是说，在当事人提出具体的诉讼请求的情况下，只要当事人能够充分举证，即使诉讼请求的提法存在瑕疵，法院还是会依法判决分割股权。

3. 针对不同的诉讼请求应如何考量和准备

本节的主题是"离婚股权分割"，但实际上在离婚财产分割时，可能不仅限于对股权本身或其价值的分割，还包括对股权的衍生利益的分割。根据笔者的总结，就分割股权及衍生利益，原告可能提出的诉讼请求包括：(1)诉请分割股权份额；(2)诉请被告支付股权折价款；(3)诉请分割股权转让款；(4)诉请分割分红；(5)诉请分割股权出资额；(6)诉请分割公司资产。笔者将在下文对这六种不同的诉讼请求进行分析。

(1)诉请分割股权份额

首先，原告需要举证证明被告持有股权。在被告登记在公司股东名册上时，原告很容易举证这一点。但是，实践中可能会出现两个障碍。一是在被告是隐名股东，或者被告和第三人主张被告是名义股东时，原告需要先行举证是否存在真实有效的代持关系。二是在被告已经在离婚诉讼时将股权对外转让的情况下，原告的选择路径有二：或是原告另案起诉被告与第三人的股权转让行为无效，追回股权后，原告再主张分割股权份额；或是原告不再坚持主张分割股权份额，而愿意分割股权转让款，在离婚诉讼中变更自己的诉讼请求。

其次，原告需要举证证明被告所持有的股权属于夫妻婚内共同财产。原告可以从股权购买时点、出资来源、增值原因、有无另外的协议约定等多方面,来论证股权全部或部分属于夫妻婚内共同财产。

再次,在原告主张分割的是有限责任公司的股权份额的情况下,原告还需要举证证明"其他股东同意股权转让且放弃优先购买权"。实践中,原告的做法有二:一是提供案外获得的证据,二是向法院申请追加"涉案公司其他股东"为"第三人",由法院或当事人来当庭询问其他股东的意见。其中,笔者通过检索发现,可以用来举证证明"其他股东同意股权转让且放弃优先购买权"的案外证据,一般包括:①表明"其他股东放弃优先购买权"的股东会议材料、股东的书面声明材料;②表明"其他股东虽然愿意购买,但不愿以同等条件购买"的股东会议材料、股东的书面声明材料;③原告向其他股东书面通知,股东在法定期限内不予回复。

最后,根据上文的案例统计结果,法院有时不会主动一并判决"被告配合原告办理股权变更登记",因而原告最好在诉讼请求中表明这一点,这可以方便原告后续对判决的实现。

(2)诉请被告支付股权折价款

首先,和第一个诉讼请求相同,原告需要证明被告持有股权,且股权属于婚内共同财产。

其次,原告需要能够确定股权价值。根据上文的案例统计结果,法院会因为"不能确定股权价值"而判决不予分割股权。为了确定股权价值,原告有三条途径:一是原告与被告就股权折价款协商一致;二是原告能够提供支持其主张的股权价值数额的依据;三是原告向法院申请委托专业机构对股权价值进行评估。这三条路径都是可行的,无论原告选择哪一条路径,都能够实现"积极主张证明"股权价值的目的。但是,笔者同时也发现,在一些案件中,原告没有选择三条路径中的任何一条,即原告没有尽到其充分的举证义务。实践中,法院对于这种情况,有两种观点。第一种观点,法院会认定原告举证不足,承担相应败诉的后果;第二种观点,法院认为原、被告仅就股权折价款的数额有争议,为了避免讼累、及时解决纷争,法院会根据现有的公司资料,酌情确定股权折价款。这种法院的"主动酌情确认股权价值"的做法,当然是对原告更有利的,但是必须考虑到,不是所有法院都持有第二种观点。为了确保原告的诉讼请求有更大的被支持的可能性,原告应该积极举证,而非消极等待法院"可能的"作为。

最后,原告可能还要考虑被告是否有能力支付折价款。这是更加现实的一种考量。原告想要钱，而不想要股权，但是被告无能力支付的情况下，法院也不会支持原告的诉讼请求。

（3）诉请分割股权转让款和分红

之所以将这两个诉讼请求一同讨论，也是因为两者有相似之处。首先，原告必须举证证明股权转让款或分红的存在。根据上文案例统计结果来看，这是原告最难证明的一点。股权转让发生在被告与第三人之间，具有一定隐秘性；分红是公司发放给股东的，每个股东的具体分红数额相对难查询，也具有一定隐秘性。其次，原告需要证明股权转让款或分红属于婚内共同财产。最后，对于股权转让款和分红，都不能一并主张计付利息。

（4）诉请分割股权出资额

原则上，出资额不能分割。根据《公司法》的规定，股东一旦缴纳出资，出资款便成为公司这个法人的财产。股东在公司登记后，不得抽回出资。但令人疑惑的是，最高人民法院《关于适用〈中华人民共和国民法典〉婚姻家庭编的解释（一）》第73条的规定中使用了“出资额”一词：人民法院审理离婚案件，涉及分割夫妻共同财产中以一方名义在有限责任公司的出资额。这里的“出资额”一词的用法是否准确？很多学者都认为，该条文中“出资额”一词的使用并不准确。“出资额”是股东对有限责任公司的投资额，而股东向有限责任公司出资所获得的是“股权”。简单地表述为出资额，实则忽视公司在不同时期的经营状况以及股权价值的变动[①]。为什么立法者会使用“出资额”一词呢？最高人民法院《关于适用〈中华人民共和国民法典〉婚姻家庭编的解释（一）》第73条的前身是最高人民法院《关于适用〈中华人民共和国婚姻法〉若干问题的解释（二）》（已失效）第16条，而后者又是与1999年的《公司法》（已被修正）相衔接的。1999年《公司法》规定股东之间可以相互转让的是“出资”，但在2005年修订《公司法》时，“出资”被改成了“股权”。可是，为什么最高人民法院《关于适用〈中华人民共和国民法典〉婚姻家庭编的解释（一）》第73条并没有随《公司法》的用词修改而修改呢？这并不得而知。应该怎么理解该条文中“出资额”的含义呢？有学者认为，这里用“出资额”是想表达股权所指向的财产价值而非完整意义上的股权本身[②]。实践中，有的法院表面上在分割“出资额”，实际上是将

---

① 张钢成、林挚：《夫妻共同股权分割“隐名股东显名化”的特性分析及法律适用——以李某1诉陈某、李某〈股权转让协议书〉无效案为例》，载《法律适用》2019年第6期。

② 王祺：《夫妻共同财产入股及处分行为效力研究》，东南大学2020年硕士学位论文，第21页。

“出资额”作为股权价值评估的基准,在对股权折价款进行分割,相关案如孙某诉周某离婚后财产纠纷案,浙江省象山县人民法院(2019)浙0225民初4741号民事判决书。但是,出资额并非完全不能分割。在“夫妻公司”或一人公司中,如果夫妻双方协商一致解散或分立或新设公司,出资额会作为公司清算的财产的一部分被分割。

(5)诉请分割公司资产

原则上,公司资产不能分割。公司资产是属于公司的财产,而股东仅对于公司享有财产权益,而不享有公司资产的财产所有权。但是,在一人公司和“夫妻公司”的情况下,股东往往会在离婚协议中对公司资产进行分割。这种分割一定程度上是可行的,因为一人公司和“夫妻公司”即便经过清算审计,其公司的资产也属于夫妻共同共有。但是,这种分割在理论层面,违反了《公司法》法人财产独立原则,造成了股东与公司的财产混同。但是,公司资产并非完全不能分割。按照《公司法》的规定,分割公司资产类似于分割股东的出资额,夫妻双方协商一致解散或分立或新设公司时,公司资产才会被清算分割。

第二节 上市公司股票及收益分割探讨及案例分析

一、股票账户资产分割

每一段婚姻终止之时,如何厘清夫妻双方共同财产并进行公允地分割,是相对重要、相对复杂的话题。在越来越多的离婚案件中,股票账户资产成了夫妻双方在财产分割时的争议焦点。在司法实务中,经常一方主张对方名下股票账户内的资产为夫妻共同财产,而另一方往往以股票账户内的资产系个人财产为由进行抗辩。法院在审理过程中,一般从结婚时间、股票账户资产的资金来源、投资者是否进行经营或投资行为等多个维度综合予以考量。

(一)夫妻个人财产和共同财产的区分

离婚财产纠纷首先需要处理的问题是如何区分夫妻一方个人财产以及夫妻双方共同财产,主要区分的依据是判断财产的取得时间。

一般而言,婚姻关系存续期间取得的财产属于夫妻共同所有,如在婚姻关系存续期间取得的工资、奖金、住房补贴、住房公积金、养老保险金、生产、经营收益等，在此不再赘述。

但是，对于基于婚前个人财产转化或财产收益而得的财产，则需要进一步判断财产的取得方式以及婚前婚后的关系，具体如下：

1. 婚前个人财产直接转化

婚后财产直接由夫妻一方的婚前财产转化而来，这种转化仅是婚前财产在物质形态上发生了变化，从一物到另一物，不能仅因为形式变化而致所有权发生变化。在婚姻关系存续期间，这种直接由夫妻一方婚前财产转化而来的财产仍属于个人财产。

2. 婚前个人财产的婚后收益

根据《民法典》婚姻家庭编及其司法解释，收益可分为以下三大类：(1)自然增值，即由于财产所有人以外的原因，如市场供求等因素，导致的财产增值。(2)孳息，一般分为法定孳息和天然孳息。前者是指基于法律关系而产生的收益，如基于存款产生的利息；后者是指因原物的自然属性而与原物分离所产生的收益，如从树上摘下的果实等。(3)投资，包括直接投资和间接投资。直接投资，是指以取得或拥有公司、企业法人或非法人企业，或者以直接参与其经营管理为目的的投资，其产生的收益性质和生产、经营收益相同；间接投资，是指仅以取得利息或股息等形式的资本增殖为直接目的的投资，其产生的收益性质和自然增值或孳息相同。

《民法典》及其司法解释已经对上述收益的划分作出了明确规定，将自然增值、孳息、间接投资所产生的收益归为夫妻一方的个人财产；将直接投资所产生的收益归为夫妻共同财产。为了便于理解，这里可以引入主动增值及自然增值的概念来区分婚前财产的婚后收益，即生产、经营收益和直接投资，是主动增值收益，属于夫妻共同财产；孳息、自然增值、间接投资等部分，是自然增值收益，属于夫妻一方的个人财产。

（二）分割标的之股票账户资产范围及分类

在离婚诉讼中，了解投资者的股票账户信息并不是难事。通过公开的信息披露平台，夫妻一方能够查询另一方名下股票账户信息。在查询受阻时，也可以直接向法院申请调取一方的股票账户信息。在掌握投资者的股票账户信息后，如何判断股票账户资产是否属于夫妻共同财产，是本书研究的重点。

根据证券投资实践，开立证券账户和资金账户，是投资者进入股票市场进行买卖股票的先决条件。投资者在设立证券账户与资金账户时,必须登记在投资者本人名下,才可以进行正常交易。投资者证券账户内的资产包括两种形式,一为买入的股票,二为闲置资金。为便于区分确认财产属性,从投资和收益的角度,笔者将投资者证券账户内的资产分为以下三种类别:

(1)本金部分。即买入股票的初始资金。

(2)自然增值部分。即买入的股票因通货膨胀或市场行情的变化而产生的收益,与投资者无关。

(3)主动增值部分。即因投资者的经营行为或投资行为而产生的收益,如抛售股票所得利益。

需要特别说明的是,除了买卖股票外,分红与资本公积金转增股本是投资者证券账户资产变动的两种常见形式。上市公司向投资者进行分红或资本公积金转增股本时,并不以投资者是否参与公司经营或投资为评判标准,因此,分红、资本公积金与自然增值、主动增值并非对应关系,在判断分红或资本公积金转增股本所产生的收益是否属于自然增值部分或者主动增值部分时,仍要以投资者是否存在经营行为或投资行为具体分析。下文的讨论中,笔者不再单独列出分红与资本公积金转增股本的概念,将直接以本金部分、自然增值部分、主动增值部分作为判断财产属性的分类依据。

(三)判断股票账户资产是否属于夫妻共同财产的标准及常见争议类型

判断股票账户资产是夫妻一方个人财产以及夫妻双方共同财产,标准同其他财产类型并无本质不同,仍然是从股票账户资产的取得时间及资金来源、同婚前个人财产的转化关系以及财产收益增值部分性质等角度进行判断。相关法律已经对股票账户资产的性质作出了一些规定。如最高人民法院《关于适用〈中华人民共和国民法典〉婚姻家庭编的解释(一)》第 26 条、北京市高级人民法院民一庭《关于审理婚姻纠纷案件若干疑难问题的参考意见》第 13 条、江苏省高级人民法院《家事纠纷案件审理指南(婚姻家庭部分)》第 32 条已经作出了一些规定。具体而言,股票账户资金来源是夫妻共同财产的,按夫妻共同财产处理;是一方个人财产的,则本金属于个人财产,自然增值部分属于个人财产,主动增值部分在婚前属于个人财产,婚后属于夫妻共同财产。

笔者根据司法实践将不同类型的判断标准简化整理制成表 2 - 2,供读者参阅,并在后续作出进一步说明。

表 2－2　股票账户资产性质的判断标准

<table>
<tr><th colspan="3">上市公司股票的取得方式</th><th>股票本金</th><th>自然增值部分</th><th>主动增值部分</th></tr>
<tr><td rowspan="2">婚前购买</td><td colspan="2">婚前一方个人财产购买，婚内股票未发生交易(1)</td><td>个人财产</td><td>个人财产</td><td>该种情形未发生主动增值</td></tr>
<tr><td colspan="2">婚前一方个人财产购买，婚内股票发生交易(2)</td><td>个人财产</td><td>首次交易日之前，为个人财产；首次交易日之后，为夫妻共同财产</td><td>首次交易日无主动增值部分；首次交易日之后，为夫妻共同财产</td></tr>
<tr><td rowspan="3">婚内购买</td><td rowspan="2">婚内用个人财产购买</td><td>婚内股票未发生交易(3)</td><td>个人财产</td><td>个人财产</td><td>该种情形未发生主动增值</td></tr>
<tr><td>婚内股票发生交易(4)</td><td>个人财产</td><td>首次交易日之前，为个人财产；首次交易日之后，为夫妻共同财产</td><td>首次交易日无主动增值部分；首次交易日之后，为夫妻共同财产</td></tr>
<tr><td>婚后用夫妻共同财产购买(5)</td><td colspan="4">夫妻共同财产</td></tr>
<tr><td colspan="2">夫妻有财产归属约定(6)</td><td colspan="4">根据夫妻双方的约定进行处理</td></tr>
</table>

1. 夫妻一方婚前在股票账户内买入股票

(1)离婚时账户内股票未发生过交易

该股票本金属于投资者的婚前个人财产。因婚内未存在投资交易行为，在此情形下，该股票所产生的收益系为自然增值，未经投资者经营或投资，系投资者个人财产。在此情形下，投资者的股票账户内资产对应的股票收益为个人财产。相关案例如适用案例 2－14。

适用案例 2－14　谭某诉雷某离婚后财产纠纷案①

法院认为，雷某在与谭某登记结婚前持有的新鸿基公司的股权，属雷某婚前个人财产。新鸿基公司成立后，未对土地进行开发，也未进行其他生产经营活动。法院认为雷某持有的新鸿基公司股权价值在婚后的变化，主要是由公司所持有的地产市场行情变动引起，并不是雷某对公司进行经营管理或者利用该

① 最高人民法院民事裁定书，(2020)最高法民申 1003 号。

股权进行再投资产生的收益,雷某转让其持有的新鸿基公司股权即便有溢价也应定性为自然增值,不应作为夫妻共同财产进行分割。

(2)离婚时账户内股票系多次交易转化而得

该股票本金属于投资者的婚前个人财产。因婚内存在投资交易行为,在此情形下,自婚前买入之日起至婚后首次交易日,该股票账户内收益,无论是自然增值部分,还是此前产生的主动增值部分,均系投资者个人财产。

自婚后首次交易之后,后续交易已经凝结了投资者的经营行为或投资行为,因此对应的自然增值部分及主动增值部分的收益系夫妻共同财产。相关案例如适用案例2-15。

适用案例2-15 向某诉吴某离婚纠纷案[①]

法院将夫妻一方婚前持有的原始股及公司上市后的增值部分认定为个人财产。法院认为,原始股的特点不同于上市公司股票:一是从公司初创发行股票到最后公司上市过程中,持股时间长,不能在证券市场上对外公开交易;二是交易价格因公司的净资产变化而波动,不存在人为操作导致股票增值;三是股票的增加和增值时间节点清晰,二者并未发生混同;四是股票增值主要依赖于公司上市,属于市场行情变化,而非通过主动投入劳动和管理所能实现。虽然吴某在婚后对所持有的股票有(单次)买入和卖出的行为,这种买入和卖出相对于我们通常所理解的通过对市场行情的分析和比较对上市股票进行操作而获得增值而言,更多的是对股票权利进行的处分,不能直接达到股票在公司上市后出现的增值规模和效果。故吴某婚前所持有股份以及增值部分应当作为其个人财产,而不能作为夫妻共同财产进行分配。

2. 夫妻一方婚后在股票账户内买入股票

婚后所购股票资金来源系一方个人财产,则此时所购入的股票系夫妻一方的个人财产形态的转化。在此情形下,本金部分,系直接由夫妻一方婚前财产转化而来未产生收益的财产仍属于个人财产。收益部分,应视投资者在购入股票后,是否在婚内对该股票进行经营或投资行为分类讨论。

(1)股票本金来源系个人财产且离婚时账户内股票未发生过交易

此种情形与前述"夫妻一方婚前在股票账户内买入股票且离婚时账户内股

① 湖南省怀化市中级人民法院民事判决书,(2017)湘12民终503号。

票未发生过交易”的判断方式相同。

（2）股票本金来源系个人财产且离婚时账户内股票多次交易

此种情形与前述“夫妻一方婚前在股票账户内买入股票且离婚时账户内股票系多次交易所得”的判断方式相同。该股票本金属于投资者的婚前个人财产。自婚前买入之日起至婚后首次交易日，该股票账户内收益，无论是自然增值部分，还是此前产生的主动增值部分，均系投资者个人财产。自婚后首次交易之后，后续交易已经凝结了投资者的经营行为或投资行为，因此对应的自然增值部分及主动增值部分的收益系夫妻共同财产。

（3）用夫妻共同财产购买的股票属于夫妻共同财产

婚后投资者用夫妻共同财产买入的股票及其收益，属于夫妻在关系存续期间取得的生产、经营、投资的收益，无论是本金还是收益，均属于夫妻共同财产。相关案例如适用案例2－16。

适用案例2－16　彭某诉董某离婚后财产纠纷案［北京市海淀区人民法院（2018）海民初字第27327号[①]民事判决书］

法院认为，董某作为公司股东，实际参与公司的经营管理，该公司在彭某与董某婚姻关系存续期间上市并进行资本公积金转增之行为与董某投入的劳动、管理等经营行为密不可分，该财产的增值原因并非通货膨胀或市场行情变化，上述股份应属于董某在从事生产经营活动中的一种收益形式载体，故董某于婚后通过公司4次资本公积金转增所获得的股份应当属于夫妻共同财产。

3.夫妻有财产归属约定

夫妻有财产归属约定，按照约定处理。

（四）如何分割属于夫妻共同财产的股票账户资产

因上市公司股票具有自由流通性，在离婚纠纷中，对于属于夫妻共同财产的股票账户资产的分割方式，相较于有限责任公司股份的分割方式，更为简单。根据最高人民法院《关于适用〈中华人民共和国民法典〉婚姻家庭编的解释（一）》第72条的规定，夫妻双方分割共同财产中的股票、债券、投资基金份额等有价证券以及未上市股份有限公司股份时，协商不成或者按市价分配有困难

① 威科先行网站的检索结果案号写作“2018年海民初字第27327号”。

的，人民法院可以根据数量按比例分配。

因此，上市公司股票的常见分割方式包括：

1. 夫妻双方协商一致。

2. 作价补偿。当夫妻关于股票的折价金额无法协商一致，或夫妻双方均不愿持有股票时，按市价分配。不同地区对市价确定之日的处理实践不同，包括以调解离婚当日的市价为基数、法庭辩论终结日的市价为基数、当事人提交诉状时的申请价格为基数等。其中，北京地区对市价确定作出明确规定，北京市高级人民法院民一庭《关于审理婚姻纠纷案件若干疑难问题的参考意见》第26条规定，离婚诉讼中分割上市公司股票，需要确定股票价值的，当事人对确定股票价值的时间点无法达成一致的，可以法庭辩论终结日的股票价值为准。

3. 实物分割。当股票按市价分配有困难，或夫妻双方均表示愿意持有股票时，根据数量按比例分配（如适用案例2－17）。

适用案例2－17 肖某诉权某离婚后财产纠纷案①

徐州市中级人民法院以调解离婚当日存有的股票为基数进行分割。法院认为，如果在某一时段强制抛售股票分割现金显然漠视了当事人权利，而以判决当天的市场价作为标准确定其价值也缺乏可操作性，因为判决和上诉之间还有上诉期，这个期间内股票价值依然会发生变化。结合本案实际情况，法院以调解离婚当日存有的股票为基数，分割时，该股票尚未交易的按份分割；已经交易的，按交易价格连同原可用资金进行现金分割。

当然在具体个案中，法官在进行股票及其收益分割时，仍然具有相当的自由裁量权。一方面，基于《民法典》第1087条的规定，法官在分割财产时，会根据财产的具体情况，尊重照顾子女、女方和无过错方权益的原则。另一方面，法官也会保证财产效用，并结合股票投入金额、提取金额以及合理盈亏情况综合判决，使利于生产和生活（如适用案例2－18）。

适用案例2－18 王某某诉陈甲离婚纠纷案②

法院在折价款的确定上综合双方的贡献、结婚年限等因素酌情判定。被告在婚姻存续期间持有GA上市公司的股份及分红、退股款。法院认为该部分分

① 江苏省徐州市中级人民法院民事判决书，（2019）苏03民终7538号。

② 上海市闵行区人民法院民事判决书，（2013）闵民一（民）初字第17569号。

红及退股款等股权收益属于夫妻共同财产。但在分割时参照原告的计算方式，并考虑此系被告婚前财产在婚后产生的巨大收益，在被告需支付原告的折价款时根据双方各自的贡献、参照双方结婚年限等因素酌定。

二、股票期权分割

（一）期权、限制性股票司法大数据分析

以“离婚纠纷、离婚后财产纠纷”为案由，“共同财产、期权、限制性股票”为关键词，在全国范围内（港澳台地区除外）检索 2017 年 1 月 1 日到 2022 年 3 月 31 日的司法判决，共得到 33 件有效案例。

1.“不予分割”的情形

笔者检索的 33 件相关案例中，法院对期权、限制性股票作出分割判决的案件共 15 件，作出不予分割判决的案件共 18 件。通过进一步分析，笔者发现未作出分割判决的案件中，主要包括以下几种情形：（1）期权未行权；（2）限制性股票未解锁；（3）涉及第三人；（4）不属于离婚时未处理的财产；（5）认定为一方的个人财产；（6）无证据证明存在期权；（7）原告决定另案主张。（见图 2－12）接下来，笔者将就“认定为一方的个人财产”“涉及第三人”的案件进行探析。

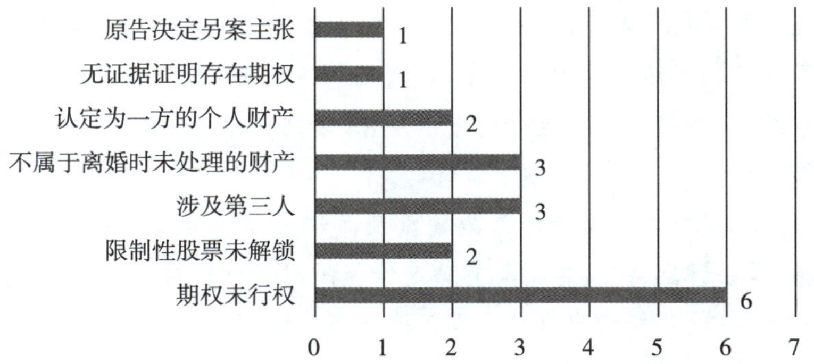

图 2－12　未作出分割判决的情形

(1)认定为一方的个人财产

适用案例 2－19 崔某诉孙某离婚后财产纠纷案①

■ **案情**

原、被告双方离婚后,原告崔某认为被告孙某尚有未分割的夫妻共同财产,请求法院按航天公司公布的股权激励政策所延伸的限制性股票收益予以平均分割。对此,被告孙某辩称股权激励系离婚后取得,不属于夫妻共同财产,不应分割。

■ **法院观点**

原告提出按照航天公司公布的政策所延伸收益应按平均分割,至少应给原告562,800元。但被告享有的因航天公司限制性股票激励计划而获得的利益系被告在离婚后取得,原告提交的证据无法显示与双方婚内财产存在联系,其提交的证据证明力不足。综上,原告提出的诉讼请求,法院不予支持。

适用案例 2－20 高某诉刘某离婚后财产纠纷案②

■ **案情**

原、被告双方离婚后,原告高某认为被告刘某尚有未分割的夫妻共同财产,且刘某故意隐瞒其在婚姻存续期间持有的上述股票,请求法院依法分割婚姻存续期间刘某持有的华谊传媒公司股票。对此,被告刘某辩称在婚姻存续期间未持有高某所述的华谊传媒公司股票,不存在故意隐瞒上述股票的情况,且2012年公司业绩未达标,相应期权也被注销,此后行权不属于夫妻共同财产。

■ **法院观点**

1. 股票期权是刘某公司作为激励机制而赋予员工有条件地购买本企业股票的资格,是一种期待权,并不具有确定价值的财产性权益。因此,股票期权因其期待权的特性,不能确定将来是否获得财产权利,及获得财产权利的多少。

2. 刘某持有的期权转化为可实际取得财产权益的股票,必须以员工在公司工作时间的积累为前提条件,具有一定的人身特性。刘某要将其期权行权需要考核2012年、2013年、2014年的业绩,并支付一定的对价。

3. 刘某所持有的期权分别三次行权,其中2012年,即婚姻存续期间,因考

---

① 湖北省武汉市洪山区人民法院民事判决书,(2019)鄂0111民初8813号。

② 北京市海淀区人民法院民事判决书,(2016)京0108民初34393号。

核不合法而被注销。此后两次行权资格考核的是双方离婚后刘某的业绩，且行权的出资亦由刘某婚后个人财产予以支付。

综合以上三点，刘某现持有的华谊传媒公司的股票不属于夫妻共同财产，原告主张分割上述财产不能得到支持。

(2)涉及第三人

适用案例 2-21　李某诉生某离婚纠纷案①

■ 案情

原告主张夫妻感情已破裂，要求离婚，依法分割夫妻共同财产。被告主张原、被告在婚内签署《婚姻保证协议书》，约定被告在美味不用等(上海)信息科技股份有限公司的期权归被告所有。

■ 法院观点

原、被告均确认夫妻感情已破裂，故原告要求离婚的诉讼请求，法院予以准许。原、被告于2019年1月6日签订的《婚姻保证协议书》系双方的真实意思表示，且未违反法律规定，故该协议对双方具有法律约束力。涉及美味不用等(上海)信息科技股份有限公司期权激励计划的期权股份，因涉及案外人的利益，故在本案中不予处理，但其中已实现的期权61,372.81元，按照《婚姻保证协议书》的约定应归被告所有。

适用案例 2-22　王某诉郑某离婚后财产纠纷案②

■ 案情

原、被告双方离婚后，原告王某认为被告郑某尚有未分割的夫妻共同财产，原告要求分割被告所获得的公司期权600万元，评估后按照50%分割。

■ 法院观点

关于原告主张分割被告所获得的公司期权之说，由于原告未能提供证据证明被告取得了相关收益，且根据相关协议，被告的股权由案外人代持，涉及案外人的权益，故法院对此不予支持。原告可待被告取得收益后，另行主张权利。

---

① 上海市浦东新区人民法院民事判决书，(2021)沪0115民初13024号。
② 江苏省苏州市虎丘区人民法院民事判决书，(2018)苏0505民初6824号。

适用案例2-23 刘某诉孟某离婚纠纷案①

■ 案情

原告主张夫妻感情已破裂，要求离婚，依法分割夫妻共同财产，包括被告婚内认购的限制性股票。

■ 法院观点

原、被告均认可夫妻感情已经破裂同意离婚，应认定夫妻感情已经彻底破裂，经调解无效，法院准予原告离婚的诉请。关于原告主张为购买被告公司股权，向原告所在公司借款，目前尚剩余5万元未于归还，要求由被告承担归还25,000元的还款责任，因被告对该笔债务不予认可，且涉及案外人利益，故应由案外人向原、被告主张，本案中不予处理。

2. 予以分割的情形

在15件法院对期权、限制性股票作出分割判决的案件中，有以下三种情形：(1)按离婚协议进行分割；(2)诉前已转让，分割转让款；(3)一方获得折价款，从而另一方获得全部股份(见图2-13)。

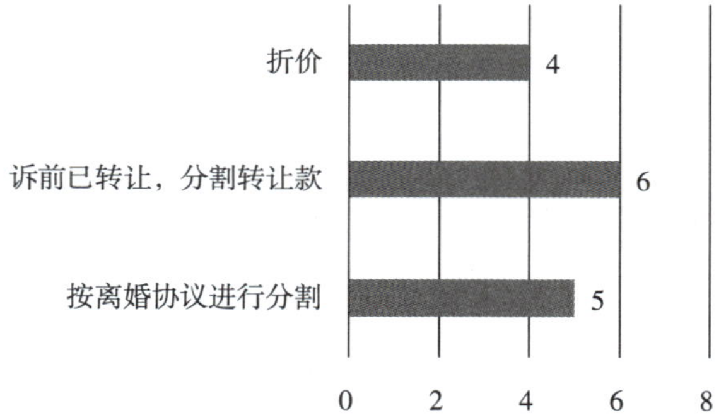

图2-13 予以分割判决的情形

每一段婚姻终止之时，如何厘清夫妻双方共同财产并进行公允地分割，是相对重要、相对复杂的话题。随着公司股权激励方式中股票期权形式的普及，在近年来的离婚财产纠纷中，围绕股票期权是否进行分割以及如何分割的问题常常成为争议焦点。股票期权不同于股票、债券、股权等一般的财产形式，而是一种附条件并附期限的专属期待权。法院在审理过程中，一般从股票期权获得

① 上海市宝山区人民法院民事判决书，(2018)沪0113民初13038号。

时间、是否行权及行权时间、婚姻存续期间、行权具体条件、行权资金来源等多个维度综合予以考量。

(二)夫妻个人财产和共同财产的区分

离婚财产纠纷首先需要处理的问题是如何区分夫妻一方个人财产以及夫妻双方共同财产。本章第二节第一部分之(一)已经对此详细论述,在此不再赘述。

(三)分割标的之股票期权的内容及特点

股权激励最早起源于美国,是股份有限公司对董事、高级管理人员及其他核心员工的一种长期性激励方式。股权激励是一种双赢模式。员工在满足一定条件后成为公司股东,与公司同享利润、共担风险,公司发展更有前景,员工也有机会实现财富自由。根据公开市场信息查询可知,股权激励目前已经被境内上市公司、境外上市公司以及未上市/拟上市公司所广泛采用。

股票期权是股权激励中最普遍的形式之一。股份有限公司授予核心员工在未来一定期限内以预先确定的条件购买本公司一定数量股票的权利,员工行权时有权按照与公司事先约定的价格而非市场价格购买公司股票,以获得差额收益。

股票期权是一种附条件和附期限的期待权。每一分期的股票期权均可分为两阶段:(1)自授予日至可行权日之间的等待期。等待期为公司根据相关规定而设立,通常为3~5年。在此期间,员工并未真正持有公司股票,未获得实际收益,只具有持股资格。(2)自可行权日至注销日之间的行权有效期。行权有效期内,满足条件的员工有权根据自身情况和与股票市场波动等因素,选择是否购买股票。(见图2-14)

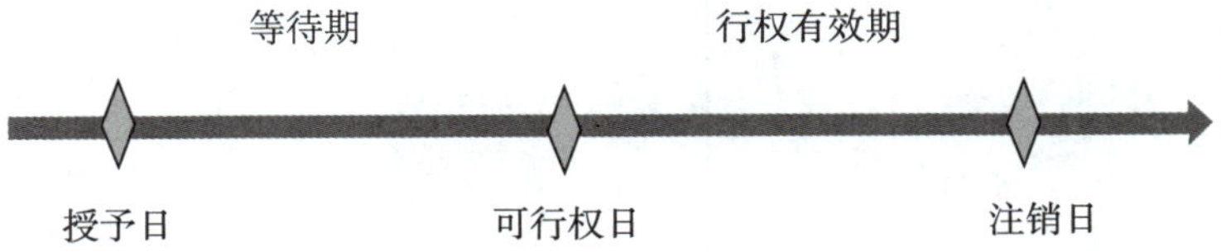

图2-14 股票期权阶段

在行权有效期内,若员工放弃行权,公司会注销相应的股票期权;若员工选择行权,则员工自行权之日起持有公司股票。

作为一种独特的财产形式，股票期权具有人身性、期待性和不确定性等特点。

1. 人身性

根据《上市公司股权激励管理办法》和《非上市公众公司监管指引第6号——股权激励和员工持股计划的监管要求（试行）》的规定，股票期权的授予对象包括公司的董事、高级管理人员及核心员工（公司监事与独立董事除外），获授的股票期权不得转让、用于担保或偿还债务。股票期权的目的是激励公司员工勤勉尽责，实现公司发展与员工薪酬的双赢。股票期权与公司员工的工作表现密切相关，为公司员工专有。因此，股票期权具有人身性。

2. 期待性

通过上文对股票期权的解释，股票期权给予员工在行权有效期内购买公司股票的权利，在等待期内员工并未真正持有公司股票，只是具有持股资格，但能够对行权之日有所期待，即未来一定期限内员工有取得公司股票并获得收益的可能性，且这种期待受法律保护。因此，股票期权具有期待性。

3. 不确定性

一方面，在等待期内，若员工不能满足约定条件，或者因其他客观条件限制导致约定条件无法成就，则员工无法实际获得股票或相应的收益；另一方面，在行权有效期内，若员工出于诸如市场波动等因素考虑而最终选择放弃行权，则股票期权最终将被注销，股票期权将无法转化为实际的公司股票。因此，股票期权具有不确定性。

股票期权的收益引人关注，因股票期权的期限可能包括公司首次上市的关键时间点。在此种情形下，股票期权所产生的收益价值巨大（见图2-15），越来越成为离婚财产纠纷中的重点关注对象。

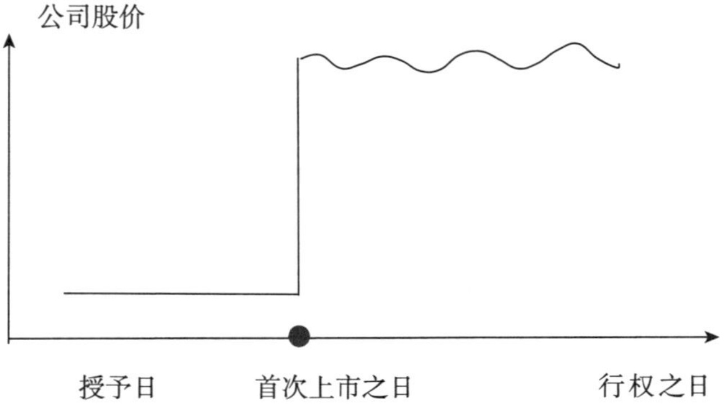

图2-15　重要时点公司股价变化

在离婚财产纠纷中，股票期权分割较股票、债券、股权等一般财产形式的分割更加复杂。一方面，股票期权会因处于不同阶段而对应不同的财产权益，因此在判断股票期权中何种财产权益应当归属于夫妻共同财产时，需要分情况分阶段具体讨论。另一方面，在作出具体分割股票期权安排时，还需考虑股票期权的特点。需要说明的是，股票期权虽然可能因涉及公司首次上市而产生巨大的收益价值，但在笔者研究的司法判决中，却未见法院将其作为影响财产分割的因素予以考量。涉及较大金额的股票期权，往往已经通过夫妻双方的约定进行分配。

（四）判断股票期权是否属于夫妻共同财产的标准及常见争议类型

股票期权虽然是一种附条件附期限的期待权，在员工未行权时其价值难以确定，但价值的高低或暂时的不确定性不能否定其财产性权益的属性，因此股票期权中财产收益可以作为离婚时夫妻共同财产分割的标的。法律虽然没有直接规定，但是可以根据《民法典》第 1062 条第 1 款及《关于完善股权激励和技术入股有关所得税政策的通知》第 2 条等规定合理作出推断。

股票期权的收益包括股票期权价值本身、从授予日到行权之日继续在公司工作的忠诚价值、行权价格成本。对于选择行权的员工来说，每一分期的股票期权能对员工权益产生影响的两个关键节点为授予日、行权之日，并可由此划分为“等待期 + 行权有效期”“持有期”两个阶段。在“等待期 + 行权有效期”内，员工的具体权益为期权本身及其增值部分等；在“持有期”内，员工的具体权益为期权所对应股票及该股票的增值部分等。因此，判断股票期权是夫妻一方个人财产还是夫妻双方共同财产，需要从股票期权的授予日及行权之日的时间、同婚姻关系存续期间重叠时间等多重角度进行判断。

具体而言，对于“授予日在婚内”的股票期权，可以参照适用《民法典》第 1062 条第 1 款的规定，合理推断出可以被认定为夫妻共同财产。对于“授予日在婚前”的股票期权如何认定为夫妻共同财产，未有明确法律规定。广东省高级人民法院在《关于婚前取得的股票期权，离婚后行权所得能否确认为夫妻共同财产问题的批复》①（粤高法民一复字［2009］5 号，以下简称《批复》）中曾就

① 广东省高级人民法院认为，股票期权本身并非具有确定价值的财产性权益，将股票期权转化为公司股票并获得实际财产权益的前提条件是夫妻一方在公司的工作时间积累，这往往意味着夫妻另一方在婚内需要投入大量的时间和精力。因此，虽然夫妻一方的行权之日在离婚后，但无法改变婚姻关系存续期间可以行使部分期权并获得实际财产权益的事实。

“授予日在婚前、行权之日在离婚后”的情形作出解释。即广东省高级人民法院认为，在“授予日在婚前、行权之日在离婚后”的情形下，在婚姻关系存续期间一方可通过行权而获得的财产权益，宜认定为夫妻共同财产。

笔者根据各地司法实践将不同类型的判断标准简化整理制成表2－3，供读者参阅，并在后续作出进一步说明。

表2－3　不同类型股票期权性质的判断标准

类型	授予日	行权之日	法院观点
1	婚前	婚前	一方个人财产
2	婚前	婚内	根据行权条件、等待期与婚姻关系存续期间重叠的期间等因素计算共同财产比例，区分个人财产与夫妻共同财产
3	婚内	婚内	原则上为夫妻共同财产
4	婚前	离婚后	根据行权条件、行权价款出资来源、等待期与婚姻关系存续期间重叠的期间等因素计算共同财产比例，区分个人财产与夫妻共同财产
	婚内		

1. 授予日在婚前，行权之日在婚前

司法实践中，一般认定该阶段的股票期权中财产权益为个人婚前财产（如适用案例2－24）。

适用案例2－24　余某甲诉赵某离婚纠纷案①

法院认为，A集团授予本案被告股票期权共1600股，分4年归属。原、被告双方结婚登记时被告已通过股票期权行权取得公司股票1100股。后经公司收回与被告减持等原因，在原、被告双方离婚时，被告持有该公司股票计624股。法院认为，A集团在股票归属并由员工缴纳相关税款后，员工即取得A集团股票，因此，此笔财产是否认定为夫妻共同财产的起算点应为归属取得日期，故涉案的被告在双方结婚登记前归属取得的A集团的股票1100股，应认定为被告的个人财产。

2. 授予日在婚前，行权之日在婚内

在此情形下，由于股票期权的等待期与行权有效期已经横跨了婚姻关系的

① 浙江省杭州市西湖区人民法院民事判决书，（2015）杭西民初字第2460号。

存续期间，可能涉及夫妻个人财产与共同财产的区分，从而需要考量婚前阶段股票期权的收益比重等维度。

由于法律对此未有明确规定，因此司法实践中存在两种不同观点。第一种观点与广东省高级人民法院在《批复》中的观点相通，即倾向于认定婚后阶段的股票期权收益属于共同财产，应当进一步分析等待期、行权有效期与婚姻关系存续期间重叠的期间，并考察重叠期间内一方的行权条件是否与婚内投入的工作时间和精力相关联，由此来认定共同财产的比例。笔者研究了上海地区的股票期权离婚纠纷案例发现，上海地区法院的观点与广东省高级人民法院在《批复》中所秉持的观点较为一致（如适用案例2－25）。

适用案例2－25　马某诉朱某离婚后财产纠纷案[①]

法院认为，诉争股票期权产生的股票价值应由三部分组成，即股票期权价值、被告从期权授予日到可行权日继续在某公司工作的忠诚价值（以行权条件条款表现，以下简称忠诚工作价值）、行权价格成本。其中，行权价格成本是固定的，因此在扣除行权价格成本后的股票价值中，股票期权价值、忠诚工作价值应有同等的贡献度……关于忠诚工作价值中夫妻共同财产部分的认定。某公司的股票期权行权条件表明，某公司希望被告在行权等待期（股票期权授予日到可行权日）内为公司作出有价值的贡献，但并不以贡献的大小为行权的条件，而仅要求在行权等待期内继续为公司工作。故忠诚工作价值中夫妻共同财产的析出应以授权日至婚姻关系存续日在授权日至可行权日中所占的时间比例为依据。

司法实践中的第二种观点认为，夫妻一方在婚后行权获得的实际收益，只是因股票市场价格波动而带来的利益，仍应属于一方的个人财产，不予分割（如适用案例2－26）。

适用案例2－26　陈某甲诉陈某乙离婚纠纷案[②]

法院认为，被告婚前获得的股票期权其实质是一种受益权即享受期权项下的股票因价格上涨而带来的利益的权利，并非义务也并非实际拥有这些股票，婚后被告在公司股票价格高于当时授予期权的价格时行权获得的利益应属于

---

① 上海市浦东新区人民法院民事判决书，（2012）浦民一（民）初字第17439号。

② 江苏省南京市鼓楼区人民法院民事判决书，（2015）鼓民初字第1348号。

被告婚前财产，故扣除25%的税率后的股票期权出售款327,867.8元属于被告个人财产。不应作为夫妻共同财产进行分割。

3. 授予日在婚内，行权之日在婚内

夫妻一方在婚内获得的股票期权，一般认为属于夫妻的共同财产（如适用案例2－27）。

适用案例2－27 佘某某诉陶某某离婚后财产纠纷案[①]

法院认为，T公司授予被告的限制性股票3500股的时间为双方婚姻关系存续期间，故该3500股限制性股票为双方原夫妻共同财产。被告认为该股票具有特定的人身性质，为被告的个人财产，因于法无据，法院不予采纳。该股票授予的方式为分批计入被告名下，被告取得相应的股票权益与其是否被该公司所聘用及其他事宜等相关，原告能主张的权益也仅是已计入被告名下的股票数额。

该原则的例外情形为，夫妻一方支付的行权价格成本来源清晰，能够明确为其个人财产，因涉及夫妻个人财产与共同财产的区分，可以参考“授予日在婚前，行权之日在婚内”小节的论述。

4. 授予日在婚前或婚内，行权之日在离婚之后

因离婚时夫妻一方尚未行权，在一方行权后可以提起离婚后财产纠纷。法院在审理离婚后财产纠纷时，除了仍然需要考虑前述两种情形中已经提及的等待期及行权有效期与婚姻关系存续期间重叠的期间因素、行权价款出资来源是否属于个人财产因素外，还需要考量行权的具体条件考核是否系员工在离婚后的业绩等因素，结合具体的案件情况综合认定，区分个人财产与夫妻共同财产（如适用案例2－28和适用案例2－29）。

适用案例2－28 季某诉张某离婚后财产纠纷案[②]

法院认为，在婚姻关系存续期间取得被授予的期权，与其婚姻关系存续期间提供的劳动及表现、为公司服务的期限等相关，离婚后该部分期权在行权后产生的价值，应当认定为夫妻共同财产。但应指出，2016年9月22日张某行权

① 上海市徐汇区人民法院民事判决书，(2015)徐民一(民)初字第4474号。

② 北京市第二中级人民法院民事判决书，(2021)京02民终9945号。

的期权中，有部分与张某在离婚后的业绩及提供劳动相关，该部分系其个人财产。

适用案例 2－29 高某诉刘某离婚后财产纠纷案①

法院认为，刘某要将其期权行权需要考核 2012 年、2013 年、2014 年的业绩并支付一定的对价；刘某所持有的期权分别三次行权，其中 2012 年即婚姻存续期间，因考核不合法而被注销。此后行权资格考核的是双方离婚后刘某的业绩，且行权的出资亦由刘某婚后个人财产予以支付。综上，刘某现持有的华谊传媒公司的股票不属于夫妻共同财产，高某主张分割上述财产，于法无据，法院不予支持。

（五）如何分割属于夫妻共同财产的股票期权

正如前文所言，股票期权的人身性、期待性、不确定性的特点，使得分割股票期权在司法实践中也面临着诸多困难。

1. 在能够查明已经行权的情况下，采用折价分割的方式

由于股票期权的人身性，一般法院不支持直接分割股票，而通常是采取折价分割的方式，按照夫妻一方的实际收益款，根据确定的共同财产比例进行折价分割。

2. 在能够举证一方无正当理由放弃行权的情况下，可以主张赔偿

若能举证在行权有效期内客观条件都满足的情况下，夫妻一方无正当理由放弃行权，配偶一方可主张损害赔偿（如适用案例 2－30）。

适用案例 2－30 马某诉朱某离婚后财产纠纷案②

法院认为，在离婚判决已明确认定第一批、第二批股票期权的情况下，被告未经原告同意，将取得的股票期权以“个人原因”申请全部撤销，是故意损害原告利益的行为，对此，被告有过错，故无论某公司作出何种“依规处理”，被告均应赔偿原告的损失。

3. 在能够查明尚未行权的情况下，告知另行提起离婚后财产纠纷

由于股票期权的不确定性，法院对尚未行权的股票期权不强制要求分割，

① 北京市海淀区人民法院民事判决书，（2016）京 0108 民初 34393 号。

② 上海市浦东新区人民法院民事判决书，（2012）浦民一（民）初字第 17439 号。

多以该等期权具有不确定性、实际收益尚不存在等原因，对股票期权不作处理，并告知当事人待行权后另行主张离婚后财产纠纷。

司法实践中也存在一些案例，在夫妻一方尚未行权的情况下，认定当事人就其未行权期权可实际对应的财产价值进行分割（如适用案例2－31）。但笔者认为此种操作忽视了实际行权之日的风险性，亦非主流观点。

适用案例2－31　杨某某诉屈某某离婚纠纷案①

法院认为，10万股票期权虽然为企业奖励职工本人的，但依据该公司向法院出具的证明材料（夫妻一方在公司入股10万元），此10万股期权奖励具有10万元的财产价值，而且上诉人提供的证据可以证明上诉人虽然业绩未达到要求，但单位并未收回而且每年予以分红，上诉人的主张不能成立。故此，原审认定为夫妻共同财产予以分割符合法律规定。

4. 在无法查明是否行权的情况下，对股票期权不予处理

此情况一般表现为境内公司与境外上市公司两类。境内公司年报与公告一般只能提供股票期权的授权日，员工是否已经行权并不直接公示。境外公司由于信息真实性和执行力限制等因素，其查明方式相较于境内公司更加复杂。若无法举证夫妻一方是否已经行权，法院一般不予处理（如适用案例2－32）。

适用案例2－32　关某诉徐某某离婚纠纷案②

法院认为，原告提供了某公司股票期权激励计划授予对象名单，公告日期为2015年12月30日，根据该计划，公司将对包括被告在内的“其他核心岗位员工”462人，合计拟授予股票期权1295.806万份。法院认为，原告提供的公告名单仅载明合计授予股票期权数，未明确被告个人可获得的期权数额，而且股权激励计划与员工绩效考核相挂钩，公告本身不能证明被告已经获得股权，法院对此不予采信。因此，对于该股票期权，由于原告对此无证据证明已经实际发放以及发放的具体金额，法院无法处理该请求。

当然在具体个案中，法官在进行股票期权分割时，仍然具有相当的自由裁量权。一方面，基于《民法典》第1087条的规定，法官在分割财产时，会根据财

① 江西省吉安市中级人民法院民事判决书，(2014)吉中民一终字第10号。
② 上海市黄浦区人民法院民事判决书，(2016)沪0101民初12448号。

产的具体情况，尊重照顾子女、女方和无过错方权益的原则。另一方面，法官也会保证财产效用，并综合考量股票期权取得时间、婚姻存续期间、行权时间以及行权价款的来源等因素。

三、董监高限售性股票资产分割

离婚财产分割中，含限售期的股票在夫妻共同财产的认定及分割原则上遵循二级市场股票的基础逻辑，但在具体实际分割以及分割后的操作处理上还是存在其“限售”带来的特殊性，下文将主要针对这部分内容展开介绍。

（一）夫妻个人财产和共同财产的区分

离婚财产纠纷首先需要处理的问题是如何区分夫妻一方个人财产以及夫妻双方共同财产。本章第二节第二部分已对该问题进行了阐述，在此不再赘述。

（二）分割财产之“限售性”股票的内容及特点

上市公司股票原则上可以在证券市场自由流通转让，但在两种情形下投资人转让持有股票时会面临“限售期”的限制。一是《公司法》对发起人、董监高持有本公司股票转让时的期限限制；二是员工激励计划中“限制性股票”的限售期。

《公司法》第 141 条第 1 款和第 2 款分别规定了对发起人和董监高持有本公司股票转让时的期限限制。对发起人的限售条件为：自公司成立之日起 1 年内不得转让；公司公开发行股份前已发行的股份，自公司股票在证券交易所上市交易之日起 1 年内不得转让。对上市公司董事、监事、高级管理人员的限售条件为：(1)向公司申报所持有的本公司的股份及其变动情况，在任职期间每年转让的股份不得超过其所持有本公司股份总数的 25%；(2)公司股票上市交易之日起 1 年内不得转让；(3)离职后半年内，不得转让其所持有的本公司股份；(4)公司章程对持有股份作出的其他限制性规定。

《上市公司股权激励管理办法》第 22 条规定了作为股权激励计划之一的“限制性股票”的定义，即按照股权激励计划规定的条件，被激励对象获得的转让、担保或偿还债务等部分权利受到限制的本公司股票。限制性股票被授予被激励对象后即进入限售期，在此期间不得转让、提供担保或偿还债务，直至限售期结束、特定出售条件达成,股票才可分批解售进入二级市场自由流通。

在“限售性”对股票分割处置带来的影响上,这两种情形并无不同,且本书重点讨论“限售期”内股票的分割和处理方法,因此对这两种情形暂不作区分。而员工激励计划本身具有的人身性、不确定性等特点对股票分割带来的影响已在前文中作了详细介绍。

(三)“限售性”股票及收益的分类

“限售性”股票实质上只是一种附限售期的二级市场股票,故其在夫妻财产的认定及争议类型上和普通股票一致。不同之处在于禁售期的股票及收益如何分割,以及证监会对董监高股票的减持规定是否会在离婚分割中产生影响。此处,笔者将限售期内的股票在不同情形下是否属于夫妻共同财产的标准总结见表2-4。

表2-4　限售期内股票及其收益的分类

<table>
<tr><th colspan="2">发行人及董监高“限售性”股票的取得时间</th><th>股票</th><th>自然增值部分</th><th>主动增值部分</th></tr>
<tr><td colspan="2">婚前取得</td><td>个人财产</td><td>个人财产</td><td>该种情形未发生主动增值</td></tr>
<tr><td rowspan="2">婚内取得</td><td>婚内用个人财产购买</td><td>个人财产</td><td>个人财产</td><td>该种情形未发生主动增值</td></tr>
<tr><td>婚内用夫妻共同财产购买</td><td colspan="3">夫妻共同财产</td></tr>
<tr><td colspan="2">夫妻有财产归属约定</td><td colspan="3">根据夫妻双方的约定进行处理</td></tr>
</table>

(四)“限售性”股票的分割方式

尚在“限售期”内的股票,法院通常认为不具备判决条件而不予处理,待限售期经过后另行分割处理;“限售期”已过的股票,具备判决条件的,法院则将依法判决,具体分割处理方式同二级市场流通股票。

1. 限售期内的股票的处理

(1)限售期内的股票不具备判决条件,法院不予处理

对于尚在限售期内的股票,法院通常不予处理,待转让条件符合后,另行进行分割处理。江苏省高级人民法院在《江苏省高级人民法院婚姻家庭案件审理

指南》中也作此规定，对股票、债券、投资基金份额等有价证券以及未上市股份有限公司股份的分割：对于法律法规限制转让的股票或者股份，人民法院不宜进行分割处理，如《公司法》第142条规定的情形。如果夫妻共同财产中的股份属于法律规定的上述情形，必须按照有关法律办理，待转让条件成就后，参照《婚姻法》（已失效）第47条（对应《民法典》第1902条）的规定，请求再次分割夫妻共同财产。司法实践中这种做法是常态。

适用案例2－33　曾某诉李某1离婚后财产纠纷案①

法院认为，被告出售了另外依股权激励计划取得的苏泊尔股票30,000股中的18,000股，也应当支付原告一半价款，其余12,000股尚属限售状态，待出卖后另行分割。

适用案例2－34　李某诉任某离婚后财产纠纷案②

法院认为，因第三期限制性股票尚未解锁，被告能否获得收益及获得收益的数额尚不能确定，故原告要求分割第三期限制性股票解锁收益法院不予支持，原告可在第三期限制性股票解锁后再行主张权利。

适用案例2－35　徐某诉赵某离婚后财产纠纷案③

法院认为，原、被告在此前的离婚诉讼中就已确认案涉股份系双方共同财产，但因当时处于三年限售期中，法院判决不作处理，现原告认为限售期已过，故向法院请求分割股份。法院认为，被告所持股份虽已解除限售，但目前处于锁定期，条件并未发生变化。另该股权为激励股权，具有一定的人身属性，受制于配授企业与被告之间的劳动关系的存废及配授企业的决议，作为被告并无单独处理该股权的权力，且原告也没有提供证据证实企业愿意吸收原告为股东或投资人，故法院对原告主张不予采纳。

适用案例2－36　王某诉张某甲离婚纠纷案④

原审法院认定，婚后至本案第二次开庭时，张某甲共取得阿里巴巴集团股

① 浙江省玉环县人民法院民事判决书，(2016)浙1021民初3650号。
② 山东省平度市人民法院民事判决书，(2019)鲁0283民初5540号。
③ 浙江省余姚市人民法院民事判决书，(2020)浙0281民初5523号。
④ 浙江省杭州市中级人民法院民事判决书，(2015)浙杭民终字第392号。

票2450股,应为夫妻共同财产。诉讼期间,张某甲于2014年9月通过IPO出售项目出售1000股,出售款可作分割。张某甲目前持有的1450股,因仍处于限售期,解禁会对股票价格产生重大影响,而双方一审、二审中均未提供折价分割应扣除相应税金的具体计算方法,故一审从公平合理保障双方当事人权益的角度,对张某甲目前持有的1450股未实际分割并无不妥,双方可待符合转让条件后另行处理。

适用案例2-37　常某某诉成某离婚后财产纠纷案①

案涉剑桥公司上市股票系发起人股,原告明确要求被告将分割给其的剑桥公司股票抛售,法院认为,该股票是一项附条件的债权利益,因为发起人股份需受到《证券法》以及投资公司对上市公司承诺等法规和诚信规定的束缚,存在限售期间以及限定价格的约束。此类发起人股票并非是普通股民通过IPO募集到的股票,可以随时抛售兑现。原告现要求被告将剑桥公司的股票依照本案判决前一日收盘价全部兑现给原告既不合理,也不合法,法院也难以支持。现康宜桥企业已将可减持的归属于被告的部分剑桥公司股票进行了抛售,该部分已抛售的股票所得利益以及剑桥公司上市后2018年度和2019年度的分红利益,可先行判归原告所有。可归属于原告享有的其余剑桥公司股票,双方可在将来股票减持的条件成就时,另谋途径解决。

(2)限售期内的股票双方可以协商处理,双方亦可以通过非交易过户方式来分割

对于尚在限售期内的股票,法院不予处理,但夫妻双方可自行协议分割处理。若双方协商可一人持有全部股票,则该方作价补偿另一方相应金额。具体折价金额和补偿方式可由双方在协议中自行约定。

若双方就折价金额无法达成一致,或双方均希望持有股票,则还可以对特定证券账户中的股票,采取非交易过户的方式直接进行股票分割过户。

非交易过户的概念出自中国证券登记结算有限责任公司发布的《证券非交易过户业务实施细则(适用于继承、捐赠等情形)》,其第2条规定,“本细则所称证券是指登记在本公司开立的证券账户(不含开放式基金账户)中的股票(不含非流通股)、存托凭证、债券、基金等在证券交易所、全国中小企业股份转让系统

① 上海市长宁区人民法院民事判决书,(2019)沪0105民初12361号。

交易的证券品种。”第 3 条第 3 项规定，证券非交易过户业务包括依法进行的财产分割所涉证券过户，暂仅指离婚情形。

非交易过户是指直接通过中国证券登记结算有限公司北京分公司完成股份划付的一种方式，不同于股票二级市场的流通转让过户，其并非股票的买入卖出交易。根据上述实施细则第 2 条、第 3 条规定，因离婚而对该证券账户中的股票进行分割的，可以通过非交易过户形式对一方或双方持有的上市公司股票进行分割过户。

需要注意的是，若发起人或董监高持有的股票有限售或减持承诺，已在有关部门办理完毕非交易过户后，新获得股票的一方仍需受原持股人的限售和减持承诺约束。

实践中，A 股市场通过离婚财产分割进行股份交易的案例并不少见。2011 年 5 月 13 日，蓝色光标董事孙某然因离婚将其所拥有的蓝色光标 4.59% 的股权分割给前妻胡某华。2013 年 10 月，神州泰岳董事长王某将其 50% 的股权转让给其妻子安某。但新获得股票的一方都遵守了原持股人的限售承诺以及依法履行了披露义务。

2. 已过限售期的股票具备判决条件，法院可以依法判决分割

已过限售期的股票，具备判决条件的，法院将依法判决，分割方式和二级市场流通股票逻辑上一致。通常情况下，作为夫妻共同财产的限售性股票分割方式为平均分割，双方各分得一半实物股票；但若双方均想获得折价款/持有股票，对分割比例协商不下时，法院可以确定分割比例。

若一方想持有股票另一方想获得折价款，可以由法院确定折价金额和分割比例，持有股票的一方折价补偿相应金额给另一方；若此种情形下折价分配依然困难，法院只能回归实物分割方式，依比例对股票数量进行分割。

(1)折价补偿

夫妻双方均想获得折价款，或一方想持有股票另一方想获得折价款，法院会将全部股票判决给一方所有，并由该方作价补偿相应金额至另一方。折价金额的确定可依调解离婚当日的市价、法庭辩论终结日的市价、当事人提交诉状时的申请价格，具体方式已归纳于本章第二节第二部分之“如何分割属于夫妻共同财产的股票账户资产”。

适用案例 2－38　黄某诉庄某离婚纠纷案[①]

法院认为，对于黄某认购潮州三环（集团）股份有限公司限制性股票10,000股，其中已解锁的4000股股票，因黄某已在婚姻存续期间卖出，故庄某主张分割该4000股股票没有依据，对于剩余6000股股票可作为共同财产予以分割，因目前尚未解锁，没有具体的市值，故可以购入价11.15元/股的价格作为该部分股票的分割价值，该6000股股票可归黄某所有，黄某应将该6000股股票价值的一半共计33,450元付给庄某。

适用案例 2－39　佘某某诉陶某某离婚后财产纠纷案[②]

关于分割方式二审法院认为，依据陶某某与公司签订的股票奖励计划，陶某某预期可获得的股票期权数额明确于2010年3月24日，但依据陶某某与其所属公司于原审法院审理期间提供的“员工股票期权情况说明”及《保密与不竞争承诺协议书》来看，陶某某取得相应的股票权益确与其实际被聘用的时间、离职后需履行的保密义务密切相关，故对于陶某某于2014年4月30日可以获得的第三部分奖励性股票，因陶某某与公司之间的聘用关系尚在继续中，且最终利益可以完全获得尚有赖于其之后的辛勤劳作，虽双方当事人婚姻关系解体于2014年4月，但对该部分利益的分割应当考虑各自的贡献程度，原审法院依平均分割的原则处理该部分财产内容确有不当之处，法院对此予以调整。原审法院参照当事人的陈述及对涉案股权市值的计算原则法院予以援引。（最后判决佘某某分得30%）

（2）实物分割

若双方均想持有股票，或折价补偿按市价分配有困难，法院可以采取实物分割的方式对限售性股票进行分割。依据财产的具体情况，按照尊重照顾子女、女方和无过错方权益的原则，并结合股票投入金额、提取金额以及合理盈亏情况法院将综合判决双方应得股票数量。

① 广东省潮州市湘桥区人民法院民事判决书，（2019）粤5102民初962号。

② 上海市第一中级人民法院民事判决书，（2015）沪一中民一（民）终字第624号。

适用案例 2－40 张某甲诉王某离婚纠纷案①

原审法院确定2011年3月婚前授予，婚后已归属的股票600股，张某甲可得367股，王某可得233股。其他婚后授予婚后归属的，应对半享有。二审法院认为，由于案涉阿里巴巴集团股票的取得确实与张某甲的年度工作表现等直接相关，原审法院考虑到张某甲贡献大的实际情况，将2011年3月婚前授予而婚后归属的股票600股酌情确定张某甲367股，王某233股；其他婚后授予婚后归属的股票对半享有，并无不当，予以确认。

适用案例 2－41 张某诉尹某离婚纠纷案②

法院认为，夫妻双方分割共同财产中的股票、债券、投资基金份额等有价证券以及未上市股份有限公司股份时，协商不成或者按市价分配有困难的，人民法院可以根据数量按比例分配。因张某持有的腾信公司股票尚处于限售期，其价值处于待定状态，难以按市价进行分配，故法院依法根据数量按比例分配。张某总计持有腾信公司11,475股，法院综合考虑双方的过错、子女抚养等情况，酌情确定其中4475股归张某所有，剩余7000股归尹某所有。

第三节　合伙企业财产份额

合伙是两个以上合伙人为了共同的事业目的，以订立共享利益、共担风险协议为基础而设立的经营方式或组织体。在合伙份额的大类之下，又存在个人合伙、企业合伙两大不同合伙类型。加之我国现阶段关于此类财产的法律规定尚不完备，许多现实情况没有纳入规制范围内；司法实践的做法多种多样导致此类问题的复杂性与多重性。由于合伙人之间的合作建立在对彼此人身高度信赖的基础之上，故合伙事业高度强调人合性，因此在处理离婚财产中对于一方享有的合伙份额进行分割时，法院通常会选择首先尊重合伙人之间的意思自治。

① 浙江省杭州市中级人民法院民事判决书，(2015)浙杭民终字第392号。
② 北京市第三中级人民法院民事判决书，(2015)三中民终字第01210号。

一、大数据分析

以“离婚+共同财产+合伙”为关键词，限缩案由为“离婚后财产纠纷，离婚纠纷，合伙合同纠纷，合伙企业纠纷”，时间限缩为“2019年7月1日至2022年3月31日”，共得到以全国为范围的180份民事判决书。其中的案由分布见图2-16。

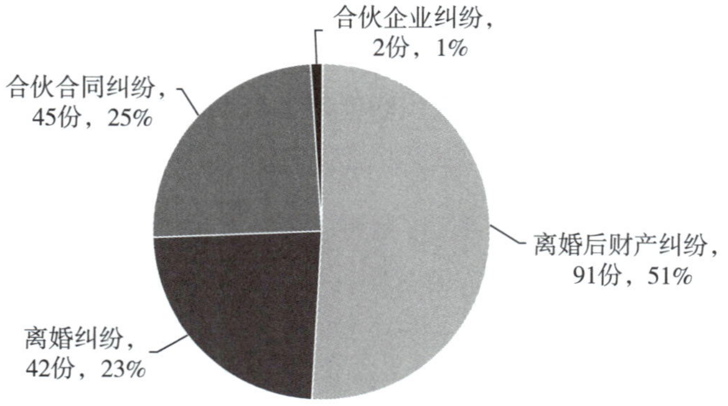

图2-16　180份民事判决书的案由

（一）“离婚后财产纠纷”案由

在“离婚后财产纠纷”案由的91件案件中，有62件案件法官处理了当事人分割合伙财产份额的诉请。在诉请被处理的案件中，有20件案件被法官驳回了分割合伙财产份额的诉请。（见图2-17）

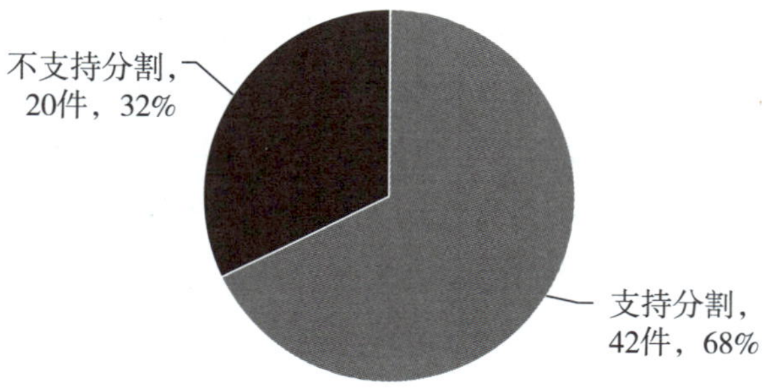

图2-17　法院判决“处理诉请”案件的结果

通过仔细研读，笔者发现其中有19件案件均是因为证据不足而被法官驳回诉请，还有1件案件则是因为当事人“不具备成为合伙人的资格”而被驳回。

被法院认定为“证据不足”的情况有：无法认定涉案款项的真实性；无法认定合伙经营事实的真实性；涉案款项曾经存在，但已经被用于家庭生活开支；等等。接下来，笔者将就“因为当事人不具备成为合伙人资格被驳回诉请”的案件进行探析。

适用案例2-42 许某甲诉叶某离婚后财产纠纷案[①]

案情

许某甲与叶某的《离婚协议书》第4条“夫妻共同财产的处理”第3款“股权”分割约定，对于合伙企业“南京佳成投资合伙企业（有限合伙）”的5%股权[②]，双方各50%。而在离婚后，叶某一直未配合许某甲办理过户和工商变更登记手续。因此许某甲提起诉讼，请求法院判令确认被告持有的佳成5%的股份，原告享有1/2的所有权。

关于佳成股权。被告认可其确实于2015年5月认缴了南京佳成投资合伙企业（有限合伙）出资132万元，占该企业5%的财产份额。同时，被告主张，依据该企业的合伙协议约定，合伙人必须属于南京佳力图空调机电有限公司及其附属公司的高级管理人员、骨干员工或者是董事会、监事会成员，且有服务期限的限制。

法院观点

被告提交的南京佳成投资合伙企业《合伙协议书》的真实性，法院予以认定，虽被告名下持有该企业5%股份，属于原、被告夫妻共同财产，但原告要求5%股份中1/2归其所有，根据上述《合伙协议书》约定的内容，原告不具有持有该企业股份的身份条件，故原告该项诉求，法院不予支持。

律师评析

诉讼策略也是律师工作的重点。由于合伙强调人合性，无论任何类型的合伙份额分割，都要将遵循合伙协议的约定作为前置条件。本案中，原告的诉请为确认合伙人身份，即排除了折价补偿、分割出资款项等其他处理办法。此时，法院又查明该合伙企业确对合伙人的身份有要求，且原告不符合该要求，这也是导致本案原告诉请被驳回的主要原因。

---

① 江苏省南京市鼓楼区人民法院民事判决书，(2019)苏0106民初8872号。

② 依据《民法典》及《合伙企业法》相关法条的规定，合伙企业中的份额应为“合伙财产份额”。实践中针对合伙份额的描述不统一，故常存在“股权”“股份”等表述，本书此处直接援引判决书写法。

（二）“离婚纠纷”案由

在“离婚纠纷”案由的42件案件中，有14件案件的判决书标题案由与数据库案由分类不统一。其中，有7件案件的标题案由为“离婚后财产纠纷”。出于对数据检索结论客观呈现的尊重，笔者还是将这些案件放在离婚纠纷案由下进行分析。（见图2－18）

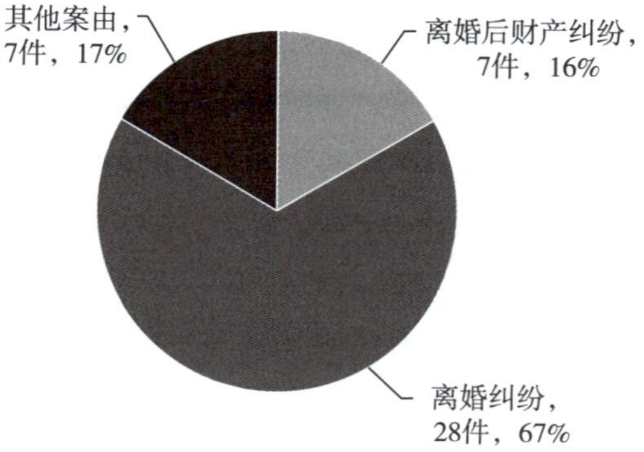

图2－18　案由分布

42份判决书中，除去与本书所需实质内容不符的19件案件，剩余23件案件中，有11件案件被法院判决驳回诉请，究其原因主要在于：（1）法院判决不准离婚；（2）证据不足。法院认定证据不足的案件，大致分为以下几种情形：其一，双方与案外人合伙经营，权属份额未能确定；其二，未能找到原告主张款项对应的权益；其三，涉案款项有证据证明已经用于合理开销，现已不存在；其四，现有证据不足以证明存在合伙经营情况等。

基于“未能找到原告主张款项对应的权益”这一驳回理由，笔者对适用案例2－43予以分析。

适用案例2－43　李某诉赵某离婚后财产纠纷案①

案情

原、被告双方离婚后，原告李某认为尚有未分割的夫妻共同财产，请求法院将被告在婚姻期间支出投资于康达律师事务所的20万元所对应的权益20万元予以分割。此外，由于被告是婚姻过错方，原告认为该笔款项应全部归原告

① 北京市朝阳区人民法院民事判决书，（2019）京0105民初47990号。

所有。对此，被告赵某辩称该笔款项已经不在二人名下，属于工作投入，而非投资，不同意分割。

■ 法院观点

关于合伙出资款，康达律师事务所于2017年12月28日向法院出具说明，载明："赵某2009年成为合伙人，出资2.5万元，2015年我所普通合伙改为特殊普通合伙，赵某增资17.5万元，共计20万元入伙费。由于合伙协议正在修改中，其出资20万元入伙费所对应的权益目前没有核算。"从庭审陈述及双方提交的证据来看，法院无法判断出资款对应权益，且不具备退伙条件及合伙人身份变更条件，法院对于李某主张取得出资款20万元，不予支持。

■ 律师评析

本案中，被告赵某将夫妻共同财产用做律所合伙人的出资款。虽然该款项已经交给律师事务所，并且由于律师事务所的业务特殊性，很难具备将不具有律师资格的人增补为合伙人的条件。但实际上赵某作为律师事务所的高级合伙人，其出资款在律师事务所得到的对价不仅是合伙协议中写的"股份"，更是作为律师事务所高级合伙人的身份、资源，以及律师事务所作为一个整体运营企业的便利。故该"股份"无法作为夫妻共同财产进行直接分割，赵某可间接以律师事务所的特殊性作为财产分割"防火墙"而规避共同财产分割，对于未参与合伙事务的配偶在财产分割上有失公平。

因此，作为代理律师，笔者认为非常有必要与法官充分阐明此类隐性的权益对价，作为《民法典》第1062条第5款其他应当归夫妻共同所有的财产依据，供法官行使自由裁量权时进行考量，以此为当事人争取更多的权利与利益。

（三）"合伙合同纠纷"案由

在"合伙合同纠纷"案由的45件案件中，笔者发现有64%的案件，其案情主要涉及了合伙债务分担问题。尽管夫妻共同债务问题非本次主要的研究对象，但考虑其权重笔者也在此对该部分数据进行分析、评述。对于夫妻共同债务的认定，虽然《民法典》已经有较为明确的划定标准，意图保护婚姻中"不知情一方"的利益，但在实践中，认定债务非夫妻共同债务的案件数量仅占32%。（见图2－19）

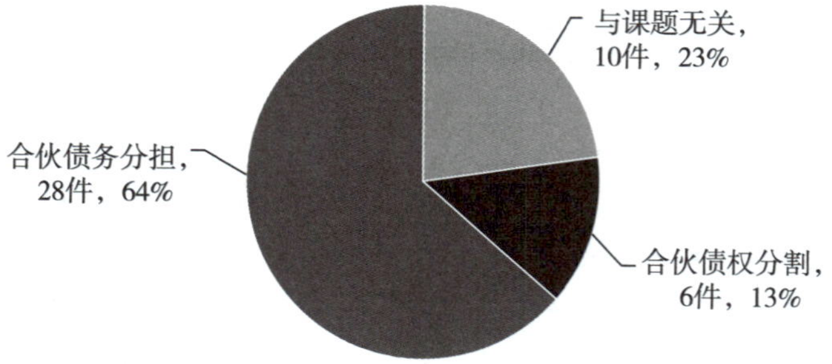

图 2－19　合伙合同纠纷案件分布

那么就夫妻共同债务的认定方式，笔者做以下案例探析：

案例详解 2－6　揭某诉赖某、何某合伙协议纠纷案①

案情

原告揭某与被告赖某合伙经营培训机构，后二人协商揭某退伙，赖某退还其出资款项 75,000 元。该笔债务发生在赖某与何某夫妻关系存续期间，后赖某与何某离婚，将二人夫妻共同财产全部转移到了何某的名下。现债权人揭某提起诉讼，要求赖某支付相应钱款，并由何某承担连带清偿责任。揭某认为，该债务用于被告的家庭生活中，且案涉债务没有超出家庭生活合理范围。应当属于被告二人的夫妻共同债务。

法院观点

一审法院认为，本案债务系因赖某个人从事合伙经营而产生，债务虽然发生于赖某与何某婚姻关系存续期间，但何某并未共同参与过合伙经营，亦未作出过共同举债的意思表示，本案也无证据表明债务系用于赖某、何某夫妻共同生活，揭某主张何某对本案债务承担共同清偿责任，缺乏理据，一审法院不予支持。故，何某不应对债务承担共同清偿责任。

二审法院认为，第一，从意思表示上，案涉债务并无何某签字或何某事后追认，故何某与赖某并无共同举债的意思表示。第二，从数额上，赖某所负债务数额较大，超出家庭日常生活需要，且揭某确认该债务因其与赖某的合伙经营而产生，揭某提交的证据未能证明何某共同参与合伙经营。第三，从是否用于夫妻日常生活上，赖某与何某离婚时所分配的财产是一处房产与一台汽车，该房

① 广东省佛山市中级人民法院民事判决书，(2021) 粤 06 民终 3034 号。

产和汽车的购买时间均产生于案涉债务发生之前，揭某亦没有证据证明案涉债务发生后，赖某与何某形成相应的夫妻共同财产或将案涉款项用于家庭大宗支出。综上，一审法院认定案涉债务不属于夫妻共同债务，何某无须承担清偿责任并无不当，法院予以维持。

■ 律师观点

《民法典》第1064条对夫妻共同债务的认定作了详细的规定："夫妻双方共同签名或者夫妻一方事后追认等共同意思表示所负的债务，以及夫妻一方在婚姻关系存续期间以个人名义为家庭日常生活需要所负的债务，属于夫妻共同债务。夫妻一方在婚姻关系存续期间以个人名义超出家庭日常生活需要所负的债务，不属于夫妻共同债务；但是，债权人能够证明该债务用于夫妻共同生活、共同生产经营或者基于夫妻双方共同意思表示的除外。"该条文明确系统地规定了对于夫妻共同债务的认定标准，相较于《民法典》出台前关于夫妻共同债务的法律规定，立法的趋势更加维护共同债务认定过程中另一方配偶的权益。

诉讼案件因其不确定性，常常包括各方主体的利益博弈，也包括各种取舍，本案中关于诉讼策略的选择，对于债权人揭某而言，提起债权人撤销权之诉或许也是一个选择。

（四）"合伙企业纠纷"案由

在"合伙企业纠纷"案由下，仅查找到2件案件：其一，离婚共同债务分担案件；其二，案件实质内容与本书无关。因此，笔者就其中与本书相关的案例展开研讨。

案例详解2-7　梁某、石某诉江某、张某合伙协议纠纷案①

■ 案情

原告梁某与被告江某签订合伙经营合同，约定双方在云南昆明合伙代理金典地板，各占50%的股份。2019年11月19日，二被告在婚姻登记机关办理离婚登记手续，双方约定将婚后双方在长沙市购买的两套房屋及一台小汽车归被告张某所有。2020年1月21日，原告梁某与被告江某签订退股协议书，被告江某同意原告梁某自2020年1月20日起退出合伙，不再具有在云南合伙代理金

① 湖南省双峰县人民法院民事判决书，(2021)湘1321民初3716号。

典地板的资格，并承诺退还原告投入的资金176,394元。尔后，原告多次催讨，被告仍未全部偿还。原告向法院提起诉讼，要求被告江某支付全部欠款及利息，同时认定该债务为二被告共同债务，张某也负清偿责任。

被告张某辩称，张某与原告方没有合伙关系、借贷关系及其他经济关系，其与江某合伙经营的事，未参与、不知情。且江某与原告合伙经营的债务，不属于江某和答辩人的夫妻共同债务，自2014年起双方已处于分居状态，直到2019年11月离婚，在此期间江某没有承担家庭开支且没有履行家庭义务，故此退伙协议的债务不属于夫妻共同债务。（见图2－20）

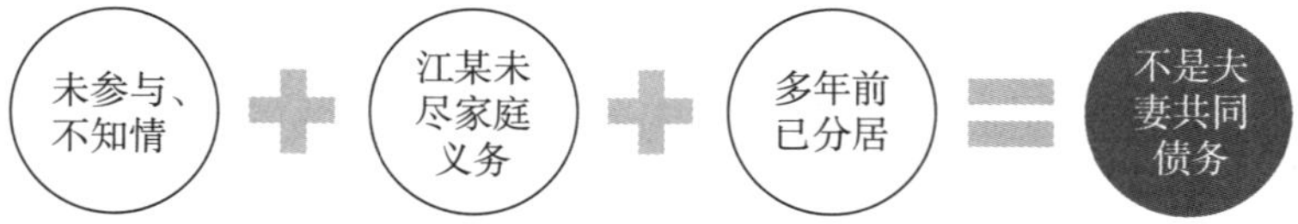

图2－20　案例详解2－7被告张某辩称

■ 法院观点

被告张某所举证据不足以证明被告江某未尽家庭义务，且对原告梁某与被告江某的合伙经营的情况被告张某毫不知情，故被告江某所负债务是二被告的共同债务；同时，原告梁某与被告江某的债权、债务关系发生在被告江某、张某夫妻关系存续期间，二被告的共同财产是被告江某对外承担债务的一般担保，二被告离婚时约定夫妻的共有房屋、车辆归被告张某所有，其目的显然是规避法院对共有财产的执行，违背了法律规定，此约定对原告梁某没有约束力，二被告应当共同偿还该债务。（见图2－21）

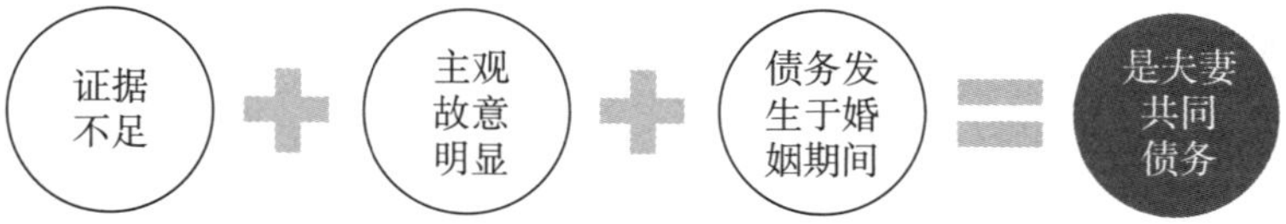

图2－21　案例详解2－7法院观点

■ 律师观点

与揭某诉赖某、何某合伙协议纠纷案，广东省佛山市中级人民法院（2021）粤06民终3034号民事判决书相比，同样是因合伙退伙引起的债务纠纷，在认定配偶一方是否应该承担共同清偿责任上，法院的判决结果却不尽相同。本案中，法院似乎采取了“推定”共同债务的做法，在原告未举证因合伙而出借的款项系用于夫妻日常生活的情况下，将证明非夫妻共同债务的举证责任放在了被告一边。被告江某将共有房屋、车辆在离婚协议中约定归前妻所有，确有逃避承担债务之嫌，但因未见案卷具体材料，笔者认为被告在举证程度上似乎未到促使法官认同其三个主张的程度，从而需承担举证不能的法律后果。虽然《民法典》第1064条对于夫妻共同债务承担规定了较为具体的情形，但法院在实务操作中面对不同案件的情形，也会根据当事人的庭审表现、举证程度等进行综合判断并作出自由裁量。

二、"不予处理"情况分析及正确做法

笔者以"离婚时的合伙财产份额分割"为内容，筛选出112份可用的判决书。

在23件法院没有处理当事人相关诉求的案件中，70%的案件是因为"涉及案外人的利益"。实务操作中，面对法院以"涉及案外人利益"为由，不予处理当事人合伙财产的分割诉请，该如何应对、如何救济呢？笔者总结了以下三种方法，可帮助案件尽可能在一案中处理：

1. 与承办法官充分沟通，由法院出面对合伙人进行询问，征求其相应意见；

2. 向法院申请或法院依职权追加其余合伙人为第三人，要求其余合伙人于庭审过程中表达相应意见；

3. 当事人、代理人提前征询其余合伙人的意见，取得书面意见提交给法院。

就前两种方式，笔者进行实践案例探析：

（1）由法院对合伙人进行询问，征求其相应意见

适用案例2-44　刘某诉熊某1离婚纠纷案①

法院认为，原、被告婚姻关系存续期间，被告与他人共同承包的平李路段绿化植树，属于原、被告的夫妻共同财产。

……经法院询问，合伙人曾某争、赵某政一致同意原告刘某成为合伙人。

……该份财产的2/3即平李路段绿化树木中2/9的所有权归原告。

① 河南省平舆县人民法院民事判决书，(2020)豫1723民初3161号。

（2）向法院申请追加其余合伙人为第三人，要求其当庭提交相应意见

适用案例 2－45 肖某诉蒋某离婚后财产纠纷案①

案情

在本案中，“法院通知杭州殊胜投资合伙企业（有限合伙）为本案第三人参加诉讼”。法院就追加了涉案合伙企业为第三人。“杭州殊胜投资合伙企业（有限合伙）全体合伙人的决定书及情况说明一份，欲证明杭州殊胜投资合伙企业（有限合伙）全体合伙人不同意原告作为新合伙人。”第三人也提交了相应的证据，以证明全体合伙人的主张。

法院观点

……关于被告在杭州殊胜投资合伙企业（有限合伙）的出资……原、被告在庭审中同意将被告在杭州殊胜投资合伙企业（有限合伙）的财产份额作价 70 万元全部转让给原告。

……其他合伙人不同意原告作为新合伙人加入合伙企业，也不行使优先购买权，视为全体合伙人同意转让，故被告在杭州殊胜投资合伙企业（有限合伙）的股权归原告，由原告支付被告 35 万元。

律师评析

诉讼案件中，代理人应该以口头或书面的方式尽可能与法官充分沟通，申请法院在审理过程中追加其余合伙人/合伙企业为第三人，由第三人在庭审中提供意见证据，如此可以大大降低当事人的维权成本及时间精力，减少各自诉累，同时节约司法成本。

三、合伙财产份额分割方式

合伙可以分为个人合伙与合伙企业。合伙企业又可以细分为普通合伙企业和有限合伙企业。笔者将就合伙的不同类型，对合伙财产份额转让的法律依据及司法实践情况作出详细分析。

（一）个人合伙与合伙企业的区别

个人合伙与合伙企业的区别主要在于以下几点（见表 2－5）。

① 浙江省杭州市萧山区人民法院民事判决书，（2019）浙 0109 民初 3477 号。

表2-5　个人合伙与合伙企业的区别

序号	个人合伙	合伙企业
1	可以订立口头上的协议	只能订立书面协议
2	不能破产	可以依法进行破产
3	不能设立分支机构	可以设立分支机构
4	合伙人承担无限连带责任	其中有限合伙人承担有限责任
5	可以不进行工商登记	必须进行工商登记
6	受《民法典》合同编调整	受《合伙企业法》调整

（二）个人合伙

1. 个人合伙的概念及特征

个人合伙是指两个以上公民按照协议，各自提供资金、实物、技术等，合伙经营、共同劳动的自然人联合经营体，其特征可概括如下：①个人合伙是两个以上的自然人基于出资而形成的经营体；②个人合伙依合伙合同形成；③共同劳动、共同经营；④合伙人对于合伙债务负无限连带责任；⑤合伙可以起字号。

2. 个人合伙的财产份额分割

（1）夫妻双方协商一致，合伙人一方同意转让部分或全部合伙财产份额

个人合伙受《民法典》合同编第969条、第974条相关内容的规制。其中，分割合伙财产份额的条件为：①看合伙合同是否有约定；②须全体合伙人一致同意。

由此，笔者得出结论，在个人合伙财产份额分割中，如果夫妻双方协商一致，由合伙人一方给另一方转让全部或部分合伙份额以作分割，那么首先应当查看合伙协议的约定，是否有转让份额的相关内部约定。有约定的按约定，没有约定的要征求其余全部合伙人的同意。若其余合伙人均同意转让，则能顺利转让；若有任何合伙人不同意转让，就无法直接转让份额。

关于这种情况，法律并没有明文规定应当如何解决，仅有一司法解释即最高人民法院《关于人民法院审理离婚案件处理财产分割问题的若干具体意见》（已废止）第9条可作参考。由此，可以借鉴司法实践中已经适用过的解决方法：

①法院判决折价给未参与合伙的一方；

②法院判决在待分割的夫妻共同财产中分割另一价值相当财产给未参与

合伙的一方；

③法院判决直接分割出资财产；

④法院判决在离婚纠纷案中不处理合伙相关财产问题，告知当事人自行协商或者另案起诉。

(2)夫妻双方无法协商一致，合伙人一方不愿转让合伙份额

同样参考司法实践中已有的做法：

①折价补偿给未参与合伙的一方。

②在夫妻共同财产中分割另一价值相当财产给未参与合伙的一方。

这两种方式在实际操作中较为简单方便，但前提是合伙价值的确定。如果双方对合伙价值有一致的意见或已经通过法院认可的鉴定方式确定，方可能获得法院的采纳。

③证据不足，法院判决仅对出资款进行分割。

在对合伙财产份额的现有价值无法估计、证据不足的情况下，法院可能会就双方均认可的最初的出资款项进行分割。这种分割方式回避了对于合伙收益/亏损的计算，有可能损害当事人的利益。

④涉及案外人利益，法院判决在离婚纠纷案中不处理合伙相关财产问题，告知自行协商或另案起诉。

这种情况在司法实践中十分常见。法官以涉及案外人利益为由，在当时的案件审理中不予处理当事人的合伙份额分割的诉讼请求，需要当事人对其进行另案起诉。

除一些常规情况外，实践中还存在合伙处于“已经解散、尚未清算”阶段的案件情况。

适用案例 2-46 奚某诉王某、陈某等离婚后财产纠纷案[①]

■ 案情

王某、陈某、洪某三人从2010年开始，出资合伙经营足浴堂，出资比例是30%、30%、40%。2013年3月4日，王某、陈某、洪某作为转让方(甲方)，程某作为受让方(乙方)，签订“渭塘御足堂股权转让协议”，约定甲方将足浴堂股权和经营权转让给乙方。协议签订后，程某乙方实际交付了现金85万元。

---

① 江苏省无锡市锡山区人民法院民事判决书，(2019)苏0205民初2052号。

现奚某与王某离婚，起诉要求分割王某在该合伙中30%的合伙份额。被告称合伙还有债务尚未清算，不能就转让款进行分割。

法院观点

各被告辩称，其在合伙期间还有其他债务等，合伙应在清算后确定是否还有余款可予以分割。但是，在法院给予其清算期间后，各被告又认为因资料不全，无法进行清算，且亦未举证证明足浴堂经营期间还有其他债务，故该辩称意见，法院不予采信。故王某应向奚某支付其25.5万元份额中的50%，即12.75万元。

律师评析

“已经解散，尚未清算”其实系合伙这一实体从开始到结束过程中一个较为特殊的时间节点。在这个时点上，合伙人们应当做的是积极推进合伙清算，尽快结束合伙关系，厘清债权债务，避免因此给债权人/债务人带来不便。本案中的合伙人为逃避合伙财产分割，屡次以材料不够、合伙无法清算为由拒绝进行清算，同时也无法举证所述的“其他债务”，有逃避承担款项支付义务且给法院审理案件查明事实增加障碍之嫌，法院据此结合自由裁量权判决了直接以转让款进行分割，也不失为一种保障程序正义，照顾另一方配偶合法权益的举措。

对于合伙关系中合伙类型的认定，是法院处理合伙份额如何分割的前提，笔者在司法实践中也发现存在法院在认定合伙类型的性质时，在未查明案件事实的情况下，径直对合伙类型进行判断，进而得出判决的少数情况。

适用案例2-47 蒋某1诉蒋某2离婚后财产纠纷案[①]

案情

第三人邓某以全州县峰银大酒店的名义与桂林市新桂大酒店达成合作经营协议，由全州县峰银大酒店投资对桂林市新桂大酒店更新改造后享有经营权。被告蒋某2作为第三人邓某的合伙人，以夫妻共同财产投资198万元，新桂大酒店更新改造累计投资1100万元，被告蒋某2占投资占比约20%，不享有酒店经营决策权。

蒋某1与蒋某2已于2018年10月31日经法院判决离婚，现原告蒋某1请求判决被告蒋某2补偿给原告合伙出资一半的价值即99万元或将99万元的合

① 广西壮族自治区全州县人民法院民事判决书，(2020)桂0324民初956号。

伙出资份额转让给原告,即转让部分份额或者给予补偿。

被告认为其营收亏损,投资无法收回。此外,按酒店行业通行的折旧年限计算,当前投资款余值不足100万元。况且投资款已成为合伙财产,在合伙到期前,被告对此也只享有收益权。被告正与第三人邓某协商退伙事宜。

第三人邓某表示,只认可蒋某2的合伙人身份,不同意蒋某1成为合伙人。

■ 法院观点

……被告蒋某2与第三人邓某是合伙关系,但第三人邓某只认可被告的合伙人资格,不同意被告将合伙企业中的财产份额全部或部分转让给原告。第三人邓某虽然同意被告退伙但并未退还被告财产份额。根据最高人民法院《关于适用〈中华人民共和国婚姻法〉若干问题的解释(二)》(已失效)……

判决被告蒋某2在桂林新桂大酒店的合伙出资198万元,原告蒋某1与被告蒋某2各占99万元(实际所占合伙财产份额以合伙清算为准)。

■ 律师评析

综合案件具体事实并查询相应公开的工商信息,笔者发现本案中的全州县峰银大酒店的性质为个体户,桂林新桂大酒店为国有控股企业,全案未见被告蒋某2与第三人或两家酒店注册成立任何合伙企业的实体。而合伙企业的成立有严格的法律规定,法院似乎将第三人的观点中关于合伙企业的阐述直接认定为被告蒋某2与第三人邓某的合伙关系,却未进行进一步事实查明。并根据法院认定的合伙企业的性质依据最高人民法院《关于适用〈中华人民共和国婚姻法〉若干问题的解释(二)》(已失效)第17条关于合伙企业的规定进行判决,法院该做法有失偏颇。

根据本案呈现的事实和法律关系,笔者认为被告蒋某2与第三人邓某合伙类型应为"个人合伙"。基于个人合伙的大前提,合伙人不同意份额转让、不行使优先购买权,也未退还出资财产,综合上文提及的司法实践处理办法,再结合原告"转让份额或者给予补偿"的诉讼请求,本案中,法院可以将合伙出资一半的价值判给原告。

虽然,法院将本案被告蒋某2与第三人邓某合伙类型认定为"合伙企业",基于合伙人不同意份额转让、不行使优先购买权,也未退还出资财产,参考现行有效的最高人民法院《关于适用〈中华人民共和国民法典〉婚姻家庭编的解释(一)》第74条的规定,也应视为全体合伙人同意转让(见表2-6),进而原告取得合伙人地位。

表2-6　优先购买权不同行使情形下的处理办法

序号	情形	处理办法
1	其他合伙人一致同意的	该配偶依法取得合伙人地位
2	(1)其他合伙人不同意转让 (2)在同等条件下行使优先购买权	对转让所得的财产进行分割
3	(1)其他合伙人不同意转让 (2)不行使优先购买权 (3)同意该合伙人退伙或者削减部分财产份额	可以对结算后的财产进行分割
4	(1)其他合伙人不同意转让 (2)不行使优先购买权 (3)不同意该合伙人退伙或者削减部分财产份额	视为全体合伙人同意转让，该配偶依法取得合伙人地位

综上，法院将涉案合伙认定为"合伙企业"，虽然判决结果与认定为"个人合伙"可能的判决结果相近，都能够让原告得到应有的夫妻共同财产份额。但这种通过"错误的路径和事实"得到"正确结果"的方式笔者持保留观点。

（三）合伙企业

1.合伙企业的概念及分类

合伙企业是指自然人、法人和其他组织依照《合伙企业法》在中国境内设立的由各合伙人订立合伙协议、共同出资、合伙经营、共享收益、共担风险，并对合伙企业债务承担责任的营利性组织。

(1)普通合伙企业

①夫妻双方协商一致，合伙人一方同意转让部分或全部合伙财产份额

普通合伙企业的合伙人员均为普通合伙人。离婚时如果双方协商一致，将一方的部分或全部财产转让给另一方，就需要依据《合伙企业法》的规定进行操作。

依据《合伙企业法》第21条、第22条、第23条的规定，普通合伙人想要转让份额给合伙人以外的人，要经过以下步骤：

A.合伙协议有约定的，按约定；B.合伙协议没有约定的，须经其他合伙人一致同意；C.合伙协议没有约定的，同等条件下，其他合伙人有优先购买权。

此外，最高人民法院《关于适用〈中华人民共和国民法典〉婚姻家庭编的解释(一)》第74条作出了对于司法裁判的更进一步规定，"人民法院审理离婚案

件，涉及分割夫妻共同财产中以一方名义在合伙企业中的出资，另一方不是该企业合伙人的，当夫妻双方协商一致，将其合伙企业中的财产份额全部或者部分转让给对方时，按以下情形分别处理：（一）其他合伙人一致同意的，该配偶依法取得合伙人地位；（二）其他合伙人不同意转让，在同等条件下行使优先购买权的，可以对转让所得的财产进行分割；（三）其他合伙人不同意转让，也不行使优先购买权，但同意该合伙人退伙或者削减部分财产份额的，可以对结算后的财产进行分割；（四）其他合伙人既不同意转让，也不行使优先购买权，又不同意该合伙人退伙或者削减部分财产份额的，视为全体合伙人同意转让，该配偶依法取得合伙人地位。”

该条文中，特别值得注意的是第 2 ~ 4 项。这三项实际上是给其他合伙人出了一道单选题，即其他合伙人必须在行使优先购买权、允许作为合伙人的配偶一方退伙或削减部分财产份额以及允许非合伙人配偶一方入伙三项选择中进行三选一。这样被迫选择的义务是《合伙企业法》所没有的规定，在其他合伙人不行使优先购买权时，要么允许退伙，要么允许入伙。

②夫妻双方无法达成一致，合伙人一方不愿转让合伙份额

上述规定均需在夫妻双方协商一致，合伙人一方愿意转让部分或全部财产份额的前提下适用。而当夫妻双方无法达成一致时，对于合伙财产份额的分割便没有明确的法律规定作为指引。就此，笔者讨论已经掌握的司法实践对于这种情况的处理方法：

A. 法院判决折价给未参与合伙的一方；

B. 法院判决在待分割的夫妻共同财产中分割另一价值相当财产给未参与合伙的一方。

这两种方式在实际操作中较为简单方便，但前提是合伙价值的确定。如果双方对合伙价值有一致的意见或已经通过法院认可的鉴定方式确定，方可能获得法院的采纳。

（2）有限合伙企业

有限合伙企业相较于普通合伙企业的特殊之处在于，除普通合伙人外，有限合伙企业还可以设置有限合伙人。有限合伙人在合伙中以自己的出资额为限，对合伙债务承担有限责任。那么，所承担责任的不同也就导致了其合伙份额转让的限制与普通合伙人不甚相同。

①夫妻双方协商一致，合伙人一方转让部分或全部财产份额给另一方

在《合伙企业法》第73条、第75条对有限合伙人的合伙份额转让有专门规定。有限合伙人想要转让份额给合伙人以外的人，要经过以下步骤：

A. 合伙协议有约定的，按约定；

B. 应当提前30日通知其他合伙人。

②夫妻双方无法达成一致，合伙人一方不愿转让合伙份额

当夫妻双方无法协商一致，合伙人一方不愿转让财产份额给另一方时，又该如何解决争议呢？与个人合伙、普通合伙企业相同，法律亦未对此种情况作明文规定。就此，笔者参考已经掌握的司法实践对于这种情况的处理方法：

A. 法院判决折价给未参与合伙的一方。

B. 法院判决在待分割的夫妻共同财产中分割另一价值相当财产给未参与合伙的一方。

这两种方式在实际操作中较为简单方便，但前提是合伙价值的确定。如果双方对合伙价值有一致的意见或已经通过法院认可的鉴定方式确定，方可能获得法院的采纳。

C. 法院判决在离婚纠纷案中不处理合伙相关财产问题。

如上文所述，这种情况在司法实践中十分常见。法官以涉及案外人利益为由，在当时的案件审理中不予处理当事人的合伙份额分割的诉请，需要当事人对其进行另案起诉。

综上所述，无论是个人合伙、普通合伙企业还是有限合伙企业，法院在面对夫妻双方无法达成一致，合伙人一方不愿意转让合伙财产份额的情况时，大多不会强行进行合伙份额的分割，而是采取折价补偿、分割出资款甚至本案不处理的方式进行判决。面对这种情况，叶名怡在其论文中写道："按照合伙的闭合性以及《合伙企业法》的立法精神，重大事项的全体一致、一票否决机制确保合伙企业稳定和发展的基石。因此，在合伙人一方不愿意转让分割给非合伙人一方配偶的情形下，不应让后者强行入伙，而应采取令前者给后者相应经济补偿的方式来解决争议。"①

也就是说，为了维护合伙的人合性，如果当事人没有转让合伙财产份额的意愿，就不应强制其转让。

---

① 叶名怡、张伟：《离婚案件中三类特殊共有财产分割探析》，载《法学杂志》2009年第11期。

2. 案例分享

在分析了各种类型合伙在离婚财产分割中可能存在的分割方式后，笔者就改编案例2-1进行探析。

改编案例2-1

案情

离婚纠纷案件中，被告A作为拟上市公司的股权激励对象，A在婚姻关系存续期间，以夫妻共同财产出资购买了拟上市公司员工持股平台约2%的合伙份额，并成为该有限合伙企业的有限合伙人。其妻B欲与A解除婚姻关系并提起诉讼，问：B如何能在利益最大化的情形下，对这2%的合伙份额进行分割？（见图2-22）

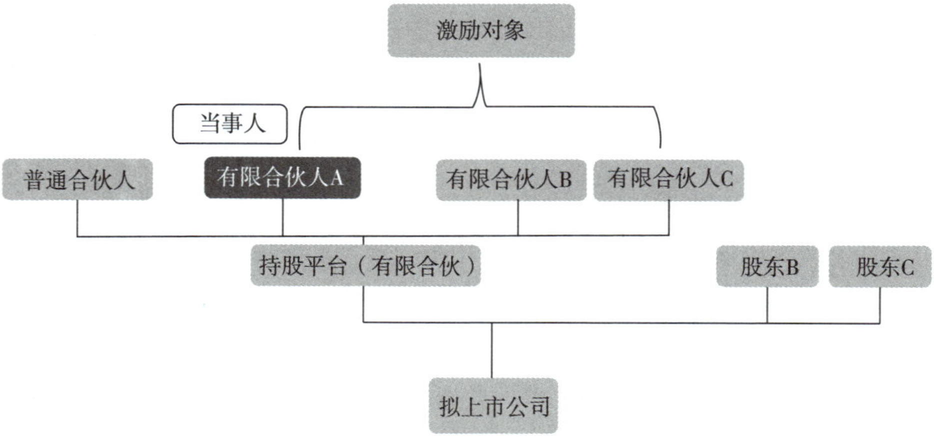

图2-22 改编案例2-1案情

律师观点

对于本案当事人B来说，考虑另案处理财产份额，将劳民伤财、夜长梦多。想要财产利益最大化，最好能够分得上市公司股权解禁后的红利，而非直接分割本案中的出资款本金。如何与法官沟通，既要在离婚案件中同案处理财产份额，为当事人争取财产利益最大化，又不“过分”处理，考验的就是B方代理人的智慧。

同时，本案的合伙份额是在层层挖掘之下取得的证据，对于合伙人一方隐匿夫妻共同财产的行为，当事人也希望能够依据法律主张其“不分、少分”该夫妻共同财产。

最后，基于本案复杂的案情，该份额若被认定为拟上市公司股权该如何？若被认定为合伙企业的合伙人该如何？两种情况的走向截然不同，而此时法院对此有裁量权。对于本案能够达到的诉讼结果，可以预想出以下可能的走向：

最优目标：本案中仅直接分割处理财产份额数额，待公司上市+解禁后行权；

次优目标：查明本案中持股平台的财产份额所依据的所有书面材料，为另案起诉开个好头；

再次目标：确认本案中持股平台的财产份额，为另案起诉留下伏笔；

最坏结果：直接按照认购价格折价补偿。

然而，不同目标的走向涉及法院对财产性质的不同认定，笔者在此仅对当事人A所持合伙企业的财产份额这一性质，对本案的基础案情作以下分析：首先，在确定该合伙份额是以夫妻共同财产出资购买的前提下，与合伙人一方进行沟通协商，尽可能探清其转让合伙份额的意愿，最好能够形成书面的意见以作证明。若其同意分割合伙份额，那么按照《合伙协议》的约定，有约定从其约定，若无约定有限合伙人转让合伙份额需提前30日通知其他合伙人，方可对合伙份额进行转让。若其不同意直接分割财产份额，那么就要考虑以折价、分割出资款等方式对相应的共同财产进行分割（见图2－23）。

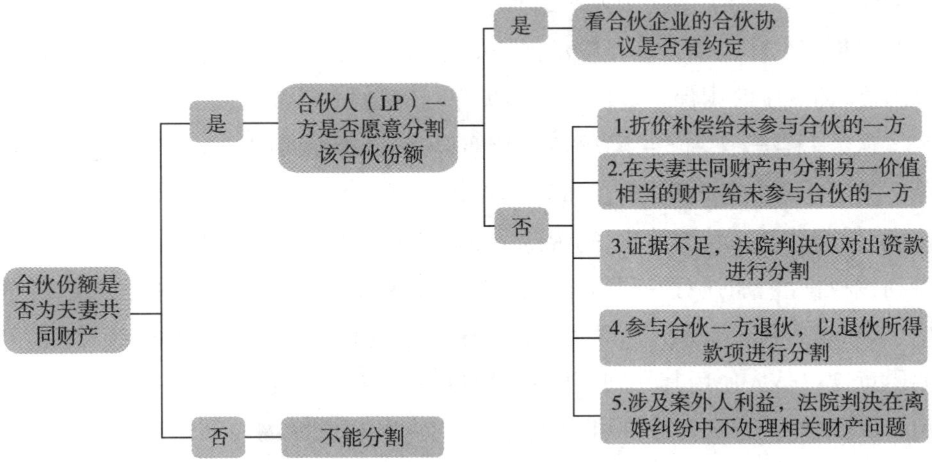

图2－23　合伙份额不同情形下的处理方式

第三章

知识产权篇

近年来,国家版权局著作权登记、国家知识产权局专利和商标申请的数量逐步增长。三大传统知识产权的数量逐步增长意味着知识产权领域蓬勃发展,且国家新修订的《专利法》《商标法》《著作权法》都在不同程度上对知识产权这种特殊的权利进行了保护,从而使得知识产权人更有动力形成知识产权的同时促进知识产权的实施和运用,间接拓宽了知识产权变现的途径。

从《著作权法》来看,自 1991 年 6 月 1 日实施以来,已历经三次修正。最新的《著作权法》于 2021 年 6 月 1 日正式实行,修正内容主要集中在明确了作品的定义、扩张广播权、增加表演者的表演者权范围、规定著作权集体管理组织为非营利性法人、加大惩罚力度。著作权法历经三次修正,国家从立法层面更加重视将更多的作品纳入著作权法保护的范围内,也加大了侵犯著作权行为的惩处力度,体现了我国保护著作权人的决心与信心。

从《专利法》来看,自其 1984 年颁布以来,已历经四次修正。第一次所修法条多集中于延长专利年限,扩大专利保护领域;第二次所修法条多集中于明确专利科技创新的宗旨,简化、完善专利审批程序;第三次所修法条多集中在提高专利授权标准、加强对专利的保护;第四次主要新增了专利开放许可制度,即新增了第 50 条、第 51 条、第 52 条。这三条规定专利权人自愿向国家专利部门声明愿意许可他人使用其专利,并明确许可费的支付方式和标准的,国家专利部门予以公告,并且在开放许可实施期间,对专利权人缴纳专利年费部分予以相应的减免。除此之外,国家还鼓励被授予专利权的单位实行产权激励的相关规定,采取股权、期权、分红等方式使得发明人或设计人合理分享创新收益。总之,历经四次修法,我国《专利法》的修改重点从确立专利权保护范围到进一步保护专利权、促进专利实施与运用层层推进,彰显出国家保护专利、保护专利权人、保护专利权收益的决心与价值取向。

《商标法》自1982年正式颁布以来，已历经四次修正。最近的《商标法》修正时间为2019年，内容主要集中在将“声音”纳入商标权保护范围、禁止他人恶意抢注商标、允许多个类别商品同时申请一个注册商标、加大侵犯商标权的行为的处罚力度等，这些立法措施立足于我国经济发展需要，对现行商标注册管理制度作出了重大调整，表明国家重视保护商标权以及商标权利人所获得的收益。

在国家促进知识产权保护这一大环境之下，婚姻家庭领域中知识产权及其收益的分割研究问题的重要性也日益凸显，值得我们深入学习和思考。本章将目光聚焦在对知识产权及其收益的分割问题上，以大数据分析为前提，以知识产权具体知识点的讲解为基础，结合具体的实践案例，让繁杂的知识产权体系明晰化，复杂的收益分割步骤可视化。本章将从分割知识产权及其收益概述、著作权及收益的分割问题、专利权及其收益的分割问题、商标权及其收益的分割问题展开分析。

第一节　分割知识产权及其收益概述

知识产权是人们依法对自己的特定智力成果（作品、发明等）、商誉和其他特定相关客体享有的专有权利，具有人身性和财产性。而知识产权的收益是指权利人基于享有知识产权的权利，通过发表、许可他人使用、转让给他人所获得的经济利益。比如，著作权人基于转让著作财产权而获得的收益，如出版收益、稿酬。专利权人和商标权人转让专利、商标所获得的转让费，许可他人使用专利、商标的许可费……从实践的案例判决来看，一般来说，在没有协商的情况下，知识产权不作为夫妻共同财产进行分割，而婚姻存续期内产生的知识产权的收益则可以进行分割。

很显然，这样一个简单的概括性的结论难以涵盖司法实践中纷繁多样的情况，故本节将从司法实践大数据分析、如何认定知识产权及其收益、如何分割知识产权收益这三部分进行展开论述。

一、大数据分析

（一）样本分析

以“离婚＋共同财产＋知识产权＋商标/专利/著作/商业秘密/集成电路/植物新品种/地理标志”为关键词，以“婚姻家庭纠纷、确认合同效力纠纷、执行异议之诉、民间借贷纠纷”为案由，时间限缩为“2010 年 1 月 1 日至 2022 年 4 月 30 日”，得到有效案件 51 件。

在前述 51 件案件中，尚无“集成电路”“植物新品种”“地理标志”“商业秘密”相关的财产分割判例。仅有商标权、专利权、著作权这三大传统知识产权进入了法院审判视野之中，在知识产权蓬勃发展的未来，也许其他较为小众的知识产权及其收益的分割也会成为司法实践中的亮点，但暂不在本书的讨论范围内。

按照案件数量的多少依次排列分别为与商标权有关案件、与专利权有关案件、与著作权有关案件。其中，商标权的数量最多，有 28 件，占 50%；专利权次之，有 21 件，占 37%；著作权最少，仅有 5 件，占 9%。有些案件中的当事人拥有多项知识产权，因此三项知识产权案件的数量相加总和大于 51。

51 件相关案件的案由分布主要如下：离婚后财产纠纷（24 件，47%）、离婚纠纷（21 件，41%）、确认合同无效纠纷（3 件，6%）、婚姻家庭纠纷（1 件，2%）、同居关系析产纠纷（1 件，2%）、商标权权属纠纷（1 件，2%）。

（二）诉讼请求及其判决结果研究

诉讼请求是当事人向法院提出的，要求法院予以判决的请求（当事人希望法院对其请求作出与之相应的确认、给付、形成这些具体的判决）。分析当事人所提出的诉讼请求以及法院对此类案件诉讼请求的处理态度，有利于理解离婚财产分割之知识产权及其收益司法实践案例，为我们应对同类案件提供相应策略。

在 51 件有效案件中，有四种常见的诉讼请求：

①请求分割知识产权（共有 30 项，占全部的 45%）；

②请求分割知识产权收益（共有 29 项，占全部的 43%）；

③确认恶意转让知识产权或者知识产权收益合同无效（共有 2 项，占全部的 3%）；

④其他诉讼请求（共有 6 项，占全部的 9%，此 6 项有 6 种不同的诉讼请求）。

1. 请求分割知识产权权利本身

知识产权是指人们依法对自己的特定智力成果、商誉和其他特定相关客体享有的专有权利，具有人身性和财产性，可以分为传统知识产权和新型知识产权。对于请求分割知识产权权利本身这一种诉讼请求，法院持有三种观点：不支持分割（共有 18 项，占全部的 60%）、支持分割（共有 7 项，占全部的 23%）、不予处理（共有 5 项，占全部的 17%）。

（1）法院不支持分割知识产权的理由

在夫妻双方没有对知识产权权利人所持有的知识产权的分割问题作出具体协定时，法院对于分割知识产权权利一般持否定态度。

原因主要有两种：其一，我国《民法典》第 1162 条并没有将知识产权权利认定为夫妻共同财产，因此在不支持分割的 18 件案件中，有 14 份判决书中认为知识产权归属于个人而非夫妻双方所有，占不支持分割理由的七成（如适用案例 3 – 1）。

适用案例 3 – 1　孙某某诉徐某某离婚纠纷案①

法院认为，关于孙某某取得的专利权，是一种智力成果权，既是一种财产权，也是一种人身权，其中具有人身性的部分专属于研发一方，配偶一方不能要求分割。

其二，知识产权登记在公司或单位名下。知识产权权利人并不一定是知识产权的创造者，比如，职务作品中，创造者创作出职务作品，在没有特殊约定的情况下，该知识产权的权利人为用人单位。若夫妻一方将自己创造的知识产权登记在公司名下，则公司为该知识产权的权利人，创造该知识产权的一方在将著作权和专利权中的财产性权利、商标权登记在公司名下时，就已不再是知识产权权利人，基于上述权利而产生的知识产权收益亦不属于夫妻共同财产，不能分割（如适用案例 3 – 2）。

① 安徽省合肥市中级人民法院民事判决书，（2014）合民一终字第 01948 号。

适用案例 3－2 李某诉张某离婚后财产纠纷案[①]

法院认为，关于某公司名下的著作权，属于公司资产，并非张某与李某之夫妻共同财产，故法院对李某要求分割之主张不予支持。

(2)法院支持分割知识产权的理由

对于分割知识产权这一诉讼请求，法院支持的判决书数量仅为 7 份，占总数的 23%，而法院支持分割知识产权的理由全部为夫妻协商一致，法院尊重夫妻双方的意思自治而不予以干涉(如适用案例 3－3)。

适用案例 3－3 刘某诉沈某离婚后财产纠纷案[②]

法院认为，关于沈某申请注册的可用于皮革皮具、服装鞋帽、珠宝钟表等商品类型的“某 1”商标，系刘某、沈某婚后注册，且该商标具有经济价值。诉讼中，刘某、沈某协商一致，均同意该商标共有，对此法院不持异议。

(3)不予处理“知识产权分割”的原因

对于分割知识产权这一诉讼请求，法院不予处理的判决书数量为 5 份，占总数的 17%。不予处理是指对该种诉讼请求不给予安排或处置，与不予受理有区别，不予受理是指人民法院依据民事诉讼法规定审查原告的起诉后，认为不符合法定受理条件，从程序上书面裁定不予立案受理的司法行为。不予处理是实体法层面对于某种诉讼请求“无视”，而不予受理是在程序层面裁定不属于法院管辖的行为。

法院对该种诉讼请求不予处理的原因有三：

其一，法院认为分割知识产权权利这一问题应由商标局或专利局进行处理，而非由法院管辖(如适用案例 3－4)。

适用案例 3－4 刘某诉牛某存离婚后财产纠纷案[③]

法院认为，本案予以分割的法律依据不足；且上诉人所主张共同持有、共同署名、共同使用的请求涉及国家工商行政管理总局商标评审委员会及商标局依据《商标法》的相关规定授权行使商标核准注册的权利内容，对商标是否共同持

① 北京市第一中级人民法院民事判决书，(2021)京 01 民终 1087 号。
② 北京市第一中级人民法院民事判决书，(2020)京 01 民终 5768 号。
③ 甘肃省武威市(地区)中级人民法院民事判决书，(2016)甘 06 民终 59 号。

有、共同署名、共同使用的认定并不属于本案审理的范围，上诉人应当向商标评审委员会或商标局提出相应的请求。

其二，法院认为处理知识产权分割不属于本案的审理范围，可由当事人另行提出主张。这一判决结果为律师争取知识产权权利人配偶方分割知识产权留下了余地（如适用案例 3－5 和适用案例 3－6）。

适用案例 3－5　王甲诉莫某某离婚纠纷案[①]

法院认为，太阳能电池薄碎片或 IC 碎片回收的方法的发明专利是否确为双方共有不属于本案审理范围，王甲对此可另行主张。

适用案例 3－6　邵某诉王某甲离婚纠纷案[②]

法院认为，“必白”商标权在一审审理期间并未核准，原审法院不予处理，并无不当，双方当事人对“必白”商标的权利人存有争议的，亦可另案解决。

其三，法院并没有判处当事人离婚，因此不知法院对分割知识产权权利的观点。典型案例如适用案例 3－7。

适用案例 3－7　金某某诉何某某离婚纠纷案[③]

法院认为，现原告以双方没有信任感为由要求离婚，但现有证据不能证明夫妻感情已彻底破裂，所以原告要求离婚的诉讼请求，法院不予支持。

司法实践中，在无协商的情况下，法院不支持分割知识产权。

2. 请求分割知识产权收益

知识产权的收益是指权利人基于享有知识产权的权利，通过发表、许可他人使用、转让给他人所获得的经济利益。比如，著作权人基于转让著作财产权而获得的收益，如出版收益、稿酬；专利权人和商标权人转让专利、商标所获得的转让费，许可他人使用专利、商标的许可费……对于请求分割知识产权的收益这一种诉讼请求，法院持有三种观点：不支持分割（共有 22 项，占全部的 76%）、支持分割（共有 5 项，占全部的 17%）、不予处理（共有 2 项，占全部的 7%）。也就是说，对于婚姻存续期内产生的知识产权收益，若无内部协商，法院

① 浙江省宁波市中级人民法院民事判决书，(2010)浙甬民一终字第 1003 号。
② 浙江省宁波市中级人民法院民事判决书，(2014)浙甬民一终字第 267 号。
③ 青海省贵德县人民法院民事判决书，(2014)贵民初字第 446 号。

的态度为支持对半分割，但是要求知识产权权利人配偶进行充分的举证以证明收益的存在，下面将分别分析三种判决结果。

(1)法院不支持分割知识产权收益的理由

对于分割知识产权收益这一诉讼请求，从理论上来说，婚姻存续期间内取得的知识产权收益属于夫妻共同财产，可以在离婚时予以分割，但是根据《民事诉讼法》的“谁主张，谁举证”原则，知识产权权利人配偶方需承担相应的举证责任，而之所以近八成不支持分割知识产权收益的原因也大部分在于举证方举证不足，比如说没有收益(4 项，占 18%)或没有证据证明收益的存在(10 项，占 45%)。其他原因还有知识产权收益归属公司而非夫妻某方(2 项，占 9%)，知识产权收益是在离婚后取得(2 项，占 9%)，暂时没有产生收益但后续若有收益可另行处理(4 项，占 18%)等原因。

值得注意的是，“可后续产生收益后再处理”这一不支持分割理由实际上是司法实践中对于期待利益是否能够分割这一问题的妥协，知识产权的期待利益是指在知识产权创作过程中、创作完成后，产生实际可得或明确可得的收益前，因缺少可变现的成熟条件，而暂时没有产生经济利益[①]。司法实践中对于期待利益能否分割这一问题，法院一般持否定态度，但也有法院对于期待利益的分割留下了可争取的余地(如适用案例 3－8)。

适用案例 3－8 郑某某诉黄某某离婚纠纷案[②]

法院认为，被告主张原告有知识产权方面的收入，因现未有证据证明原告依靠其名下专利获得了经济收入，故本案中不予处理，今后被告若有相应的证据，可另行诉讼解决。

(2)法院支持分割知识产权收益的理由

对于分割知识产权收益这一诉讼请求，其中有 5 份判决书中支持知识产权权利人配偶方分割相应的知识产权收益，理由主要有两个：其一，举证方有证据证明在婚姻存续期内取得了收益，典型案例如适用案例 3－9。其二，夫妻双方协商一致，法院尊重双方的意思自治，典型案例如适用案例 3－10。

---

① 巫昌祯、夏吟兰：《完善夫妻关系的立法构想》，载《走向 21 世纪的中国婚姻家庭》，吉林人民出版社 1995 年版，第 112 页。

② 上海市普陀区人民法院民事判决书，(2013)普民一(民)初字第 7729 号。

适用案例 3－9 陈某某诉吴某某离婚纠纷案[①]

法院认为，原告主张被告获得的三项发明专利及一项实用新型专利由白山华枫公司使用，所得收益为510万元，应予分割。

适用案例 3－10 施某诉钱某离婚后财产纠纷案[②]

法院认为，双方经过协商，被告支付300万元买断原告方可能获得的婚姻存续期间的利益，属于双方的意思自治，予以支持。

(3)法院对于分割知识产权收益这一诉讼请求仍有不予处理的情况，所基于的原因仍为未判处离婚，不知法院态度

3. 请求确认转移知识产权或知识产权收益合同无效

请求确认合同无效是指发生了法定事由，比如违反法律、行政法规效力性强制规定，违背公序良俗，恶意串通损害他人合法权益，通谋虚假意思表示，利害关系人可以向法院申请合同无效。在离婚财产分割之知识产权及其收益这一问题中，通常是出现了知识产权权利人恶意串通他人将自己的知识产权或以知识产权作价获得的股权以低价或无偿转让给他人(如适用案例3－11)。

适用案例 3－11 吴某楠诉胡某、天津克楠科技有限公司确认合同无效纠纷案[③]

法院认为，将涉案股权从胡某名下转出，已对吴某楠要求将该部分股权作为夫妻共同财产进行分割构成了阻碍，损害了吴某楠的利益，依据《合同法》(已失效)第52条[④]的规定，《出资转让协议书》应属无效。(注：该部分股权由某方的专利权作价取得)

4. 其他诉讼请求

除了上述三大类比较常见可归类的诉讼请求之外，还有6种其他诉讼请求。

---

① 吉林省白山市中级人民法院民事判决书，(2015)白山民一初字第3号。

② 江苏省盐城市中级人民法院民事判决书，(2018)苏09民终5459号。

③ 北京市第一中级人民法院民事判决书，(2018)京01民终6048号。

④ 《合同法》现已失效，原《合同法》第52条的内容现被《民法典》结合社会经济发展之需要由其他条款进行吸收或另行规定。

（1）请求分割以婚前专利作价出资得到的股份，法院不予支持。①

（2）请求分割以婚后专利作价出资得到的股份，法院予以支持。②

（3）同居关系请求分割商标权项下的经营收益，法院予以支持。③

（4）请求返还以夫妻共同财产受让他人著作权的一半受让款，法院予以支持。④

（5）请求分割小吃店的“商标权”，法院不予支持。⑤

（6）请求分割“工艺大师”荣誉称号的经济价值，法院不予支持。⑥

综上，我们得出以下四点结论：第一，不支持知识产权权利分割，除非另有协商。因此，若知识产权人配偶盲目主张分割知识产权，则会因为知识产权专属于知识产权人而使得自己的诉讼请求得不到法院支持。第二，支持知识产权收益分割，但需要证明。在请求分割知识产权收益时，需要划定请求分割知识产权收益的具体范围，也就是婚姻存续期内知识产权已经获得或者明确可以获得的收益。第三，主张分割知识产权、收益的一方配偶承担举证责任。若知识产权人配偶要主张分割知识产权收益，当事人需要能够举证证明另一方在离婚前就已经知道收益可以获得，或者在离婚后双方就知识产权产生的收益分割达成一致意见。第四，支持分割收益的案件中，收益大多为均分。知识产权收益属于夫妻共同财产，因此其分割方式也是依循夫妻共同财产分配的原则，通常在夫妻双方之间平均分配，配偶一方可分得50%，但是从个案实际出发也可能存在差异。故，厘清法院对于该类案件的审理态度，将会对我们处理类案提供更多思路及出路。

---

① 如李某诉易某离婚后财产纠纷案，四川省眉山市中级人民法院民事判决书，(2018)川14民初74号。

② 如陈某诉焦某离婚后财产纠纷案，北京市房山区人民法院民事判决书，(2020)京0111民初14253号。

③ 如杨某诉朱某同居关系析产纠纷案，广东省广州市中级人民法院民事判决书，(2018)粤01民终21268号。

④ 如邢某诉朱某离婚纠纷案，北京市第二中级人民法院民事判决书，(2014)二中民终字第02678号。

⑤ 如林某诉唐某某离婚后财产纠纷案，广西壮族自治区玉林市中级人民法院民事判决书，(2020)桂09民终285号。

⑥ 如白某诉万某离婚后财产纠纷案，江西省景德镇市昌江区人民法院民事判决书，(2018)赣0202民初658号。

二、夫妻共同财产之知识产权及其收益的认定

上文中通过对51件有效案件的分析，已得出司法实践的初步结论，即在没有协商的情况下，知识产权不作为夫妻共同财产进行分割，而婚姻存续期内产生的知识产权的收益则可以进行分割。那么在司法实践中，哪部分的知识产权及其收益才可以被认定为夫妻共同财产呢？本部分将从“两个前提”和“两个条件”这两个方面切入。

（一）分割知识产权收益前，须明确两个前提

1. 知识产权不可分割

知识产权是一种特殊的权利，它不同于一般的财产权和人身权，知识产权作为一种综合性的权利，既具有物权、债权一样的财产属性，可以基于知识产权本身在市场化的交易中，通过转让、许可使用等方式取得经济利益；也具有肖像权、隐私权的人格属性，即知识产权是属于个体，一般来说不可与个人相分离，比如著作权中的人身权利，包含发表权、署名权、修改权以及保护作品完整权。对于知识产权这一权利本身的分割，法院不支持分割。

（1）知识产权概述

知识产权是人们依法对自己的特定智力成果（作品、发明等）、商誉和其他特定相关客体享有的专有权利。大体上可分为传统知识产权和新型知识产权，其中传统知识产权中包含著作权、专利权和商标权。

广义的著作权包括狭义的著作权和邻接权。狭义的著作权可分为著作人身权和著作财产权，著作人身权不可分割、转让、一般不会产生收益；著作财产权可以转让、许可他人使用、能产生收益。邻接权是指作品的传播者和作品之外劳动成果的创作者对其劳动成果享有的专有权利的总称[①]，包含版式设计权、广播组织权、录音录像制作者权、表演者权。著作权需具备独创性，著作权无须登记，自完成作品之日或与他人签订买受著作财产权之日起，权利人即取得著作权。

专利权是指国家根据发明人或设计人的申请，以向社会公开发明创造的内容，以及发明创造对社会具有符合法律规定的利益为前提，根据法定程序在一

① 王迁：《知识产权法教程》（第6版），中国人民大学出版社2019年版，第186页。

定期限内授予发明人或设计人的一种排他性权利。按照类型，具体可以分为发明、实用新型、外观设计；按照与人身性质的紧密程度，可以分为专利人身权和专利财产权。专利人身权包括公开发表权、修改权、保护作品完整权、署名权；专利财产权包括独占权、许可权、转让权等。专利权须具备新颖性，与著作权不同的是，专利权和商标权一样，需要申请并经过登记。

商标权又称商标专用权，是指商标所有人依据法律规定对其拥有的注册商标或者非注册商标所享有的占有、使用、收益、处分的权利，或者说是排他的独占权，商标权的内容有商标使用权、禁用权、续展权、转让权、许可使用权等。商标权的有效期限为 10 年，与专利权和著作权不同的是，商标权可以到期续展，在续展期内续展后，商标权可继续由权利人所持有。

除传统知识产权外，新型知识产权主要包括集成电路布图设计权、植物新品种权、地理标志权（如香槟、柳州螺蛳粉）。新型知识产权的权利期限以及取得的方式如表 3－1 所示。

表 3－1　知识产权的种类及保护期

知识产权的种类		保护期
植物新品种	一般植物	授权之日起 15 年
	藤本植物、林木、果树和观赏树木	授权之日起 20 年
集成电路布图设计	自申请或商用之日起 10 年，创作完成之日起超过 15 年不受保护	
商业秘密	不公开的情况下，永久	

在实务领域中，有一些具有一定的无形经济价值，但是不属于知识产权，比如未经注册的小吃店招牌、“××省工艺大师”的荣誉称号等。典型案例如适用案例 3－12 和适用案例 3－13。

适用案例 3－12　林某诉唐某某离婚后财产纠纷案①

法院认为，“玉林市玉州区阿峰小吃店”这个名称不是商标，也不具有知识产权，其只是作为烧烤店的一个招牌，本身不产生价值……

① 广西壮族自治区玉林市中级人民法院民事判决书，(2020) 桂 09 民终 285 号。

适用案例 3－13 白某诉万某离婚后财产纠纷案①

法院认为，被告提出原告在婚姻关系存续期间获得"江西省工艺大师"的名号，系荣誉称号，并非知识产权范畴，故被告主张原告"江西省工艺大师"的名号，要原告折价赔偿 200 万元给被告，该主张不予支持。

(2)知识产权分割问题探讨

是否能够分割知识产权，对于这一问题，实务界和理论界早已争论不休。实务界因交叉领域涉及的知识点复杂、家事法官不熟悉知识产权具体特性等问题而支持"一刀切"式否定，理论界认为财产性的知识产权应被分割。

①实务观点

在夫妻双方没有对知识产权权利人所持有的知识产权的分割问题作出具体约定时，法院对于分割知识产权权利一般持否定态度。实务案例中仅存在著作权、商标权、专利权，而三种知识产权权利性质又有所不一，著作权和专利权有人身性，而商标权则是一种财产权，因此实务中法院对不同的知识产权分割的态度也有所不同。我们仔细研读了 51 件有效案件，其中有 30 项"请求分割知识产权"的诉讼请求，法院的观点如下：

首先是著作权和专利权，因这两种权利的人身属性较强，因此法院所持观点较为统一，既不支持分割权利本身，也不支持分割现存无形经济价值（见图 3－1～图 3－3）。

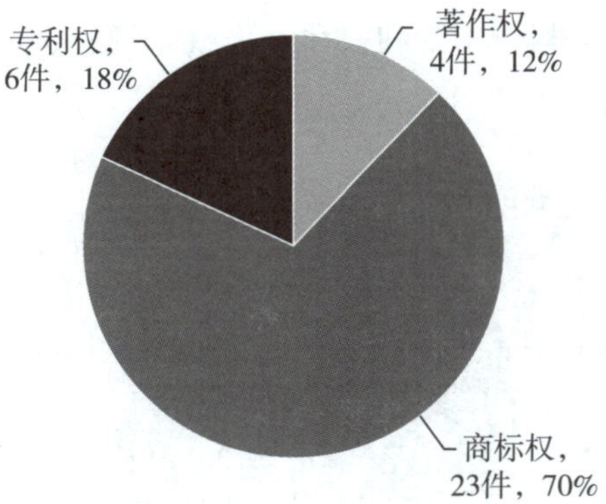

图 3－1　"请求分割知识产权"不同权利数量对比

① 江西省景德镇市昌江区人民法院民事判决书，(2018)赣 0202 民初 658 号。

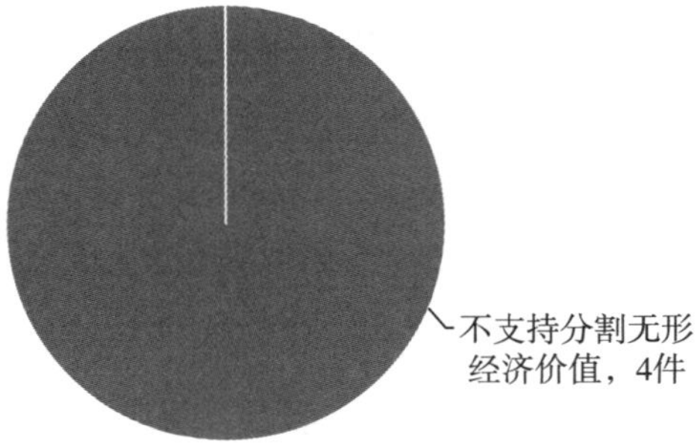

图 3-2　著作权判决情况

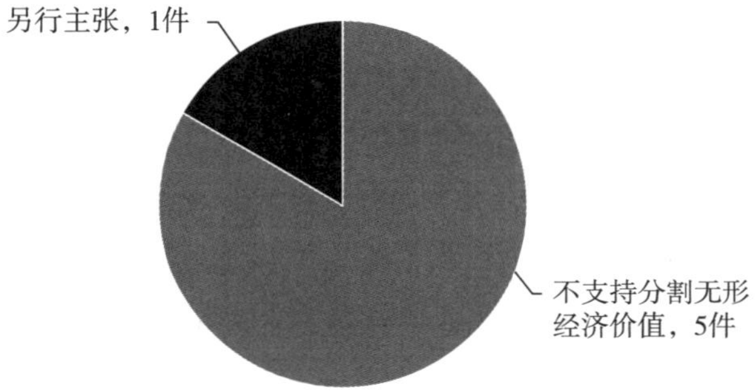

图 3-3　专利权判决情况

其次是商标权，商标（专用）权作为一种财产性的权利，是一种消极权利，是指商标权利人可以阻止他人在相同或者类似商品上使用相同或者近似商标导致消费者混淆的行为。相较于专利权和著作权来说，法院对于是否分割商标权留有更多余地（见图 3-4、图 3-5）。

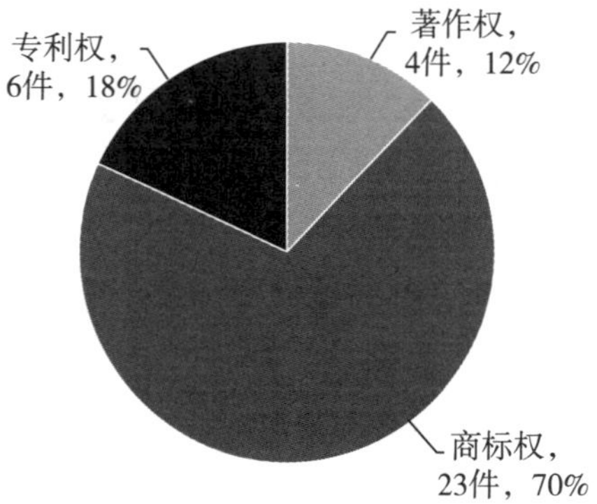

图 3-4　“请求分割知识产权”不同权利数量对比

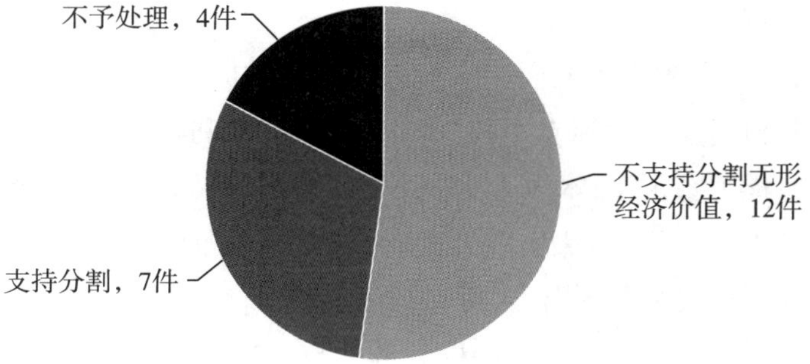

图3-5　商标权判决情况

商标权虽为财产性权利，但仍属于知识产权之一，因此实务中仍认为商标权是归属于一方的权利，在离婚分割时不作为共同财产，但有些法院支持分割商标权无形的经济价值（商标权案件中支持/不支持分割的判决理由见图3-6、图3-7）。

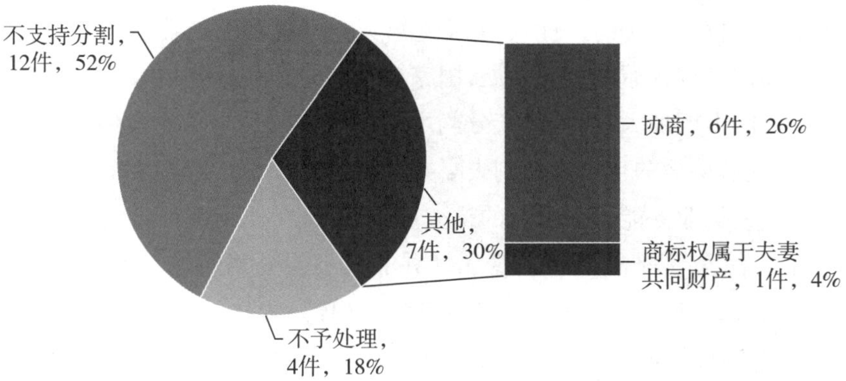

图3-6　支持分割结果分析

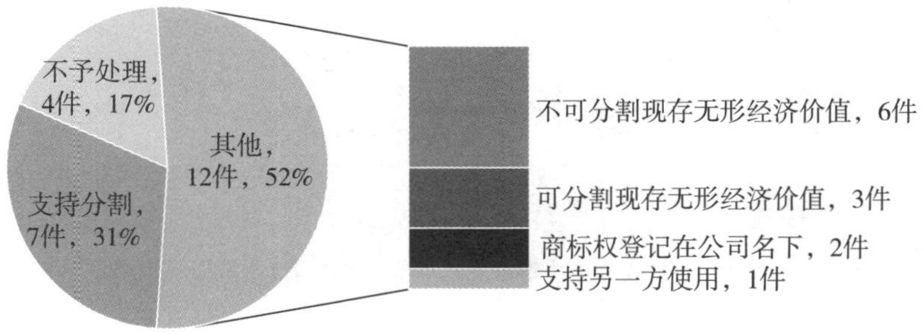

图3-7　不支持分割结果分析

②学理观点

学理认为,财产性的知识产权应当属于夫妻共同财产,应予以分割。财产性的知识产权包括注册商标专用权、著作财产权、专利财产权。这些权利与知识产权的人身性关系很小,本质上为“财产”,与同样具有人身性质和财产属性的股份并无很大的不同,司法实践处理时,应支持分割财产性知识产权。这三种知识产权应属于夫妻共同财产,可进行分割①。

金杜研究院认为,分割知识产权财产性权利有利于家庭稳定、社会和谐。在日常生活中,婚姻家庭作为一个面对共同财产、共同债务的共同体,婚姻家庭纠纷的矛盾解决经常旷日持久,如果知识产权的潜在收益巨大,立法与司法却对此消极回应,长此以往将损害双方利益;若支持分割,将有利于维护非知识产权权利人及未成年子女的合法权益,有利于维护婚姻稳定。除此之外,分割知识产权财产性权利不存在实践障碍。反对者所秉持的知识产权的双重属性并不是禁止分割的理由。继承法领域财产性知识产权可以继承,最高人民法院判例亦指出商标权是一种财产性权利,不包含人身性权利的内容等②。

随着知识产权领域的蓬勃发展,国家对于知识产权保护以及促进知识产权收益现实化的力度加大,离婚财产分割之知识产权权利本身的案件数量会越来越多,因此立法层面的空白对分割夫妻共同财产之知识产权权利的未来司法实践以及审判人员业务能力提出新的挑战。

笔者认为,知识产权具有人身属性并非其不能分割的绝对理由,因为股权同样也是具有人身性质的权利,但是股权没有智力成果的凝结,而知识产权的人身性不仅象征着知识产权人对知识产权的处分权能,还彰显着权利人对知识产权的独特智力贡献。这一点也是知识产权中比较特殊的商标权之所以留有更多判决余地的原因,因为商标权中的商标仅是商品、服务的显著标识,而不是独特智力成果的体现。

---

① 张学军:《论夫妻一方婚后所得财产性知识产权的归属》,载《浙江工商大学学报》2013 年第 3 期。

② 申正权、乐宇歆等:《始于才华,只能终于利益吗?——婚姻家事案件中的知识产权问题探讨(上篇)》,载公众号“金杜研究院”2022 年 1 月 24 日,https://mp. weixin. qq. com/s/fVakAhnBX_Om6JMzL8ff0Q。

2. 知识产权收益可以分割

(1)知识产权收益概述

此处的知识产权收益是指婚姻关系存续期间,实际取得或者已经明确可以取得的财产性收益。比如,著作权收益主要是指作品在出版、上演、播映后而取得的报酬,或允许他人使用而取得的报酬;专利权人转让专利权或许可他人使用专利而获得的报酬;商标所有人转让商标权或许可他人使用其商标而获得的报酬等。[①] 具体知识产权的收益的类型以及性质根据不同的知识产权类型有所不同(见表3-2)。

表3-2 知识产权收益类型

知识产权类型	常规收益类型
著作权	稿酬、转让费、许可使用费
专利权	许可使用费、转让费、职务作品的奖励(金钱、股权、期权、分红)
商标权	许可使用费、转让费、无形资产评估
企业字号	许可使用费、转让费、无形资产评估
商业秘密	保密费

①著作权收益

著作人身权中包含修改权和保护作品完整权、署名权、发表权。原著作人身权并不会产生收益,但是随着网络等新媒体蓬勃发展,知识产权权利人通过网络等无形载体发表作品时所取得的报酬,如向公众号投稿而获得的报酬,该种知识产权收益所基于的权利是基于发表权而非基于传统的发行权、复制权,因为发表在网络等平台的作品并无复制件属性。

著作财产权包括发行权、复制权、演绎权、公开传播权四大类。基于发行权和复制权产生的知识产权收益通常为出版社、制片方等复制发行可复制的作品时,给予著作权人的报酬;基于演绎权而产生的知识产权收益一般为他人改编、汇编、翻译、摄制著作权人的作品,而给予著作权人的报酬;基于公开传播权而获得的知识产权收益通常表现为公开展览、表演、放映、广播、通过网络传播作品,而给予著作权人的报酬。

① 余延满:《亲属法原论》,法律出版社2007年版,第268页。

邻接权包含四种权利，但是在知识产权及其收益分割领域中，录音录像制作者权、广播组织权、版式设计权的权利人大多为法人或者其他单位等，因此基于不属于自然人所有的知识产权而产生的收益自然不属于自然人的收入，也不会纳入夫妻共同财产的范围内。表演者权的权利人为自然人，因此在婚姻存续期内，基于表演者权而产生的收益属于夫妻共同财产，通常表现为公开传播、通过信息网络传播表演者的表演或者机械表演表演者的表演，从而给予表演者权人的报酬。

著作权收益所得具有特许权使用费、转让费、劳务报酬等的性质，是交叉性质的收益。

②专利权收益

专利依据权利人的不同可以分为个人专利和职务专利。个人专利是指专利权利人为发明人，发明人并未将专利申请权转让给他人。职务专利是指执行本单位的任务或者主要是利用本单位的物质技术条件所完成的发明创造，专利权人和专利申请权人均为单位。

就个人专利而言，基于专利人身权一般不产生收益，基于独占权、转让权、许可权而产生的专利财产权的收益通常表现为将专利申请权转让给他人，或许可他人使用专利，专利权人从而得到报酬。

就职务专利而言，因职务专利的专利权人并不属于夫妻一方，而是属于工作单位，基于专利权而产生的收益也是归属于单位的。但是《专利法》第 15 条规定了工作单位应给予专利发明人、设计人以金钱、股权、期权、分红等形式的职务作品奖励。除此之外，专利发明人、设计人基于职务专利的收益还可以通过与工作单位的约定而获得。总之，基于职务发明而获得的收益是具有劳动报酬以及知识产权收益双重属性的交叉性质的收益。

③商标（专用）权收益

商标权包含独占使用权、许可使用权、商标转让权、续展权，基于商标权而产生的知识产权收益通常表现为将商标专用权转让给他人，或许可他人使用商标，专利权人得到的报酬，即商标转让费、使用费。

商标作为一种最普遍、最常见、最显著、最重要的商业标识，是商品质量和企业信誉的标志，商标本身具有的无形经济价值是指在不分割商标权的情况下，也无实际金钱收益时，由专业机构对商标的价值进行评估所得到的公允价值。司法实践中，有法院认为在分割婚姻存续期间的商标时，应将商标的无形经济价值作为商标的收益进行分割。[1] 因此，笔者认为商标权的无形经济价值应属于知识产权收益的范畴。

(2)期待利益的分割问题

期待利益是指在知识产权创作过程中、创作完成后，产生实际可得或明确可得的收益前，因缺少可变现的成熟条件，而暂时没有产生的经济利益。例如，夫妻一方就其作品尚未与他人订立使用合同，该项知识产权的经济利益就是一种期待利益[2]。

在司法实践中，法院一般认为期待利益不应分割，原因有二：其一，期待利益意味着尚未产生收益，并不属于婚姻存续期间产生的知识产权收益；其二，期待利益难以评估、分割，期待利益是尚未落实的收益，且根据知识产权类型、权利人的不同，其评估价值的公允性难以考量，易各执己见。

在学理上，有学者认为夫妻一方在婚姻存续期间基于脑力劳动所得无形财产权所生的经济利益，无论是现实经济利益，还是期待经济利益，理应与基于其他劳动所得的有形财产一样，都属于夫妻双方共同所有，才是符合我国婚姻法有关规定精神的[3]。

笔者认为，虽然现行法律对于期待利益的分割与否以及分割方式未作出明确规定，但是期待利益也凝结着知识产权权利人配偶的额外承担其他家庭责任的劳动价值，应当参考最高人民法院《关于人民法院审理离婚案件处理财产分割问题的若干具体意见》(已废止)第 15 条的意见，即根据具体情况，对知识产权权利人配偶予以适当的照顾。需要说明的是，虽然上述条文已在 2021 年 1 月 1 日被废止，但是后续并无相应的与之内容相抵触的法律或司法解释，因此该条文的立法精神仍在实践中被参照适用。

(二)分割知识产权收益，须满足的两个前提

知识产权权利人配偶方欲分割权利人所持有的知识产权在婚姻存续期间取得的知识产权收益时，须满足两个条件：第一，夫妻一方或者双方持有知识产

① 典型案例如黎某诉叶某离婚后财产纠纷案，广东省佛山市禅城区人民法院(原广东省佛山市城区人民法院)民事判决书，(2017)粤 0604 民初 5841 号。

② 巫昌祯、夏吟兰：《完善夫妻关系的立法构想》，载《走向 21 世纪的中国婚姻家庭》，吉林人民出版社 1995 年版，第 112 页。

③ 陈苇：《婚内所得知识产权的财产期待权之归属探讨——兼谈对〈婚姻家庭法〉(1999 年法学专家建议稿)的修改建议》，载《现代法学》2000 年第 4 期。

权;第二,取得知识产权收益应在婚姻存续期内。

1. 夫妻一方或双方持有知识产权

知识产权作为一种兼具人身性和财产性的双重权利,归属于知识产权人,产生的收益也归属于知识产权人,其中又包含两种情况,即夫妻一方单独持有知识产权;夫妻双方共有一个知识产权。

夫妻一方单独持有知识产权是指夫妻另一方并不是该种知识产权权利人,夫妻一方可以单独或与第三人共有某项知识产权。具体来说著作权应由权利人所创作或著作财产权由权利人继受他人而来;专利权、商标权应登记在夫妻一方名下。

若该知识产权登记在公司名下,则该知识产权所获得的收益应当归属于公司,而非知识产权权利人,因此该种收益不属于夫妻共同财产而是属于公司资产(如适用案例 3 – 14)。

适用案例 3 – 14 李某诉张某离婚后财产纠纷案①

法院认为,关于张某公司名下的著作权,属于公司资产,并非张某与李某的夫妻共同财产,故法院对李某要求分割的主张不予支持。

若某种知识产权属于职务作品,登记在夫妻一方权利人名下,另一方不能请求分割该知识产权产生的收益,因为该种收益归属于单位所有,但是基于夫妻一方对于知识产权的形成所作出的努力而获得的工作单位的报酬,另一方可以请求分割。严格来说,该种类型的收益已不属于纯粹的知识产权收益,而是带有劳动报酬性质的交叉收益。

知识产权无论是在婚内还是婚前取得,都属于夫妻一方的个人财产,在维护夫妻共同利益的情况下,可由该方自由处分,无须另一方同意,除非恶意转移知识产权及收益(如适用案例 3 – 15)。

适用案例 3 – 15 丁某诉王某、浙江桥墩门食品有限公司确认合同无效纠纷案②

■ **案情**

丁某(女方,原告,非权利人)与王某(男方,被告,权利人)登记结婚,王某在婚姻存续期间申请了两项商标权。在离婚诉讼期间,王某将商标权以低价转

---

① 北京市第一中级人民法院民事判决书,(2021)京 01 民终 1087 号。
② 浙江省温州市中级人民法院民事判决书,(2018)浙 03 民终 5620 号。

让给其妹妹以及妹夫所开的浙江桥墩门食品有限公司，并且该公司没有支付合理的对价。

■ **法院观点**

转让商标权取得商标转让款的行为属于恶意转让夫妻共同财产，损害了丁某的利益，因此该转让合同被判无效。在维护夫妻共同利益的情况下，权利人可以自由处分权利，但是不得损害另一方的利益。

当夫妻共有某项知识产权时，意味着双方皆对该知识产权的完成凝结了独特的智力贡献。知识产权收益与权利的分割不受婚姻存续与否的限制，可以存在其他救济途径，可参照合作作品、合作专利的规则。

就共有著作权即合作作品而言，夫妻双方是该作品的共同作者，因此该著作权由合作作者共同享有，没有参加创作的人或者是仅提供了物质条件咨询、资料收集、修改意见或者抄写的人不能成为合作作品的作者。合作作品的著作权由合作作者协商一致行使，如果不能协商一致且无正当理由的，任何一方不得阻止另一方行使著作权项下的除了转让、许可他人专有使用、出质以外的权利，且所得收益应当合理地分配给合作作者。

合作作品又可以分为可分作品和不可分作品。可分作品和不可分作品的共性是不可以分割该作品本身，该作品的具体行使权利需要基于双方的约定。但是可分作品和不可分作品也有各自的个性，可分作品夫妻双方可以就自己独立创作的部分单独行使著作权；不可分作品，由于夫妻双方在形式上无法对自己和他人所创作的作品进行彻底切割，因此无法单独行使著作权。

合作专利是指两个以上单位或者是个人完成的发明创造，若夫妻共同完成某个发明创造，则申请专利的权利属于夫妻双方，申请被批准后，夫妻双方共同拥有该项专利。对于该种专利的行使有约定则从约定，若夫妻双方没有约定该种权利的行使，那么夫妻一方可以单独实施或者以普通许可方式许可他人实施专利，该专利的收益应当在夫妻之间共同分配。

2. 取得知识产权收益应在婚姻存续期内

(1)取得收益有两个时间差

知识产权作为一种特殊的权利，并不是产生了知识产权就同时拥有了收益，知识产权权利的取得与收益的取得有时间差。在知识产权形成过程中、取得收益之前所形成的收益称为期待利益，司法实践中尚未有分割的实例。知识产权的取得须经历漫长的过程，从取得知识产权到取得知识产权收益，又需要知识产权人付出额外的精力将其变现，这也有一个时间差，见图 3－8。

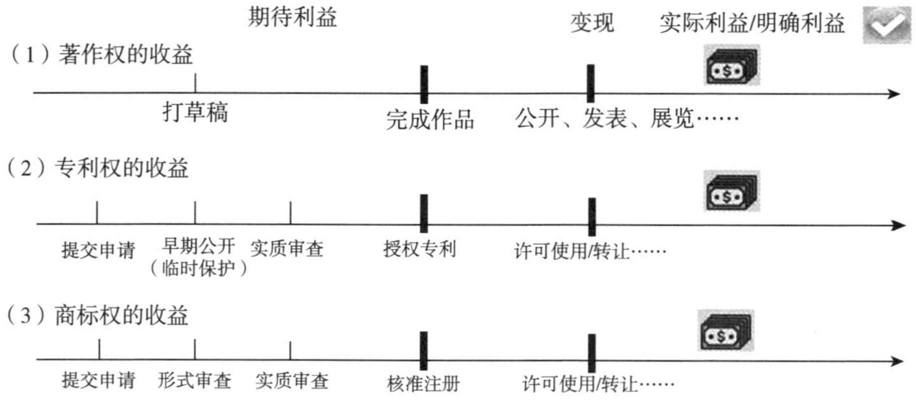

图 3－8　知识产权收益取得的时间差

取得收益中的“取得”这一动作可细分为实际取得收益和明确可以取得收益。实际取得收益是指知识产权人已实际取得并控制该部分收益；明确可以取得收益是指在可预见的将来取得收益，但是权利人尚未控制该部分收益，如创作人在婚姻关系存续期间已和出版社签订了合同，关于稿酬的约定也是明确的，只是尚未拿到这笔报酬。

一般来说，知识产权财产性收益的明确与实际取得之间存在一定的时间差，应当以在先的财产性收益明确的时间作为判断其是否属于夫妻共同财产的依据。因此，知识产权财产性收益明确的时间在婚前的，即使收益实际取得在婚后，该收益仍为个人婚前财产。

（2）取得收益的时间应在婚姻存续期内

一般来说，在没有协商的情况下，知识产权不作为夫妻共同财产进行分割，而婚姻存续期内产生的知识产权的收益则可以进行分割。这一结论较为笼统，根据知识产权取得的时间和知识产权收益的时间是否在婚内取得，可以大致分为以下四种情形：

①在婚前取得知识产权，并取得收益；

②在婚内取得知识产权，婚内取得收益；

③在婚前取得知识产权，婚内取得收益；

④在婚内取得知识产权，离婚后取得收益。

对于前两种收益的归属，司法实践和理论均无太大争议。但是对于第三种、第四种收益是否属于夫妻共同财产，则存在较大的争论，下面来逐一进行分析。

①在婚前取得知识产权，婚内取得收益，需考量贡献程度

在婚前取得知识产权，婚内取得收益，该种收益是否属于夫妻共同财产呢？司法实践中知识产权无论是在婚前还是婚后取得，都属于个人财产；而对于婚姻存续期间内取得的知识产权收益，不考虑非知识产权持有方是否有额外贡献，皆属于夫妻共同财产。相关案例如适用案例 3－16。

适用案例 3－16 陈某诉吴某离婚纠纷案①

法院认为，原告主张被告获得的三项发明专利及一项实用新型专利由白山华枫公司使用，所得收益为 510 万元，该收益为婚内取得，即使发明专利以及新型专利在婚前取得，也不影响知识产权收益为夫妻共同财产，应予分割。

而学理上则有学者持否定观点，大致可分为主动增值论和孳息论。主动增值论认为，如果另一方对于一方将著作权转化为经济收益出力较多或为此承担较多的家务或家庭开支，则可以认定为夫妻共同财产；反之，则认定为个人财产。孳息论认为，婚前取得知识产权属于个人财产，而婚后取得的知识产权收益则为孳息，根据最高人民法院《关于适用〈中华人民共和国民法典〉婚姻家庭编的解释（一）》第 26 条的规定，一般情况应当认定为是一方个人财产；但如果在婚姻关系存续期间为取得该部分收益需要另一方配合或付出较大的努力，那么在就这部分财产进行分割时就不得不考虑另一方的贡献。概言之，主动增值论和孳息论都认为只有当知识产权权利人的配偶方对知识产权收益的变现付出了有价值的努力时，该部分知识产权的收益才能作为夫妻共同财产，予以分割。

这种观点在理论上想要鼓励知识产权人的智慧，促进知识产权人创新，有利于实现公平，这种考量双方对于知识产权收益所作出的贡献从而决定知识产权收益分割的比例的观点已体现在具体的司法实例中，如适用案例 3－17。

① 吉林省白山市中级人民法院民事判决书，（2015）白山民一初字第 3 号。

适用案例3－17 李某诉易某离婚后财产纠纷案[①]

■ 案情

易某(男方,被告,知识产权权利人)在与李某(女方,原告,非权利人)结婚前就取得了两项专利,婚后以专利作价获得B公司的股份。

■ 法院观点

李某对于以专利作价取得的股份没有作出贡献,因此李某无权分割该部分收益。

■ 律师评价

虽然这样的判决有利于保护知识产权人的收益不被分割,但是也存在贡献度的难以认定和量化这一问题,从本案来看,易某与B公司协商的时间即为收益取得的时间,是在婚姻存续期内,李某虽未对该知识产权变现作出直接额外的努力,但是法院忽视了李某在婚姻存续期间在其他家庭事务方面作出的贡献,法院认为该部分收益为易某个人财产值得商榷。

②在婚内取得知识产权,离婚后取得收益,不属于夫妻共同财产

因我国《民法典》第1062条明确规定只有在婚姻存续期内取得的知识产权的收益才属于夫妻共同财产。司法实践中,法院通常认为知识产权的收益有一定的期待性和不确定性,并且不能对其进行估价分割,如果权利人没有将其知识产权投入使用,则其收益并未明确,无法认定为共同财产进行分割。因此,对于在婚姻关系存续期间取得的知识产权,如果其收益不能明确,则离婚时无法认定其收益属于夫妻共同财产(如适用案例3－18)。

适用案例3－18 陈某诉李某离婚后财产纠纷案[②]

■ 案情

陈某(男方,被告,知识产权权利人)在与李某(女方,原告,非权利人)婚姻存续期间取得了两项知识产权,在离婚后才将该两项知识产权变现,李某要求分割该知识产权的收益。

■ 法院观点

法院明确了知识产权收益由已得收益和期待得到的收益两部分组成,婚姻

① 四川省眉山市中级人民法院民事判决书,(2018)川14民初74号。
② 北京市第二中级人民法院民事判决书,(2017)京02民终6962号。

存续期内，已得收益属于可分割收益，而期待利益由于其具有不确定性，因此不予以分割。本案中陈某在离婚后以知识产权入股并取得在涉诉公司的股份与收益，属于期待利益，不支持分割股权及其收益。

而学理则有相反的观点，获得知识产权的一方能够有足够的时间和精力专注于投入大量的智力劳动，从而获得知识产权，是因为另一方更多地承担了料理家庭事务、抚养子女和照顾老人等义务。因此，离婚时不把知识产权的可期待利益规定为夫妻共同财产，可能造成不公平的结果。

笔者认为，对于婚内取得知识产权，离婚后才取得收益的，这部分收益原则上不能分割，但是若夫妻之间协商过以下的因素，或者非权利方持有以下证明，法院会增加考虑分割知识产权可能性：

A. 在离婚之时，权利人已与后来投资的公司签订协议而形成股份分配；

B. 非权利人能证实在二人离婚后其就知识产权入股和收益一节达成进一步协商意见，证明该股份所对应的收益与婚姻关系存续期间婚姻生活直接相关；

C. 或者证实该收益系通过夫妻双方在离婚后所付出的共同劳动等取得。

总之，何时取得知识产权以及何时取得知识产权收益以及对应的财产属性，可见图 3 –9：

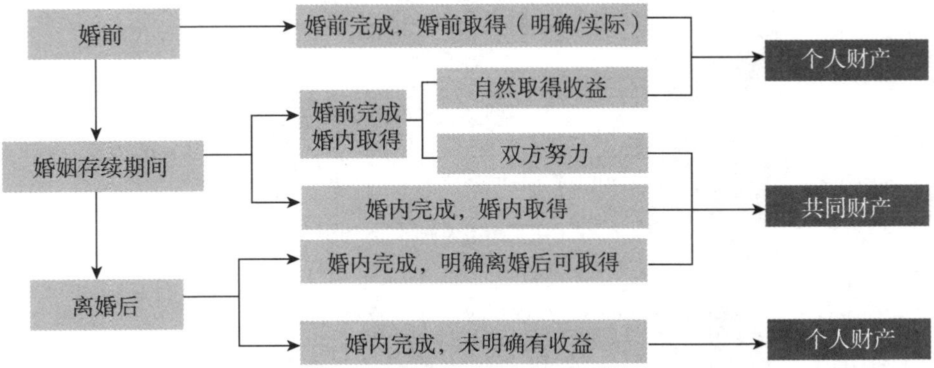

图 3 –9　知识产权取得时间、收益取得时间、对应财产属性

综上所述，离婚纠纷的财产分割问题若涉及知识产权及收益的争议，在司法实践中，就知识产权而言，在没有额外协商的情况下，知识产权本身不能分割，财产性知识产权是否能够分割存在理论争议，但现行立法与司法中仍不支持任何知识产权的分割。就知识产权收益而言，知识产权的相关收益若是在婚姻存续期内取得，并且知识产权权利人配偶有证据证明收益的存在，那么该部分收益可以分割，期待利益是否能够分割亦存在争议，但因期待利益难以评估其价值、难以确定准确的分割方式等原因，司法实践中仍采取“一刀切”式拒绝分割的处理方式。因此，在离婚诉讼中，主张分割知识产权收益的配偶一方需正确区分知识产权以及知识产权产生的收益。若盲目主张分割知识产权，则会因知识产权专属于知识产权人而使自己的诉讼请求得不到法院支持，且在请求分割知识产权收益时，需划清并举证知识产权收益的范围，即婚姻存续期内取得的知识产权收益才为夫妻共同财产。

三、如何分割夫妻共同财产之知识产权及其收益

经过仔细阅读 51 件有效案例，笔者得出结论：在现行司法实践和法律框架下，夫妻之间若未能协商一致，则知识产权不能作为夫妻共同财产进行分割，但婚姻存续期内产生的知识产权的收益则可以进行分割，分割的方式常见的为折价补偿、商标权的评估补偿（见图 3－10）。

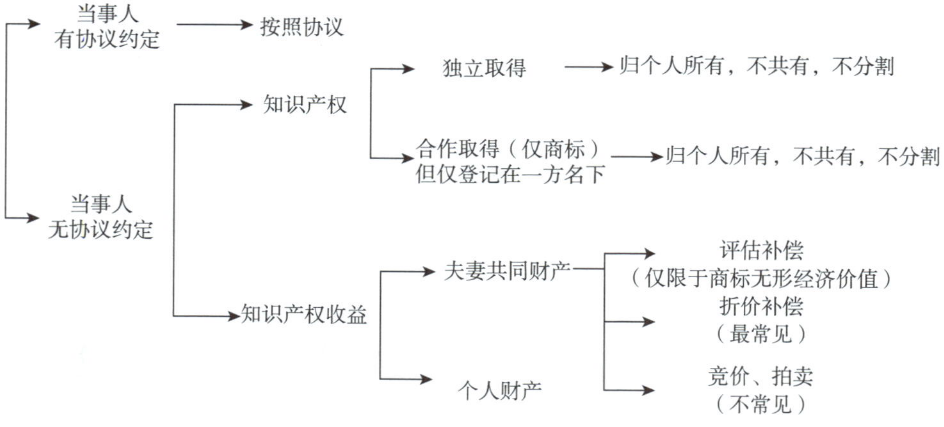

图 3－10　知识产权及其收益离婚分割

本书将从司法实践中分割知识产权收益时须具备的程序要件，分析当下司法实践中法院对知识产权收益分割的方式与比例，力求使得繁杂的分割体系明晰化，为类似案件中争取当事人利益厘清思路，提供新的解决途径。

（一）分割知识产权收益的举证问题

与离婚财产分割之知识产权及其收益的相关案件共有 51 件，其中有 29 项

诉讼请求为"请求分割知识产权的收益",其中22件的判决结果为"不支持分割知识产权收益",占所有结果的76%。为什么司法实践中不支持分割知识产权收益占了大部分呢?

原因在于若要分割知识产权收益,仅满足夫妻一方或双方持有知识产权,取得收益的时间在婚姻存续期内这两个实体要件还不够,还需要知识产权权利人配偶能够充分举证证明收益存在以及该部分收益的贡献与非知识产权权利人有关。不支持分割知识产权收益的原因中,举证方举证不足这一比例高达62%,如图3-11所示:

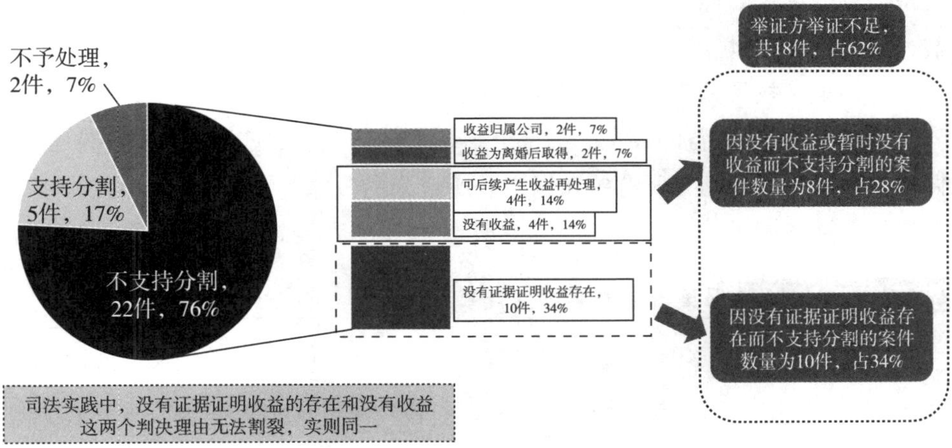

图3-11　不予分割的法院判决

由此可以看出,在请求分割知识产权收益的诉讼请求上,有六成以上的知识产权权利人配偶方因举证不足而未能获得法院的支持,举证问题对于民事案件的最终判决结果来说至关重要,下面将从举证立场、举证方、举证内容三个方面来研究举证问题。

1.举证立场

从学理上来说,举证责任包含行为意义上的举证责任和结果意义上的举证责任①,前者是指当事人需要对自己的主张有提供证据的责任,比如,离婚财产分割问题中,因举证立场的不同,知识产权权利人和知识产权权利人配偶对于举证责任的承担是不同的。例如,知识产权权利人配偶方想分割婚内取得的知

① 李浩:《我国民事诉讼中举证责任含义新探》,载《法律科学(西北政法学院学报)》1986年第8期。

识产权收益,若已协商,则需证明夫妻双方协议的存在;若无协商,则应承担对该收益在婚姻存续期内取得且收益存在而作出证明的责任。又如,若知识产权权利人想少分给配偶其知识产权所带来的收益,应证明配偶方对婚前获得的知识产权婚后取得的收益并没有作出额外贡献及收益取得的时间为婚前或婚后等。

(1)知识产权权利人配偶方

知识产权权利人配偶方作为非权利的所有人,在现行法并不支持分割知识产权的前提下,其举证立场为尽可能多分得知识产权的评估款(现行司法实践支持分割的仅为商标权)或知识产权收益的折价款等形式的补偿以确保己方权益,分为以下几种情况。

①知识产权及其收益均为婚内取得

第一,应证明收益的存在。该部分举证责任的归属,应当归属于配偶,因配偶作为想要分割非己方所有的知识产权所带来的收益,故须证明其存在。相关案例如适用案例 3 – 19。

适用案例 3 – 19　邢某诉朱某离婚纠纷案①

法院认为,朱某坚持认为邢某通过表演歌曲等形式享有部分知识产权利益,但朱某未能举证证明邢某在婚姻关系存续期间通过表演取得了相应的权利收入,故法院对于朱某的该项上诉请求不予支持。

第二,应证明知识产权登记在其配偶名下或由配偶持有。只有知识产权登记在个人名下或由个人所有,该个人才能分割该知识产权所带来的收益,所以该方应证明某作品的著作权人为夫妻的另一方。其中,著作权虽无登记之硬性规定,但是若配偶从国家版权局上查询到夫妻另一方名下的著作权,该查询证明亦可作为证据证明知识产权的存在。

第三,应证明收益的取得时间在婚姻存续期内。收益的取得分为实际取得和明确可以取得,实际取得是指收益已在权利人的掌控之中,而明确可以取得是指在可预见的将来可以取得收益,但尚未实际控制该部分收益。比如,创作人在婚姻关系存续期间已和出版社签订了合同,关于稿酬的约定也是明确的,只是尚未拿到这笔报酬。若实际取得的时间与明确可以取得的时间有时间差,

① 北京市第二中级人民法院民事判决书,(2014)二中民终字第 02678 号。

那么应当以明确可以取得为准。

②婚前取得知识产权，婚内取得收益

知识产权作为一种凝结着身份以及智力成果的权利，无论取得的时间是在婚前还是婚内，都是属于知识产权权利人一方的财产。有些法院对于婚前取得的知识产权在婚内取得的收益采取的态度为孳息论或主动增值论，即婚内基于该知识产权而取得的收益需配偶方作出了应有的贡献，否则法院不予以支持分割该部分收益。相关案例如适用案例3－20。

适用案例3－20　李某诉易某离婚后财产纠纷案[1]

案情

易某（男方，被告，知识产权权利人，外籍）在与李某（女方，原告，非权利人）结婚前取得了两项专利权，婚后作价获得某公司股份。

法院观点

李某并未对该部分专利所获得的收益作出额外贡献，因此不予以分割。

（2）知识产权权利人

知识产权权利人作为知识产权的所有人，凝结其脑力劳动与智慧的知识产权所获得的收益亦属于其财产，其举证立场为尽可能减少配偶方分得知识产权收益，可以从以下两个角度进行举证：

①应证明知识产权收益为婚前或离婚后取得。我国《民法典》仅规定在婚姻存续期间内取得的知识产权收益才为夫妻共同财产，因此若知识产权权利人能证明知识产权收益并不在婚内取得，那么该部分财产自然不会被分割。因取得收益的时间不同，又可以分为两种情形。

第一种情形，证明明确可以取得的时间早于结婚日期（见图3－12）。一般来说，“明确可以取得”的时间要早于“实际取得”的时间，上海市高级人民法院认为若两者有时间差，那么应以明确可以取得的时间为准。[2]

---

① 四川省眉山市中级人民法院民事判决书，（2018）川14民初74号。

② 蔡绍辉：《离婚时该怎么分割知识产权收益？》，载《法谱知音》2018年8月17日，https://zhuanlan.zhihu.com/p/42260123。

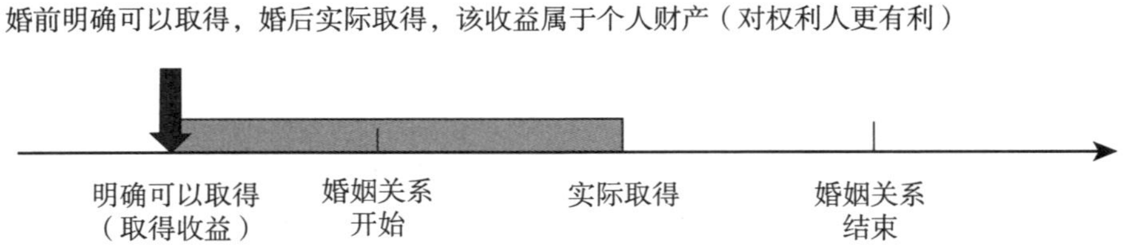

图 3－12　明确可以取得的时间早于结婚日期

第二种情形，证明实际取得时间晚于离婚日期（见图 3－13）。某项知识产权“取得收益”的时间点并不都经历“明确可以取得”和“实际取得”两个时间点，有些知识产权变现的可能仅为“实际取得”，那么越晚取得的时间对于知识产权权利人来说越有利。

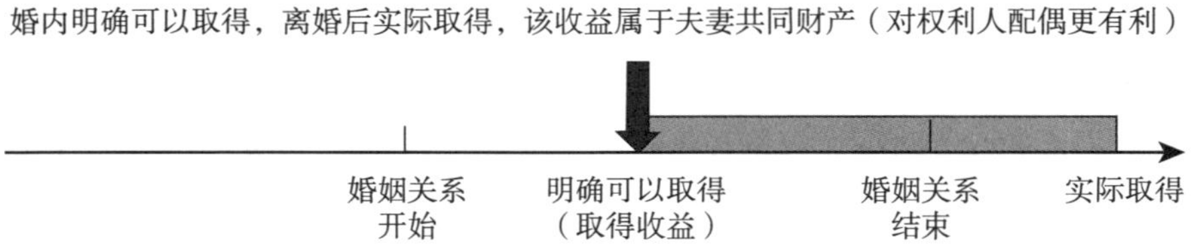

图 3－13　实际取得时间晚于离婚日期

②婚前取得知识产权，婚后取得收益时，应证明配偶并未对该收益的产生作出贡献。同理，有些法院并不是采取“一刀切”式的观点，对于婚前取得的知识产权，婚后取得的收益这部分财产，采取的是孳息论和主动增值论，若知识产权人能举证证明配偶并未对该收益作出有独创性的智慧，那么这部分收益仅类似于自然增值的孳息，仍属于个人财产，配偶无权分割。

2. 举证方

确认举证方应依据《民事诉讼法》第 67 条规定的“谁主张，谁举证”原则，由知识产权权利人和配偶承担。因举证立场不同，举证责任也会随之不同，如前文举证立场部分所示，在不同情况下，权利人或配偶应各自承担相应的举证责任，仅在举证责任人充分地尽到了行为举证责任和结果举证责任时，其主张才有可能获得法院的支持。

对于知识产权权利人配偶及其诉讼代理人因客观原因不能自行收集的证据，或者人民法院认为审理案件需要的证据，人民法院也可依申请或依职权调取。相关案例如适用案例 3－21。

适用案例 3－21 郑甲诉黄某某离婚纠纷案[①]

经上诉人黄某某申请，法院至华东师范大学进行调查，华东师范大学科技处出具说明："自 1990 年至今，学校没有签订郑甲同志主持或参与科技成果转让方面的合同，也没有郑甲同志获得科技成果转让收益的相关信息。"郑甲表示认可该份材料，黄某某认为出具该份文件的人应出庭。

该案中，人民法院虽然因职权或依申请而承担了一部分举证责任，但是这并不意味着人民法院是举证责任人。

3. 举证内容

举证内容基于举证人和举证立场的不同而有很大的不同，若不能找到有效的证明实例来证明自己的主张具有可支撑性，若举证的证据尚未组成完整的证据链，那么即使实体事实为真，也未必能获得法院的支持。在司法实践中，举证不成的案例中大部分是因知识产权权利人配偶无法证明收益的存在，因此下面将各举一个正反面的实例来说明知识产权权利人配偶应如何证明收益的存在。

①正面实例

司法实践中证明知识产权收益存在且成功的案例较少，适用案例 3－22 中提到使用某项知识产权的公司的财务审计报告属于被法院认可且采纳的正面实例。

适用案例 3－22 陈某诉吴某离婚纠纷案[②]

法院认为，原告主张被告获得的三项发明专利及一项实用新型专利由白山华枫公司使用，所得收益为 510 万元，应予分割。被告对于原告提供的(2013)025 号白山新会审字白山华枫公司审计报告及白山华枫公司的说明真实性没有异议，法院予以认可。

②反面实例

不能证明知识产权收益存在的反面实例，如适用案例 3－23。

---

① 上海市第二中级人民法院民事判决书，(2015)沪二中民一(民)终字第 610 号。

② 吉林省白山市中级人民法院民事判决书，(2015)白山民一初字第 3 号。

适用案例 3－23 张某甲诉毛某离婚后财产纠纷案①

■ **法院观点**

张某甲提供的劳动合同、银行交易流水等证据，不足以证实涉案专利技术的收益情况，张某甲要求分割涉案专利技术的收益的诉讼请求，无事实依据，法院不予支持。

■ **律师评析**

主张分割专利权收益的一方若仅提供劳动合同、银行交易流水则并不足以证明专利权收益的存在。该案件中原告举证的“劳动合同”“银行交易流水”仅能证明被告张某甲与某公司存在劳动关系以及一定的流水往来，并不能证明张某甲的银行交易流水所得的金钱的性质是某公司与张某甲对于张某甲名下的专利使用费或转让费。

若该案原告想证明收益的存在，可参考李某诉易某离婚后财产纠纷案[四川省眉山市中级人民法院民事判决书，(2018)川14民初74号]，易某在婚前取得的知识产权，婚后将其与某公司变价获得该公司的一部分股份，虽然易某并未与该公司明面签订专利使用合同或专利转让合同，但是该公司出具了具体的说明书“某公司为引进三聚氰胺行业技术人才及高级管理人才，才将每股净值3.335元的股份作价每股1元进行认购股份”，结合该说明，原告主张易某现金出资条、易某担任该公司高管等证据，形成证明涉案股份的部分源于知识产权这一结论的完整证据链，最终法院认为“可以认定案涉股份源于易某在婚前所得的知识产权所获得的知识产权收益及公司高管身份具有高度可能性”。李某的这些证据证明了涉案股份为知识产权收益，且证明了该部分收益的存在。

（二）实践：知识产权及其收益的分割问题

在司法实践中，知识产权因归属于个人，一般不纳入共同财产的范围内进行分割，除非夫妻双方另有协商。知识产权收益若满足归属于夫妻一方或夫妻双方所有，取得的时间为婚姻存续期间，并且知识产权权利人配偶能进行充分举证这三个条件，则可以进行分割。为了厘清分割知识产权及其收益的思路，需将分割知识产权及其收益分为三个问题：可分物为何？分割方式有哪些？分

① 广东省广州市中级人民法院民事判决书，(2014)穗中法民一终字第1337号。

割比例如何?

1. 可分物

在司法实践中,分割知识产权的收益时,可分物一般为以知识产权作价换取的股权等份额(若不分割股权则为折价款),商标权的无形经济价值的折价款、转让款等。

(1)以知识产权作价换取的股权等份额

股权就是股东权利的简称,股权是股东基于股东身份和地位而享有从公司获取经济利益并参与公司经营管理的权利。我国立法对于该部分份额能否分割尚属空白领域。笔者认为,作为夫妻共同财产部分的知识产权作价取得的股权理论上可以分割,具体分割方式可参考股权分割、合伙份额分割等。

(2)现金等有形利益

当知识产权的收益是以转让款、折价款等可量化的现金形式存在时,法院的做法是直接分割知识产权人所获得的现金利益。例如,陈某诉吴某离婚纠纷案,吉林省白山市中级人民法院(2015)白山民一初字第3号民事判决书:“原告主张被告获得的三项发明专利及一项实用新型专利由白山华枫公司使用,所得收益为510万元,应予分割。”

(3)商标权的无形经济价值

当分割特殊的知识产权收益时,即分割知识产权无形的经济价值时,还涉及财产评估的问题。司法实践中,有些法院对商标权的分割作出让步:虽不支持商标的共有,但支持分割商标权的无形经济价值。与商标权不一致的是,若请求分割专利权、著作权的无形经济价值,则会被法院驳回。

就著作权而言,法院认为著作权价值无法衡量(如适用案例3-24)。

适用案例3-24　李某诉张某离婚后财产纠纷案①

法院认为,关于张某名下的著作权,虽部分取得时间在婚姻关系存续期间,但著作权具有人身属性,且价值无法衡量,现李某要求上述著作权归其所有缺乏事实及法律依据,法院不予支持。

就专利权而言,现行司法实践中,法院并不许可当事人请求对专利的价值进行评估(如适用案例3-25)。

---

① 北京市第一中级人民法院民事判决书,(2021)京01民终1087号。

适用案例3－25 张某甲诉毛某离婚后财产纠纷案①

法院认为,张某甲主张毛某持有的两项专利技术属夫妻共同财产,要求予以分割,无法律依据,原审法院不予支持。对于张某甲要求对涉案专利技术价值进行评估的申请,原审法院亦不准许。

就商标权而言,商标权较为特殊,因商标权仅具有财产属性,虽然绝大多数的法院仍不支持商标权的共有,但有部分法院支持分割商标权的无形经济价值,分割的方式为评估确认商标的价值。商标的价值评估方式方法可以由夫妻双方协商确定(如适用案例3－26)。

适用案例3－26 丁某诉王某、浙江桥墩门食品有限公司离婚后财产纠纷、商标权权属纠纷案②

丁某认为应该按照申请保全价值(300万元)或商标竞价价格(1000万元)来确定商标的无形价值,但是王某认为应当按照市场价值即转让价值(5万元)来认定商标价值。当双方对于商标价值的确定产生巨大的冲突与纠纷时,可由第三方中介机构居中确定公允价值。

2. 分割方式

夫妻共同财产中,若有某项权利或财产不便直接分割,可以采取竞价、拍卖、折价补偿、评估补偿等形式来弥补知识产权权利人配偶的损失。

(1)竞价、拍卖

竞价与拍卖是其他夫妻共同财产分割的主要方式,这两种分割方式均存在两个前提,即双方均同意竞价或拍卖且该种知识产权凝结着夫妻的共同智慧。该种知识产权仅登记在一方名下,名义知识产权权利人仅有一方,但是夫妻双方均对知识产权及其收益主张权利,该种知识产权通常为商标权。相关案例如适用案例3－27。

① 广东省广州市中级人民法院民事判决书,(2014)穗中法民一终字第1337号。

② 浙江省温州市中级人民法院民事判决书,(2019)浙03民初610号。

适用案例 3－27　丁某诉王某、浙江桥墩门食品有限公司离婚后财产纠纷、商标权权属纠纷案[1]

丁某（原告，非权利人，女方）与王某（被告，知识产权权利人，男方）就涉案商标的价格的确定达成竞价方式。丁某确定的价格为 1000 万元，王某予以接受，但丁某之后以出价过高为由收回原有竞价价格，并表示不再同意以竞价方式确定涉案商标价格。法院予以认可。

由于知识产权这一权利的独创性和不可复制性，很难存在合适的起拍价与起竞价，因此在实践中很少用该种方式来确定最终分割价格。

（2）折价补偿

折价补偿为知识产权收益分割中最为常见的分割方式。在司法实践中，成功分割收益的大部分案件均为有明确的转让款、使用费等金钱形式的价款，分割该部分价款，按照比例进行分割即可。

（3）评估补偿

在司法实践中，仅存在分割商标权的无形经济价值，法院并不支持评估以及分割专利权、著作权的无形经济价值。笔者认为原因有二：第一，商标权作为具有商誉价值的标志，其经济价值的衡量较为明确客观，专利权与著作权的无形经济价值难以衡量，因有些专利和著作仅为“注水”下的产物，并不一定具有经济价值，而经营一段时间的商标却通常具有价值；第二，商标权的性质有所不同，商标权作为知识产权中较为特殊的权利，相较于专利权和著作权来说，其人身性不强。

3. 分割比例

知识产权的收益与其他夫妻共同财产并无不同，因此分割的原则仍依循夫妻共同财产原则，通常在夫妻双方之间平均分配，即通常配偶一方可分得 50%，但从个案实际出发也可能存在差异。对于知识产权收益的分割，均等分割只是原则，若考量公平原则，还需参考夫妻双方对于知识产权变现所付出的努力，某方是否有过错等。

（三）他山之石：专业知识产权评估方式

在夫妻共同财产分割之知识产权及其收益分割这一问题上，法院多持“一

---

① 浙江省温州市中级人民法院民事判决书，（2019）浙 03 民初 610 号。

刀切”的态度，笔者认为法院不予处理“知识产权，仅处理部分收益”的原因有二：第一，现行立法框架规定较为笼统，仅规定可以分割知识产权收益；第二，婚姻家事法官对评估知识产权以及知识产权期待利益制度不熟悉。对于第一个原因，司法实践中有些法院已经作出让步，即支持分割商标权的无形经济价值。[①] 对于第二个原因，笔者认为可以参考专业的知识产权案件中对知识产权及其收益的评估方式，学习其中影响知识产权及其收益评估的因素，拓宽为当事人争取利益的道路。

中国资产评估协会于2017年颁布了《著作权资产评估指导意见》《专利资产评估指导意见》《商标资产评估指导意见》，这三份指导意见详细地提及了知识产权评估过程中，影响知识产权最终评估价格的多种因素以及评估方法，我们可以从影响因素中得到取证中值得注意的新因素。

知识产权评估方法中主要运用的是市场法、成本法、收益法，其中最为常见的评估方法为收益法。下面详细地说明这三种方法：

1. 市场法

市场法是将评估对象与可参考知识产权或者在市场上已有交易案例的知识产权进行对比以确定评估对象价值，在运用该种方法时，需要考量的因素如表3－3所示：

表3－3　市场法需考虑的因素

知识产权类型	著作权	专利权	商标权
需考虑的因素	交易时间、权利种类或者形式以及限制条件、交易方的关系、获利能力、竞争能力、剩余经济寿命、风险程度	对专利资产与可比交易案例之间的各种差异因素进行分析、比较和调整	交易时间、权利种类或形式、交易方的关系、获利能力、竞争能力、预计收益期限、商标维护费用、风险程度

知识产权估价的计算公式为：估价知识产权价格＝可比实例价格×交易情况修正×交易日期修正×价格类型修正×区域因素修正×个别因素修正。其中，最为重要的为可比实例价格。市场法的评估价值中需满足两个前提，即①知

① 如丁某诉王某、浙江桥墩门食品有限公司离婚后财产纠纷、商标权权属纠纷案，浙江省温州市中级人民法院民事判决书，(2019)浙03民初610号。

识产权的可比实例价格可以用货币计量，价格形成机制清楚明白；②知识产权的可比实例价格是高频交易价格，交易价格可以实时获取[①]。

司法实践中，用市场法评估知识产权价值时，知识产权可比实例价格却无法满足市场法的两个前提条件。第一，知识产权领域中，可比实例价格难以估量，因知识产权是有限的、有区域性的财产，即使相似的知识产权其价值也会因为其他因素而截然不同，相似的实例价格难以认定。第二，知识产权的交易并不频繁，且交易价格通常涉及商业机密，无法实时获取。比如艺术品，可能好几个月甚至好几年才交易一次，不可能用几年前的交易价格来给当下交易定价。比如专利是典型的低频交易资产，对比以前，当下专利使用价值可能早已发生较大变化，用上一次专利交易价格来给当下专利交易定价是无法反映交易者在当下对专利使用价值的预期的。

2. 成本法

成本法是指假设理性人对某项知识产权的支付价格将不会高于重置或者购买相同用途替代品的价格。主要方法为重置成本法，需考虑的因素如表3－4所示：

表3－4　成本法需考虑的因素

知识产权类型	重置成本	合理贬值
著作权	包括创作人员和管理人员的人工成本、材料成本、创作环境配套成本、场地使用或者占用等合理成本以及合理利润和相关税费	著作权资产的贬值在其经济寿命期内可能不是均匀分布
专利权	包括合理的成本、利润和相关税费等。确定专利资产重置成本时，应当确定形成专利资产所需的直接成本、间接费用、合理的利润及相关的税费等	同著作权
商标权	商标资产价值与成本的相关程度，恰当考虑成本法的适用性。 商标重置成本包括合理成本、利润和相关税费等	同著作权

估价知识产权价值的计算公式为：知识产权资产重置成本×（1－贬值率/升值率）。重置成本是指现时市场条件下重新创造或购置一项全新知识产权所

① 陶冶：《再论为什么不能用"市场法"给专利估值定价》，载IPRdaily中文网，http://IPRdaily.cn。

耗费的全部货币总额，分别对应自创专利和外购专利，但专利资产的成本具有不完整性（开发成本是否全部计入）、弱对应性（成果具有较大随机性和偶然性，不是投钱就能出成果的）和虚拟性（因前两点，专利的成本往往是相对的），所以成本法有较多争议。

笔者认为，成本法也不是评估知识产权价值的最好办法，原因有二：第一，弱对应性决定无法衡量，因为成本法中隐含着一个逻辑前提，即只要投入一定的金钱成本，那么就一定能获得与涉案知识产权一样价值的知识产权，但这其实是悖论，因为知识产权本身存在的特性就在于独创性和新颖性，也就是知识产权的创意是难以复制的，创意性与金钱之间的关系并不是应然、盖然的关系。第二，知识产权估值中需要考虑开发者、持有者的合理利益，而在日常实践中，这两个合理利益难以确认。

3. 收益法

收益法就是通过借助合适的折现率，以被评估知识产权未来收益为基础，将其折算成现值的一种评估方法，收益法的计算公式如下所示，其中，V：评估值；t：年份，从第一年开始；n：截止年份，一般是指知识产权的获利年限；r_t：知识产权在第 t 年的预期净收益；i：折现率①。折现率是指特定条件下的收益率，说明资产取得该项收益的收益率水平，可以通过分析评估基准日的利率、投资回报率以及专利实施过程中的技术、经营、市场、资金等因素确定②。总之，若运用收益法评估知识产权价值，需着重考量三种因素：知识产权的获利年限 n，第 t 年获得的预期收益 r_t，以及折现率 i。

$$V=\sum_{t=1}^{n}\frac{r_t}{(1+i)^t}$$

在运用收益法进行评估时，因权利类型的不同，需考虑不同的因素（见表3－5）。

① 冉桂成、谭东丽：《收益法在知识产权价值评估中的研究综述》，载《中国资产评估》2021年第8期。

② 《专利资产评估指导意见》第30条规定："采用收益法进行专利资产评估时应当合理确定折现率。折现率可以通过分析评估基准日的利率、投资回报率，以及专利实施过程中的技术、经营、市场、资金等因素确定。专利资产折现率可以采用无风险报酬率加风险报酬率的方式确定。专利资产折现率应当与预期收益的口径保持一致。"

表 3-5 收益法需考虑的因素

知识产权类型	预期收益	剩余经济寿命
著作权	运营模式法律上的合规性、技术上的可能性、经济上的可行性	法律保护期限、相关合同约定期限、作品类别、创作完成时间、首次发表时间以及作品的权利状况
专利权	增量收益、节省许可费、收益分成或者超额收益	专利资产的技术寿命、技术成熟度、专利法定寿命及与专利资产相关的合同约定期限
商标权	同专利权,并且还需关注商标商品或者服务所属行业的市场规模、市场地位及相关企业的经营情况	法律保护期限、合同约定期限、商标商品的产品寿命、市场份额及发展潜力、维护费用、所属行业的发展状况、商标注册人的经营年限

在婚姻财产分割领域的司法实践中,尚未出现评估知识产权价值的案件,笔者以 A 公司将某专利转让给 B 公司,评估该专利价值用利润分配的计算方法为例,用一个模拟例子来了解收益法评估知识产权价值的过程。

(1)专利情况:成本 100 万元,价格在 6 年内增长了 11%,剩余使用年限为 9 年,经鉴定专利权剩余使用年限为 5 年($t=5$)。

(2)B 公司情况:原生产线成本利润率 12%,重置成本为 3600 万元,专利的成本利润为 300%。引入该专利后可以提升原专利权价值。B 公司实际生产能力为每年 30 万件,每件产品成本 450 元,未来 5 年内成本涨幅无明显变化。

(3)市场情况:引入 A 公司专利之后,每件产品的售出价格第一年为 520 元,第二年为 500 元,第三年为 490 元,第四年、第五年均为 470 元,折现率为 10%($i=10\%$)。

最后的计算方法:

(1)重置成本 $=100\times(1+11\%)\times5/5+6=50.45$ 万元。

(2)专利权约当投资量:$50.45\times(1+300\%)=201.82$ 万元;购买方 B 公司约当投资量:$3600\times(1+12\%)=4032$ 万元。

(3)利润分成率 = 无形资产约当投资量/(购买方约当投资量 + 无形资产约当投资量)$\times100\%=201.82/(201.82+4032)\times100\%=4.77\%$。

(4)超额收益的计算,剩余使用寿命为 5 年:

第一年:$(520-450)\times30\times(1-25\%)\times4.77\%=75.13$ 万元;

第二年:$(500-450)\times30\times(1-25\%)\times4.77\%=53.66$ 万元;

第三年：(490－450)×30×(1－25%)×4.77%＝42.93 万元；

第四年、第五年：(470－450)×30×(1－25%)×4.77%＝21.47 万元。

(5)专利评估价值

75.13×(P/F,10%,1)＋53.66×(P/F,10%,2)＋42.93×(P/F,10%,3)＋21.47×(P/F,10%,4)＋21.47×(P/F,10%,5)＝172.89 万元[①]。

(注：收益法部分举例来自专业知识产权评估机构思贝德，笔者不对其准确性作完全的保证，若有评估知识产权需求，应当向具有相关资格的专业人士寻求专业的法律帮助。)

收益法是在知识产权评估领域中应用最广泛的评估方法，因其易得折现率和收益年限且好计算，且符合可预期性，有利于平衡双方当事人对于知识产权评估价值的期待，在知识产权升值的情况下，既不会因成本法将目光限制于过去而对知识产权权利人配偶不利，也不会因为市场法将目光局限于现在而对知识产权权利人不利(若知识产权贬值，则相反)。

(四)总结与启示

1. 总结

综上所述，在查阅 51 份相关判决书，研读专业知识产权领域对知识产权估价以及分割的理论实例后，笔者作出以下结论：

第一，原则上，知识产权权利人配偶承担举证责任。若知识产权人配偶要主张分割知识产权收益，当事人需要能够举证证明另一方在离婚前就已经知道收益可以获得，或者在离婚后双方就知识产权产生的收益分割达成一致意见。

第二，支持分割收益的案件中，收益大多为均分。知识产权收益属于夫妻共同财产，因此其分割方式也是依循夫妻共同财产分配的原则，通常在夫妻双方之间平均分配，配偶一方可分得 50%，但是从个案实际出发也可能存在差异。在具体的知识产权评估问题上，虽然法院对于知识产权分割仍持否定态度，但是一部分法院已对商标权的无形经济价值分割作出让步，这或许能为我们提供弥补与法院商谈过程中空白之处的思路。

---

① 《收益法下知识产权价值评估探讨》，载无形资产的那些事，https://zhuanlan.zhihu.com/p/469411289。

2. 启示

除阅读判决实例之外，阅读专业知识产权案件中对于知识产权评估所参考的因素——中国资产评估协会颁布的《著作权资产评估指导意见》《专利资产评估指导意见》《商标资产评估指导意见》中对于三种知识产权罗列出资产评估时评估人所因采纳的因素，这些因素为笔者搜索证明知识产权的存在与价值提供新启示：

其一，著作权价值需考量作品作者以及权利人情况、作品创作完成时间、剩余期限、著作财产权的使用情况、作品类别、作品题材、是否有登记、是否有权利限制的情况、权利维护情况、资产以往的评估和交易情况、作品的创作成本、同类作品近期的市场交易及成交价格情况。

其二，专利权价值评估因评估对象的不同而有所不同，如果说评估对象为专利所有权，那么应当关注专利权是否已经许可他人使用以及使用权的使用方式，并关注其对专利所有权价值的影响。评估对象为专利使用权的，应当明确专利使用权的许可形式、许可内容及许可期限。总之，需综合考虑专利申请的国别或者地区专利申请号或者专利号、专利申请日、专利授权日、专利权利要求书所记载的主权利要求以及专利使用权利。还需考量专利的法律状态，专利的法律状态通常包括专利申请人或者专利权权利人及其变更情况，专利所处的专利审批阶段、年费缴纳情况、专利权的终止、专利权的恢复、专利权的质押，以及是否涉及法律诉讼或者处于复审、宣告无效状态。

其三，商标权评估价值因评估对象的不同也有所不同，评估对象为商标专用权的，应当关注商标是否已经许可他人使用以及具体许可形式；评估对象为商标许可权时，应当明确该权利的具体许可形式、内容和期限。同时需考虑商标的基本状况，比如商标的图案以及组合说明、商标的取得、商标的注册类别以及是否有类似商品或者服务上注册的相同或者近似的商标。除此之外，与专利权一样，还需考量商标的法律状态，商标资产的法律状态通常包括商标注册人及变更情况、商标续展情况、商标专用权质押情况、商标专用权权属纠纷及涉及诉讼情况等。

第二节　著作权及其收益分割探讨及案例分析

著作权的性质为人身与财产交织的权利，著作权本身以及其收益的分割在司法实践中会遇到许多问题，如离婚诉讼中对于夫妻一方享有的著作权所产生的收益有哪些？著作权人配偶是否可以分割该部分收益？又应如何分割呢？本书以大数据为引子，以著作权相关知识点为基础，旨在讲透著作权及其收益分割的疑难要点。

一、大数据分析与法院观点

以“离婚＋共同财产＋知识产权＋著作”为关键词，以“婚姻家庭纠纷、确认合同效力纠纷、执行异议之诉、民间借贷纠纷”为案由，时间限缩为“2010 年 1 月 1 日至 2022 年 4 月 30 日”，得到有效案件仅为 5 件，虽然样本数量较少，但其中隐含的理论与实践空白很值得研究，在 5 件著作权案件中，其中有 4 件要求共有著作权且分割著作权收益，有 5 件要求分割著作权收益。

就请求分割著作权本身这一诉讼请求而言，法院均不予支持，理由为缺乏法律依据或著作权归属于著作权人所有（如适用案例 3－28）。

适用案例 3－28　李某诉张某离婚后财产纠纷案[1]

关于张某名下的著作权，虽部分取得时间在婚姻关系存续期间，但著作权具有人身属性，且价值无法衡量，现李某要求上述著作权归其所有缺乏事实及法律依据，法院不予支持。

就请求分割著作权收益这一诉讼请求而言，法院仅支持了其中 2 件案件的请求分割著作权收益的诉讼请求。支持的情况有两种，其一为协商（如适用案例 3－29）。其二为用夫妻共同财产买受他人的著作财产权，支持返还一半转让款（如适用案例 3－30）。

① 北京市第一中级人民法院民事判决书，(2021)京 01 民终 1087 号。

适用案例 3 – 29 施某诉钱某离婚后财产纠纷案①

法院认为,双方经过协商,被告支付 300 万元买断原告方可能获得的婚姻存续期间的利益,法院予以认可。

适用案例 3 – 30 邢某诉朱某离婚纠纷案②

法院认为,因邢某购买案涉歌曲系在夫妻关系存续期间,故邢某支付的购买款项应为夫妻共同财产,邢某应返还购买款项的一半。

不支持分割著作权收益的情况有三种:第一,没有收益或没有证据证明收益的存在(如适用案例 3 – 31)。第二,无法确定知识产权权利人(如适用案例 3 – 32)。第三,收益是在离婚后才取得(如适用案例 3 – 33)。

适用案例 3 – 31 李某诉张某离婚后财产纠纷案③

法院认为,关于李某主张的著作权收益,其并未提交证据证明案涉款项的支付情况,故法院对其主张不予支持。

适用案例 3 – 32 范某诉刘某离婚后财产纠纷案④

关于范某主张的字画,在案证据无法查清字画数量、价值及实际持有人,故法院对范某的该项请求不予支持。

适用案例 3 – 33 李某诉张某离婚后财产纠纷案⑤

关于李某主张的著作权转让款 60 万元,该转让发生时间为双方离婚之后,李某未就案涉著作权为其与张某婚姻关系存续期间取得向法院提交证据,故法院对其要求分割转让款的主张不予支持。

总之,对于是否能分割著作权权利本身以及其产生的收益这一问题,法院的态度较为明确,即著作权属于个人所有,不属于夫妻共同财产,不能予以分割;在婚姻存续期内产生的著作权收益,若著作权人配偶有证据证明收益的

---

① 江苏省盐城市中级人民法院民事判决书,(2018)苏 09 民终 5459 号。
② 北京市第二中级人民法院民事判决书,(2014)二中民终字第 02678 号。
③ 北京市第一中级人民法院民事判决书,(2021)京 01 民终 1087 号。
④ 山东省定陶县人民法院民事判决书,(2021)鲁 1703 民初 915 号。
⑤ 北京市第一中级人民法院民事判决书,(2021)京 01 民终 1087 号。

存在或与著作权人进行协商，那么著作权人配偶可以分割到一部分著作权收益。

二、如何认定著作权收益属于夫妻共同财产

著作权是兼具人身性和财产性的知识产权，分割著作权通常不被法院所支持，但是根据《民法典》第 1062 条的规定，婚姻存续期内取得的著作权的收益属于夫妻共同财产，这一概括较为笼统，具体认定哪部分收益属于夫妻共同财产需满足以下两个条件。

（一）著作权及著作权收益的认定

1. 著作权

著作权可分为广义著作权和狭义著作权。

狭义著作权可分为著作人身权和著作财产权，著作人身权不可分割、转让，一般不会产生收益；著作财产权可以转让、许可他人使用，能产生收益。广义的著作权还包含邻接权。

著作权无须登记，自完成作品之日或与他人签订买受著作财产权之日起，权利人即取得著作权。

表 3－6　著作权的分类与期限

权利	权利分类	权利期限	备注
著作人身权	发表权：决定作品是否公之于众的权利。作者决定是否将其作品公之于众，何时、何地以及以何种方式公之于众的权利	永久	作者对作品中的人格和精神享有的权利，不可剥夺、转让、放弃和继承
	署名权：表明作者身份，在作品上署名的权利		
	修改和保护作品完整权：修改作品，保护作品不受歪曲、篡改的权利		

续表

<table>
<tr><th>权利</th><th>权利分类</th><th>权利期限</th><th>备注</th></tr>
<tr><td rowspan="4">著作财产权：对作品的特定利用行为能够带来经济利益，因此对于这些利用作品的行为，作者有权加以控制</td><td>复制权：在有形物质载体上再现作品，作品必须被稳定地固定在物质载体之上，形成复制件</td><td rowspan="7">权利人去世后第50年的12月31日；若权利人为法人或者其他组织的作品及特殊职务作品，则首次发表后的第50年的12月31日（此种权利人非自然人，其产生的收益不作为夫妻共同财产分割）</td><td rowspan="4">财产权可以继承</td></tr>
<tr><td>发行权：以出售或者赠与方式向公众提供作品的原件或者复制件的权利以及将特定复制件投入流通领域的权利，如出售、赠与、出租</td></tr>
<tr><td>公开传播权：他人合法取得作品载体所有权之后，再对载体上的作品实施展览、表演、放映、广播、信息网络传播行为需要再次取得权利人的许可</td></tr>
<tr><td>演绎权：在原作品基础上创作新作品的权利（在新作品中再现原作品的权利），如摄制、改编、翻译、汇编</td></tr>
<tr><td rowspan="4">邻接权：邻接权是指作品的传播者和作品之外劳动成果的创作者对其劳动成果享有的专有权利的总称①</td><td>版式设计权：图书或者刊物编排格式的设计，包括对版心、排式、用字、行距、标题、引文、标点等版面因素的安排</td><td rowspan="4">该类知识产权权利人一般为组织体，而非夫妻一方个体所有，因此由其所产生的收益也不属于夫妻共同财产</td></tr>
<tr><td>广播组织权：广播组织就自己播出的节目信号享有排他性权利</td></tr>
<tr><td>录音录像制作者权：录音、录像制品制作者就自己制作的录音、录像制品享有的排他性权利</td></tr>
<tr><td>表演者权：表演者对其表演活动所享有的专有权利，包括表明身份权、现场直播权、信息网络传播权等。我国的表演者专指表演文学、艺术作品的人。② 包含以下权利：
（1）表明身份权（人身权利）；
（2）形象不受歪曲权（人身权利）；
（3）现场直播权；
（4）首次固定权（首次对现场表演录音录像）；
（5）复制、发行权（复制发行录有其表演的录音录像制品）；
（6）信息网络传播权</td><td>首次表演、公开、转播之后的第50年的12月31日</td></tr>
</table>

① 王迁：《知识产权法教程》（第6版），中国人民大学出版社2019年版，第186页。

② 王迁：《知识产权法教程》（第6版），中国人民大学出版社2019年版，第190页。

2. 著作权收益

著作权收益所得具有特许权使用费、转让费、劳务报酬等的性质，是交叉性质的收益。

除了上述常规著作权收益之外，还有一些特殊的著作权收益的性质值得探讨，例如，著作权的承载物，自媒体博主发布文字或视频作品的收益，如B站UP主所获得的投币所得、受让他人著作权而支付的受让费，这些特殊类型著作权收益是否也属于著作权的收益，是否也属于夫妻共同财产予以分割呢？下面分种类进行探讨。

首先，著作权的承载物是指离已经有形存在的作品原件特别是本身具有较大经济价值的艺术作品的原件，如已经完成的小说手稿、可以分离的多幅画作、木雕等工艺美术品原件，是否能够分割这部分本身具有经济价值又凝结着著作权人的独创性的物品呢？我们持否定态度，是基于物尽其用和效益最大化的原则，对于离婚财产分割，均等分割只是原则，在特定财产一经分割就会丧失其主要效能的情况下，要灵活分割。

不分割著作权的承载物有利于保护著作权人的权益且鼓励创新，对于著作权人的价值更大，因为其可以充分地进行收益使用或在其基础上继续修改、创作，而如果进行实体分割，既没有尊重著作权人的意愿，另一方取得后也无法取得最大化的经济收益，造成了一种实质的浪费①。

对于是否对著作权的承载物进行变卖以后就所得的经济收益进行分割这一问题，我们仍持否定态度。因为著作作品的价值因著作权人身份地位的不同、变卖时间的不同可能会有显著的区别，当某一个著作权人在年少不得志时创造出某件作品，在经过多年历练之后或获得重要文学奖项后名声大噪，从而使得曾经并不有名的作品身价倍增，若在离婚之时就仓促分割或仓促变现，那么往往会使得作品的原创作者得到极不公平的对价，使得其遭受巨大的经济损失。

其次，自媒体博主发布文字或视频作品的收益，如B站UP主所获得的财产是否属于著作权收益，是否应分割呢？比如，发布视频所获得的硬币的性质及分割方式、UP主获得的电池收益的性质。要回答前一个问题，需厘清B站硬币的性质，B站硬币属于网络虚拟财产，UP主并没有办法直接将硬币折算成现

① 袁博：《离婚财产分割中著作权期待利益的处理规则分析》，载《中国版权》2014年第2期。

实货币从而提现。在B站的游戏规则中，更多数量的“一键三连”会让UP主视频创作拥有更多的综合评分，综合评分影响推荐位从而决定播放量的多少，B站有名为“创作激励计划”的激励B站UP主的活动，播放量高则UP主可以获得金钱奖励。因此，B站的普通硬币的性质仅能认定为是网络虚拟财产，认定网络虚拟财产是不是具有价值，主要看它有没有市场兑价的可能。硬币数量、点赞数量、收藏数量的多少与最终播放量的多少并没有明确的量化指标，因此若仅根据硬币数量的多少也很难将B站UP主得到的硬币数量评估为实际金钱，因此B站UP主所获得的硬币在实践中很难进行分割或转化为金钱收益进行折价。

自媒体博主发布文字或视频作品的收益如“微信文章打赏”“微博文章打赏”，类似于这部分基于著作权作品而直接获得的金钱收益，属于基于著作权人在网络平台公开发表自己的作品的公开发表权而获得的著作权收益，若该收益在婚姻存续期内取得，那么自然属于夫妻共同财产。

B站UP主还可以开通充电模式来获取收入，粉丝会为自己喜欢的UP主“充电”，该部分的收入的性质不是针对某个作品而是基于粉丝对于UP主的喜欢和支持，比起著作权收益，这部分收益的性质与工资、奖金、劳务报酬的性质更加类似。

最后，关于受让他人著作权而支付的受让费，严格意义来说，该种价款并不属于著作权收益而是属于夫妻一方使用了性质为夫妻共同财产的财产换取了专属于自身的权利。出于效益最大化原则，该种知识产权进行分割后的使用效益并不能优于个人使用的效益，法院一般不支持分割，而是判处返还配偶对半价款，如适用案例3－34。

适用案例3－34 邢某诉朱某离婚纠纷案①

考虑到该歌曲相关权利由邢某持有能发挥更大的效用，故该歌曲的所有相关权利应判归邢某继续享有。因邢某购买此歌曲系在夫妻关系存续期间，故邢某支付的购买款项应为夫妻共同财产。现双方离婚，法院结合邢某购买歌曲所支出的款项数额及双方当事人在法院审理中的意见，确定邢某应给予朱某的补偿数额为7500元。

---

① 北京市第二中级人民法院民事判决书，(2014)二中民终字第02678号。

总之，著作人身权（发表权、署名权、修改权和保护作品完整权）具有一般人身性不得转让；著作财产权（复制权、发行权、公开传播权、演绎权）可以在不违反法律规定的情况下，由权利人进行转让、许可或质押，从而为其带来经济利益，无须登记、公告。

（二）分割著作权收益的两个条件

1. 夫妻一方或双方持有著作权

夫妻某方若要分割著作权的收益，该著作权须归属于夫妻一方所有或由夫妻双方共有，下面分两种情况进行论述。

首先，著作权归夫妻一方所有，配偶才有请求法院分割该著作权收益的基础。若该作品为职务作品，则不可分割著作权带来的收益。因为该种知识产权的权利人为单位，其产生的收益亦归属于单位所有，但是基于夫妻一方对于知识产权的形成所作出的努力而获得的工作单位的报酬，另一方可以请求分割。严格来说，该种类型的收益已不属于纯粹的知识产权收益，而是带有劳动报酬性质的交叉收益。若著作权的财产权利人为某公司，即著作人身权人将自己创作的作品移转至公司名下时，那么基于该著作权产生的收益也不归属于个人，自然不属于夫妻共同财产的范围了。

其次，若夫妻双方共有某项知识产权，即若夫妻双方为某项作品的合作作者，那么夫妻的任何一方都可另行选择合作作者的救济方式来维护自己的权益，该种救济方式无须担忧无法继续使用著作权，也无须考虑取得收益的时间是否为夫妻婚姻关系存续期间。合作作者不可分割合作作品的整体著作权，具体行使权利须基于约定，夫妻双方可以行使著作权的除转让、许可他人专有使用、出质之外的各项权利，并且可以分割作品的收益。但是合作作品还要分可分作品和不可分作品。可分作品是指夫妻双方创作的作品拼合在一起而形成了新的作品，并不会失去自己创作的作品的独立性和独创性时，那么夫妻双方可以在该作品范围内独立行使著作权，另一方无权分割，基于该独立作品而形成的著作权收益则参考婚姻存续期内著作权收益的分割方式。不可分作品是指夫妻双方作为共同作者，共同创作完成某项合作作品，由于该种作品没有办法进行分割，因此夫妻双方行使该著作权的权利时，须遵循合作作品的共性原则。

2. 取得著作权收益应在婚姻存续期内

作为一种特殊的权利，著作权的取得与著作权收益的取得有时间差，并不是产生了著作权就同时拥有了收益。在著作权形成过程中、取得著作权收益之前所形成的收益称为期待利益，司法实践中尚未有分割的实例。著作权的取得须经历漫长的过程，从取得著作权到取得著作权收益，又需要著作权人付出额外的精力将其变现，这也有一个时间差。

取得收益中的“取得”这一动作可细分为实际取得收益及明确可以取得收益。实际取得收益是指著作权人已实际取得并控制该部分收益，而明确可以取得收益是指在可预见的将来取得收益，但是权利人尚未控制该部分收益，比如，创作人在婚姻关系存续期间已和出版社签订了合同，关于稿酬的约定也是明确的，只是尚未拿到这笔报酬。

一般来说，著作权财产性收益的明确与实际取得之间存在一定的时间差，应当以在先的财产性收益明确的时间作为判断其是否属于夫妻共同财产的依据。因此，著作权财产性收益明确的时间在婚前的，即使收益实际取得在婚后，该收益仍为个人婚前财产。

一般来说，在没有协商的情况下，著作权不作为夫妻共同财产进行分割，而婚姻存续期内产生的著作权的收益则可以进行分割。这一结论较为笼统，我们以最高人民法院民一庭所示范的案例的改编版来明确取得收益应在“在婚姻存续期内”的内涵。

案例模拟 3－1

案情

吴某是个画家，在结婚前完成了画作A、B，在婚内完成了画作C、D、E。离婚时画作A、B已经卖出，A得款100万元，B得款100万元，A为结婚后一天卖出，B为结婚后一年卖出。画作C于婚内卖出，并得款50万元，另有画作D虽已卖出，定价是80万元，但还未拿到现款。尚有画作E没有出售。对于这些画作及其收益，离婚时应如何进行财产分割？

结论

按照画作的完成时间和著作权的收益的取得时间不同，我们可以归纳为五种情况（见表3－7）。

表 3-7　吴某 5 幅画的性质与可分割性

权利性质	可分割性
婚前完成，婚内自然取得	个人财产，不应分割
婚前完成，婚内取得	夫妻共同财产可分割
婚内完成，婚内取得	
婚内完成，婚内明确可以取得	
婚内完成，尚未取得	不应分割

具体而言，对于画作 A，虽然卖出画作 A 的时间是在婚姻存续期内，但是卖出画作 A 仅是婚姻关系缔结之后的第二天，若按照有些法院所支持的孳息论，即画作 A 作为吴某的婚前个人财产，其在婚后自然增值的部分仍属于个人财产，吴某妻并未对画作 A 的增值作出主动的、独立的、独特的贡献，故不应支持分割该部分的财产。

离婚时对吴某已经拿到手的 150(B + C) 万元，其妻有权分得 75 万元；对于尚未拿到现款的 80 万元，也应当视为夫妻共同财产。但对于没有出售的画作 E，其妻无权要求分得其中的一半。因为吴某的画是其个人智力成果，而书画作品的艺术价值、经济价值与承载作品的物质载体的价值是紧密结合为一体的。我们看到的一幅画，这件有形的艺术品上凝结着著作权与财产权两种不同性质但又相互关联的权利。作品是无形的，它由创作者构思、安排，运用技法通过笔墨、颜料以线条、图形、笔画的形式产生于纸、布、卷轴、画卷等有形的物质载体之上，以此反映作者的创作意图。作者通过线条、色彩、图形、笔画构成的美术作品，产生的是著作权。吴某有决定将其作品永久收藏、馈赠他人和依法出售等权利。只有在吴某决定并实际售出或经其他方式获得报酬时，经济利益才能实现。在其经济利益未实现时，尚不具备法律规定的“所得的财产”的条件。夫妻离婚时只能对现有财产进行分割，对没有实现其价值的东西不能估价予以分割，智力成果只有转化为具体的有形财产后才属于夫妻共同财产。

三、如何分割著作权收益

讨论完什么是著作权收益，以及什么时候取得的著作权收益可以分割这两个问题之后，我们接下来探究对于著作权收益的分割方式。著作权收益以著作权收益是否已实际取得，可分为两种——现实利益和期待利益。现实利益是实际已经取得了的收益，包括实际取得和明确可以取得；而期待利益是指因缺乏可变现的成熟条件而尚未实际取得的利益，司法实践中，除非另有约定否则对于期待利益不予以分割。

（一）现实利益

若在婚姻存续期间，权利人依靠转让著作财产权取得转让费，或许可他人使用著作权而获得使用费，原则上配偶一方可分得的份额是著作权收益的50%，个案中仍应具体问题具体分析。

（二）期待利益

知识产权的期待利益是指在知识产权创作过程中、创作完成后，产生实际可得或明确可得的收益前，因缺少可变现的成熟条件，而暂时没有产生经济利益。例如，夫妻一方就其作品尚未与他人订立使用合同，则该项知识产权的经济利益是一种期待利益[①]。对于该部分利益，司法实践中均不支持分割，一般驳回当事人评估著作权的现存经济价值的请求，如适用案例3－35。但如果双方当事人协商达成一致意见，则法院可能会予以认可，如适用案例3－36。

适用案例3－35　李某诉张某离婚后财产纠纷案[②]

关于张某名下的著作权，虽部分取得时间在婚姻关系存续期间，但著作权具有人身属性，且价值无法衡量，现李某要求上述著作权归其所有缺乏事实及法律依据，法院不予支持。

适用案例3－36　施某诉钱某离婚后财产纠纷案[③]

法院认为，双方经过协商，被告支付300万元买断原告方可能获得的婚姻存续期间的利益。

但是学理中，有学者认为夫妻一方在婚姻存续期间基于脑力劳动所得无形财产权所生的经济利益，无论是现实经济利益，还是期待经济利益，理应与基于

① 巫昌祯、夏吟兰：《完善夫妻关系的立法构想》，载《走向21世纪的中国婚姻家庭》，吉林人民出版社1995年版，第112页。

② 北京市第一中级人民法院民事判决书，（2021）京01民终1087号。

③ 江苏省盐城市中级人民法院民事判决书，（2018）苏09民终5459号。

其他劳动所得的有形财产一样，都属于夫妻双方共同所有，才符合我国相关立法精神[①]。对于期待利益的分割，有两种方式：其一，折价补偿，即可参照不可分物的分割方法，先聘请专业人员对该知识产权的预期利益进行估价，然后将其分给享有人身权的夫妻一方所有，由该方给予对方相应的补偿；其二，暂时不予分割，待其今后实际取得经济利益后，再进行分割[②]。

综上，近年来，我国新修了《著作权法》，修正主要集中在明确了作品的定义、扩张广播权、增加表演者的表演者权范围、规定著作权集体管理组织为非营利性法人、加大惩罚力度上，这意味着著作权近些年在我国的保护力度日益加强，著作权收益变现也越发可以期待，这一现象不仅体现在纯粹的知识产权分割领域中，还波及离婚共同财产分割领域。而我国《民法典》对于夫妻共同财产分割的规定是较为笼统和模糊的，不能适应于千变万化的司法实践，难以起到指导法官判案的意义。

我国现行司法实践中，对于请求分割著作权，法院通常持“一刀切”式的否定；而对于请求分割著作权收益，法院的态度仍是较为保守，仅支持分割婚姻存续期内取得的现实的著作权收益，而不支持婚前和离婚后取得的收益以及期待利益。这样的处理无疑会损害著作权人配偶的利益，笔者认为不论是法官审理案件抑或律师代理案件的过程中，均应平衡考量婚姻存续期间双方的付出、贡献与权益，以尽量缩小对权利人保护过宽，对配偶方要求过严的差距，维护法律权威的同时，兼顾公平正义与温情。

第三节　专利权及其收益分割探讨及案例分析

专利权作为知识产权的一种重要类型，有发明、实用新型、外观设计三类需要重点保护的专利客体。对于专利权这种特殊的权利以及其产生的收益，在离婚纠纷中其归属的认定与分割路径有哪些需要注意的地方呢？本书以大数据为切入，以专利权相关知识点为基础，旨在讲透专利权及其收益分割的疑难要点。

---

① 贺建安：《浅议离婚时夫妻共同财产中著作权的分割》，载《中国城市经济》2011年第5期。

② 陈苇：《婚内所得知识产权的财产期待权之归属探讨——兼谈对〈婚姻家庭法〉（1999年法学专家建议稿）的修改建议》，载《现代法学》2000年第4期。

一、大数据分析与法院观点

以“离婚+共同财产+知识产权+专利”为关键词，以“婚姻家庭纠纷、确认合同效力纠纷、执行异议之诉、民间借贷纠纷”为案由，时间限缩为“2010年1月1日至2022年4月30日”，得到有效案件21件。

首先，诉讼请求分析。在21件专利权案件中，有17项为请求分割专利权收益，6项为请求分割专利权本身，2项为请求分割专利权作价取得的股权，2项为请求确认恶意转让专利收益的合同无效。其中，提出分割专利权本身的6项诉讼请求同时附加请求分割专利权收益的诉讼请求。

其次，判决结果分析。法院对于上述4种诉讼请求的判决态度与知识产权大类并无不同，即不支持分割专利权本身，在婚姻存续期内，有证据能证明收益的存在或双方协商的情况下，法院支持专利权收益的分割。

就请求分割专利权本身而言，法院因考量到立法尚未明确规定，故在判决中一般持否定态度，如适用案例3-37。

适用案例3-37 孙某某诉徐某某离婚纠纷案①

法院认为，孙某某取得的专利权，是一种智力成果权，既是一种财产权，也是一种人身权，其中具有人身性的部分专属于研发一方，配偶一方不能要求分割。

就分割专利权收益而言，法院有三种判决理由。第一，没有证据证明收益的存在则否定（如适用案例3-38）。第二，有证据证明收益的存在则支持（如适用案例3-39）。第三，可产生收益后另行处理则留下余地（如适用案例3-40）。就三种判决理由而言，第一种判决理由最常见，共有12项诉讼请求均是因这一理由而被法院驳回诉讼请求，占75%；而第三种理由虽“搁置”专利权尚未产生的利益的分割这一焦点问题，但实际上是留下当事人争取的空间。

适用案例3-38 刘某诉李某离婚后财产纠纷案②

法院查明：8项独占实施许可专利在独占许可期内未向李某支付使用费，12项专利的转让亦未向李某支付转让费。综上，法院认为刘某主张李某在双方婚

① 安徽省合肥市中级人民法院民事判决书，(2014)合民一终字第01948号。
② 湖北省武汉市江岸区人民法院民事判决书，(2017)鄂0102民初5459号。

姻关系存续期间取得的12项专利享有共同收益的权利的诉讼主张,于法无据,法院不予支持。

适用案例3-39 陈某诉吴某离婚纠纷案①

法院认为,原告主张被告获得的三项发明专利及一项实用新型专利由白山华枫公司使用,所得收益为510万元,应予分割。

适用案例3-40 孙某某诉徐某某离婚纠纷案②

法院认为,由于徐某某未提供证据证实孙某某的专利权取得了财产性收益,双方可待产生财产性收益后另行处理。

二、如何认定专利权收益属于夫妻共同财产

专利权收益作为一种特殊的财产收益,专利权人配偶在请求分割专利权收益时,需划定请求分割的专利权收益的具体范围,即请求分割的是婚姻存续期间专利权已经获得或明确可以获得的收益,通常不包括离婚后所产生的收益。这一概念仍存在些许模糊之处,下文将从专利权与专利权收益、分割专利权收益所需的两个条件来详细解释哪部分专利权收益属于夫妻共同财产。

(一)专利权及其收益的认定

1.专利权

知识产权是人们依法对自己的特定智力成果、商誉和其他特定相关客体等享有的权利,可分为传统知识产权和新型知识产权。学术界通常认为传统知识产权可分为著作权、商标权、专利权,其中专利权是指国家根据发明人或设计人的申请,以向社会公开发明创造的内容,以及发明创造对社会具有符合法律规定的利益为前提,根据法定程序在一定期限内授予发明人或设计人的一种排他性权利。与著作权不同的是,专利权和商标权一样,需要申请并经过登记。

按照类型,专利权可以分为发明、实用新型、外观设计(见表3-8)。

---

① 吉林省白山市中级人民法院民事判决书,(2015)白山民一初字第3号。

② 安徽省合肥市中级人民法院民事判决书,(2014)合民一终字第01948号。

表 3－8　专利权按类型分类

专利权类型	分类及定义	权利期限
发明	产品发明：又称制造发明，是指人们通过智力劳动创造出来的各种成品或者产品的发明，包括但不限于机器、设备、工具等。未经人的加工、属于自然状态的东西不能作为产品发明，如天然宝石、矿物等。 方法发明：是指把一种物品变为另一种物品所使用的或者制造一种产品的具有特性的方法和手段。该方法可以是化学方法、机械方法、通信方法、生物方法等	申请之日起 20 年
实用新型	其是指对产品的形状、构造或者其结合所提出的适于实用的新的技术方案。 为解决一般技术问题（小产品发明）而对产品（不涉及方法）的形状、构造或者其结合所提出的适于实用的新的技术方案	申请之日起 10 年
外观设计	其是指对产品的形状、图案或者其结合以及色彩与形状、图案的结合所作出的富有美感并适于工业应用的新设计（注：不解决技术问题）	申请之日起 15 年

按照与人的紧密程度，专利权可以分为专利人身权和专利财产权（见表 3－9）。

表 3－9　专利权按与人的紧密程度分类

<table>
<tr><th></th><th colspan="2">分类</th></tr>
<tr><td rowspan="4">专利人身权：
又称专利人格权，是专利权的重要组成，主要是指专利发明人、设计人有权在专利文件中写明自己是该专利的发明人或设计人，即署名权；还包含有发表权、修改权和保护作品完整权。专利人身权是专利权人所特有的，不因专利财产权的转让而消失</td><td colspan="2">公开发表权：有权自行决定是否将专利公之于众</td></tr>
<tr><td colspan="2">修改权：有权改进专利</td></tr>
<tr><td colspan="2">保护专利完整权</td></tr>
<tr><td colspan="2">署名权：是指专利发明人、设计人有权在专利文件中写明自己是该专利的发明人或设计人</td></tr>
<tr><td rowspan="8">专利财产权：
专利权的重要组成，主要是指专利作为一种财产，其专利权人所拥有的财产占有、支配、使用的权利</td><td rowspan="5">独占权</td><td>制造权</td></tr>
<tr><td>销售权</td></tr>
<tr><td>许诺销售权</td></tr>
<tr><td>进口权</td></tr>
<tr><td>使用权</td></tr>
<tr><td rowspan="2">转让权</td><td>专利申请权</td></tr>
<tr><td>转让独占权</td></tr>
<tr><td>许可权</td><td>许可他人实施其专利的权利，可分为专有许可和非专有许可</td></tr>
</table>

值得注意的是，发明人、设计人并不一定是专利权人，专利权人往往拥有专利财产权。

2. 专利权收益

知识产权收益是指婚姻关系存续期间，实际取得或者已经明确可以取得的财产性收益。比如，作品在出版、上演、播映后而取得的报酬，或允许他人使用而取得的报酬；专利权人转让专利权或许可他人使用专利而获得的报酬；商标所有人转让商标权或许可他人使用其商标而获得的报酬等。具体知识产权的收益的类型以及性质根据不同的知识产权类型有所不同。就专利权而言，专利可依据权利人的不同分为两种：个人专利和职务专利。

个人专利是指专利权利人为发明人，发明人并未将专利申请权转让给他人。职务专利是指执行本单位的任务或者主要是利用本单位的物质技术条件所完成的发明创造即职务发明创造，专利权人和专利申请权人均为单位。

基于专利人身权一般不产生收益；基于独占权、转让权、许可权而产生的专利财产权的收益通常表现为将专利申请权转让给他人，或许可他人使用专利，专利权人得到报酬。

就职务专利而言，因职务专利的专利权人并不属于夫妻一方，而是属于工作单位，基于专利权而产生的收益也是归属于单位的。但是《专利法》第 15 条规定了工作单位应给予专利发明人、设计人以金钱、股权、期权、分红等形式的职务作品奖励。除此之外，专利发明人、设计人基于职务专利还可以通过与工作单位约定而获得收益。总之，基于职务专利而获得的收益是具有劳动报酬以及知识产权收益双重属性的交叉性质的收益。

（二）分割专利权收益的两个条件

1. 夫妻一方或双方持有专利权

知识产权作为一种兼具人身性和财产性的双重权利，归属于知识产权权利人，产生的收益也归属于知识产权权利人。其中又包含两种情况，即夫妻一方单独持有专利权，夫妻双方共同持有专利权。

（1）夫妻一方单独持有专利权

夫妻一方单独持有知识产权是指夫妻另一方并不是该种知识产权权利人，夫妻一方可以单独或与第三人共有某项知识产权。就专利权而言，专利权应当登记在夫妻一方名下。

若某种专利产品属于职务产品，登记在夫妻一方名下，另一方不能请求分割该专利权产生的收益，因为该种收益归属于单位所有；但是基于夫妻一方对于形成该专利所作出的努力而获得的工作单位的报酬，另一方可以请求分割，严格来说，该种类型的收益已不属于纯粹的专利权收益，而是带有劳动报酬性质的交叉收益。

若该知识产权登记在公司名下，则该知识产权所获得的收益应当归属于公司，而非知识产权权利人，因此该种收益不属于夫妻共同财产而是属于公司资产。

(2)夫妻双方共同持有专利权

若夫妻双方均是专利权的权利人，意味着夫妻双方为合作专利的合作专利权人，若无另外约定，申请专利的权利属于夫妻双方。夫妻双方共有某项专利权，意味着双方皆对完成该专利作出了独特的智力贡献，其分割专利权以及专利权收益可以存在其他救济途径，无须有取得收益应在婚姻存续期内的限制，如可参照合作专利的规则。

就使用专利权而言，夫妻双方对权利的行使有约定的，从其约定。没有约定的，夫妻一方可以单独实施或者以普通许可方式许可他人实施该专利，夫妻双方在行使共有的专利申请权或者专利权应当取得另一方的同意。许可他人实施该专利的，收取的使用费应当在夫妻之间分配。

2. 取得专利权收益应在婚姻存续期内

(1)取得收益：两个时间差

第一个时间差：专利权的取得和收益的取得之间的时间差。作为一种特殊的权利，专利权的取得与专利权收益的取得有时间差，并不是产生了专利权就同时拥有了收益。

取得专利权须满足实质要件和形式要件。实质要件是指申请的专利本身须不侵犯他人在先的权利，内容上亦需符合新颖性和独创性两个条件。而形式要件是指申请专利时提交申请之后，还需经过形式审查、早期公开、实质审查等步骤，由国家专利局授权专利，并且该专利须在有效期内，不同类型的专利的保护期限亦不同，发明为 20 年，实用新型为 10 年，外观设计为 15 年。

第二个时间差："取得"行为内部的时间差。取得收益中的"取得"这一动作可细分为实际取得收益及明确可以取得收益。实际取得收益是指专利权人已实际取得并控制该部分收益，而明确可以取得收益是指在可预见的将来取得收益，但是权利人尚未控制该部分收益[①]。比如，专利权人在婚姻关系存续期间已和某公司签订了合同，关于专利的使用费约定也是明确的，只是尚未拿到这笔报酬。

一般来说，专利权财产性收益的明确与实际取得之间存在一定的时间差，应当以在先的财产性收益明确的时间作为判断其是否属于夫妻共同财产的依据[②]。因此，专利权财产性收益明确的时间在婚前的，即使收益实际取得在婚后，该收益仍为个人婚前财产。

（2）取得收益的时间段：在婚姻存续期内

一般来说，在没有协商的情况下，专利权不作为夫妻共同财产进行分割，而婚姻存续期内产生的专利权的收益则可以进行分割。这一结论较为笼统，但根据专利权取得的时间和专利权收益的时间是否在婚内取得，大致可以分为以下四种情形：

①在婚前取得专利权，并取得收益

属于个人财产，因将专利变成实际的收益需付出额外的努力，而该种努力在婚前已完成，无须配偶协助，因此该种收益不属于夫妻共同财产分割的部分。

②在婚内取得专利权，婚内取得收益

属于夫妻共同财产，即使婚内形成的专利仍归属于专利权人一方，但是在婚内形成的收益需双方共同努力才可使得“虚幻”的智力成果变成实际的金钱收益，故该部分收益为夫妻共同财产，法院在专利权人配偶方有证据证明收益存在的情况下支持分割这部分收益，如适用案例3－41。

适用案例3－41 陈某诉吴某离婚纠纷案[③]

法院认为，原告主张被告获得的三项发明专利及一项实用新型专利由白山华枫公司使用，所得收益为510万元，应予分割。

③在婚前取得专利权，婚内取得收益

此种收益的性质在实务界以及理论界多有争议。理论界有主动增值论和

① 张学军：《论夫妻一方婚后所得财产性知识产权的归属》，载《浙江工商大学学报》2013年第3期。

② 蔡绍辉：《离婚时该怎么分割知识产权收益呢？》，载《法谱知音》2018年8月17日，https://zhuanlan.zhihu.com/p/42260123。

③ 吉林省白山市中级人民法院民事判决书，（2015）白山民一初字第3号。

孳息论,均不支持分割该类收益。主动增值论认为如果另一方对于一方将著作权转化为经济收益出力较多或为此承担较多的家务或家庭开支,可以认定为夫妻共同财产;反之,则认定为个人财产①。孳息论认为该种收益类似于孳息,根据最高人民法院《关于适用〈中华人民共和国民法典〉婚姻家庭编的解释(一)》第26条的规定,一般情况应当认定为是一方个人财产;但如果在婚姻关系存续期间为取得该部分收益需要另一方配合或付出较大的努力,那么在就这部分财产进行分割时就不得不考虑另一方的贡献②。而司法实践中,已有司法实践案例明确认为婚前由个人取得的专利,婚后取得的收益为个人财产,如适用案例3-42。

适用案例3-42 李某诉易某离婚后财产纠纷案③

法院认为,可以认定案涉股份源于易某在婚前所得知识产权所获得的知识产权收益及公司高管身份具有高度可能性。

④在婚内取得专利权,离婚后取得收益

此种收益的性质在实务界以及理论界多有争议。

这部分收益即期待利益,知识产权的期待利益是指在知识产权创作过程中、创作完成后,产生实际可得或明确可得的收益前,因缺少可变现的成熟条件,而暂时没有产生经济利益。例如,夫妻一方就其作品尚未与他人订立使用合同,则该项知识产权的经济利益是一种期待利益④。司法实务与学术理论对此有较大的争议。法院认为,对于在婚姻关系存续期间取得的知识产权,如果其收益不能明确,则离婚时无法认定其收益属于夫妻共同财产。因为知识产权的收益有一定的期待性和不确定性,并且不能对其进行估价分割,如果权利人没有将其知识产权投入使用,则其收益并未明确,无法认定为共同财产进行分割(如适用案例3-43)。而理论界认为应当将婚内取得专利权,离婚后才取得的这部分收益纳入夫妻共同财产,获得知识产权的一方能够有足够的时间和精力专注于投入大量的智力劳动,从而获得知识产权,是因为另一方更多地承担

---

① 陈苇:《婚内所得知识产权的财产期待权之归属探讨——兼谈对〈婚姻家庭法〉(1999年法学专家建议稿)的修改建议》,载《现代法学》2000年第4期。

② 朱荣等:《知识产权价值评估研究综述》,载《中国资产评估》2022年第1期。

③ 四川省眉山市中级人民法院民事判决书,(2018)川14民初74号。

④ 巫昌祯、夏吟兰:《完善夫妻关系的立法构想》,载《走向21世纪的中国婚姻家庭》,吉林人民出版社1995年版,第112页。

了料理家庭事务、抚养子女和照顾老人等义务。因此,离婚时不把知识产权的可期待利益规定为夫妻共同财产,可能造成不公平的结果。

适用案例3-43 郑甲诉黄某某离婚纠纷案①

法院认为,黄某某主张分割郑甲的知识产权收益,但是现有证据无法证明郑甲的发明专利已经转化为经济收益,故对于黄某某请求分割专利的收益不予支持。

三、案例分享

对于是否可以分割在婚前取得专利权、婚内取得收益以及在婚内取得专利权、离婚后取得收益这两类的收益,理论与司法实践存在争议,上部分讲解了理论上的争议,下面将从司法实践的具体实例来分析法院对这两类收益的处置方法。

(一)婚前取得专利权,婚后作价出资获得股权,该不该分

该案例即为第③种收益情形(在婚前取得专利权,婚内取得收益),是否要对该种收益进行分割?需考量非专利权人是否对该专利的变现过程作出“额外的努力”。

案例详解3-1 李某诉易某离婚后财产纠纷案②

■ **案情**(见图3-14)

易某(男方,被告,知识产权权利人,外籍)与李某(女方,原告,非权利人)于2003年登记结婚,于2012年4月27日登记离婚。

1996年6月,易某获得两项专利;2007年7月22日,易某出资108万元以李某的名义持有A公司36%股份。

2011年3月26日,李某与B公司签订协议,协议约定李某将其持有的A公司36%的股权转让给B公司,转让价格为21,068,084.3元;同日,易某与B公司及另外三人约定以17,222,075元认购B公司4.8%价值5000多万元的股份。

① 上海市第二中级人民法院民事判决书,(2015)沪二中民一(民)终字第610号。

② 四川省眉山市中级人民法院民事判决书,(2018)川14民初74号。

现李某请求分割易某持有B公司的4.8%股份，易某认为涉案股份大部分源于其婚前所得专利作价入股，李某对婚前专利并没有贡献，应对李某少分（李某25%，易某75%）。

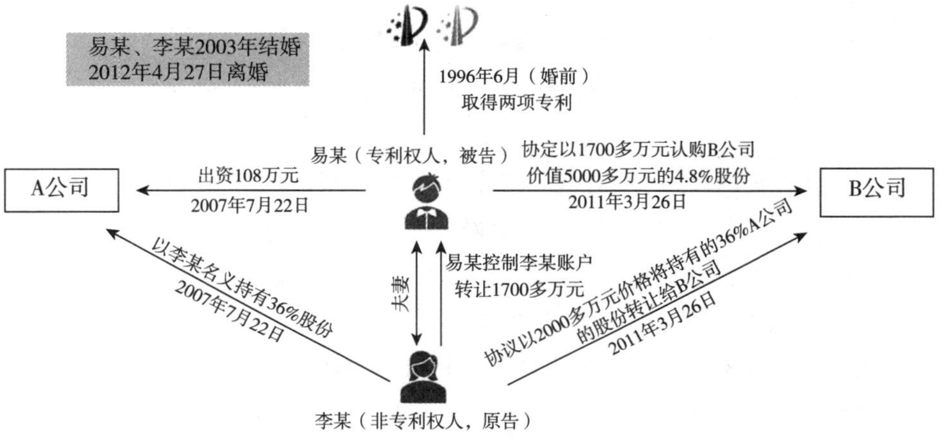

图3－14　案例详解3－1案情

法律问题

1. 易某以1700多万元持有的B公司价值5000多万元的股份，溢价部分是否可认定为知识产权的收益？

2. 该收益是否应作为夫妻共同财产进行分割？

法院观点

问题1：溢价部分属于知识产权的收益。

法院考察本案有关事实，即易某在1996年与他人合作共同取得两项专利，夫妻双方在2003年登记结婚；易某2007年在A公司以李某名义持股36%；李某2011年将此股权转让给B公司扣税后获款1900余万元，易某将此款中的绝大部分出资B公司取得现有股份，易某还曾作为公司董事、副总裁；2011年易某出资17,222,075元取得净资产超过5000万元的15,146,944股股份。可以认定案涉股份源于易某在婚前所得知识产权所获得的知识产权收益及公司高管身份具有高度可能性。

问题2：不应作为共同财产进行分割。

易某在婚前的1996年所取得的知识产权与李某无关，而知识产权兼具人身和财产属性，依照《婚姻法》（已失效）第18条“一方的婚前财产为夫妻一方的财产”的规定，该知识产权所获收益应为易某的个人财产，而易某未举证证明案涉股份中知识产权及高管身份的占比，故法院酌定该股份由李某分得35%，易某分得65%。总之，李某最终获得的35%的股份源于易某同意分割（意定25%）以及高管身份占比（酌定10%），与易某专利收益的分割并没有关联。

律师评析

对于这两个法律争议问题，笔者持保留意见。

问题1：溢价部分为变相的专利的使用费，属于知识产权收益。（赞同法院观点）

据案情描述，本案中5000多万元股份的价值来源为三部分：A公司36%股份折合的现金价值（1700多万元）+两项专利对价+易某的公司高管身份。在实际认定过程中，三者很难区分认定。B公司出具的证明中说明："易某于2011年3月向B公司增资前，财务报告显示每股净资产3.335元，而易某是以17,222,075元认购B公司新增注册资本15,146,944元人民币。易某出资时，B公司为引进三聚氰胺行业技术人才及高级管理人才，才将每股净值3.335元的股份作价每股1元进行认购股份。"

问题2：婚内取得的知识产权收益应作为夫妻共同财产分割。（持保留意见）

笔者认为该案的涉案股份价值来源包含三部分：现金、知识产权收益、管理能力。现金、管理能力部分所获得的收益在没有协商的情况下，应属于夫妻共同财产参与分割。

就专利权收益而言，易某与B公司协商的时间即为收益取得的时间，为2011年3月27日，属于婚姻存续期内，李某虽未对该知识产权变现作出直接额外的努力，但是法院忽视了李某在婚姻存续期间在其他家庭事务方面作出的贡献，法院认为该部分收益为易某个人财产值得商榷。

（二）婚内取得专利权，离婚后作价获得股权，该不该分

该案例即为第④种收益情形（在婚内取得专利权，离婚后取得收益），是否要对该种收益进行分割？需考量期待利益的分割与否能否有利于平衡专利权人及其配偶的利益。

案例详解3-2 李某诉陈某离婚后财产纠纷案①

案情（见图3-15）

陈某（男方，被告）与李某（女方，原告）于1996年4月9日登记结婚，2007年3月22日登记离婚。

2004年，陈某作为原权利人研发并申请了两项专利，2010年8月，陈某将上述两项专利作价入股，投入昊奇公司经营，经评估两项专利的价值为353万元，其中350万元用于增加注册资本，3万元记入资本公积，后两项专利的权利人变更为该公司。

双方就该婚后取得的专利权，离婚后才取得的专利权收益的分割产生争议。陈某认为离婚后才将专利权作价取得收益，不属于婚姻存续期间所得的收益，与李某无关。李某认为该专利权是在婚姻存续期间形成的，其理应分割该专利权所得的收益。

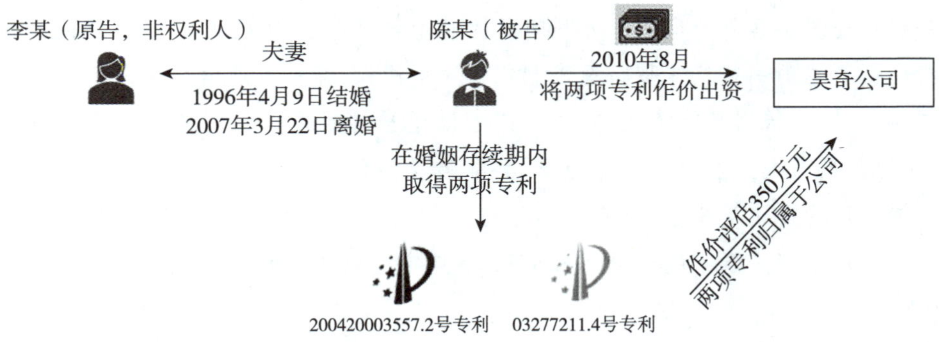

图3-15　案例详解3-2案情

法律问题

1. 在无协商的情况下，李某是否有权分割离婚后专利权取得的收益？

2. 法院在分割离婚后知识产权的收益时，会考量的因素有哪些？

法院观点

问题1：法院明确了知识产权收益由已得收益和期待得到的收益两部分组成，婚姻存续期内，已得收益属于可分割收益，而期待利益由于其具有不确定性，因此不予以分割。本案中陈某在离婚后以知识产权入股并取得该知识产权

---

① 北京市第二中级人民法院民事判决书，（2017）京02民终6962号。

在涉诉公司的股份与收益,属于期待利益,不支持分割股权及其收益。

问题2:法院认为虽然期待利益原则不可分割,但是若夫妻之间协商过以下因素,则可以考虑分割:

①在离婚之时,陈某已与后来投资的公司签订协议而形成股份分配方案;

②李某能证实在二人离婚后其就知识产权入股和收益达成进一步协商意见,证明该股份所对应的收益与婚姻关系存续期间婚姻生活直接相关;

③证实该收益系通过二人在离婚后所付出的共同劳动等取得。

■ **律师评析**

问题1:法院明确了知识产权收益由已得收益和期待得到的收益两部分组成。已得收益可以分割,但是期待利益不予以分割这一司法实践的合理性有待商榷。在婚姻存续期内完成的专利权虽是属于专利权人一方的权利,但是不可忽视非权利方所付出的额外精力,应予以回报。

问题2:现行法律并不支持期待利益的分割,但是最高人民法院《关于人民法院审理离婚案件处理财产分割问题的若干具体意见》(已失效)第15条明确指出:"离婚时一方尚未取得经济利益的知识产权,归一方所有。在分割夫妻共同财产时,可根据具体情况,对另一方予以适当的照顾。"虽然该解释已经被废止,但是最高人民法院民一庭指出,整体废止该解释主要是考虑其中内容或者已被其后的司法解释吸收,或者已不适应新的社会实际,但并不意味着所有条文中的规则都一概不能适用。因此,该条规定可以作为此种情况下处理案件的参考。

四、律师建议

综上,随着专利申请的数量越来越多,专利权及其收益逐渐进入夫妻共同财产分割的视野,笔者提醒各位:

首先,主张分割专利权收益的配偶方需明确专利权以及专利权产生的收益,如果仅主张专利权而忽略专利权收益或因专利权专属于专利权人而败诉。

其次,主张分割专利权收益的配偶方需明确请求分割专利权收益的具体范围。

再次,主张分割专利权收益的配偶方需能举证证明婚姻存续期内收益的存在或与专利权人就专利权或专利权收益的分割达成一致协议。

最后,专利权人若想少分割收益给配偶需尽可能多锁定个人财产,弱化配偶方的贡献等。

近年来,我国知识产权领域进步明显,我国《专利法》历经四次修正,最近的修改在2020年,旨在"维护专利权人的合法权益,增强创新主体对专利保护的信心,充分激发全社会的创新活力"①,这意味着国家对于专利权创新的保护力度加大。专利权数量越多,基于专利权产生的收益现实化可能性越大,因此专利权收益也越发成为夫妻共同财产的一部分。该类案件数量逐步增多,但现行司法实践仍因立法较为笼统而"故步自封",既不支持婚内取得专利财产权分割,也不支持评估并分割专利权的评估价值,仅支持分割婚内取得专利权收益的现实经济利益。面对这种现状,无论是法官还是律师,除了遵守现行法的规定外,也需平衡考量婚姻双方对于家庭的付出,即使这种付出并未直接作用于专利权及其收益的取得,但是尊重此种付出有利于维护家庭稳定与利益分配的平衡,以尽量缩小对权利人保护过宽,对配偶方要求过严的差距,方能实现分割专利权及其收益的实质公平。

第四节　商标权及其收益分割探讨及案例分析

商标权,又称为商标专用权,属于知识产权的一种。商标权是三大传统知识产权中最为特殊的一种,相较于专利权和著作权而言,商标权仅具有财产属性②,商标权无法进一步划分为商标人身权和商标财产权。在常见的离婚财产纠纷之商标权及其收益分割的案件中,通常为夫妻一方拥有某项商标权,在婚姻进入终结阶段时,面对商标权本身的无形经济价值和商标使用费、转让费等商标权收益时,是否与专利权和著作权的处理规则有所不同?其归属的认定与分割路径有哪些需要注意的点呢?

一、大数据分析与法院观点

以"离婚+共同财产+知识产权+商标"为关键词,以"婚姻家庭纠纷、确认

① 《我国专利法已经历四次修改,每次主要改了啥?》,载公众号"江苏知识产权"2020年10月26日,https://mp.weixin.qq.com/s/8Hp_wSv4KK-XY6cfszfGIg。

② 如曹某某诉河南淮源酒业有限公司侵害商标权纠纷案,最高人民法院民事裁定书,(2017)最高法民申663号:"商标权作为一种财产性权利,不包含人身性权利的内容。"

合同效力纠纷、执行异议之诉、民间借贷纠纷”为案由，时间限缩为“2010 年 1 月 1 日至 2022 年 4 月 30 日”，得到有效案件 28 件。

首先，诉讼请求分析。在 28 件商标权案件中，有 23 项为请求分割商标权，10 项为请求分割商标权收益，1 项为请求分割同居关系下商标权收益，1 项为请求确认恶意转让商标权的合同无效。值得注意的是，离婚财产分割之分割商标权及其收益的案件中，相较于专利权（22%）和著作权（44%），请求分割商标权本身的诉讼请求数量（66%）较多。

其次，判决结果分析。离婚财产分割之商标权的相关案件的诉讼请求主要有四种，法院因案情的不同对四种诉讼请求的处理结果也不同。

法院对于夫妻分割商标权这一纠纷并不是全盘受理，对于一些特殊情形，法院会作出不予处理的决定。主要有以下三种原因：第一，案件审理时涉案商标尚未核准注册；①第二，法院认为当事人主张的商标所有权、使用权及其相关财产权益，涉及国家商标局和商评委依照《商标法》规定授权行使商标核准注册的权利内容，不属于案件的审理范围；②第三，因最终未判处离婚而不知商标权及其收益分割的处理结果。③

法院受理并给出相应判决结果的案件中，法院对于四种诉讼请求的态度与知识产权大类并无不同，即不支持分割商标权本身，但若在婚姻存续期内，有证据证明收益的存在或双方协商的情况下，法院支持商标权收益的分割。

就请求分割商标权本身而言，即使商标权作为财产权，法院仍会考量立法尚未明确规定的因素，一般对分割持否定态度，得出与其他带有人身性质的知识产权判例一样的判决结果，如适用案例 3 - 44。但若双方均就商标权共有达成协议，法院一般会尊重当事人的意思自治，如适用案例 3 - 45。

适用案例 3 - 44　邱某诉程某离婚后财产纠纷案④

法院认为，本案中，“小鲲米线”属于注册商标，属于知识产权的一种，邱某要求分割“小鲲米线”注册商标没有法律依据，法院不予支持。

---

① 如邵某诉王某甲离婚纠纷案，浙江省宁波市中级人民法院民事判决书，(2014)浙甬民一终字第 267 号。

② 如刘某诉牛某存离婚后财产纠纷案，甘肃省武威市(地区)中级人民法院民事判决书，(2016)甘 06 民终 59 号。

③ 如金某某诉何某某离婚纠纷案，青海省贵德县人民法院民事判决书，(2014)贵民初字第 446 号。

④ 河南省开封市中级人民法院民事判决书，(2017)豫 02 民终 3508 号。

适用案例 3-45　刘某诉沈某离婚后财产纠纷案[①]

法院认为，沈某申请注册的可用于皮革皮具、服装鞋帽、珠宝钟表等商品类型的“某1”商标系刘某、沈某婚后注册，且该商标具有经济价值。诉讼中，刘某、沈某协商一致，均同意该商标共有，对此法院不持异议。

就分割商标权收益而言，法院有三种判决理由：第一，没有证据证明收益的存在则否定（如适用案例 3-46）。第二，夫妻双方就商标权收益分割达成一致则支持（如适用案例 3-47）。第三，有证据证明或商标权人明确表示有收益的存在则支持（如适用案例 3-48）。

适用案例 3-46　邱某诉程某离婚后财产纠纷案[②]

法院认为，邱某要求分割“小鲲米线”注册商标的收益，因邱某未能提供证据证明该注册商标在婚姻关系存续期间存在收益，法院不予支持。

适用案例 3-47　赵某诉邓某离婚后财产纠纷案[③]

法院认为，对原告请求法院判决对被告注册的“可可珍”“刀嘴客”商标价值进行分割，被告暂时对原告补偿3万元，具体以评估价为准。

适用案例 3-48　李某诉陆某某离婚纠纷案[④]

法院认为，陆某某当庭承认已以5000元价格将商标转让，故该5000元应作为夫妻存续期间的知识产权收益进行分割。

二、如何认定商标权收益属于夫妻共同财产

商标权是一种特殊的权利，商标权人转让商标权的转让费，许可他人使用商标而获得的使用费属于商标权的收益，对于这部分收益的处理，法院的态度与处理著作权、专利权的使用费、转让费并无不同。但是在司法实践中，若某项商标的价值是由夫妻共同经营而获得或增值的，那么有些法院支持评估并分割该部分的无形经济价值。

---

① 北京市第一中级人民法院民事判决书，(2020)京01民终5768号。
② 河南省开封市中级人民法院民事判决书，(2017)豫02民终3508号。
③ 重庆市巴南区人民法院民事判决书，(2017)渝0113民初11384号。
④ 黑龙江省哈尔滨市中级人民法院民事判决书，(2015)哈民二民终字第1082号。

（一）商标权及其收益的认定

1. 商标权

商标权，又称为商标专用权，从积极权能的角度来说，是指商标所有人依据法律规定对其拥有的注册商标或者非注册商标所享有的占有、使用、收益、处分的权利，或者说是排他的独占权，商标权的内容有商标使用权、禁用权、续展权、转让权、许可使用权等。从消极权能的角度来说，商标专用权是一种消极权利，是指商标权利人可以阻止他人在相同或者类似商品上使用相同或者近似商标导致消费者混淆的行为[①]。

值得注意的是，在实务领域中，有一些具有一定的无形经济价值，但是不属于商标权，比如未经注册的小吃店招牌、“××省工艺大师”的荣誉称号等。

2. 商标权收益

知识产权收益是指实际取得或者已经明确可以取得的财产性收益。就商标权而言，商标权包含独占使用权、许可使用权、商标转让权、续展权，基于商标权而产生的知识产权收益通常表现为将商标专用权转让给他人，或许可他人使用商标，商标权人得到的报酬，即商标转让费、使用费。

商标作为一种最普遍、最常见、最显著、最重要的商业标识，是商品质量和企业信誉的标志，商标本身具有的无形经济价值是指在不分割商标权的情况下，也无实际金钱收益时，由专业机构对商标的价值进行评估所得到的公允价值。商标权的无形经济价值的性质属于商标权本身和商标权收益的中间地带，司法实践中，有法院认为在分割婚姻存续期间的商标时，应将商标的无形经济价值作为商标的收益进行分割。[②] 笔者认为法院将无形经济价值认定为商标权收益的处理方式是在现行法框架内兼顾非商标权人对商标作出贡献所应得的公平间作出的平衡。

（二）分割商标权收益的两个条件

需要明确的是，离婚后可以分割的是商标权的收益而非商标或商标权。商标的功能首先就在于识别商品或服务的来源，同时具有品质保障的功能，若允

---

① 王迁：《知识产权法教程》（第6版），中国人民大学出版社2019年版，第350页。

② 如黎某诉叶某离婚后财产纠纷案，广东省佛山市禅城区人民法院（原广东省佛山市城区人民法院）民事判决书，（2017）粤0604民初5841号。

许离婚后的夫妻双方分别在自己的生产经营活动中使用同一商标，极易造成相关公众的混淆，而商品或服务的品质也不易控制。鉴于此，法院在多例案件中均驳回了当事人分割商标的主张。

1. 夫妻一方单独或双方共同持有商标权

（1）夫妻一方单独持有商标权

夫妻一方单独持有知识产权是指夫妻另一方并不是该种知识产权权利人，夫妻一方可以单独或与第三人共有某项知识产权。就商标权而言，商标权应当登记在夫妻一方名下。商标权人对登记在自己名下的商标拥有商标（专用）权，即排除他人在相同或类似商品上使用相同或者近似商标导致消费者混淆的行为，商标专用权为财产权。

若该商标权登记在公司名下，则该商标权所获得的收益应当归属于公司，而非商标权权利人，因此该种收益不属于夫妻共同财产而是属于公司资产（如适用案例3－49）。

适用案例3－49 李某诉张某离婚后财产纠纷案①

法院认为，某1公司名下的商标权，属于公司资产，并非张某与李某的夫妻共同财产，故法院对李某要求分割的主张不予支持。

（2）夫妻双方共同持有商标权

笔者认为，商标权性质与专利权、著作权不同的是，商标权由于仅具有财产属性，在形式要件上，需具备可识别性且不侵犯他人在先权利。因不具有权利人创造性的人身属性，故商标权的取得更类似于公司股权，与个人独创性几乎无关，而与是否在国家商标局登记为商标权利人有关。

在司法实践中，若出现与“隐名股东”相类似的“隐名商标权人”时，对该“隐名商标权人”来说存在何种救济？

有些法院面对“隐名商标权人”，会在现行法层面予以突破，承认未在国家商标局做登记的夫妻某方亦为商标权的共有人（如案例详解3－3）。

① 北京市第一中级人民法院民事判决书，（2021）京01民终1087号。

案例详解 3－3 丁某诉王某、浙江桥墩门食品有限公司确认合同无效纠纷案[①]

■ 案情

在婚姻存续期内，夫妻双方共同经营某食品公司，以丈夫的名义申请注册了两项商标，妻子负责日常公司经营以及商标商誉的维护，因为个人原因未注册成为商标权利人。

■ 法律问题

1. 离婚财产分割时，应如何分割涉案商标权及其收益？

2. 是否应当将妻子的地位等同于“隐名股东”地位？

■ 法院观点

一审、二审法院认为诉争商标系王某（丈夫，被告，权利人）在与丁某（妻子，原告，非权利人）夫妻关系存续期间申请注册，虽登记在王某个人名下，但仍属于夫妻共同财产。

在婚姻存续期内取得，并且非商标权人方对商标权无形经济价值付出了显著的劳动成果的，即使登记在夫妻一方名下，该商标权亦属于夫妻共同财产。

不过法院最终仍然不支持分割该商标，原因并非“现行法律未规定”“商标权作为知识产权仅归属于个人”，而是“丁某虽对涉案商标提出共有或持有的请求，但丁某和王某存在一定矛盾，商标共有不利于商标商誉的提高和商标使用的稳定性、持续性”。

■ 律师评析

即使法院最终没有支持分割商标，但是该法官（浙江省温州市中级人民法院郑晔法官）并未否认该案中的商标权可以由夫妻双方分割这一前提。

但是大部分法院面对无协商的情况时，仍然对夫妻共同经营某项商标，但该商标权仅登记在一方名下的案件作出“一刀切”式的处理，温州市中级人民法院判决结果属于少数结果，但对这部分争议的考量也给我们留下了争取的空间，若作为“隐名商标权人”的代理律师时，在面对商标权及其无形经济价值分割时，应注意搜集该方与商标权人共同经营涉案商标的证据，如微信聊天记录、公司企业管理决议等证明，即使法院不基于此支持共有商标，也能加大分割商标权收益的可能性。

---

① 浙江省温州市中级人民法院民事判决书，(2018)浙03民终5620号。

2. 取得商标权收益应在婚姻存续期内

(1)取得收益:两个时间差

第一个时间差:商标权的取得和收益的取得之间的时间差。作为一种特殊的权利,商标权的取得与商标权收益的取得有时间差,并不是取得了商标权就同时拥有了收益。

取得商标权须满足实质要件和形式要件。实质要件是指申请的专利本身须不侵犯他人在先的权利,内容上亦需符合可识别性和显著性两个条件。而形式要件是指申请商标时,提交申请之后,还需经过形式审查、实质审查、初步审定、公告、异议复审申请等步骤,由国家商标局授权商标,商标权的申请和核准注册中间往往相隔数个月甚至一年,核准注册日才是取得商标权日。若申请日在婚姻存续期内,核准注册日在离婚后,则基于该商标权的收益不属于夫妻共同财产。并且商标权是有期限的权利,每一次申请后商标权有效的期限为10年,在续展期内若商标权人未及时申请续展,那么商标权将失效。

第二个时间差:"取得"行为内部的时间差。取得收益中的"取得"这一动作可细分为实际取得收益及明确可以取得收益。实际取得收益是指商标权人已实际取得并控制该部分收益,而明确可以取得收益是指在可预见的将来取得收益,但是权利人尚未控制该部分收益①。比如,商标权人在婚姻关系存续期间已和某公司签订了合同,关于商标的使用费约定也是明确的,只是尚未拿到这笔报酬,那么该部分的商标权收益属于夫妻共同财产,应纳入分割范围内。

一般来说,商标权财产性收益的明确与实际取得之间存在一定的时间差,应当以在先的财产性收益明确的时间作为判断其是否属于夫妻共同财产的依据②。因此,知识产权财产性收益明确的时间在婚前的,即使收益实际取得在婚后,该收益仍为个人婚前财产。

(2)取得收益的时间段:在婚姻存续期内

一般来说,在没有协商的情况下,商标权不作为夫妻共同财产进行分割,而婚姻存续期内产生的商标权的收益则可以进行分割。这一结论较为笼统,针对不同时期所申请和核准注册的商标以及何时取得收益,法院将其大致分为五类

① 张学军:《论夫妻一方婚后所得财产性知识产权的归属》,载《浙江工商大学学报》2013年第3期。

② 蔡绍辉:《离婚时该怎么分割知识产权收益呢?》,载《法谱知音》2018年8月17日,https://zhuanlan.zhihu.com/p/42260123。

（见表3－10）。

表3－10　不同情形下的商标权收益归属的五种分类

序号	商标权何时取得	收益何时取得	商标权收益归属
1	婚前	婚前	个人财产
2	婚前	婚内	有争议
3	婚内	婚内	夫妻共同财产
4	婚内	离婚后	有争议
5	离婚后	离婚后	有争议

对于第1种、第3种情形下获得的商标权收益性质的归属司法实践中并无争议。第1种收益属于个人财产，因将商标变成实际的收益需付出额外的努力，而该种努力在婚前已完成，无须配偶协助，因此该种收益不属于夫妻共同财产。第3种收益属于夫妻共同财产，即使婚内形成的专利仍归属于商标权人一方，但是在婚内形成的收益需双方共同努力才可使得“虚幻”的智力成果变成实际的金钱收益，故该部分收益为夫妻共同财产，法院在商标权人配偶方有证据证明收益存在的情况下支持分割这部分收益（如适用案例3－50）。

适用案例3－50　李某诉陆某某离婚纠纷案①

法院认为，陆某某当庭承认已以5000元价格将商标转让，故该5000元应作为夫妻存续期间的知识产权收益进行分割。

至于第2种、第4种、第5种收益，其性质在实务界和理论界多有争议。

第2种收益——婚前取得商标，婚后才产生收益，该部分的收益是否予以分割？理论界有主动增值论和孳息论，均不支持分割该类收益，主动增值论认为如果另一方对于一方将商标权转化为经济收益出力较多或为此承担较多的家务或家庭开支，可以认定为夫妻共同财产；反之，则认定为个人财产②。孳息论认为该种收益类似于孳息，根据最高人民法院《关于适用〈中华人民共和国民法典〉婚姻家庭编的解释（一）》第26条的规定，一般情况应当认定为是一方个

① 黑龙江省哈尔滨市中级人民法院民事判决书，（2015）哈民二民终字第1082号。

② 陈苇：《婚内所得知识产权的财产期待权之归属探讨——兼谈对〈婚姻家庭法〉（1999年法学专家建议稿）的修改建议》，载《现代法学》2000年第4期。

人财产;但如果在婚姻关系存续期间为取得该部分收益需要另一方配合或付出较大的努力,那么在就这部分财产进行分割时就不得不考虑另一方的贡献[①]。

第4种收益——婚内取得商标权,离婚后取得收益,该部分收益是否应予以分割?这部分收益即期待利益,知识产权的期待利益是指在知识产权创作过程中、创作完成后,产生实际可得或明确可得的收益前,因缺少可变现的成熟条件,而暂时没有产生的经济利益。例如,夫妻一方就其作品尚未与他人订立使用合同,则该项知识产权的经济利益是一种期待利益[②]。对此司法实务与学术理论中有较大的冲突。法院认为,对于在婚姻关系存续期间取得的知识产权,如果其收益不能明确,则离婚时无法认定其收益属于夫妻共同财产。因为知识产权的收益有一定的期待性和不确定性,并且不能对其进行估价分割,如果权利人没有将其知识产权投入使用,则其收益并未明确,无法认定为共同财产进行分割。

第5种收益一般默认为个人一方所有的财产,但是实践中有一种情况较为特殊,即夫妻双方在婚姻存续期间共同经营某公司,后申请某项商标,但是在核准注册前夫妻双方选择结束婚姻,对于该商标所产生的收益或现存经济价值是否属于夫妻共同财产予以分割?法院并没有“封死”该类商标的收益分割的路径,而是留有争取的余地,笔者认为,若作为商标权人配偶方的代理律师,可注意收集证明配偶共同经营商标,对增加商标价值作出独特贡献的证据(如适用案例3－51)。

适用案例3－51　邵某诉王某甲离婚纠纷案[③]

一审法院认为,“必白”商标尚未核准,本案不予处理。二审法院认为,双方当事人对“必白”商标的权利人存有争议的,亦可另案解决。

三、案例分享

案例详解3－4为系列案,丁某(女方,非权利人,原告)诉王某1(男方,权利人,被告)确认恶意转让商标权无效案,即确认王某1与王某2(王某1之妹)

---

① 朱荣等:《知识产权价值评估研究综述》,载《中国资产评估》2022年第1期。

② 巫昌祯、夏吟兰:《完善夫妻关系的立法构想》,载《走向21世纪的中国婚姻家庭》,吉林人民出版社1995年版,第112页。

③ 浙江省宁波市中级人民法院民事判决书,(2014)浙甬民一终字第267号。

的公司签订的商标转让合同无效；后又诉王某1及王某1名下的桥墩门公司商标权权属纠纷，请求分割商标权及其收益。

（一）确认恶意转让商标权合同无效纠纷

案例详解3－4之一 丁某诉王某1、浙江桥墩门食品有限公司确认合同无效纠纷案①

■ 案情（见图3－16）

丁某（女方，非权利人，原告）与王某1（男方，权利人，被告）于1992年登记结婚，1997年5月28日，王某1申请注册了商标“桥墩”；2001年2月16日，王某1申请注册了商标“桥墩门”。

2012年年底两人分居，2016年丁某起诉离婚，此时丁某发现王某1在婚姻关系存续期间存在“恶意转让商标权”的行为。

2013年7月4日，桥墩门食品有限公司（以下简称桥墩门公司）成立，法定代表人为王某1的妹妹王某2，股东为王某2及王某1的妹夫某敏。2013年8月1日，王某1以5万元的价格将“桥墩”“桥墩门”两枚商标转让与桥墩门公司。2014年4月13日，国家商标局出具核准商标转让证明。

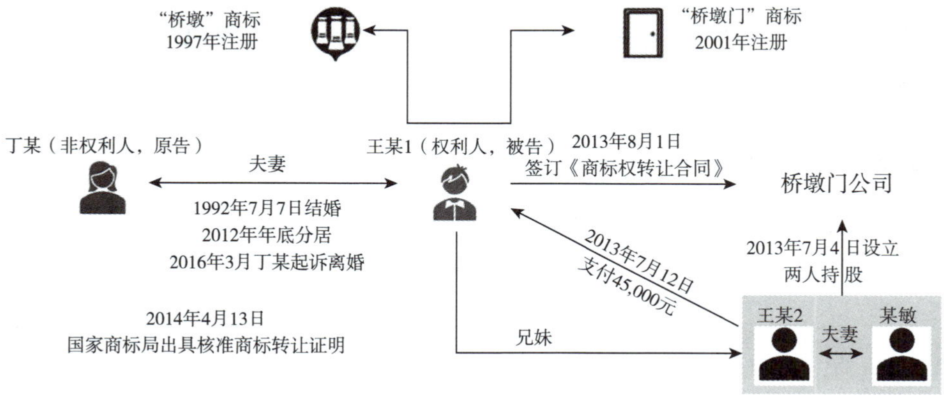

图3－16 案例详解3－4案情

■ 法律问题

法院如何对知识产权人恶意转让商标行为中“恶意”进行认定？

① 浙江省温州市中级人民法院民事判决书，（2018）浙03民终5620号。

法院观点：对“恶意”的认定：

①从时间点来看，法院认为丁某与王某1分居时间为2012年年底，丁某对后续转让行为并不知情。桥墩门公司设立的时间为2013年7月4日，仅在公司设立一个月内，2013年8月1日，王某1便与桥墩门公司签订《商标权转让合同》，合理性不足。

②从有无支付对价来看，法院认为王某2于2013年7月12日向王某1支付的45,000元并不是《商标权转让合同》的转让款，因为转让合同是在2013年8月1日签订的，且合同上载明的转让款为50,000元，且王某2承认王某1存在其他金钱往来，故其支付行为并不能证明桥墩门公司已支付王某1商标转让款具有高度可能性，因此桥墩门公司并未支付合理对价，客观上也损害了丁某的利益。

③从交易双方亲密程度来看，法院认为王某1与桥墩门公司的实际控制人王某2、某敏存在亲密关系，系兄妹、妹夫关系，双方在交易时明知王某1与丁某婚姻出现裂痕，仍在丁某不知情的情况下交易，其交易行为主观上存在恶意。

总结：法院对于“恶意”的认定标准有三步走的考量：即时间点合理性，价款来源、性质、公允性，关系亲密程度。且证明标准须达到“排除合理怀疑”的程度，即是指原告须举证充分，举证达到让被告无法证明自己是正常交易的程度。

律师评析

本案中，原、被告双方的举证标准应尽力达到如表3－11所示：

表3－11　“恶意”的举证内容与标准

	情况	时间点合理性	价款来源、性质、公允性	关系亲密程度
原告（知识产权权利人配偶）	1	不正常×	不合适×	亲密×
	2	正常√	不合适×	亲密×
	3	不正常×	合适√	亲密×
	4	不正常×	不合适×	一般√
被告	其证明标准虽没有原告方那么严格，但是尽量举证三种因素中两种因素的合理性，并与法院进行柔性沟通，方能达到破除合理怀疑的程度			

其中，对于“价款来源、性质、公允性”的“合理性”的认定标准的理解应考量以下因素：①来源：是否源于出卖人自身？需考量是否存在出卖人先将价款

转给买受人，后又以买受人名义支付的行为。如果无举证能力要与法院充分沟通，查明资金来源。②性质：需确认是否属于转让款或知识产权的对价，或其他交易的款项。③公允性：须参考市场价格（由专业机构评估），可参照买卖合同中对于合理价格的认定标准——交易价格需达到市场交易价的70%。

（二）请求分割商标权及其收益纠纷

案例详解3－4之二 丁某诉王某1、浙江桥墩门食品有限公司离婚后财产纠纷、商标权权属纠纷案①

案情

丁某（女方，原告）与王某1（男方，被告）于1992年登记结婚，1997年5月28日，王某1申请注册了商标“桥墩”；2001年2月16日，王某1申请注册了商标“桥墩门”。

2012年年底两人分居，2016年丁某起诉离婚，此时丁某发现王某1在婚姻关系存续期间存在“恶意转让商标权”的行为，法院另案判决该转让合同无效。案号：（2018）浙03民终5620号。

现丁某请求分割涉案商标，涉及对涉案商标价值的认定与评估。

法律问题

1. 如何确定商标权评估的价值？

2. 评估时需考量哪些因素？

法院观点

应先由双方协商，协商不成交由法院选定的中介机构进行评估。

本案中，丁某作为非权利人方，其期待价值为商标价值越高越好，而王某1作为权利人方，其对商标的价值期待度较低。

丁某认为，“商标价值巨大，王某1不可能以5万元就卖给桥墩门公司，丁某在申请保全时也是按照300万元的价值保全的。”“丁某确定的价格为1000万元，王某1予以接受，但丁某之后以出价过高为由收回原有竞价价格，并表示不再同意以竞价方式确定涉案商标价格。”

而王某1认为应以转让价值为准，“《商标权转让合同》中明确显示涉案商标以价值5万元转让给他人，虽然该合同被法院判决无效，但是场上有买方愿

① 浙江省温州市中级人民法院民事判决书，（2019）浙03民初610号。

意以5万元购买该涉案商标即可认定为是市场价。”

法院最终出具(2019)温中法委鉴31号司法鉴定委托书,委托金华市华成房地产估价有限公司对“桥墩”“桥墩门”两枚商标进行评估。评估费用由两者自担,以2019年10月31日为评估基准日对两枚商标价值进行评估,最终得出两枚商标价值为301,000元。

律师评析

评估商标价值时需考量的因素。

1. 评估基准日的选定。在确定知识产权无形价值的评估日期时,需要考虑知识产权的类型,如果是涉及商标权价值的认定,还需考虑商标权具体涉及的种类。比如,糕点类商标的价值在中秋节等传统节日前后的价格与平时的价格,相差甚多;服装类商标的价值在购物节前后也有不同。本案中涉及的“桥墩”“桥墩门”商标属于月饼、糕点类商标,因此既不能将评估日期选在中秋节等旺季,也不能选在淡季。

2. 评估综合因素的考量。如同评估公司股权一样,在具体评估知识产权的无形价值时,须参考使用该商标权的主体的商业信用、财务报表、投入宣传等支出。

综上所述,离婚纠纷的财产分割问题若涉及知识产权中商标权的争议,往往由于当事人有经营商业实体作为案件事实及背景,当事人在处理财产争议的同时,常常忽视或不重视商标权的收益分割。加之我国目前法律仅支持离婚时当事人可分割商标权收益,如此势必导致另一方配偶的权益保护受到更大的挑战,也对另一方配偶提出了较高要求。

笔者在对商标权基本知识进行讲解梳理的同时,也对司法实践大量案例进行归纳总结,婚姻夫妻共同财产之知识产权分割中,商标权及其收益的分割是最为特殊的一类。不论是商标权本身还是商标权收益,首先应先尊重当事人意愿,若当事人无法达成一致,就商标权本身而言,大部分法院仍不支持商标权的共有,但有少数法院认为若某商标权为婚内取得且夫妻双方共同经营该商标,则支持共有商标,即使不支持共有商标,也支持评估并分割商标权的无形经济价值;就商标权收益而言,法院支持分割婚姻存续期内取得的商标权收益,在确定属于双方共同财产进行分割时,还应关注当事人提供的证据是否能够证明存在收益。

从防患于未然的角度,基于不同的时间点,笔者提出两个建议:第一,申请商标权时,若婚内取得商标权且商标权项下的管理权归属于夫妻双方,那么鼓励夫妻双方申请共有商标,从管理性规范层面明确商标权的归属。第二,商标权及其收益分割前,夫妻双方可以考虑签订《婚内财产协议》等书面协议的方式,提前约定好商标权及其权益的归属问题。在双方没有明确约定的情况下,建议在离婚时通过协商解决问题,毕竟商标经过常年累月的使用或能产生产品质量担保的效应,进而推动品牌商誉价值的提升,进而其财产价值也会发生变化,如果在离婚时无法达成一致意见,可能会引发更加复杂的纠纷,增加当事人诉累。

第四章

网络虚拟财产篇

第一节　网络虚拟财产浅析及大数据分析

当今社会，人们正处于信息爆炸的时代，全新的互联网时代影响着人类生活的方方面面，大数据可以从衣食住行精准至休闲娱乐。信息通讯更加便捷，娱乐方式更加多元，电子商务飞速发展，用户投入互联网中的时间、金钱、精力也增多，随之，网络虚拟财产应运而生。加密数字货币、虚拟货币、基于网络购物平台的虚拟财产、基于网络社交平台的虚拟财产及基于网络游戏的虚拟财产进入大众视野，且如 QQ、微信、淘宝、手游等皆已成为人们生活中不可分割的一部分。

由于网络虚拟财产的普遍出现，离婚纠纷中分割网络虚拟财产的问题已经不容小觑。但是，我国现行《民法典》婚姻家庭编及司法解释中并未对网络虚拟财产的分割问题作详细说明，使得该问题成为理论界讨论争议的热点，实践中的难点。

基于此，笔者将介绍网络虚拟财产的背景及基本知识，并对离婚纠纷中关于网络虚拟财产分割的相关案例作大数据检索，以期作出深入研究并总结，助力实务界，为其遇到类似问题时提供一种探讨思路。

一、背景及基本知识

（一）网络虚拟财产的概念

广义概念的网络虚拟财产是指一种在网络虚拟空间中依附于网络技术存

在的可用于交换的电磁记录，是一种数据形式的新型财产。[①] 狭义概念是指在互联网世界中对于现实存在的有形财富的虚拟，特指网络游戏中的玩家所拥有的游戏资源，如网络游戏的账号、游戏货币、游戏中的宠物、武器装备、玩家级别、段位等游戏道具。[②] 本书所述为广义概念的网络虚拟财产。

（二）网络虚拟财产的分类

经查阅相关文献，笔者将网络虚拟财产大致分为四类，分别为：加密数字货币、虚拟货币类，基于网络购物平台的虚拟财产类，基于网络社交平台的虚拟财产类和基于网络游戏的虚拟财产类。该分类是笔者基于相关资料并结合自身经验所得。其中，第四类"基于网络游戏的虚拟财产"可认为是狭义的网络虚拟财产，许多学者在探讨网络虚拟财产时仅针对该狭义概念进行讨论，但笔者认为该讨论范围过窄，无法适应时代需要。

虽然将网络虚拟财产分为上述常见的四类，但上述四种分类难以避免概念的交叉。如加密数字货币、虚拟货币类中的虚拟货币会与基于网络游戏的虚拟财产中的虚拟货币产生交叉，因为不同类型的网络虚拟财产之间本就相通。网络虚拟财产本就是一个新兴的、开放的、不断发展的概念，随着网络技术的进一步发展，其外延仍会不断增加。本书的分类仅是基于现存的类型，以理论结合实践并根据日常生活常见的种类为依据，以供读者参考。

1. 加密数字货币、虚拟货币

（1）区块链

对加密数字货币、虚拟货币类进行研究首先需要对区块链进行大概了解。

区块链，顾名思义，是由区块组成的链条，每一个区块中记录了一段时间内发生的交易和状态结果，它们按照各自产生的时间顺序连接成链条。这个链条被保存在所有的服务器中，只要整个系统中有一台服务器可以工作，整条区块链就是安全的。这些服务器在区块链系统中被称为节点，它们为整个区块链系统提供存储空间和算力支持。[③]

---

① 杨立新、王中合：《论网络虚拟财产的物权属性及其基本规则》，载《国家检察官学院学报》2004年第6期。

② 荣国权：《论网络虚拟财产刑法保护的标准》，载《检察实践》2004年第5期。

③ 于晗：《关于区块链，你想知道的都在这里》，载人民网2021年8月6日，https://www.thepaper.cn/newsDetail_forward_13916279。

(2)加密数字货币、虚拟货币

在网络上搜索数字货币、虚拟货币会出现许多相关概念,如电子货币、加密数字货币、数字金币等,在理论界与实物界对虚拟货币和数字货币等的概念辨析也在不断摸索,并无准确统一的定义,甚至出现数字货币与虚拟货币的概念混淆的情形。因此,笔者基于学者文章、主流观点并结合自身经验对概念进行区分,并对此分四类进行辨析。

第一类,电子货币。电子货币通俗来讲就是消费者向电子货币的发行者支付传统货币,而发行者把与传统货币的相等价值,以电子形式存储在消费者持有的电子设备中,如网银、电子现金、交通卡、visa 卡等。它的发行主体主要是央行、一些金融机构、非金融机构,一般储存在磁卡或者账号里,在内联网、外联网、读写设备中运行。

第二类,法定数字货币。这是电子货币的升级形态,由央行发行,可以理解为数字化的人民币,近几年在大力推广。

第三类,虚拟货币。虚拟货币是电子化的非法定货币,如腾讯的 Q 币、游戏币等。它的发行主体主要是网络运营商,一般储存在账号中,在企业服务器和互联网中运行。它的发行数量是发行主体决定的,并且一般在网络企业内部适用,与其他货币的适用范围有所区别。

第四类,数字货币。数字货币又可以进一步分为加密数字货币和数字金币。近阶段,我们所说数字货币更多是指加密数字货币。加密数字货币是运用区块链技术类似现金的匿名的点对点支付,如比特币、以太币等。它由于来自一些开源的算法,没有发行主体,因此没有任何人或机构能够控制它的发行,一般以数字形式储存,在开源软件以及 P2P 网络中运行。它的发行总量是一定的。数字金币是以黄金为计量单位的私人货币,其价值的上涨下跌是跟随黄金价值的,因此,它也是实物货币形式的一种。因为其不是由政府发行,而是由许多数字金币供应商发行,每个竞争供应商都发行独立的数字金币,并且大多由他们的公司名字命名,所以是一种私人货币。

本书将此类研究对象限定为虚拟货币与加密数字货币,系考虑电子货币和法定数字货币与法定货币对等,可以认为是法定货币的另一种存在形式,因此,在离婚纠纷中没有探讨的必要,一般不存在分割争议。数字金币以黄金为本位,它 100% 把用户的存款以储值方式存储,避免了法定货币可能存在的通货膨胀等经济风险,是实物货币的一种形式,因此,它的价格相对稳定,可以认为是黄金的另一种存在形式，本书也不予讨论。

加密数字货币是人们常说的比特币、以太币、泰达币等，其具备流通性，并运用区块链技术，可以全球流通。加密数字货币在此类虚拟财产中占比较重，在此对其发展历史进行简要介绍。它的发展历史并不长，仅是从 2008 年数字货币这一概念才开始被提出。截至 2018 年 2 月，以太币是市值第二高的加密货币，仅次于比特币。

2. 基于网络购物平台的虚拟财产

近年来，中国的电子商务发展迅猛，网购成为生活中不可或缺的一部分，基于网络购物平台的虚拟财产也为大众所熟悉，此类虚拟财产主要是基于我们俗称的“网店”而产生。

2008 年，金融风暴席卷全球，而以淘宝为代表的网络零售行业保持翻倍的增长势头，助力中国经济逆寒流而上。淘宝、京东、eBay、当当网、卓越等诸多购物网站成功上线且成熟。至今，中国的网购业已经非常成熟且完善，成为我国的一大特色，基于此，分割基于网络购物平台的虚拟财产在离婚纠纷中也逐渐增多。

3. 基于网络社交平台的虚拟财产

网络社交平台是生活中必不可少的一部分，随着社交平台的发展，基于其而产生的网络虚拟财产也具有价值，如微信公众号、视频号、抖音账号等因具有粉丝、流量等而产生价值，有了粉丝流量就具有知名度、会得到平台的推送，可以通过投放广告而取得收入等，并且会获得由此延伸出去的其他正面收益。

我们所要讨论的网络社交平台大致可以分为三类：即时通讯类、直播视频类、短视频类。[①] 即时通讯类是指专门或者主要从事即时传递文字讯息、档案、语音与视频交流的平台，如 QQ、微信等。直播视频类是指专门或者主要从事利用互联网及流媒体技术进行直播的平台，如斗鱼、一直播等。短视频类是指专门或者主要从事几秒到几分钟不等的短视频内容推送的平台，如抖音、快手等。

4. 基于网络游戏的虚拟财产

游戏按照类型大致可以分为四类：(1) 街机游戏；(2) 主机游戏；(3) 单机游戏、网络游戏、手游；(4) VR、AR 游戏。其中第三类可以将其认为是广义的网络游戏。狭义的网络游戏是指以互联网为传输媒介，以游戏运营商服务器和用户

① 《互联网平台分类分级指南(征求意见稿)》(2021 年 10 月 29 日印发)。

计算机为处理终端,以游戏客户端软件为信息交互窗口的旨在实现娱乐、休闲、交流和取得虚拟成就的具有可持续性的个体性多人在线游戏。

笔者将单机游戏和手游归类为广义的网络游戏,原因有二:首先,单机游戏虽多为人机对战,但是其也可以通过局域网的连接进行有限的多人对战。其次,手游虽然不是以用户计算机为游玩端,但是手机可以认为是类似计算机的游玩端,其也是以互联网为传输媒介,与PC端网络游戏具有高度相似性。

基于此,可将基于网络游戏的虚拟财产定义为:在虚拟的网络游戏空间环境中具有一定使用价值的物品,既包括游戏用户所申请账户中的虚拟人物,也包括虚拟人物在虚拟世界中使用各种方式所拥有的虚拟货币和虚拟物。

(三)网络虚拟财产的合法性

网络虚拟财产是否受法律保护在《民法典》出台以前并未明确规定,对其的定性直至《民法典》出台以后也仍然有所争议。虽然《民法典》第127条对网络虚拟财产的保护进行了规定,但是该法条在制定过程中进行了多次变动,可见其争议之大。为便于阅读,笔者将重要的法条沿革制成表格进行分析(见表4－1)。

表4－1　重要法条的沿革

法律法规名称	条文
《民法总则专家建议稿(征求意见稿)》	第108条:"网络虚拟财产视为物,受法律保护。"
《民法总则专家建议稿(提交稿)》	第111条:"网络虚拟财产受法律保护。"
《民法总则(草案)》	第104条:"物包括不动产和动产。法律规定具体权利或者网络虚拟财产作为物权客体的,依照其规定。"
《民法总则(草案)(三次审议稿)》	第128条:"法律对数据、网络虚拟财产的保护有规定的,依照其规定。"
《民法典》	第127条:"法律对数据、网络虚拟财产的保护有规定的,依照其规定。"

该条文最初规定在物权客体部分,直接将网络虚拟财产视为物,后引起过很大争议,在《民法总则专家建议稿(提交稿)》中将网络虚拟财产从物权客体部分挪出,仅规定其受法律保护。但是后来,在《民法总则(草案)》中又将网络虚拟财产视为物权客体保护,但系以"引致条款"(本身没有独立的规范内涵,而

是将其引致某一个具体的规范上)的形式出现。可见,当时以网络虚拟财产的“物权说”为主流观点。最后,因对于网络虚拟财产的保护及定性争议过大,为了保证立法的严谨性,对网络虚拟财产的性质不予界定,并且与数据一起规定在《民法典》总则编,以“引致条款”的形式一笔略过。虽然为网络虚拟财产的保护提供了兼容度极高的制度接口,但却难以为复杂多变的司法实践提供准确的、可操作性的法律指引。

二、大数据分析

在离婚纠纷中,夫妻一方或双方持有网络虚拟财产,离婚时会涉及分割,司法实践中会如何处理,此类案件的判决呈现什么状态或趋势?

经案件检索,分别以关键词“社交平台/自媒体/微信公众号/快手账号+离婚”“网店+离婚”“数字货币/虚拟货币+离婚”“游戏账号/游戏装备+离婚”,以“民事”为检索案由,时间限缩为“2018年1月1日至2022年4月18日”,同时满足“该网络虚拟财产为夫妻共同财产”“离婚中涉及分割”“可见法院处理态度”三个条件的有效案件屈指可数。“基于网络社交平台的虚拟财产”有效案件仅1件,“基于网络购物平台的虚拟财产”有效案件仅35件,“加密数字货币、虚拟货币”有效案件仅6件,“基于网络游戏的虚拟财产”有效案件仅1件。

1.基于网络购物平台的虚拟财产类案件

在不予分割的案件中,法院的裁判理由大致可以分为两种:一种为“证据不足,不予分割”;另一种为“涉及案外人或其他部门法,另行处理”。

在予以分割的案件中,法院的裁判理由大致可以分为两种:一种为“有证据证明的网店资金对半分割,经营权有约定依约定,无约定法官考虑综合因素自由裁量”;另一种为“双方对网店分割达成一致意见,予以分割”。

“双方对网店分割达成一致意见,予以分割”的理由,案由为“离婚纠纷”的仅有1件,为适用案例4-1,该案中男女双方在案件审理过程中对淘宝店铺经营权达成一致意见。

适用案例4-1 顾某诉施某离婚纠纷案①

施某再审申请中主张:二审法院对于其和顾某夫妻关系存续期间经营网店

① 上海市第二中级人民法院民事判决书,(2019)沪02民申1031号。

时购买的水晶，以及顾某使用施某名下银行卡从事与经营无关交易的20.98万美元未在本案中作为夫妻共同财产进行分割，属于漏判。法院认为原审期间，施某和顾某就淘宝店铺经营权和顾某提供的现存水晶实物达成一致意见，原审据此作出的判决并无不当，驳回再审申请。

"双方对网店分割达成一致意见，予以分割"的理由，案由为"离婚后财产纠纷"的有12件，皆为在离婚协议中对网店的经营权和收益达成一致意见，法院尊重意思自治对其确认。相关案例如适用案例4－2和适用案例4－3。

适用案例4－2　郑某诉王某离婚后财产纠纷案①

案情

原、被告双方分别于2018年1月31日和4月9日签署了两份离婚协议。在离婚协议中一致同意经营权及收益权归男方所有，存货一批归男方所有。女方于离婚之日起2日内将淘宝网店（郑氏银匠）银饰店相关注册信息改为男方。

法院观点

一审法院认为两份协议均有效。但是，上诉人认为应以2018年4月9日签署的协议为准，后协议对前协议的内容进行变更。二审法院认为郑某与王某就离婚后财产分割分别达成了两份协议，上述两份协议均是双方当事人的真实意思表示，且不违反法律的强制性禁止性规定，应为有效协议。驳回上诉，维持原判。

适用案例4－3　从某诉董某离婚后财产纠纷案②

案情

当事人双方在离婚协议中约定：双方因店铺经营所产生的债务、库存全部由男方负责，与女方无关，男方自由支配，自负盈亏。

男方（原告）起诉请求：被告将原告经营中的网店及支付宝内存款交还给原告经营、所有。男方上诉请求：判决离婚时双方经营的网店、店铺、所有库存及捆绑在被上诉人支付宝账户内所有销售资金交付给上诉人所有。该网店所有经营活动，均捆绑在被上诉人支付宝上，每一分钱都由被上诉人控制，该部分价值远高于房子、车子，所以在离婚协议中，上诉人为了取得经营权，曾将房屋给

① 湖南省常德市中级人民法院民事判决书，（2020）湘07民终2407号。
② 山东省临沂市中级人民法院民事判决书，（2019）鲁13民终2374号。

被上诉人，但是离婚协议签字后，被上诉人拒不交付网店、店铺，由于网店与被上诉人支付宝捆绑，上诉人无能为力，不能取得网店、店铺经营权。

法院观点

双方应按照《离婚协议书》载明的共同财产处理协议分割夫妻共同财产。离婚协议对网店有约定，法院尊重双方意思自治。

“有证据证明的网店资金对半分割，经营权有约定依约定，无约定法官考虑综合因素自由裁量”的理由，案由为“离婚纠纷”的仅有1件，为适用案例4－4。该案中，法院对网店的剩余收入进行分割，当事人双方未对经营权的归属提出请求，法院未作处理。

适用案例4－4 刘某诉孟某离婚纠纷案①

案情

孟某（男）与刘某（女）系夫妻，孟某婚前以自己名义注册淘宝店“一点儿vintage”，并且在婚前及婚后与刘某共同经营。刘某于2018年10月24日起诉孟某要求离婚，并请求分割夫妻共同财产，其中涉及对淘宝店铺“一点儿vintage”剩余收入的分割。经审理查明，该淘宝店铺产生交易额共计2,369,191.61元，其中投入资金578,658.4元，经营贷款412,600元。

法院观点

一审法院认为剩余收入＝交易额（2,369,191.61元）－投入资金（578,658.4元）－经营贷款（412,600元）＝1,377,933.21元。将该剩余收入对半分割，男女双方分别取得688,966.6元。

刘某不服一审判决，提出上诉，请求对淘宝店铺“一点儿vintage”评估分割。

刘某认为，原审法院认定网店剩余收入为1,377,933.21元属于计算方法和数额错误，网店的营业收入和营业成本均计算错误，如将投入资金、经营贷款总和认定为网店营业成本等，因此原审法院属于认定事实错误；原审法院将经营利润认定为现存夫妻共同财产予以分割错误，应按照现存剩余款项进行分割。

二审法院认为，一审法院结合本案具体情况、双方实际投入产出及一般日常经验法则，计算双方共同经营网店剩余收入的方法和数额，并无不当，故对上诉人刘某主张的该项理由，不予支持。判决刘某于本判决生效之日起10日内

① 辽宁省沈阳市中级人民法院民事判决书，（2018）辽01民终12197号。

给付孟某网店收益688,966.6元。

“有证据证明的网店资金对半分割,经营权有约定依约定,无约定法官考虑综合因素自由裁量”的理由,案由为“离婚后财产纠纷”的有2件,为适用案例4-5和适用案例4-6。

适用案例4-5 孙某诉贾某离婚后财产纠纷案①

■ 原告诉请

请求法院依法对半分割淘宝网店收入以及被告转移走的货物货款。

■ 法院观点

法院仅对当事人有证据证明的部分网店收入进行分割,其余部分因证据不足不予分割。

对于原告主张分割某一特定时间段的被告涉案银行账户支出总额及支付宝账户收入总额不予支持,理由是:(1)上述账户收支频繁,被告称上述账户均用于淘宝网店资金运作合理;(2)举证不足。判决分割部分网店收入。

适用案例4-6 李某诉房某离婚后财产纠纷案②

■ 案情

原告李某与被告房某曾系夫妻,后双方因感情破裂于2018年12月11日经临沂市罗庄区民政局协议离婚,离婚协议书中载明:“……③网上淘宝店铺:顺兴通讯666、月下有月光。④阿里巴巴店铺:青鸟工艺品商行、龙盛工艺品商行。⑤拼多多店铺:三味春草园家具旗舰店。⑥以上店铺经营权归女方所有,双方离婚后一个月内办理过户……”

■ 原告诉请

分割原、被告双方协议离婚时未予分割的价值284,455.3元的共同财产。

■ 法院观点

离婚协议中关于财产分割的条款或者当事人因离婚就财产分割达成的协议,对原、被告双方具有法律约束力。本案原、被告因离婚达成的协议合法有效,对原、被告双方均具有法律效力,原、被告应当按照该离婚协议履行。最高人民法院《关于适用〈中华人民共和国婚姻法〉若干问题的解释(三)》(已失效)

---

① 广东省广州市中级人民法院民事判决书,(2020)粤01民终20808号。

② 山东省临沂高新技术产业开发区人民法院民事判决书,(2019)鲁1391民初380号。

第18条规定，离婚后，一方以尚有夫妻共同财产未处理为由向人民法院起诉请求分割的，经审查该财产确属离婚时未涉及的夫妻共同财产，人民法院应当依法予以分割。关于网店收益。原告要求分割双方婚姻存续期间共同经营的淘宝店铺：顺兴通讯666、月下有月光，阿里巴巴店铺：青鸟工艺品商行、龙盛工艺品商行，拼多多店铺：三味春草园家具旗舰店在2018年11月11日至2018年12月11日的收益共计111,636.2元，但原告提交的店铺交易截图仅显示交易额，无法确定经营网店的成本，原告主张网店收益为111,636.2元并要求分割，证据不足，不予支持。

双方对网店经营权有约定，依约定归女方；网店收益因证据不足不予分割。

"涉及案外人或其他部门法，另行处理"的理由，案由为"离婚后财产纠纷"仅有1件，为适用案例4-7。该案的网店以有限公司名义注册，原告请求分割网店的出资额和现金价值，法院认为因为是以有限公司名义注册，出资额转化为公司财产，应按照《公司法》的规定进行处理。

适用案例4-7 李某诉陈某离婚后财产纠纷案①

原告诉请

请求法院依法判决网店出资额13万元归原告所有，并分割店铺的现金价值。

法院观点

2021年2月5日，原告李某诉讼主张婚姻关系存续期间、2014年成立的北京文达慧德图书有限公司注册资本50万元，用公司申请的网店，网店的出资额13万元源于原告。庭审时，原告再次强调，原告并非要求分割公司财产，而是要求分割婚内开网店的13万元和经营款，不同意分割股权，要求是分割出资额。

法院认为，原告请求分割北京文达慧德图书有限公司的出资额13万元及现金价值，而不是分割该公司的股份，因股东出资后，其出资转为公司财产，出资人对该出资金额不再享有所有权和支配权，该出资继而转为出资人的股权，出资人享有的是股东的权利义务，分割股权应按照《公司法》的规定进行。

对原告的诉讼请求不予支持，应按《公司法》规定进行处理。

"涉及案外人或其他部门法，另行处理"的理由，案由为"离婚纠纷"仅有1

① 河北省唐县人民法院民事判决书，(2021)冀0627民初353号。

件，为适用案例4－8。该案因涉及被告父母共同经营网店，涉及案外人，因此并未在离婚纠纷案中作处理。

适用案例4－8　刘某某诉唐某某离婚纠纷案①

原告诉请

分割淘宝网店。

法院观点

关于淘宝网店收入，原告主张淘宝网店由原、被告经营，被告父母仅为帮忙性质，而被告抗辩淘宝网店系由被告父母从事经营，故收入归属于被告父母，因原、被告均认可淘宝网店经营涉及案外人，故本案中不作处理，当事人主张权利的，可另行诉讼。

2. 加密数字货币、虚拟货币类案件

法院予以分割的案件中，裁判理由均为“按离婚协议予以分割，尊重双方约定”；法院不予分割的案件中，裁判理由为“证据不足，不予分割”。

3. 基于网络社交平台的虚拟财产类案件

该类网络虚拟财产检索出来的有效案件仅有1件，为适用案例4－9。该案中，法院对快手账号不予分割，但给予非账号运营方相应补偿，从家庭债权中倾斜补偿。

适用案例4－9　郑某诉田某离婚纠纷案②

原告诉请

请求依法分割家庭财产。

法院观点

司法实践中，该项属于新生的“虚拟财产”，“快手账户”需要经营者投入、宣传等，才可能有收益。但同时也存在风险，账号被关闭或其他情形出现时，将一文不值。所以，该“财产”无法作为有型财产进行分割，本着谁经营归谁负责的理念，由被告（田某）继续持有该账户。

依据《婚姻法》（已失效）照顾妇女、儿童的理念，针对“虚拟财产”存在的现实，对现有财产照顾并倾斜原告，以达到相对公平的目的。故债权35万元或已

① 上海市浦东新区人民法院民事判决书，（2018）沪0115民初89074号。
② 辽宁省开原市人民法院民事判决书，（2019）辽1282民初3240号。

经转移成为其他形式装修等用款，原告分的20万元，被告分的15万元，由被告给付原告20万元。

4. 基于网络游戏的虚拟财产类案件

该类网络虚拟财产检索出来的有效案件也仅有1件，为适用案例4-10。该案也并非直接分割游戏账号，而是在诉前被告将该游戏账号售出并获得相应价款，并将该价款用于投资股票，法院认为该出售游戏账号所得价款为夫妻共同财产，但分割数额并未在判决书中详细体现。

适用案例4-10 陈某某诉缪某1离婚后财产纠纷案①

■ 原告诉请

依法分割被告在分居期间从其东海证券股份有限公司的股票账户中转移的财产(注：该转移的财产中包括诉前售出游戏账号所得价款)。

■ 法院观点

"游戏账号交易"是被告出售网上游戏账号获得的款项。原告主张的被告证券账户转入被告工商银行1545账户中的款项，发生于双方婚姻关系存续期间，应推定为夫妻共同财产，且发生在双方分居之后，被告主张该些钱款并非夫妻共同财产，而是案外人的财产，应当对此承担举证责任，否则应承担不利后果。最后，被告主张的父母给付的生活费、代购费、代购退款或是出售游戏账号的款项，则本身就是夫妻共同财产的性质。

具体分割的比例由法院根据照顾女方权益的原则酌情判决。(涉及已出售游戏账号所得价款的分割数额判决书中未详细体现)

综上，网络虚拟财产是时代进步而衍生出来的产物，近几年才快速发展起来。像加密数字货币、虚拟货币这类就存在许多新颖的概念，如区块链、去中心化、分布式记账等，就法律执业者而言这也是一个新兴的领域，需要时间精力去探究，在探析网络虚拟财产相关法律问题的同时，还需要对新生事物进行一个全面的了解。而法律固有的滞后性导致对于因网络虚拟财产而产生的纠纷缺乏具体的法律法规去支撑和规范，在司法实践中遇到相关问题时很难有统一的标准与方案解决，案件当事人的权益时常因制度缺陷受损。

通过大数据检索亦可看出相关有效案例很少，且有效案例中法院也大多是

① 上海市徐汇区人民法院民事判决书，(2018)沪0104民初17361号。

以消极态度处理。离婚纠纷中,分割网络虚拟财产虽然在法律和实践中都没形成相对统一的观点,但笔者相信随着时间的推移,法院审理网络虚拟财产相关案例会越来越多,会逐步形成统一的观点,相应地,离婚纠纷案件中法院的审理经验和成熟度也会相应提高,希望该类虚拟财产的分割问题最终也会达成相对明确具体的业内共识。

第二节　涉网络虚拟财产离婚纠纷案件承办难点及原因探究

随着网络和数字技术对商业、社会的全面渗透和影响,人类社会进入了与科技水乳交融的时代,加密数字货币、虚拟货币,基于网络游戏的虚拟财产,基于网络社交平台的虚拟财产,基于网络购物平台的虚拟财产等网络虚拟财产层出不穷,提升了人们生活工作的效率,丰富了生活娱乐方式,改变了生活习惯,而伴随而来的就是人们财产类型以及对财产价值的观念的改变。以加密数字货币为例,以美元为计价单位的各类数字货币在各类交易平台的价格大幅攀升与起伏,不断刷新人们对于区块链技术、加密技术、匿名网络等新事物的认识。这些不容小觑的财产类型价值引发了社会的关注,也引发了人们对离婚财产分割新的思考:网络虚拟财产的属性和价值该如何认定,其价值和取得的收入在离婚诉讼中又该如何分配呢?

笔者曾在前文中对2018年1月1日至2022年4月18日4年多涉及网络虚拟财产分割的婚姻案件进行大数据检索并对其进行了分析统计。从数据中可以看出,检索出的案例,有效案例的数量屈指可数,本节将针对该现象进行原因探究,供广大同人参考阅读。

一、整体原因

本节所探讨之网络虚拟财产为广义上的概念,即依附于网络技术存在的可用于交换的电磁记录,是一种数据形式的新型财产。[①] 笔者检索威科先行法律

① 杨立新、王中合:《论网络虚拟财产的物权属性及其基本规则》,载《国家检察官学院学报》2004年第6期。

数据库中与离婚及网络虚拟财产相关的案件，共检索出1123件，其中能为本节的数据分析所用的仅有43件，占比为3.83%，笔者将对整体数据较少的原因进行探析。

(一)对网络虚拟财产的法律属性尚无定论，学界也存在争议

与传统的财产形式相比，虚拟财产是存在于虚拟网络的非物化财产形式。也就是说，它的表现形式并非像传统财产一样可以物化，归其本质，其是存储于虚拟网络中的数据，并通过特定的代码表现出来。

在理论学术界，关于虚拟财产一直存在属性争议，即网络虚拟财产如何定性？之所以会产生这样的争议，一方面是立法上并没有对其明确定性。《民法典》第127条对网络虚拟财产的保护给予了笼统的指引，但是并未回应和解决虚拟财产的法律属性问题，并且试图将虚拟财产的属性争议交给具体调控、管理该财产类型的行政主管部门或面对具体争议案件的司法机关去处理，这也导致了司法实践中对该财产类型的属性一直存在争议，难以解决。其实网络虚拟财产的属性争议从《民法典》第127条的法条沿革就可以看出一直存在，笔者在“离婚纠纷之网络虚拟财产大数据分析及案例解析”一节中就法条沿革做过详细阐述，在此不再赘述。

关于其法律属性问题，理论界与实务界主要存在物权说、债权说、知识产权说、新型财产权利说这四种不同的观点，其中物权说为当下主流观点。

持物权说的学者认为，网络虚拟财产的本质是一种客观存在于网络服务器的电磁记录。虽然不能被肉眼所直接感知，但其是客观存在的特定物，具有支配性、流通性、有价性，应承认其物的地位。物权说的说法存在缺陷，有的网络虚拟财产是涉及第三方网络运营商的，用户仅对此享有使用权，若全部简单地归类为物，有失妥当。

持债权说的学者认为，网络虚拟财产是基于网络用户与网络运营商的服务合同而产生的债权凭证。用户是债权人，进行虚拟财产的交易本质是债权在当事人之间流转。债权说从合同角度考量了依附于网络服务商的虚拟财产类型，但是并非所有类型的虚拟财产都适用，如加密数字货币、虚拟货币类和网络购物平台类就较为勉强。

持知识产权说的学者认为，虚拟财产是软件运行的结果，具有新颖性和创造性，应为著作权的保护范畴。该学说的认定范围也较为狭隘，网络游戏程序

可以认为是知识产权的范畴,但是因网络游戏程序而产生的虚拟财产如游戏装备等可以认为是知识产权所调整的范围吗？并且抛开基于网络游戏的虚拟财产,知识产权说所讨论的网络虚拟财产应为狭义概念上的,讨论范畴过窄。

持新型财产权利说的学者认为,虚拟财产是一种与物权、债权、知识产权平行的权利客体,其本质是存储在网络服务提供者数据库的数据,应回归其本质特征,直接以数据保护的方式解决相关争议。虚拟财产的内涵、外延、特征等尚未完全厘清,就将其归类非新型财产权利略为轻率,也无法从根本上解决问题。

上述学界对网络虚拟财产属性的争议很大,由于实践的运用离不开理论的指导,因此,在实践中,离婚纠纷分割网络虚拟财产,缺少理论的指导,法官也很“头大”,很多法官会以“视而不见”的方式不予处理,从而导致检索到的案例较少。

律师职业作为实践层面的行动者,亦需要对理论层面进行了解及探索,才能更好地指导实践。此处对网络虚拟财产在理论层面属性的探讨,虽然对实践很难有具体的指导意义,但能在今后帮助我们打开看问题的视角,加深对所研究事物的认识,更好指导实践,对日后遇到类似案件进行法律分析时有所裨益。

(二)离婚案件当事人面对分割网络虚拟财产时,倾向于私下协商解决

一方面,网络虚拟财产区别于传统的财物,其财产类型的特殊性导致该类财产的人身依附性更为明显,类型新颖,当事人在离婚诉讼中往往对此类财产缺乏分割意识,即使有,也多倾向于自行协商处理。

另一方面,从目前检索到的案例数据来看,在法院予以分割网络虚拟财产的案例中,大部分是在当事人之间已经达成离婚协议的前提之下。因此,当事人将问题私下解决后,就不再诉诸法院,或者即使诉诸法院,法院也会尊重当事人的意思自治,确认离婚协议的效力,从而导致检索出的相关案例较少,或者很难从案例中看出法院的裁判态度。

(三)案件涉诉,当事人对网络虚拟财产的存在等举证难度大

经大数据检索得出的有效案例中,其中不予分割的案例,理由为“证据不足”的有 17 件,占全部“不予分割”案例的 89%。可见,即使当事人起诉请求分割,对此类财产的举证难度也极大,最后因举证不足,法院不予处理。

（四）案件常常因涉及案外人，或其他有明确法律法规规制的财产而不在一案中进行处理

在有效案例中，也会出现即使当事人提出分割诉请，但因为涉及案外人、案情复杂或网络虚拟财产为其他类型资产项下的财产，需要按照其他法律法规进行处理，而不在离婚纠纷中处理，要求当事人另诉或者按照其他法律规定解决。因此，难以看出在此类离婚纠纷案件中法院的分割态度。

涉及案外人及其他法律法规的案例如适用案例 4－11 和适用案例 4－12。

适用案例 4－11 李某诉陈某离婚后财产纠纷案[①]

■ 案情

涉案淘宝店铺是以原告所成立的有限公司申请的，因此，法院认为原告所请求分割的 13 万元出资额已转为公司财产，并继而转为原告的股权，因此，属于分割股权，应该按照《公司法》的规定进行，在离婚诉讼中不予支持。

2021 年 2 月 5 日，原告李某诉讼主张婚姻关系存续期间、2014 年成立的北京文达慧德图书有限公司注册资本 50 万元，用有限公司申请的网店，网店的出资额 13 万元源于原告。庭审时，原告再次强调，原告并非要求分割公司财产，而是要求分割婚内开网店的 13 万元和经营款，不同意分割股权，要求是分割出资额。

■ 原告诉请

请求依法判决网店出资额 13 万元归原告所有以及分割店铺的现金价值。

■ 法院观点

本案原告请求分割北京文达慧德图书有限公司的出资额 13 万元及现金价值，而不是分割该公司的股份，因股东出资后，其出资转为公司财产，出资人对该出资金额不再享有所有权和支配权，该出资继而转为出资人的股权，出资人享有的是股东的权利义务，分割股权应按照《公司法》的规定进行。故法院不支持原告的诉请，应按《公司法》的规定进行处理。

---

① 河北省唐县人民法院民事判决书，（2021）冀 0627 民初 353 号。

适用案例 4 – 12　刘某某诉唐某某离婚纠纷案[①]

原告诉请

请求依法分割淘宝网店。

法院观点

关于淘宝网店收入,原告主张淘宝网店由原、被告经营,被告父母仅为帮忙性质,而被告抗辩淘宝网店系由被告父母从事经营,故收入归属于被告父母,因原、被告均认可淘宝网店经营涉及案外人,本案中不作处理,当事人主张权利的,可另行诉讼。

(五)现有法律法规无法直接适用,导致司法裁判缺少法律依据

笔者在威科先行法律数据库中分别对四类网络虚拟财产进行相关法律法规的检索,并对其效力层级进行筛选,整理出以下法律法规、部门规章、规范性文件等。

1. 加密数字货币、虚拟货币类

在检索该类虚拟财产的相关法律法规时,共检索出部门规章 5 部、地方性法规 22 部、行业规范 4 部,其中 5 部部门规章和 4 部行业规范是我国加密数字货币、虚拟货币领域中较具有话语权的文件。而 22 部地方性法规分别是地方政府针对此类虚拟财产所出台的法规,具有地域性,在此不予列明。

在检索出的全部文件中,皆与维护金融秩序,监管加密数字货币、虚拟货币相关,未提及在离婚纠纷中的法律适用。

2. 基于网络购物平台的虚拟财产类

在检索该类虚拟财产的相关法律法规时,共检索出部门规章 1 部、地方性法规 8 部、行业规范 6 部。因地方性法规与行业规范具有地域性,且与网店规范管理相关,在此不予列明。其中,部门规章是对加快完善市场经济体制的意见,也与离婚纠纷中分割此类网络虚拟财产的适用没有关联。

3. 基于网络社交平台的虚拟财产类

在检索该类虚拟财产的法律法规时,共检索出部门规章 3 部、法律 2 部、全国人大常委会的其他规范性文件 1 部。但是,检索出的法律法规与交易安全、

① 上海市浦东新区人民法院民事判决书,(2018)沪 0115 民初 89074 号。

电商规范、消费者保护等相关,亦与本书所研究的离婚分割网络虚拟财产无关。

4. 基于网络游戏的虚拟财产类

在检索该类虚拟财产的法律法规时,共检索出部门规章 35 部、地方性法规 31 部、行业规范 1 部。但是,该全部法律法规皆与离婚分割网络虚拟财产无关,皆为针对网络游戏本身的监管、运营、所涉知识产权等方面。因此,下面仅筛选列举几部文件供参考(见表 4－2)。

表 4－2　与网络虚拟财产相关法律法规

网络虚拟财产类型	法律	部门规章	行业规范	其他规范性文件
加密数字货币、虚拟货币	—	《关于防范比特币风险的通知》(银发〔2013〕289 号) 《关于进一步防范和处置虚拟货币交易炒作风险的通知》(银发〔2021〕237 号) 《关于整治虚拟货币"挖矿"活动的通知》 《关于防范以"虚拟货币""区块链"名义进行非法集资的风险提示》 《关于防范代币发行融资风险的公告》	《关于防范比特币等所谓"虚拟货币"风险的提示》 《关于防范境外 ICO 与"虚拟货币"交易风险的提示》 《关于参与境外虚拟货币交易平台投机炒作的风险提示》 《关于防范虚拟货币交易炒作风险的公告》	—
基于网络购物平台的虚拟财产	—	《关于为新时代加快完善社会主义市场经济体制提供司法服务和保障的意见》	—	—
基于网络社交平台的虚拟财产	《消费者权益保护法》 《网络安全法》	《关于促进网络服务交易健康发展规范网络服务交易行为的指导意见(暂行)》 《关于征求〈信息安全技术社交网络平台信息标识规范〉国家标准意见的通知》 《关于加强微博、微信等网络社交平台传播视听节目管理的通知》	—	《关于加强网络信息保护的决定》

续表

网络虚拟财产类型	法律	部门规章	行业规范	其他规范性文件
基于网络游戏的虚拟财产	—	《关于网吧下载提供“外挂”是否承担法律责任的意见》 《关于印发〈网络游戏虚拟货币监管和执法要点指引〉的通知》 《关于进一步加强网吧及网络游戏管理工作的通知》 《“网络游戏虚拟货币发行企业”、“网络游戏虚拟货币交易企业”申报指南》 《关于网络游戏发展和管理的若干意见》 《关于加强网络游戏虚拟货币管理工作的通知》	—	广东省高级人民法院《关于网络游戏知识产权民事纠纷案件的审判指引(试行)》

(六)网络虚拟财产的价值评估机制不完善,导致法院在裁量分割时缺少标准和依据

首先,市场上并没有专门针对网络虚拟财产的评估机构。其次,在评估方式上,并没有形成统一的标准。虚拟财产的财产类型新颖,价值难以确定,在评估时可以参考其他类型的财产如房产、上市公司进行评估,但网络虚拟财产本身又具有其特殊性,并不完全适用其他财产类型的评估机制。最后,评估标准不统一。因网络虚拟财产的价值经常变动,并且人为因素多,法院在综合评估虚拟财产的价值时,很难形成统一标准。例如,网络社交平台账号的运营资金投入少,但是需要大量的时间、精力去维系,并且有许多不可估量的因素,如粉丝量、浏览量等。又如,加密数字货币、虚拟货币类价值时刻变动,且价值评估基准日没有明确规定,自由心证程度高。

(七)法官审理习惯

网络虚拟财产涉及领域新,民事或婚姻家事庭的法官可能对此类新型财产的认知存在局限,需要花费大量时间去重新学习研究。且该类虚拟财产所涉标

的复杂，由于处理的困难性，法官一般在婚姻家事纠纷中倾向于不予处理，这导致在离婚纠纷中，法院实际判决分割网络虚拟财产的案例非常少，毕竟审判人员在遇到这类新型案件时也在不断摸索。

二、加密数字货币、虚拟货币案例较少的原因

（一）锁定此类虚拟财产的存在及价值困难

首先，加密数字货币具有去中心化和匿名等特征，不与个人身份信息绑定，在交易时不依赖于第三方，因此，当事人一旦转移隐匿财产，就很难锁定该虚拟财产的存在并进行取证。

其次，该虚拟财产不存在集中的发行机构和监管机构，可能涉及境外主体及平台，法院的调查令施行起来也十分困难，很难定位到准确的平台。

最后，该虚拟财产的价格 24 小时连续变动，并且没有规律可言，不像股票、基金等有价证券，价值变动有具体的时间节点，对于不同时间节点的价值可以轻易锁定。可能会出现立案时一个价，等到判决时价格又有巨大变化，最后执行时价格天差地别的情况。

因此，不仅如何最大限度保证估值公平成为一大难题，而且法院对该虚拟财产的锁定也很困难，种种因素结合最终导致法院不予处理。

（二）认定是否为夫妻共同财产困难

基于加密数字货币和虚拟货币自身的特征，一方面，其在交易时，灵活、频繁，因此，锁定其持有及增值的时间点难度大，难以认定是否在夫妻关系存续期间持有或增值。另一方面，一方婚前持有或婚后用婚前个人财产购买，婚后增值部分的性质认定难度大，是属于自然增值还是婚后通过个人努力管理取得的收益很难认定。

综上，夫妻共同财产的认定困难导致法院在离婚纠纷中不会对其进行处理，因此，无法看出法院对此虚拟财产的处理态度。

（三）证据合法性问题

1. 实体合法

（1）币种的合法性

《关于进一步防范和处置虚拟货币交易炒作风险的通知》（以下简称 237 号

文)规定,“虚拟货币不具有与法定货币等同的法律地位。比特币、以太币、泰达币等虚拟货币具有非货币当局发行、使用加密技术及分布式账户或类似技术、以数字化形式存在等主要特点,不具有法偿性,不应且不能作为货币在市场上流通使用。”

237 号文认为比特币、以太币、泰达币等虚拟货币不具有法偿性,不能作为货币在市场上流通。

其他币种如山寨币、分叉币、空气币、传销币、平台币和企业币的法偿性问题虽然没有法律法规明文规定,但是举轻以明重,此六类货币的受众更加小且杂乱,亦可推定不具有法偿性,不能与法定货币进行直接兑换。

综上,该虚拟财产因经常涉及法律的灰色地带,被国家监管着,币种是否合法界限不明,甚至如空气币和传销币这一类的存在就不具有合法性。当币种本身的存在就违法时,若在离婚诉讼中请求法院分割,法院对此的态度也更倾向于消极处理。

(2)币种的属性

《关于防范比特币风险的通知》(以下简称289 号文)规定,比特币具有没有集中发行方、总量有限、使用不受地域限制和匿名性四个主要特点。虽然比特币被称为“货币”,但由于其不是由货币当局发行,不具有法偿性与强制性等货币属性,并不是真正意义的货币。从性质上看,比特币应当是一种特定的虚拟商品,不具有与货币等同的法律地位,不能且不应作为货币在市场上流通使用。

289 号文首次将比特币的属性界定为“一种特定的虚拟商品”。那么“特定的虚拟商品”可否视为物权客体,满足物权客体的特征有体性、特定性、支配性、独立性、流通性呢?其实,关于物权客体的特征学界本就存在争议,尤其是在物权客体是否要求“有体”上。而此类虚拟财产是无体的,因此其是否属于物权客体存在争议。而其他六种币种的属性法律法规更是没有对其明确的界定,属性模糊。

(3)交易活动的合法性

国家对此类货币的各类交易活动的合法性监管很严,根据 237 号文的规定,虚拟货币相关业务活动属于非法金融活动。开展法定货币与虚拟货币兑换业务、虚拟货币之间的兑换业务、作为中央对手方买卖虚拟货币、为虚拟货币交易提供信息中介和定价服务、代币发行融资以及虚拟货币衍生品交易等虚拟货币相关业务活动涉嫌非法发售代币票券、擅自公开发行证券、非法经营期货业务、非法集资等非法金融活动，一律严格禁止，坚决依法取缔。对于开展相关非法金融活动构成犯罪的，依法追究刑事责任。境外虚拟货币交易所通过互联网向我国境内居民提供服务同样属于非法金融活动。任何法人、非法人组织和自然人投资虚拟货币及相关衍生品，违背公序良俗的，相关民事法律行为无效，由此引发的损失由其自行承担；涉嫌破坏金融秩序、危害金融安全的，由相关部门依法查处。

国家虽然并未完全禁止所有以加密数字货币、虚拟货币为标的的交易活动，但是基于此类货币的交易活动可能一不小心就触及违法地带。因此，该类货币作为虚拟财产在离婚案件中涉及分割的问题，法院是否处理，如何处理？难点重重。

2. 程序合法

此类虚拟财产的交易所有许多在境外，在调查取证时可能涉及域外证据问题。而根据《民事诉讼法》第 73 条第 2 款的规定，提交外文书证，必须附有中文译本。根据最高人民法院《关于民事诉讼证据的若干规定》第 16 条的规定，当事人提供的公文书证系在中华人民共和国领域外形成的，该证据应当经所在国公证机关证明，或者履行中华人民共和国与该所在国订立的有关条约中规定的证明手续。中华人民共和国领域外形成的涉及身份关系的证据，应当经所在国公证机关证明并经中华人民共和国驻该国使领馆认证，或者履行中华人民共和国与该所在国订立的有关条约中规定的证明手续。当事人向人民法院提供的证据是在香港特别行政区、澳门特别行政区、台湾地区形成的，应当履行相关的证明手续。

域外证据的合法性涉及翻译及公证认证问题，程序复杂，加大了当事人的举证难度，使得案件进展举步维艰，加大了分割难度。

（四）判决难、执行难

首先，在判决上，由于前文所讨论过的评估机制不完善的问题，判决时此类财产的价值评估没有统一标准，加大了法官判决难度。并且，该类财产灵活度高，诉前保全也比较困难，给当事人隐匿转移财产以可乘之机。

其次，在执行上，申请执行涉及被执行人、第三方服务商、虚拟货币交易平台与执行法院等之间的配合度，而这往往缺乏强制力。并且，此类财产涉及私钥，甚至有的不联网，更易于隐藏和转移，现有技术难以直接强制执行。

（五）国家严管此类货币及其相关活动

在加密数字货币、虚拟货币的监管上国家出台过许多文件，其中有三份代表性文件（见表4－3）可以看出国家在不同阶段对该类货币的态度。

表4－3 加密数字货币、虚拟货币的代表性监管文件

代表性文件	《关于防范比特币风险的通知》（289号文）	《关于防范代币发行融资风险的公告》（94号公告）	《关于进一步防范和处置虚拟货币交易炒作风险的通知》（237号文）
发文机关	中国人民银行、工信部、中国银监会、中国证监会、中国保监会	中国人民银行、中央网信办、工信部、工商总局、银监会、证监会、保监会	中国人民银行、中央网信办、最高人民法院、最高人民检察院、工信部、公安部、市场监管总局、银保监会、证监会、外汇局
时代背景	炒币热兴起	“割韭菜”盛行，社会金融秩序被严重损害	众多犯罪分子利用此进行违法犯罪活动
核心要点	289号文将比特币定性为虚拟商品，从属性上将其排除在法定货币之外，通过比特币与人民币相互剥离的方式进行虚拟货币的首次监管。 该通知侧重对金融机构和支付机构的行为进行监管，限制比特币借助传统金融方式变相作为货币流转	94号公告在以太坊兴起的背景下，将参与ICO①的一切代币及虚拟货币定性为非法定货币。 该公告的重点监管对象为“代币发行融资”这一具体行为，明确该行为被全面性禁止，并直接将ICO定性为非法融资行为，任何主体的涉及或参与都涉嫌违法犯罪	将“泰达币”作为虚拟货币的类型写入规定，进一步加强对国内虚拟货币交易的监管。 将打击范围扩大为“非法金融活动”。 重点打击交易所，强调境外虚拟货币交易所的境内工作人员也应被追究责任，杜绝了交易所在大陆活动的可能

该三份文件的出台不仅是对新事物、新问题的回应，更是在虚拟货币企图“法定货币化”时为巩固人民币根本地位的权威发声。从以上出台的三份重要文件可以看出，国家的监管手段愈加严格，监管措施层层递进。

---

① ICO（Initial Coin Offering）：首次币发行，源自股票市场的首次公开发行（IPO）概念，是区块链项目首次发行代币，募集比特币、以太坊等通用数字货币的行为。

三、网络社交平台类虚拟财产案例较少的原因

经检索，与“离婚”及“网络社交平台”相关的案件，共检索出482件，其中能为本节的数据分析所用的仅有1件，占比为0.21%，占比值较少，笔者亦将对此类虚拟财产数据较少的原因进行探析。

因在本章第一节中已对网络社交平台进行分类，分为即时通讯类、直播视频类和短视频类，对该分类不再赘述，基于该分类分别探析。

（一）即时通讯类

即时通讯类是指专门从事即时传递文字讯息、档案、语音与视频交流的平台，如QQ、微信、E-mail等，此处主要讨论微信公众号和视频号。

主要因为QQ、微信聊天、E-mail等倾向于个人与个人间的私密聊天，非对外公开，一般无法通过粉丝量、阅读量、广告投放等方式转化为金钱变现，故作为夫妻共同财产分割的价值不大。而微信公众号、视频号为对外开放的公众平台，可以通过粉丝量、阅读量、广告投放等方式将价值变现，在离婚财产分割时具有财产价值。

1. 存在形式复杂

（1）网络运营商的“所有权”，用户的“使用权”

根据腾讯公司在《微信公众平台服务协议》的规定，微信公众账号的所有权归腾讯公司所有，用户完成申请注册手续后，获得微信公众账号的使用权，该使用权仅属于初始申请注册主体。若进行公众平台认证时，该公众账号在账号资质审核阶段提交的用户信息与初始申请注册主体不一致的，账号资质审核成功之后使用权属于通过资质审核的用户。账号使用权禁止赠与、借用、租用、转让或售卖。

该条款将公众号的所有权明确归属于网络运营商，用户仅享有使用权，是否为“不平等的格式条款”？法律效力如何，有效还是无效？如果认定用户享有使用权，该微信公众号是否还能分割？

以上种种问题都让微信公众号的法律属性和存在形式及归属产生疑问，加大了法院的审理难度。

（2）用户类型分为个人和组织

个人用户可能存在三种运营模式：第一，一人注册并运营。第二，多人合伙

以一人名义申请注册，共同运营，如全国首例微信公众号分割案。第三，以一人名义申请注册，实际由公司投入运营，如网红个人注册，实际由经纪公司宣传推广。

组织用户可能存在的运营模式：多人合伙或夫妻双方，以共同投资或控股的公司名义申请注册，共同运营或以一方为主运营。

那么，以上的运营模式中，除第一种一人注册并运营的以外，其他模式都会涉及案外人，导致法院在处理时因涉及案外人案情复杂而不在离婚诉讼中处理，亦无法看出法院的分割态度。

2. 经营模式特殊

微信公众号和视频号等的运营不以资金等实物出资为经营前提。它们的经营主要以智力劳动、时间、精力的投入为主，通过撰写文章或制作视频，传播有用信息以获取浏览量、粉丝量、广告投放等方式使价值变现。

该类虚拟财产还可能涉及著作权问题。如微信公众号、视频号的作品，作者是享有著作权的，那么在分割时需要考虑这方面问题，法院处理会更加困难，最后大概率会不予分割。

（二）直播视频类、短视频类

直播视频类、短视频类我们常见的有斗鱼直播、一直播、抖音、快手等。这类虚拟财产在离婚纠纷财产分割时案例少的原因与即时通讯类是类似的，此处不多赘述。但是它们与即时通讯类相比，有一个不同点，即账号运营时与个人的依附性更高，因为用户在运营时可能会露面或出声，当换个人运营时很容易就会被发现，粉丝可能会因此“不买账”而影响基于此产生的变现价值。

四、网络游戏类虚拟财产案例较少的原因

经检索，与“离婚”及“网络游戏”相关的案件，共检索出 31 件，其中能为本节的数据分析所用的仅有 1 件，且还是间接相关，占比为 3.23%，笔者亦将对此类虚拟财产数据较少的原因进行探析。

（一）流动性和可变现性不确定

游戏装备或饰品在游戏市场中没有固定价值，并不像实物商品明码标价，其价值还掺杂玩家的主观因素。

游戏账号通常实名认证绑定本人身份证，进行交易大多需要确定的买家之间一对一交易，这使得交易的变现时间长，导致可变现性不确定，随时可能出现一方反悔的情形。因此，即使法院在判决时进行变卖分割，操作的难度也很大。

（二）当事人分割意识薄弱，分割争议少

可以从主客观两方面进行分析。客观上，该类虚拟财产的价值从几十元到上万元不等，但是相较于其他夫妻共同财产，通常标的额较小，在几百元到几千元这一范围内。主观上，当事人也认为该虚拟财产的标的额小，没有分割的必要性，就很少在离婚诉讼中提及。并且，由于大部分游戏账号是绑定身份证的，当事人认为具有私密性，是不需要进行分割的。

综上，当事人的分割意识薄弱，不诉诸于法院，因此此类虚拟财产的分割争议也较少。

五、网络购物平台类虚拟财产案例较少的原因

经检索，与“离婚”及“网络购物平台”相关的案件，共检索出450件，其中能为本节的数据分析所用的仅有35件，占比为7.78%，是四类虚拟财产中有效案例占比最高的，也是案例最多的，但是从占比数额来看，其有效案例还是很少，笔者亦将对此类虚拟财产数据较少的原因进行探析。

（一）网店类型多，经营模式多样

网店一般可以分为三种类型：个人店、企业店和商城店铺。个人店也即以自然人名义注册的店铺。

企业店也即以企业名义注册的店铺，按照企业类型的不同，可以进一步将注册主体划分为个体工商户、有限责任公司、股份有限公司、合伙企业、个人独资企业和农民专业合作社。

商城店铺为特殊的企业店，是网店类型的一大特色，如我们常说的天猫旗舰店、京东自营店。此类店铺的入驻商家必须为企业，并且有相关营业证明，注册的门槛更高。

本节所重点讨论的网店主要指个人店。企业店与商城店铺涉及公司、企业等实体，应按离婚分割涉及股权、企业等法律规定进行处理。

个人网店的可能经营模式可以分为四类：

①夫妻一方注册，双方共同经营；

②夫妻一方注册，非注册方主要经营；

③夫妻一方与他人合伙，以夫妻一方名义或其他合伙人名义注册，共同经营；

④夫妻双方与他人合伙，以夫妻一方名义或其他合伙人名义注册，共同经营。

因注册方与经营方可能并非一人，且可能涉及案外人，那么就会出现一个问题：因经营权是无法分割的，那么该如何归属呢？若仅以注册方作为标准，就将经营权归属于注册方可能有失公允。注册只是成立网店的方式，不能作为确定权属的依据，若以此为标准，可能对于非注册方的主要经营者有失公平。

（二）当事人举证困难

根据最高人民法院《关于适用〈中华人民共和国民事诉讼法〉的解释》第90条的规定，主张分割的一方需要对网店的价值承担举证责任，也即“谁主张，谁举证”，当事人的举证难度很大。

一方面，个人网店未经工商注册，无法通过税务报表等计算价值。另一方面，个人网店运营模式常与个人生活联系紧密，以个人支付宝账户运营的现象比比皆是，导致网店财产与个人财产混同，价值难以确定。

综上，当事人举证困难，需要自行收集各类交易记录、库存余量等，易造成证据遗漏，法院往往会因为当事人证据不足，不予分割。

笔者在进行案件大数据分析时，经多次不同关键词的检索，并查阅大量判决书，发现相关案例极少。笔者在总结仅有少量数据的同时，欲探究该类案件可参考判决如此少的原因。

通过对网络虚拟财产本身性质、现有法院判决、理论层面争议的分析并结合自身经验，发现因网络虚拟财产的法律规定缺失、发展现状、固有特性等因素，导致其在法律层面的各类定义本就极富争议。在实践层面能查阅到的案例文章较少，因此，本书多参考学界的讨论，并结合笔者自身经验进行总结，希望在日后的实践中能对大家有所帮助，点亮一盏通往前路的明灯。

第三节 网络虚拟财产的分割方式及实操建议

在婚姻家事领域，离婚纠纷涉网络虚拟财产的分割，相关法律法规、案例、研究等更少。对近几年在数据库中从2018年1月1日起至2022年4月18日止的离婚纠纷涉网络虚拟财产分割的案例进行检索，有效数据不尽如人意，关键词检索出的1123件案例中，仅43件案例能为数据分析所用，案例基数之少，增加了实务研究的难度。

通过检索案例，无法完全总结出法院对此的态度，笔者将结合理论、实践与自身经验，从一般规则出发，通过类比总结出离婚纠纷涉网络虚拟财产分割的规则，并结合案例讲解，供各位学习参考。

一、分割前提

离婚时，分割网络虚拟财产首先需要明确可分割的夫妻共同网络虚拟财产。需要满足两个前提条件：(1)夫妻一方或双方名下享有网络虚拟财产；(2)该网络虚拟财产属于夫妻婚内共同财产。在分割时也需要时刻注意三个基本原则：(1)夫妻协商先行原则；(2)男女平等原则；(3)照顾子女、女方和无过错方权益的原则。

若以婚姻关系的各节点进行划分，可以将取得网络虚拟财产的时点划分为三段，分别为婚姻关系开始前、婚姻关系存续期间、婚姻关系结束后。不同时点取得的网络虚拟财产，其归属会有所区别，笔者将对第二个前提条件展开讨论。

(一)一方或双方在婚姻关系存续期间取得网络虚拟财产

夫妻一方或双方在婚姻关系存续期间取得的网络虚拟财产，属于夫妻婚内共同财产。根据《民法典》第1062条、第1063条及最高人民法院《关于适用〈中华人民共和国民法典〉婚姻家庭编的解释(一)》第25条的规定，该网络虚拟财产在婚姻关系存续期间取得，且不属于一方个人财产的情形，应认为是夫妻共同财产。若该网络虚拟财产具有一定的人身依附性如微信公众号、快手账号，可以类比知识产权作为夫妻共同财产的分割，认为其运营所得的收益为夫妻共同财产。

(二)一方婚前取得的网络虚拟财产

不同类型网络虚拟财产的特征不同,下面将对其分类讨论。

1. 基于网络购物平台的虚拟财产

(1)一方婚前注册的网店,婚后网店经营产生增值及库存等收益,属于夫妻共同财产。

(2)一方婚前注册的网店,婚后网店在未参与经营情况下产生的孳息及自然增值,不属于夫妻共同财产。此类情形是一种理想化状态,出现的可能性极小,因为婚后大概率会继续对网店进行经营管理,但仍具有存在的可能性,如婚后将该网店弃置,网店本身的剩余库存升值,即可属于此类情形。

2. 其他三类虚拟财产

(1)一方婚前取得,婚后进行积极投资、交易、管理产生增值或可变现收益,属于夫妻共同财产。

(2)一方婚前取得,婚后未进行积极管理产生孳息及自然增值,不属于夫妻共同财产。

加密数字货币、虚拟货币,基于网络社交平台的虚拟财产,基于网络游戏的虚拟财产这三类的一般认定原则是一致的,只是在实践中会产生一些特殊情形,但仍然可以套用该方法进行判断。如婚前注册的微信公众号,并且运营良好,具有一定的粉丝基础及热度,但是婚后不再运营管理,对其闲置,因婚前保持的知名度及市场因素,即使婚后不再管理,该账号本身仍然升值,则可认为其仍不属于夫妻共同财产。

3. 孳息及自然增值的判断

上述"孳息及自然增值"在实践中会出现不同情形,笔者对孳息及自然增值进行概念界定,以便读者理解并易于对实践中不同情形的判断。

孳息可分为天然孳息和法定孳息。天然孳息是依据物的自然性能或者物的变化规律而取得的收益。例如,母鸡生的蛋、牲畜下的幼崽,果树长出的果子,土地自然生长的粮食、草、树木等植物。网络虚拟财产不涉及天然孳息,对此不予多加讨论。法定孳息是指由法律规定产生了从属关系,物主因出让所属物一定期限内的使用权而得到的收益,如存款利息、股票分红、租金等。

自然增值是指夫妻未投入任何时间、智力、金钱、劳动等贡献,而仅因市场因素导致的财产增值。自然增值的判断主要在于是否有人为的贡献,如是否有时间、精力、金钱的投入,管理运营,等等。

上述的第二种情形中,网络虚拟财产主要属于自然增值的情形。

二、分割前价值评估方式

因网络虚拟财产的价值一般处于浮动状态且没有统一的估值标准,因此以房屋的价值评估方式进行类比借鉴。最高人民法院《关于适用〈中华人民共和国民法典〉婚姻家庭编的解释(一)》第76条规定:"双方对夫妻共同财产中的房屋价值及归属无法达成协议时,人民法院按以下情形分别处理:(一)双方均主张房屋所有权并且同意竞价取得的,应当准许;(二)一方主张房屋所有权的,由评估机构按市场价格对房屋作出评估,取得房屋所有权的一方应当给予另一方相应的补偿;(三)双方均不主张房屋所有权的,根据当事人的申请拍卖、变卖房屋,就所得价款进行分割。"

笔者经参考法律、司法实践、学者文章总结出网络虚拟财产在离婚纠纷中主要有以下五种价值评估方式:

(一)夫妻双方协商价格

根据夫妻协商先行原则,网络虚拟财产评估成本高,夫妻协商可以最大限度意思自治,是分割的最优解。

适用案例4-13 郑某诉王某离婚后财产纠纷案[①]

原告诉请

郑某与王某于2018年1月31日签署的离婚协议与2018年4月9日签署的离婚协议不一致,在后协议中对前协议进行了变更,应当以2018年4月9日的协议为准。上诉人认为一审法院认为两份协议均有效错误。

法院观点

双方在离婚协议中一致同意经营权及收益权归男方所有,存货一批归男方所有。女方于离婚之日起2日内将淘宝网店(郑氏银匠)银饰店相关注册信息改为男方。郑某与王某就离婚后财产分割分别达成了两份协议,上述两份协议均是双方当事人的真实意思表示,且不违反法律的强制性禁止性规定,应为有

① 湖南省常德市中级人民法院民事判决书,(2020)湘07民终2407号。

效协议。

驳回上诉，维持原判。

适用案例 4-14 房某诉李某离婚后财产纠纷案[①]

原告诉请

(1)确认原告与被告之间的离婚协议有效;(2)李某依照离婚协议的约定协助办理变更登记，具体是将李某所有的临沂市罗庄区×号楼×单元×××室及配房、鲁Q×××××号起亚轿车及5处网络店铺的所有权和经营权过户到房某名下，并将李某名下临沂高新区青鸟工艺品商行和山东青鸟工艺品有限公司的营业执照及李某注册的注册号为371330600030641的营业执照办理过户手续。

法院观点

房某与李某签订的《离婚协议书》系双方的真实意思表示，未发现订立财产分割协议时存在欺诈、胁迫等情形，依照最高人民法院《关于适用〈中华人民共和国婚姻法〉若干问题的解释(二)的补充规定》第8条第1款的规定:"离婚协议中关于财产分割的条款或者当事人因离婚就财产分割达成的协议，对男女双方具有法律约束力。"

离婚协议对网店有约定，法院尊重双方意思自治。

以上两例均为夫妻双方在离婚协议中对网店的经营权归属有约定，法院予以确认。法院在对网络虚拟财产进行分割时，首先尊重当事人双方的意思自治。

(二)拍卖

在双方均不想持有该网络虚拟财产的前提下，法院可以组织拍卖。

适用案例 4-15 郑某诉田某离婚纠纷案[②]

案情

田某婚内注册快手账号"鲜坊龙少"，主要经销海产品，粉丝量约28.6万。郑某于2019年9月11日起诉离婚，并请求分割快手账号"鲜坊龙少"，要求根

① 山东省临沂市罗庄区人民法院民事判决书，(2019)鲁1311民初1002号。

② 辽宁省开原市人民法院民事判决书，(2019)辽1282民初3240号。

据账号粉丝量(每人至少价值1元)拍卖或者评估。

法院观点

法院对原告郑某要求拍卖或者评估的请求未作处理。对快手账号不予分割,谁经营谁负责。

拍卖很难适用于网络虚拟财产中,如网络购物平台类及社交平台类的虚拟财产,网络运营商往往为了保证交易安全或账号安全,规定了不能在用户间随意交易、转让,使得拍卖这一方式难以适用。

(三)竞价

双方均想持有该网络虚拟财产的情况下,双方可以竞价,类似于在夫妻之间进行拍卖,价高者得,另一方分得补偿折价款。

(四)法院委托第三方评估机构

当法院无法对该网络虚拟财产进行估值时,可以委托第三方评估机构进行估值。该类评估方式的优点是相对准确稳妥。但是,针对网络虚拟财产没有专门的评估机构和专门的评估标准,而且一般花费的成本较高。

(五)多部门联合评估

该评估方法类似于法院委托第三方评估机构,但是情况更加复杂,需要多方配合。该类评估方法会更加客观和准确,但是过程耗时也更长并且成本巨大,如通过网络运营商、软件开发公司和物价部门联合评估鉴定。

三、分割方式

总结完分割前的价值评估方式,接下来笔者将探讨网络虚拟财产可能的分割方式。网络虚拟财产主要存在以下三种分割方式:实物分割、价款分割和作价补偿。该三种分割方式在其他类型的财产中很常见,同样,也可以适用于网络虚拟财产的分割,但是,三种分割方式的适用条件不同。

实物分割的适用条件:(1)该网络虚拟财产可直接分割;(2)没有人身依附性;(3)不需要进行评估作价。

价款分割的适用条件:(1)该网络虚拟财产无法分割或分割后价值受到极大贬损;(2)拍卖或变卖后。

作价补偿的适用条件：一方取得网络虚拟财产后，给予另一方补偿。

不同类型的网络虚拟财产在分割方式上也有所区别，笔者将分别对四类网络虚拟财产的分割方式进行探析。

（一）基于网络购物平台的虚拟财产

基于网络购物平台的虚拟财产主要涉及网店经营权的归属、网店的收益、网店的剩余库存量等，针对不同的类型，分割方式也有所差异。

1. 实物分割

当一方主张网店的库存量，且该库存量为可分割的实物时，法院可通过计算网店剩余库存量予以实物分割。

2. 价款分割

当一方仅主张网店所得收益时，法院可以通过计算网店剩余收入予以分割。

3. 折价分割

当双方皆主张网店经营权及店铺所得收入和库存等，综合各因素，法院判定由一方享有经营权，另一方取得店铺折价款。

4. 案例分享

案例详解 4－1　刘某诉孟某离婚纠纷案[①]

■ 案情

孟某（男）与刘某（女）系夫妻，孟某婚前以自己名义注册淘宝店“一点儿vintage”，并且在婚前及婚后与刘某共同经营。刘某于 2018 年 10 月 24 日起诉孟某要求离婚，并请求分割夫妻共同财产，其中涉及对淘宝店铺“一点儿 vintage”剩余收入的分割。

经审理查明，该淘宝店铺产生交易额共计 2,369,191.61 元，其中投入资金578,658.4 元，经营贷款 412,600 元。

■ 法律问题

网店剩余收入如何计算？

① 辽宁省沈阳市中级人民法院民事判决书，(2018)辽 01 民终 12197 号。

一审法院观点

剩余收入=交易额(2,369,191.61元)-投入资金(578,658.4元)-经营贷款(412,600元)=1,377,933.21元。将该剩余收入对半分割,男女双方分别取得688,966.6元。

刘某上诉:请求对淘宝店铺"一点儿vintage"评估分割。

事实与理由:(1)原审法院认定网店剩余收入为1,377,933.21元属于计算方法和数额错误,网店的营业收入和营业成本均计算错误,如将投入资金、经营贷款总和认定为网店营业成本等,因此原审法院属于认定事实错误;(2)原审法院将经营利润认定为现存夫妻共同财产予以分割错误,应按照现存剩余款项进行分割。

二审法院观点

一审法院结合本案具体情况、双方实际投入产出及一般日常经验法则,计算双方共同经营网店剩余收入的方法和数额,并无不当,故对上诉人刘某主张的该项理由,法院不予支持。

裁判刘某于本判决生效之日起10日内给付孟某网店收益688,966.6元。

基于该案而对网络购物平台类虚拟财产产生的法理分析:此类虚拟财产具有财产权利客体的共性,满足财产的"三性",可以作为财产进行分割。首先,具有财产的价值性。以淘宝店铺为例:个人脑力劳动、时间、金钱等成本的投入,使普通的淘宝店铺成为皇冠级别的店铺,实现了现实财产和劳动向虚拟财产的转换。淘宝店铺正常经营或者转让带来的客观收益,实现了虚拟财产向现实财产的转换。其次,具有财产的稀缺性。运营时间长、投入成本多、级别高的淘宝店铺,也即投入高成本的淘宝店铺具有很高的交易价值,并且该类淘宝店铺也并不多。最后,具有排他性。用户可以通过对账号密码的设置达到对专属网络空间的单独占有、使用。基于此,因网店满足财产的"三性",所以将其作为夫妻共同财产在离婚纠纷中进行分割完全合理。

回顾该案,法院对该网店的分割,也是基于《民法典》第1062条关于夫妻共同财产的一般情况进行处理。法院对婚姻关系存续期间运营网店产生的收益对半分割,与分割一般夫妻共同财产一致,具有合法性与合理性。本案中,因当事人未对网店经营权的归属进行请求,根据不告不理原则,法院在判决书中对网店的经营权未作处理。

（二）加密数字货币、虚拟货币

因该类财产的性质特殊，往往涉及财产的合法性、证据的合法性等问题，实践中，法院对此成功分割的案例极少，近几年的大数据并未检索出实践中法院分割的具体做法。因此，笔者将从理论上对加密数字货币、虚拟货币的分割方式进行探析。

1. 实物分割

此处的实物分割并非真实的“实物”，而是类似于“真实货币”，在可以计算持有该货币数量的基础上，并且该货币在数量上可分为若干份额的情形下，对其进行分割。

2. 价款分割

双方对该货币皆不主张所有权时，可通过变卖的方式，将变卖所得价款进行分割。但是，因加密数字货币、虚拟货币尤其是加密数字货币存在被违法犯罪分子利用扰乱金融秩序的情形，国家对此类货币的交易严加管控。因此，以变卖形式进行价款分割可能触及法律的灰色地带。

3. 折价分割

当货币不具备实物分割条件，一方或双方主张货币的所有权时，可通过价值评估确定持有货币的价值，货币所有权归属一方，另一方根据评估价值获得相应折价款。

在折价分割中涉及货币的价值评估基准日问题，因没有相关法律法规支持，实践中此类案件极少，法院亦未形成主流观点，因此，类比分割上市公司股票的价值基准日，规定如下：(1)协商先行，(2)法庭辩论终结日①，(3)提起诉讼之日，(4)判决生效之日。

（三）基于网络社交平台的虚拟财产

因该类财产相较于其他三类虚拟财产人身依附性较为明显，其分割主要涉及账号的使用权和运营账号所得收益，一般不存在实物分割的情形，因此，笔者将从价款分割和折价分割两种类型进行探讨。

---

① 北京市高级人民法院民一庭《关于审理婚姻纠纷案件若干疑难问题的参考意见》第26条规定，离婚诉讼中分割上市公司股票，需要确定股票价值的，当事人对确定股票价值的时间点无法达成一致的，可以法庭辩论终结日的股票价值为准。

1. 价款分割

可对经营社交账号期间所得收益进行计算并价款分割。

2. 折价分割

社交账号本身因具有人身依附性无法分割,实际运营账号一方可取得社交账号的使用、管理、收益权,另一方可通过价值评估确定社交账号的价值,根据评估价值获得相应折价款补偿。

3. 案例分享

(1)全国首例微信公众号分割案

案例详解 4-2 尹某、袁某、张某诉赵某等合伙合同纠纷案①

■ 案情

2016年1月,原告尹某、袁某、张某与被告赵某四人就注册、运营微信公众号等事宜达成一致意见。约定原、被告四人共同使用、管理和运营公众号,并以被告赵某名义申请注册"重要意见"公众号。

截至2017年7月13日,公众号粉丝数量为94,700,累计收入达300余万元。

自2017年7月开始,被告赵某擅自更改公众号密码,并扣留公众号收入款,致使原告方无法分得公众号的运营款项。

■ 法律问题

合作方式是否构成合伙关系?涉案微信公众号的属性?涉案微信公众号的价值认定?涉案微信公众号取得的收入如何分配?

■ 法院观点

①原、被告之间构成合伙关系。

②微信公众号是具有独立性、支配性、价值性的网络虚拟财产。

首先,微信公众号是个人或企业在微信公众平台上申请的应用账号。设立之初,微信公众号仅是一数据代号,后因设置微信公众号名称,确立账号主体,其具有区别于其他网络资源或现实财产的独立性。本案中"重要意见"微信公众号有自己的标识,有自己的栏目架构以及运营理念、文化,既区别于网络运营商提供的运行环境、微信公众平台提供的运营平台,也与其他网络用户的资源

① 上海市第二中级人民法院民事判决书,(2019)沪02民终7631号。

相区别，具有独立性。

其次，微信公众号虽然存在于网络空间中，具有虚拟性，但可通过对账号设置密码来控制微信公众号的运营，防止他人对公众号上的资料进行修改、增删。本案中的微信公众号也是如此，被上诉人与上诉人通过密码进入公众号后台，发表文章、回复评论、对公众号进行管理，具有支配性。

最后，微信公众号作为一种新型的电子商务模式，已不再是简单地通过流量渠道直接提供产品或服务获取费用，而是作为与用户沟通互动的桥梁，为品牌与用户之间构建深度联系的平台，具有较大价值性。从微信公众号的运营来看，原告与被告在涉案微信公众号运营中投入大量的时间、精力，有一定的劳动价值。从微信公众号的经营方式来看，通过发布引人关注的内容，吸引了一定数量的粉丝关注而具有了传播力、影响力，进而为广告商带来购买力和宣传力，有广告投放价值。从微信公众号的盈利模式来看，随着微信公众平台功能的深入开发，微信公众号不再局限于单一承载、发布信息的传统自媒体形式，其功能得以不断拓展，逐步发展成为一种新型的电子商务模式，即通过发表软文或撰写好物笔记宣传商品，获取广告收入、导流收入，或通过小程序商店直接提供产品或服务获取费用，集多种盈利模式于一体，有商业盈利价值。

③微信公众号价值确认。

考量多项因素：

A. 从涉案微信公众号的概况和发展历程来看，四人共同运营，2016 年 7 月至 2017 年 7 月收入 300 余万元。

B. 从涉案微信公众号的影响力和传播力来看，截至 2017 年 7 月 13 日涉案微信公众号的粉丝数量为 94,700，截至 2018 年 6 月 13 日涉案微信公众号的粉丝数量为 83,790。

C. 从涉案微信公众号的预期收益来看，立信公司采用收益法，即通过估测微信公众号未来预期收益的现值来判断资产价值的方法，对涉案微信公众号进行价值分析，认为在 2017 年 7 月 13 日的市场价值为 4,000,000 元。

D. 需注意微信公众号与一般资产不同，其价值除取决于客观因素外，一定程度上还依赖于运营方投入的智力和劳动成本。

酌定涉案微信公众号至各方合伙关系终止时的价值为 3,400,000 元。鉴于该微信公众号之后由上诉人继续运营，上诉人应相应地折价补偿三被上诉人各 850,000 元。

④微信公众号剩余款项以以往约定的分配方式予以分配。

■ **裁判结果**

以340万元为基础，酌定赵某向尹某、袁某、张某各支付折价补偿款85万元，同时，依照各方确认的先前已分配部分的分配比例，支付合作期间稿酬、分红及平台收入等。

(2)分割快手账号

案例详解4-3 郑某诉田某离婚纠纷案[①]

■ **案情**

郑某(女方)于2019年9月11日起诉田某(男方)要求离婚，并请求分割快手账户(账户名：鲜坊龙少)，根据账号粉丝量(每人至少价值1元)出售分割。经查田某婚内注册快手账号“鲜坊龙少”，主要经销海产品，粉丝量约28.6万。田某认为“鲜坊龙少”与他人合伙无法分割，要求由己方经营。

■ **法律问题**

该快手账号能否分割？在离婚诉讼财产分割中该如何处理？

■ **法院观点**

①司法实践中，该项属于新生的“虚拟财产”，“快手账户”需要经营者投入、宣传等，才可能有收益。但同时也存在风险，账号被关闭或其他情形出现时，将一文不值。所以，该“财产”无法作为有形财产进行分割，本着谁经营谁负责的理念，由被告(田某)继续持有该账户。

②依据《婚姻法》(已失效)照顾妇女、儿童的理念，针对“虚拟财产”存在的现实，对现有财产照顾并倾斜原告，以达到相对公平的目的。故考虑到债权35万元或已经转移成为装修、快手经营等其他形式的用款，由原告分得20万元，被告分得15万元，被告给付原告20万元。

(3)分割微信公众号

案例详解4-4 殷某某诉王某离婚纠纷案[②]

■ **案情**

殷某某(女方)于2015年6月10日起诉王某(男方)要求离婚，并请求依法

---

① 辽宁省开原市人民法院民事判决书，(2019)辽1282民初3240号。

② 辽宁省沈阳市中级人民法院民事判决书，(2016)辽01民终13122号。

分割王某名下8个深圳腾讯微信公众号,其中8090经典语录(XXAAPP)、女人私密话(XXAAAB)、女人不狠地位不稳(XXAAQQ)、极品爆笑(XXPPMM)4个公众号要求归殷某某所有。

经查,王某名下共申请8个深圳腾讯微信公众号,微信名称分别为8090经典语录、女人私密话、女人不狠地位不稳、极品爆笑、精品微小说、骂人宝典、正常人办不出这种事、土豪我们做朋友吧。

王某与案外人吴某某签订《合作协议》,约定双方于2015年6月20日正式合作。合作开始后,王某在腾讯打款后,须向吴某某支付80%的款项,王某占20%。2015年7月至2016年8月,王某给合伙人吴某某转账后,盈余211,166.01元。

法律问题

该8个微信公众号能否分割?在离婚诉讼财产分割中该如何处理?

一审法院观点

诉争的微信公众号系由王某用自己的名义在腾讯微信公众平台上申请注册并运营,该公众号是互联网网络平台根据当事人自身的个人信息等相关情况给予注册并开通,具备一定的人身权属性,不应作为夫妻共同财产予以分割。但该微信公众号在夫妻关系存续期间的盈利应当作为共同财产予以分割。

从殷某某起诉离婚之日,即2015年7月至2016年8月,王某名下银行卡入账774,269.01元,其中因经营微信公共号向合伙人吴某某转账563,103元,盈余211,166.01元。该盈余部分应视为夫妻共同财产予以分割,双方各占50%的份额,即105,583元。

二审法院观点

微信公众号是基于腾讯公司微信公众平台注册的一项应用账号,其实质是一种注册人基于与腾讯公司的协议获得在微信公众平台上发布信息的服务,并非属于注册人享有所有权的财产,在夫妻关系存续期间,基于运营该微信公众号所得收益,属于夫妻共同财产,离婚时可予以分割,但微信公众号本身,不属于夫妻共同财产,其在使用上,亦与注册人有较密切的联系,具备一定的人身属性,一审法院未支持上诉人殷某某分割微信公众号的诉请并无不当。

裁判结果

8个微信公众号不予分割,但微信公众号在夫妻关系存续期间的盈利应当作为共同财产予以分割,盈余211,166.01元,双方各占50%,即105,583元。

分割基于网络社交平台的虚拟财产法条没有详细规定，因此，法院在分割时适用《民法典》第1062条的一般情形。并且，此类财产的人身属性明显，实务中法院倾向于不予分割，仅对在婚姻关系存续期间运营此类虚拟财产产生的收益对半分割。

（四）基于网络游戏的虚拟财产

基于网络游戏的虚拟财产的分割主要涉及游戏装备、虚拟人物、游戏账号等的分割，但由于大数据检索案例极少，且相关度不高，笔者将从理论上对分割方式进行探讨。

1. 实物分割

并非真实的“实物”，而是将虚拟的网络游戏装备等类比为实物装备，并在能对其直接合理分配的情况下，进行分割。

2. 价款分割

双方对该类财产皆不主张所有权，可通过变卖的方式，将变卖所得价款进行分割。

3. 折价分割

当不具备实物分割条件，但一方或双方又主张所有权时，通过评估确定价值，所有权归属一方，另一方根据评估价值获得相应折价款补偿。

四、律师建议

基于上述研究现状和结果，我们可以得知，离婚纠纷涉及网络虚拟财产时往往因为财产类型新颖、性质特殊，当事人锁定财产和价值难，认定为夫妻共同财产难，财产和交易面临合法性问题，举证、判决和执行难等诸多原因导致司法实践中真实有效且双方对立点明确的案件稀少。故，笔者在本节大胆结合四类网络虚拟财产的不同情形，提出一些建议，希望对即将或正在面临此类争议的读者有所裨益，做到提前预防。具体如下：

（一）加密数字货币、虚拟货币类

1. 夫妻协商优先

因加密数字货币、虚拟货币性质特殊，可能涉及违法活动，在司法实践中法院是否处理，如何处理一直是困难点，请求法院判决分割会存在极大的不予处理的风险。因此，该类财产的分割如果夫妻之间能够先行协商达成一致意见是最优解。夫妻双方可以在婚内就通过《婚内财产协议》或其他书面方式，对该网络虚拟财产的归属、收益等作出安排，避免日后争议。若未签订协议，诉诸法院，也以夫妻协商一致为佳。

2. 注意财产动向

因加密数字货币、虚拟货币多涉及区块链技术，一般人对其了解可能不多，因此，若配偶有心转移隐匿财产很难被发现，需要对配偶的财产动向有所留心，可以从以下几个方面进行关注。

首先，需要注意配偶有无加密数字货币、虚拟货币。其次，若配偶持有，则需要注意所持数量、所在平台是个体平台还是交易平台，并对其开户行及账号密码保持掌握，有的可能涉及境外账户。因加密数字货币、虚拟货币的交易和获得途径多样，持有方转移隐匿财产轻而易举，因此，对上述动向一定要多加关注。

3. 注重证据留存

证据留存十分重要，能防患于未然，对以下证据可以多加注意。

首先，要多加关注对方银行流水、转账往来等，并注意留存证据。其次，了解配偶持有加密数字货币、虚拟货币所在平台的服务器是否在境内，注意留存其账号密码。最后，尽量了解配偶交易对手的国籍、身份等基本信息，可能交易对手在境外等情形，必要时务必留存证据。

4. 寻找专业人士

这类虚拟财产涉及领域新，运用区块链技术等，许多人对此不了解，寻找专业人士的帮助可以防患于未然，并节省大量的时间、精力。

(二)网络购物平台类

1. 夫妻协商优先

夫妻双方可以在婚内就通过《婚内财产协议》或其他书面方式，对网店的经营权、收入分配等作出安排，避免日后争议。若没有签订《婚内财产协议》或其他书面方式，诉诸法院，也以协商为最优解，尤其是网店的归属、经营权分配等这类无法分割的归属问题。

2. 注重证据留存

夫妻一方需对实际经营网店方多留心眼，尤其是夫妻间仅一方参与经营，另一方未参与经营的，更要注重对网店相关证据的留存。

首先，要注意经营方与上游供应商、厂方的日常账目往来、银行流水等信息。其次，注意是否设有网店的独立账户，网店账户是否与配偶的个人财产混同等，尽量将相关财产厘清。再次，注意经营方与客户的交易信息、银行流水等，并且关注是否存在交易额大的大客户，注意大客户名单的留存。最后，注意网店的库存量，若网店的经营管理涉及实物库存，必要时进行清点，做到心中有数。

3. 明确与案外人的权属关系

因网店的注册经营可能会涉及案外人，与案外人共同经营等情形，因此，与案外人的权利义务要明确清晰，将来遇到相关纠纷时，也便于解决。

若是合伙形式开个人店，则务必与案外人签署纸质协议，明确网店的经营权归属、收入分配比、库存分配比、各自管理范围、账目管理、结算时点和方式等。

若是企业店，则可能涉及股权、投资额等问题，所以需要明确配偶的投资占比、收益分配占比、结算时点和方式等。

4. 了解司法实践

相较于其他三类虚拟财产，基于网络购物平台的虚拟财产在离婚纠纷中的分割，实践中案例较多，当事人可以关注法院在遇到相关问题时的做法，并且可以关注法律相关的文章、视频等，做到心中有数。

（三）网络社交平台类

1. 夫妻协商优先

夫妻双方可以在婚内就通过《婚内财产协议》或其他书面方式，对该网络虚拟财产的归属、收入分配等作出安排，避免日后争议。若未签订书面协议，诉诸法院，也以协商为最优解。

2. 知晓管理规定

因该类虚拟财产多涉及第三方网络运营商，并且用户在使用前与其签订用户服务协议，如微信公众号、小红书、抖音等都会与用户签订该协议，并约定用户享有使用权，且不能对账号出租、转让、赠与、出借等。夫妻中的非实际运营方需要多加注意网络运营商对该账号的管理规定，便于关注另一方是否有违规等迹象。

3. 了解司法实践

因网络虚拟财产的新颖性，司法实践中对其在离婚纠纷中的判决也未形成主流的一致意见，多为法官自由裁量。当事人需要多关注司法实践中的大致做法，可以通过观看法律类的相关公众号文章、视频等普法，对此有一个大致了解。

4. 注重证据留存

同样，这类虚拟财产也务必注重对证据的留存，可以重点关注以下几个方面。

第一，关注配偶是全职还是兼职运营社交账号、自媒体账号，若是兼职，投入的时间、精力是多少。

第二，关注配偶所运营账号的各重大节点，账号的高光时刻，所赚粉丝流量所需时间跨度，必要时对相关数据留存。

第三，关注配偶运营账号时是否有商务活动、广告合作、平台推广等，注意并留存合作方的信息、报价、合同等。

第四，关注有无其他合作伙伴，其具体的投资占比、收益分配、是否有签署合作协议等，注意证据的留存。

第五，关注是否与 MCN 机构签署协议，并且在收益分配上有约定。如今，许多自媒体账号、社交账号运营方会与 MCN 机构签署协议，由其专门运营推广，有专业团队的帮助商业价值变现会更快。

第六，关注打赏情况，必要时留意老粉、大粉的账号信息等。

第七，注意管理方的日常账目往来、广告投放合同等，对相关证据要留存。

（四）网络游戏类

1. 夫妻协商优先

与其他类虚拟财产一致，以夫妻协商为最优解，包括事先签署《婚内财产协议》或其他书面方式。若诉诸法院，也以协商一致为佳。

2. 注重证据留存

同样，证据留存至关重要，网络游戏类虚拟财产可以多加关注以下几个方面的证据。

第一，需要关注配偶有几个账号、账号在服务器中的影响力，并注意留存游戏账号信息。

第二,关注配偶日常是否利用网络游戏获利,对网络游戏是否进行充值,充值数额等,这可能涉及对夫妻共同财产挥霍隐匿等问题。

第三,关注配偶是否对游戏装备等进行交易,交易的方式,是在第三方平台交易还是游戏区或是私下交易。

第四,关注游戏装备类的估价方式,日常价格波动是否大,影响价值涨跌的因素,对其大致了解,做到心中有数。

第五,可以适当注意队友信息,是否与其有线上或线下的金钱往来等,若有,必要时务必留存证据。

3. 重视该类虚拟财产的存在

因这类虚拟财产很容易在现实中被忽视,在离婚纠纷中不易被当事人想起,也就不会提起诉请。但是,有的基于网络游戏的虚拟财产价值并不小,甚至能达到上万元,当事人应该在日常生活中多加重视配偶是否玩网络游戏,并且存在价值不菲的游戏装备、账号等。

网络虚拟财产虽已渗透进我们的生活,在婚姻家事领域遇到网络虚拟财产的分割问题也越来越多,但是,从数据来看,整体的案例基数还是较少。夫妻间网络虚拟财产的认定与分割已成为司法实践中的难点之一,并且随着时间的推移,问题会不断扩张。因此,探讨解决网络虚拟财产的法律属性、法律规范的适用等迫在眉睫。

希望本章关于离婚纠纷涉网络虚拟财产的分割能给各位同人、客户以启发,为今后网络虚拟财产在婚姻家事领域的分割问题,在实务和理论研究方面指导提供些许助益。

第五章

艺术品篇

第一节　艺术品概述

“世界上只有艺术品是最有价值的，股票的平均增值率是40%，而艺术品的增值率是95%，艺术品是永不失败的投资。”意大利著名收藏家贝利尼曾经这样说。2020年以来，新冠疫情影响了生活的方方面面，同时也波及股市、基金等交易市场，而艺术品投资不仅具有极大的投资价值，且艺术品独特的审美体验也可以为投资人带来附加精神体验，于是高净值客户纷纷将目光转移到艺术品投资上。

离婚财产分割时，艺术品这一类高回报率、短期低转手率的特殊财产能不能分割？艺术品归属于谁？艺术品的价值如何确定？……一连串的问题的答案尚为空白但又亟待解决，故本章将目光集中于艺术品的定义、以往司法实践中艺术品分割实例这两大块，力求讲透繁杂的艺术品的真相及分割要点，不足之处望同人批评指正。

一、艺术品的定义

说到艺术品，不同领域的人对其的定义各有不同。收藏界大家马未都认为艺术品就是价值高昂的、值得收藏的物品；我国著名企业家王健林则把艺术品当成了投资品，不仅建造了价值上亿元的“万达博物馆”，还曾经向媒体高调宣称“我的收藏品的增值，早已超过了1000倍”。

《民法典》并未单独规定艺术品，艺术品属于民法中的“物”中的“动产”。文化部(已撤销)颁布的《艺术品经营管理办法》(现行有效)对艺术品采取列举式定义，即本办法所称艺术品，是指绘画作品、书法篆刻作品、雕塑雕刻作品、艺术摄影作品、装置艺术作品、工艺美术作品等及上述作品的有限复制品。本办法所称艺术品不包括文物。除上述列举式定义外，艺术品亦有概括式定义，艺术品是指艺术家在特定的时空环境里，将人类日常生活中的已消费或未消费过的物质文化实体、进行艺术性地有效选择、利用、改造、组合，以令其演绎出新的展示个体或群体丰富的精神文化意蕴的艺术形态。简单地讲，装置艺术，就是“场地 + 材料 + 情感”的综合展示艺术。

笔者尝试得出艺术品的定义：艺术品是一种具有独特审美价值，凝结人类独创性智力成果的不可复制的特殊商品。艺术品可分为广义艺术品和狭义艺术品，广义艺术品泛指所有具有艺术造型的物品，而狭义艺术品仅指可流通的具有艺术造型的物品，不包含不可流通的文物。

艺术品与文物的定义周延并非一致，文物属于广义的艺术品，但是不属于《艺术品经营管理办法》中的艺术品的定义（狭义艺术品）。文物是指“人类在社会活动中遗留下来的具有历史、艺术、科学价值的遗物和遗迹”。根据《中国国际进口博览会艺术品、收藏品和古物类展品服务指南（2021 版）》的规定，文物从时间的范围上划分，是指 1949 年（含）以前的各类艺术品、工艺美术品，手稿、文献资料、图书资料，与各民族社会制度、社会生产、社会生活有关的实物，1949 年以后的与重大事件或者著名人物有关的代表性实物，1949 年以后的反映各民族生产活动、生活习俗、文化艺术和宗教信仰的代表性实物，国家文物局公布限制出境的已故现代著名书画家、工艺美术家作品。

以上是狭义艺术品、广义艺术品与文物之间的区别，需要注意的是，广义的艺术品与黄金、奢侈品珠宝、名牌手表及其他非具有著作权属性的物品（兼为艺术品的物品除外）是不同的，因为前者具有或曾经具有著作人身权，而后者通常并不具备著作人身权，仅为价格高昂的财产，且此类财产市场评估价值稳定，并不似艺术品一物一价。相较于广义的艺术品来说，后者具有易复制、可批量性生产的特点使得其无法成为《著作权法》意义上的作品，因为后者不具有“独创性”这一作品的生命线。

随着“80 后”“90 后”的离婚率高启，一些新型的艺术品走进大众与法律视野中，成为离婚财产分割艺术品的特殊类型。如 MEDICOM TOY 玩具公司出品的小熊玩具，其将文化以及潮流元素注入 Bearbrick（暴力熊）（见图 5 - 1）当中，凭借良好的工艺技术，Bearbrick 迅速获得年轻人的喜爱，发展至今 Bearbrick

已经成为一个文化载体,而不单纯是一个小玩具。

图 5－1　Bearbrick(暴力熊)
图片款式为法国布艺艺术家 Anne Valérie Dupond
纯手工缝制,全球限量 5 件
售价:人民币 800,000 元

除 Bearbrick 这样的有体物,还有一些与区块链等新型概念相关的数字艺术品也成为年轻人竞相追逐的热门财产类型。伴随区块链逐渐进入公众视野,越来越多的传统财产与其相关联,意欲跳上区块链这艘时代的航船,“区块链＋”概念层出不穷,艺术品也不例外,新型的数字艺术品也能在拍卖行上以高昂的价格成交。例如,2017 年,艺术家 Larva Labs 创造了 Cryptopunk,这幅具有独特风格的画作并不是实体画,而是区块链加密数字艺术,其 NFT 的 ID 为 8690,大小为 336×336 像素,在 2021 年的上海嘉禾春季拍卖会上卖出人民币 523.25 万元的高价,作品如图 5－2 所示。

图 5－2　Larva Labs Cryptopunk

区块链加密数字艺术　2017 年 336×336px

NFT ID:8690

成交价:人民币 5,232,500 元

总之,狭义的艺术品,广义的艺术品,文物,黄金、珠宝首饰等贵重物品之间的关系如图 5－3 所示,本章所论述的标的为狭义的艺术品及国家允许流通的文物,以下统称为艺术品。

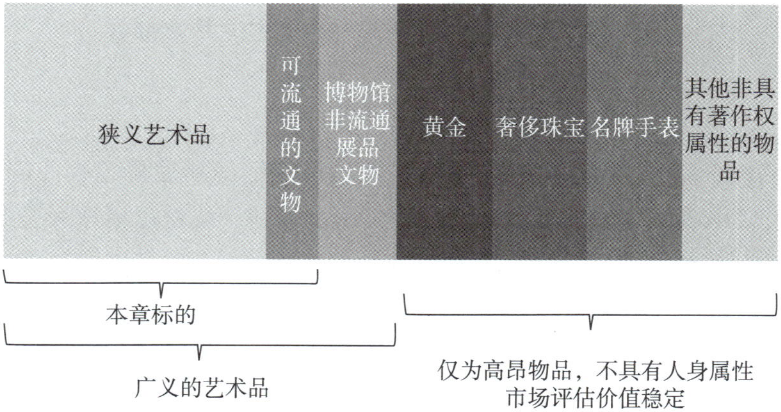

图 5－3　艺术品与周延概念的关系

二、艺术品的来源

艺术品作为一种凝结着人类独创性智力成果和劳动的不可复制的特殊商品,其取得方式有两种:一种为原始取得,另一种为继受取得。原始取得又称固有取得，是指非依他人的所有权而取得所有权，如劳动生产、创作、物附加的孳息，征用、没收、罚款、罚金等公法方式，先占，拾得，善意取得，时效取得等方式。继受取得为依存他人既存的权利和意志而取得物权，比如基于买卖、互易、赠与合同，基于遗嘱、法定继承、遗赠等形式。在司法实践中，艺术品的原始取得的方式主要为自主创作，艺术品的继受取得则分散于买卖合同、互易合同等形式中。

艺术品的来源不同，将会影响是否能够分割艺术品、艺术品归属于何方、另一方可分得部分折价款还是艺术品本身等问题的回答。

三、艺术品的取得

艺术品的取得方式与其他物品的取得方式并无很大的不同，均可分为原始取得和继受取得，原始取得可分为从无到有的取得，以征收、征用等公法方式的取得，完满地重新获得所有权的方式取得；而继受取得通常基于合同、继承方式取得。

（一）自己创作——原始取得

以“夫妻离婚 + 共同财产 + 艺术品 + 文玩 + 字画 + 古董”为关键词，以“婚姻家庭纠纷”为案由，时间限缩为“2018 年 1 月 1 日至 2022 年 7 月 1 日”，得到有关的有效民事判决书 88 份。

在 88 件有效案例中，原始取得艺术品的方式仅有一种，即夫妻某方作为艺术品的创作人，自己创作艺术品，将自己的劳动智慧与结晶凝结于艺术品之上，使得艺术品本身除了具有财产性外，还兼具著作权这一无形的知识产权，凝聚其上的知识产权虽是无形的权利，因附着于艺术品这一有形态上，使得艺术品的知识产权与艺术品本身的物质形态无法分割，故若夫妻某方以创作的方式原始取得艺术品，若要分割该种艺术品，则可参考知识产权及其收益的分割方式。

不过，因创作艺术品对创作者的天赋、运气、灵感等不可控因素的要求过高，此类标的物数量较少，在 88 件有效案例中，仅有 2 件，占总数的 2% 。面对此类原创艺术品的分割问题，可参考知识产权及其收益的分割，无约定时，艺术品归属创作人。

（二）他人创作——继受取得

在司法实践中，涉案标的物为基于买卖、赠与等合同关系或继承、遗赠关系取得的他人创作的艺术品较多，共有 86 件，占总数的 98%，大部分涉案艺术品都是他人创作的，仅有少部分为自己创作的。

在 86 份关于非原创艺术品的判决书中，常见的来源方式为他人赠与、夫妻共同财产取得、婚前个人财产购买。

如若通过购买的方式取得他人创作的艺术品，根据购买的时间的不同，可以分为婚前购买和婚后购买。如果是婚前购买，则该艺术品多为婚前陪嫁、婚前个人收藏；如果是婚后购买，又可以根据购买艺术品所用财产的不同分为用共同财产购买和用个人财产购买。除了购买取得艺术品之外，还可能通过朋友赠与或父母赠与的方式取得他人创作的艺术品。

在 86 份关于非原创艺术品的判决书中，从案件所涉及的关键字看，常见的请求分割的财产为字画、古董、文玩/古玩、艺术品等。理论上，艺术品是上位概念，包含古董、字画、文玩/古玩等下位概念；实践中，法院、当事人对这些概念并未予以明确区分。典型案例如适用案例 5 - 1。

适用案例 5 - 1 李某霞诉杨某旺申请执行人执行异议纠纷案①

法院认为，现由李某霞保管的所有艺术品、收藏品（除陈某所作油画《托钵僧人》外）均归李某霞所有。

四、司法实践处理方式

当艺术品进入婚姻财产分割领域时，艺术品归属的判定与其他贵重财产归属的判定势必有所不同。法院面对艺术品分割的问题，通常有三种态度：第一种为直接认定艺术品归属方，此种判决态度较为鲜明且稀少，仅有 3 件，占总数的 3%；第二种为根据离婚协议进行分割，依据夫妻双方的意思自治判决，共有 50 件，占总数的 57%；第三种为采取回避态度，共有 35 件，占总数的 40%。

（一）直接认定艺术品归属方

艺术品价值会随着市场行情变动而波动和艺术品本身具备的独特性这两个原因使得艺术品本身不似其他贵重财产一样有明确的市场价，而且艺术品这一有形财产上凝结着知识产权这一无形财产，故艺术品归属方的认定不似其他

① 湖南省长沙市中级人民法院民事判决书，(2020) 湘 01 民终 8511 号。

财产仅需考虑财产相关的因素。

在司法实践中，法院一般支持购买艺术品方、艺术品创作者、艺术品行业工作人员等可将艺术品价值利用最大化者为艺术品拥有者，但对另一方需予以折价补偿。

在法院支持艺术品购买方的案件中，法院认为艺术品购买方对艺术品的喜爱程度、付出程度、后续保养程度会付出更多，艺术品交由艺术品购买方所有更有利于后续艺术品的升值，也符合财产分配需考虑双方喜好的原则。相关案例如适用案例5-2和适用案例5-3。

适用案例5-2 刘某1诉刘某2离婚后财产纠纷案[①]

法院认为，关于原告主张的书画价值，因购买于双方婚姻关系存续期间，该书画应系双方的共同财产，按照购画支出的75,000元作为分割基础，被告应给付原告37,500元，该书画所有权归属于被告。

适用案例5-3 李某诉张某等离婚后财产纠纷案[②]

法院认为，张某购买的字画一幅（某）及铜质佛像一尊是于婚姻存续期间购买且未经李某同意，故判决上述字画及铜质佛像归张某所有，张某给付李某购买款项的一半，张某于本判决生效后7日内支付李某一半折价款。

除了艺术品购买方之外，若夫妻一方为艺术品行业或经营艺术品行当的人员，那么法院会认为若艺术品归属于此方，那么后续艺术品升值的空间相较于给予行外人一方会更大，更有利于艺术品的保护与升值，后续艺术品或有升值空间可由艺术品归属方以折价款的形式补偿给另一方，不仅保护艺术品未来的价值不至于失去“伯乐”后下降，还可以维护另一方的利益。相关案例如适用案例5-4。

适用案例5-4 丁某某与张某离婚纠纷案[③]

法院判决：离婚后，被告张某经营的文玩店内的库存财产归被告张某所有，被告张某应于本判决生效之日起30日内支付原告丁某某折价款50,000元。

---

① 北京市顺义区人民法院民事判决书，（2019）京0113民初20950号。
② 北京市第一中级人民法院民事判决书，（2021）京01民终1087号。
③ 上海市杨浦区人民法院民事判决书，（2020）沪0110民初6474号。

（二）根据离婚协议分割

夫妻协议离婚时，应事先对财产、债务分配，子女抚养等重要事项协商，后续若因履行夫妻离婚协议不能而诉诸法院，法院根据《民法典》第 1076 条第 2 款和第 1087 条第 1 款的相关规定以及民法的意思自治原则，在考察夫妻双方经济状况、过错程度以及签订夫妻离婚协议时是否为不真实的意思表示等情形后，若夫妻双方对于艺术品的归属、分割方式有约定的，从其约定，尊重夫妻双方的意思自治。相关案例如适用案例 5－5。

适用案例 5－5　荣某诉金某等离婚后财产纠纷案[①]

经双方协商，位于青岛太古百货地下商铺、山东海阳市凤凰度假庄园 ×1# 别墅、2011～2013 年男方在西安所有钱款、红木家具、名贵手表、古董等都归男方所有。

（三）采取回避态度

法院在处理夫妻双方艺术品这一共同财产时，通常采取两种实质性处理方式，一种为直接决定艺术品归属方，另一种为根据离婚协议分割。前者为法院根据事实情况、考察双方对艺术品的贡献、考量未来艺术品升值、平衡双方公平利益等角度下“主动出击”；后者为法院在夫妻双方当事人自愿的基础上尊重双方的意思自治，属于“中立不偏不倚”的立场。除此之外，法院还有第三种态度，即采取回避态度，相较于前两种实质性处理方式，这一实践处理方式更为消极、被动，颇有“一拳打在棉花上”的无力感，也给艺术品分割留下法律空白。

然而，前两种实质性的处理方式虽是实践中常见的，但是对于本书研究来说，探明最后一种“回避态度”背后的原因，或许对指导“确认艺术品归属，给予另一方补偿”等法律实践有利。

法院面对艺术品归属这一问题，采取回避态度的判决共有 35 件，占总数的 40%，之所以法院选择回避处理艺术品分割，笔者总结了三个主要原因：其一，法院无法证明艺术品的存在、由谁控制；其二，无法证明艺术品实际归属；其三，法院作为外行，无法辨别艺术品真伪及认定艺术品价值。

---

① 北京市第三中级人民法院民事判决书，（2020）京 03 民终 3006 号。

原因一,法院无法证明艺术品的存在,由谁控制。因这一原因,法院不予以处理的案件共有22件,在法院采取回避态度中占62.8%,因此举证问题是法院采取回避态度的重要原因。故笔者建议在面对该类案件时,当事人须时刻留意艺术品去向,并及时保留证据,如留有艺术品转移的照片、带有拍摄日期的视频等。艺术品作为高价值的动产,其所有权的归属不似轿车、船舶、航空器、房产采登记公示主义外观,而是“占有推定所有”的占有公示主义外观。且艺术品相较于轿车、航空器等大件高价值的财产来说,易转移、易隐藏、易变卖、难以追踪的特点使得占有艺术品的一方可以较为轻易地将艺术品控制在其手下,而不占有艺术品的一方若想证明艺术品由对方控制而非己方控制却很不容易,因为“证明有易,证明无难”。司法实践中会出现因原告方(非占有艺术品方)无法证明对方持有艺术品,法院以标的物不明为由不作处理的情形。相关案例如适用案例5-6。

适用案例5-6 姚某1诉胡某某离婚后财产纠纷案①

法院认为,原告虽提供了购物票据等,但不足以证明该些物品在被告处,故本案不作处理,当事人今后如有证据证明的,可通过协商或另行起诉解决。

原因二,法院无法确认艺术品实际归属。原因一中已指出艺术品的所有权归属采取的是“占有推定所有”的占有公示主义外观,但是“占有即所有”这一结论是可以被推翻的,如果涉案艺术品并非夫妻共同财产,为案外第三人财产,法院就会采取“不予处理,另案处理”的方式进行处理。相关案例如适用案例5-7。

适用案例5-7 王某诉丁某离婚纠纷案②

经查,丁某认可所述字画及净水器系其父亲的物品,故非夫妻共同财产,法院认为本案不宜作出认定,应由物权人另案主张为宜。

原因三,法官作为艺术品领域的外行人,因故无法到现场勘察艺术品,无法通过图片辨别艺术品真伪及认定艺术品价值。艺术品为特定物且价值大,即使是专业人士,也难以凭借几张图片、一段视频对某件艺术品的真伪或价值作出

---

① 上海市徐汇区人民法院民事判决书,(2018)沪0104民初8873号。

② 辽宁省沈阳市中级人民法院民事判决书,(2021)辽01民终11316号。

准确的判断，如果夫妻某一方不同意现场勘察艺术品，那么法官面对艺术品的分割会采取较为审慎的态度。相关案例如适用案例5－8。

适用案例5－8 王某诉陶某离婚后财产纠纷案①

王某要求分割家具、酒、文化石、玉器、金银首饰、字画，亦不同意法院对上述物品进行勘验。因法院无法到现场对物品的情况进行勘验，双方亦无法协商，故法院不宜处理，王某可另行解决。

总之，艺术品的分割与贵重金属、珠宝首饰等财产的分割不同之处有两点，其一，法官通常持审慎态度。因为艺术品本身真伪难辨，法官作为艺术品领域的“门外汉”，在没有足够的专业知识支撑下，即便亲自到现场勘察艺术品价值，也难以辨别艺术品的真伪与保证分配艺术品的公平性。其二，艺术品本身价值大，一物一价的特点使得艺术品市场价不明，法院无法对艺术品的价值采取“标准化”“一刀切”的分割方式。综上，艺术品，作为一种具有独特审美价值，凝结人类独创性智力成果的不可复制的特殊商品，在婚姻家事领域中，作为夫妻共同财产的一部分面临分割时，法院的态度有三种：认定艺术品直接归属某方、采取回避态度、按照离婚协议处理。而作为婚姻家事律师，在处理艺术品分割的案件时，更为重要的是在注意收集艺术品存在的证据、了解艺术品价值的认定模式、确认法院认定艺术品归属方的因素等与其他传统的贵重物品分割方式的差异等方面下功夫，以便在最大限度地维护当事人应有的权益。

第二节　艺术品离婚分割

2021年5月4日，比尔·盖茨夫妇又一次席卷了全球新闻头条，在经历了27年的婚姻生活之后，比尔·盖茨和妻子梅琳达·盖茨发布联名公开信，二人正式宣布将离婚。而盖茨夫妇5000多件行走在艺术史上的艺术收藏品又将何去何从？

近年来，艺术品市场随着投资资金的涌入而蓬勃发展。本节将以分割艺术品的知识点为基础，解析实践中分割艺术品的典型案例，穿插名人分割共同共

① 北京市第二中级人民法院民事判决书，(2021)京02民终6976号。

有艺术品的趣事，力求讲透夫妻离婚共同财产分割之艺术品的司法实践要点。

一、分割艺术品的条件

在讨论分割婚内共同财产之艺术品这一问题时，厘清艺术品的来源、取得方式至关重要。艺术品根据创作者的不同，可以分为原创性艺术品和非原创艺术品。对于不同艺术品的分割方式也不同，下面将区分艺术品的来源，对原创性艺术品和非原创艺术品的分割进行论述。

（一）原创性艺术品（收益）的分割条件

在没有约定的情况下，原创性艺术品本身作为著作权的载体，法院为保护艺术品创作者的独创性权利，并不会允许分割艺术品，也不会允许将艺术品的所有权判决给非创作方。不过在其他财产分配方面，法院会对非创作方予以一定的照顾，在其他财产分配上偏向于非创作方，以求整体财产分配的平衡。即艺术品归创作者，另一方不可请求所有，除非另有约定。若该艺术品在婚姻存续期内获得收益，则收益属于夫妻共同财产，另一方可请求分割；若该艺术品在婚姻存续期内没有获得收益，则另一方不仅无权分割艺术品也无权分割艺术品的收益。

值得注意的是，并非所有的具有观赏价值的物品都是艺术品，原创性的艺术品若要获得著作权项下的《著作权法》的保护，前提条件是其必须为“作品”。《著作权法》意义上的作品须具备三个要件：首先，该原创性艺术品必须是人类的智力劳动成果。其次，该艺术品必须是能够被他人客观感知的外在表达。最后，该艺术品的原创性必须具有独创性。在满足上述三项条件的基础上，原创性艺术品本身即为著作权这一无形知识产权权利的载体，与著作权本身无法分割，故法院面对原创性艺术品的处理问题时，因“先天捆绑”只能一同处理。

厘清了原创性艺术品本身不能分割这一大前提后，下面将论述分割原创性艺术品收益的条件。若要分割原创性艺术品的收益，则须具备两个条件，首先是艺术品须由夫妻一方所创造，其次是艺术品收益的取得应在婚姻存续期内。

1. 艺术品为夫妻一方所创作

如果夫妻一方对该艺术品享有完满的著作权及财产权，则其对于该艺术品所产生的收益权也是完整的，不与他人相关。若夫妻一方与第三人共同创作了某一具有“作品”属性的艺术品，那么其仅享有部分不完满的著作权，因此而产生的著作权收益，配偶不能请求完全地、平等地分割。相关案例如适用案例5－9。

适用案例5－9 罗某诉杨某离婚后财产纠纷案[①]

法院认为，在罗某无法提供证据证实已与其他共有人协商一致或已取得其他共有人同意的前提下，其要求分割罗某制作的摄影底片、油画、版画、连环画缺乏依据，不予支持。同理，若杨某处理协议所涉艺术品，亦应与罗某协商一致或取得罗某同意。

2. 收益须在婚姻存续期内取得

艺术品的收益的上位概念是著作权承载物收益，他们的共同上位概念是知识产权的收益。知识产权的收益是指实际取得或者已经明确可以取得的财产性收益。

具体到艺术品收益，可以细分为艺术品展出的收入、许可他人复制艺术品的许可费、将艺术品商用所获得的费用……只要艺术品为夫妻一方创作，则无论创作时间是婚前还是婚后，只要在婚内产生收益，那么该部分收益就属于夫妻共同财产，可以分割。

（1）拍卖费可否分割

艺术品拍卖费可否分割，需要分情形讨论。

艺术品拍卖费是指艺术品在拍卖市场上，经过参与者的多次竞价后所敲定的最终价格，艺术品的拍卖费自然是属于艺术品所得的收益，但是并不意味着离婚时都能变卖艺术品，艺术品拍卖所得的价款都能进行分割。

在离婚之前，经过正常的拍卖流程所得的拍卖款属于正常的艺术品收益，可以进行分割；离婚时尚未变卖的艺术品，无论是学界还是司法实践中，均不支持"为了离婚分割财产"而变卖，也不支持分割由此所得的拍卖费。例如，上海市第二中级人民法院法官袁博认为："作品原件的最大特性，在于其价值幅度较大的期待可能性，即艺术作品原件的价格往往在原件转让后发生大幅增加，因为大器晚成在艺术界是较为普遍的现象。而在作品甫经面世即行变现，往往会得到极不公平的对价，使作者蒙受巨大经济损失。"[②]而法院一般不支持为了分

① 广东省广州市中级人民法院民事判决书，（2020）粤01民终12908号。

② 袁博：《离婚财产分割中著作权期待利益的处理规则分析》，载《中国版权》2014年第2期。

割而拍卖,因为艺术品拍卖的价格受多重因素影响,若为了分割财产而拍卖恐影响拍卖结果,一般支持艺术品归创作人,予以配偶适当补偿。故,艺术品的拍卖所得价在一定程度上可以体现艺术品的市场价值,但是往往夫妻双方因着急离婚而急于变卖属于夫妻共同财产的艺术品时会使得艺术品的价格达不到预期,艺术品的拍卖价格会波动较大,因此在实践中,法院并不支持"为了离婚分割财产"而变卖艺术品,但是支持分割正常拍卖的艺术品的拍卖费。

为此,笔者给分割原创性艺术品双方提出建议如下:对于配偶方来说,若双方不能就艺术品分割方式和价值协商一致进行分割,或日后择时择价处置,那么在离婚前应尽可能地促进艺术品买卖和交易;对于创作者一方来说,考虑到配偶仅可分割原创性艺术品的婚内收益部分,但同时在婚内过早变卖艺术品将无法正常得到与其付出相对应的价值或极易使其价值贬损,只能尽量阻止在离婚前此类事件的发生。同时若本着夫妻友好协商的原则,可考虑尽可能与配偶协商取得艺术品在一定时间和场合处置、变卖的权利,将收益最大化,实现双方共赢。

(2)期待利益可否分割

在某些情形下,艺术品收益的"确定"与"实际取得"两个时间点可能并不完全重合。比如,创作人在婚姻关系存续期间和出版社签订艺术品影像出版合同,在合同中明确约定了出版费,只是尚未拿到这笔报酬;再如,创作人在婚姻存续期内和某艺术品展览公司签订艺术品展览活动,基于合同创作人可预期地获得报酬,但报酬尚未实际取得。

因此,艺术品收益可分为"实际利益"和"期待利益"。实际取得收益是指艺术品创作人已实际取得并控制的收益;而期待利益是指在可预见的将来取得,但是创作人尚未控制的收益。

期待利益可否分割?判断依据在于"收益明确的时间"。艺术品财产性"收益明确的时间"在婚内的,才属于夫妻共同财产。如果"收益明确的时间"在婚前,但是实际取得时间在婚内,那么该部分收益也不属于夫妻共同财产。

(二)他人创作的艺术品的分割条件

艺术品的来源除了原始取得,还可能是继受取得。继受取得常见的有买卖、互易、赠与、继承、遗赠等。非夫妻原创的艺术品通常蕴含着收藏价值、投资价值,相较于前述原创性艺术品而言,其财产性质更值得关注。

法院在分割非夫妻原创的艺术品时，与分割其他高昂的贵重物品的方式基本一致。

1. 时间条件：在婚姻存续期内获得

对于继受取得的非夫妻原创艺术品，只有继受取得的时间在婚姻存续期间，才可能被认定为夫妻共同财产。婚前取得的艺术品，若无特殊约定，则归一方所有。

（1）婚前购买、继承、受赠等

婚前继承、受赠、购买的艺术品，一般为个人财产（如适用案例 5－10、适用案例 5－11 和适用案例 5－12）。若婚前购买的艺术品产生了增值，可否分割增值部分？对于这一个问题，须看婚后夫妻任何一方是否对该艺术品的增值作出额外的努力。若该艺术品的增值是自然增值的，那么增值部分仍属于个人财产；若夫妻某方对艺术品的增值部分作出了额外的努力，比如参加拍卖会、时刻关注艺术品增值的信息、对艺术品作出增值营销等行为，即使夫妻另一方没有对艺术品作出努力，但是为醉心沉迷艺术品的一方承担了其应承担的家庭义务，法律也不能忽视没有作出直接贡献方夫妻的努力，且最高人民法院《关于适用〈中华人民共和国民法典〉婚姻家庭编的解释（一）》第 26 条也有规定："夫妻一方个人财产在婚后产生的收益，除孳息和自然增值外，应认定为夫妻共同财产。"故该艺术品增值部分属于夫妻共同财产，应当予以分割。律师建议注意搜集配偶使得艺术品增值所作的努力的证明。

适用案例 5－10 刘某诉买某离婚后财产纠纷案[①]

法院认为，原、被告离婚时，对原告的婚前财产即陪嫁物和夫妻共同财产均未作处理，现原告提出被告返还其陪嫁物并分割共同财产，合法有据，应当予以支持。关于返还的数量及种类，原告未提交书面证据证实，结合被告自认，由被告返还原告陪嫁物：……曾国藩词装裱字画 1 幅……

适用案例 5－11 任某诉陈某离婚后财产纠纷案[②]

法院认为，夫妻共同财产由双方协议处理。离婚协议中关于财产分割的条款或者当事人因离婚就财产分割达成的协议，对男女双方具有法律约束力……

① 甘肃省平凉市崆峒区人民法院民事判决书，（2021）甘 0802 民初 6346 号。

② 北京市西城区人民法院民事判决书，（2019）京 0102 民初 28502 号。

（七）字画：女方父母赠予的全部字画，离婚后归女方所有……

适用案例 5－12 陈某诉何某离婚后财产纠纷案①

陈某提出要求何某返还的四件古董，包括雍正官窑红釉碗一只，民国粉彩瓶一只，同治官窑粉彩蝶一只，乾隆民窑蓝釉盘一只；一审庭审中，何某认可瓷器仅三件，并不清楚是否为古董、具体颜色并不清楚，陈某举证证明该部分财产为婚前购买，应归属于陈某本人，法院予以认可。

（2）婚后购买、继承、受赠等

就婚后继承、受赠而言，一般默认为夫妻共同财产，除非对方提出相反证据，证明其为指定继承或指定赠与。《民法典》第 1063 条第 3 项规定，遗嘱或者赠与合同中确定只归一方的财产为夫妻一方的个人财产（如适用案例 5－13 和适用案例 5－14）。就婚后购买而言，若对方无相反证据，那么默认为夫妻共同财产（如适用案例 5－15）。

适用案例 5－13 刘某诉王某离婚纠纷案②

关于动产分割事宜，现有证据表明分居后双方各自从系争房屋内取走部分财产，根据双方所述动产及价值以及婚内赠与等情况，本着经济便利的原则，法院酌情对家具、家电、橄榄核、菩提、檀木手串、酒类等物品作出处理。因双方对玉簪及其他金银首饰的去向存在争议且均无证据证明为对方持有，故本案不作处理。

适用案例 5－14 杨某诉董某离婚后财产纠纷案③

被告要求原告履行给孩子树立正确的人生观的义务，还有要求平分未分配财产，包括婚内继承而来的玉盆，别人送的婚礼玉器等诉讼请求，被告未提供证据予以证明，而原告举证证明玉盆与婚礼玉器为指定赠与与指定继承，因此被告的反诉诉讼请求法院不予支持。

① 浙江省绍兴市中级人民法院民事判决书，（2020）浙 06 民终 3481。
② 上海市闵行区人民法院民事判决书，（2018）沪 0112 民初 2394 号。
③ 北京市房山区人民法院民事判决书，（2019）京 0111 民初 27451 号。

适用案例 5-15 时某诉王某离婚后财产纠纷案①

对于婚内购买的字画与玉石的分割,法院依法判决由被告支付原告50,000元,作为玉石原石40公斤及其他收藏字画两幅(价值100,000元)一半的折价款。

2. 实质条件:基于夫妻共同体身份取得

无论是继承、受赠还是购买,必须基于夫妻共同体身份。若继承、受赠而来的艺术品被认定为夫妻共同财产,则是基于被继承人、赠与人对受赠方夫妻共同体的认可与肯定;若购买而来的艺术品被认定为夫妻共同财产,则用于购买艺术品的财产为夫妻共同财产,这是夫妻共同体身份关系在财产上的体现。下面笔者以司法实践案例为基础,讲解法院在认定购买艺术品的财产为夫妻共同财产、法院分配艺术品贬值的风险时会考虑的因素,为指导后续法律工作者在处理类似案件时提供指引方向。

案例详解 5-1 婚内一方变卖股份,用该股份折价款购买的古董,是否属于夫妻共同财产? 张某诉李某等离婚后财产纠纷案②

■ **案情**(见图5-4)

李某(男方,被告)与张某(女方,原告)于2006年登记结婚,于2016年登记离婚。2010年,李某出资投资建设中兆恒基公司,李某称投资资金源于其父母;2014年2月14日,李某将中兆恒基公司98%的股份以490万元转让给同公司股东孙某和苏某,李某称用490万元的股权折价款购买鸡血石和古董,并用照片予以佐证。现张某请求分割该490万元的股权折价款,李某认为涉案股权折价款的股权出资额为其父母对李某的指定赠与,与张某无关;即使张某要予以分割,也应分割鸡血石和古董。

① 新疆维吾尔自治区库尔勒市人民法院民事判决书,(2019)新2801民初6557号。
② 北京市第二中级人民法院民事判决书,(2019)京02民终8453号。

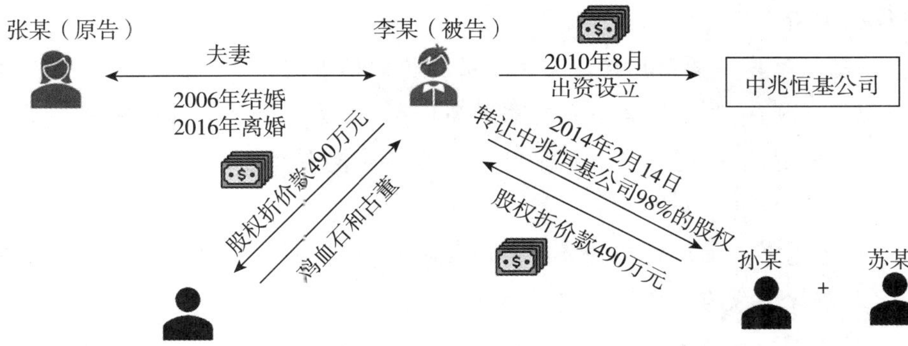

图5－4　案例详解5－1案情

法律问题

1. 中兆恒基公司的股权及股权转让款是否属于夫妻共同财产？

2. 张某应分割股权折价款还是鸡血石和古董？

法院观点

问题1:属于夫妻共同财产。李某于2010年婚姻存续期间内出资设立中兆恒基公司,若用于出资的这部分金钱属于夫妻共同财产,则用共同财产对价获得的公司股份以及后续的股份折价款也属于夫妻共同财产。李某称该公司注册及经营均由其父母出资,张某无权分割股份转让款,但未提交相关证据予以佐证,故法院不支持李某的主张。

问题2:应分割股权折价款。李某称张某要予以分割,也应分割鸡血石和古董,然而张某对股权折价款购买鸡血石和古董的证据真实性和证明目的均有异议,经法院询问,李某称购买古董、鸡血石没有支付凭证及相关证书。因该款项数额巨大,李某仅提供照片未提供其他证据证明买卖真实发生,故法院对李某的陈述不予认可,法院认定前述款项属于夫妻共同财产,应由李某给付张某245万元。(法院参考的理由见图5－5)

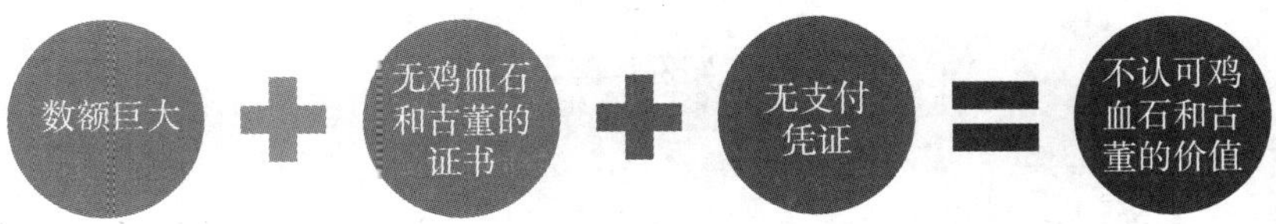

图5－5　法院在选择何为分割物时所参考的条件

律师评析

法院认可以共同财产换取的艺术品价值的标准较为复杂，实践中，法院为保证配偶方利益，防止夫妻一方恶意以高价购买、以低价出售艺术品的方式转移夫妻共同财产，对交易艺术品时应具备的条件较为严格，具体来说有以下几点：

(1)交易艺术品时价格、时间、场合须合理，需要留下交易凭证；

(2)艺术品须有权威/专业机构的认证或背书；

(3)交易对手方不宜关系过于紧密以至于影响交易公正性的评判。

案例详解 5－2 婚内一方以共同财产购买艺术品，艺术品贬值，该损失谁来承担？ 刘某1诉刘某2离婚后财产纠纷案[①]

案情(见图5－6)

刘某1(原告)与刘某2(被告)于2008年12月31日登记结婚，于2014年3月12日诉讼离婚。2013年6月21日，刘某2在未得到刘某1同意的情况下，用夫妻共同财产在北京某拍卖公司以84,750元购买三幅书画，并一直收藏在某处，刘某2认为收藏国画属于爱好，因此三幅国画属于个人财产。现该三幅国画贬值，刘某1要求按照购买价给付折价款。

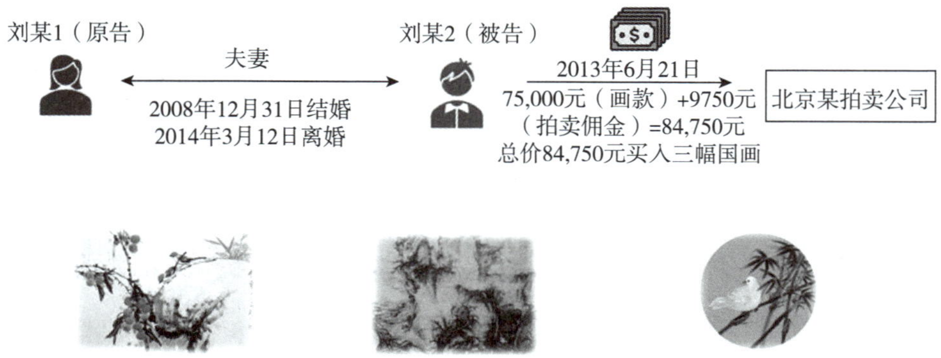

图5－6 案例详解5－2案情

法律问题

1. 购入的国画是否属于夫妻共同财产？

① 北京市顺义区人民法院民事判决书，(2019)京0113民初20950号。

2. 刘某1是否可以分割购画款而非分割三幅国画的现值?

法院观点

问题1:三幅国画因购买于双方婚姻关系存续期间,且由夫妻共同财产购买,该国画应系双方的共同财产,刘某2仅以"个人爱好"为由认定该国画属于其个人财产,法院不予支持。

问题2:刘某2在二人婚姻存续期间在未经刘某1同意的情况下支出大额的夫妻共同财产为满足个人爱好购买国画,即使国画作品现在有贬值,该损失亦应由刘某2承担,刘某1要求按照购买价给付折价款,法院予以支持,并按照购画支出的75,000元作为分割基础,刘某2应给付刘某1 37,500元。

律师评析

法院在什么情况下会支持让购买方承担艺术品贬值的风险?实践中,法院为保证配偶方权益,防止夫妻一方以随意购买艺术品此类价格波动不定的物品的方式转移夫妻共同财产,若在满足未经同意、在婚姻存续期间、用共同财产购买艺术品这三个条件时,购买方须承担艺术品损失的风险。举证责任的分配也是若配偶能举证这三种情形,则可以避免承担艺术品贬值带来的风险;反之,若希望配偶方一起承担艺术品贬值带来的风险可反向举证。

二、如何分割艺术品

对于如何分割艺术品这一问题,法院所采取的态度多为三种,第一种为根据离婚协议进行分割,第二种为认定艺术品归属于某方,第三种为采取回避态度。其中,第二种明确确定艺术品的归属方的数量很少,仅有3件,仅占4%;而无论是第一种根据离婚协议进行分割,还是第三种采取回避态度,法院对艺术品分割的处理态度都是较为消极的,法院一般不会让自己介入艺术品具体分割的问题中。对此,笔者得出结论:对于艺术品分割,有约定按约定。无约定,法院一般采回避态度,而其中两项原因占主流地位:没有证据证明艺术品的存在以及法院无法现场勘察艺术品。

考察过司法实践处理的态度之后,若配偶方想要将艺术品纳入夫妻共同财产项目的标的物之中,排除法院的回避处理态度,配偶方须满足两个程序条件:其一,有证据证明艺术品的存在;其二,双方均同意,且法院到现场勘验艺术品。

（一）两个程序条件

1. 有证据证明艺术品的存在

艺术品若要进入法院分割程序，配偶需证明艺术品的去向。在司法实践中，若配偶方仅口头主张艺术品被对方转移，法院并不认可艺术品存在这一事实（如适用案例5－16、适用案例5－17和适用案例5－18）。除口头指认会被否认外，即使是模糊的视频监控，若不能明确显示艺术品搬离的时间，也不会被法院认可艺术品的存在（如适用案例5－19、适用案例5－20和适用案例5－21）。

适用案例5－16 范某诉朱某离婚后财产纠纷案[①]

法院认为，对于朱某反诉的返还段绍家画作一幅，因范某不承认拿过该幅画，朱某仅举证证人证言，无其他证据予以佐证，证据不足，本院不予支持。

适用案例5－17 张某诉李某离婚后财产纠纷案[②]

本案中，李某称除了古玩石头外，其他字画、古董已经没有了，张某对此亦未证明字画、古董实际存在，故法院对张某要求分割字画与古董的主张不予支持。

适用案例5－18 张某1诉邓某离婚纠纷案[③]

一审法院认为，张某1诉称邓某将其及其父母的古董2件（明朝时期的铜酒杯、酒壶）、现洋8块、祖传的玉镯1只、抽水用的汽油机、四床被子、四个被罩、六个床单、一个床罩、所有的裤子、被单全部拿走，但未向法院提供证据加以证明，不予认定。二审法院认为，张某1上诉称邓某将其家里财产拿走，并未提供证据证明，其主张不能成立。

适用案例5－19 耿某诉刘某离婚后财产纠纷案[④]

原告提交“被告到原告所住浮山后依山半岛小区的家中拿走物品后出来的

① 陕西省西安市高陵区人民法院（原陕西省高陵县人民法院）民事判决书，（2020）陕0117民初1661号。

② 北京市第二中级人民法院民事判决书，（2020）京02民终2933号。

③ 河南省周口市中级人民法院民事判决书，（2020）豫16民终1651号。

④ 山东省青岛市李沧区人民法院民事判决书，（2018）鲁0213民初5062号。

监控录像”及光盘，录像中可以看出被告的包装得很满、很沉（事实），能够证明被告拿走原告贵重物品的事实，贵重物品包括9个瓷瓶、3个青铜器、50多幅字画等，上述物品均是原告的婚前财产（原告推测）。光盘中还有微信图片3张，图片中的碧玺被被告拿走。法院认为，原告提交的报案记录、录音及视频证据不能充分证明该主张。仅显示艺术品的艺术品照片、艺术品清单都不能单独证明艺术品的存在及转移情况。

适用案例5－20　切某诉桑某离婚后财产纠纷案[①]

法院认为，本案中原告提交的证据系原、被告共同生活期间被告佩戴的首饰和原、被告共同生活期间家里摆放的家具，此证据不能证明首饰及家具等财产尚存。

适用案例5－21　姚某诉胡某某离婚后财产纠纷案[②]

法院认为，原告提供的补充证据目录及《松江别墅》珠宝、艺术品等贵重物品清单和购物票据等，不足以证明该些物品在被告处，故本案不作处理，当事人今后如有证据证明的，可通过协商或另行起诉解决。

2. 双方均同意，且法院到现场勘验艺术品

“艺术品之所以为艺术品，是其有独一无二性”。法院为保证公平性，对夫妻共有财产的艺术品的分割大多采取现场分割，法院支持分割的前提是双方均需同意法院分割艺术品，且法院可以到现场勘验艺术品。

若某方不同意，则法院无法分割（如适用案例5－22和适用案例5－23）。

只有法官亲自到现场，法院才有可能对具体的艺术品作出实质性的分割。法官之所以不到现场，就不分割的原因之一是法官作为艺术品领域的外行，对艺术品的真伪及价值的估价都存在顾虑，只有亲自到现场在双方和平协商的气氛下，才能尽量公平地对艺术品这一高估值的贵重财产进行分割（如适用案例5－24）。

---

① 青海省兴海县人民法院民事判决书，（2022）青2524民初52号。

② 上海市徐汇区人民法院民事判决书，（2018）沪0104民初8873号。

适用案例5－22 王某诉陶某离婚后财产纠纷案[①]

因陶某不同意王某要求分割家具、酒、文化石、玉器、金银首饰、字画的诉讼请求，因法院无法到现场对物品的情况进行勘验，双方亦无法协商，故法院不宜处理，王某可另行起诉解决。

适用案例5－23 董某诉夏某等分家析产纠纷案[②]

本案被告沈某和第三人夏某认为东城法院勘验现场所记录的物品清单中的部分物品不属于沈某与被继承人董某2的夫妻共同财产，原告为了不因此延缓该案件审理速度，自愿暂时搁置对该部分物品的争议。

适用案例5－24 陈某与何某离婚后财产纠纷案[③]

对于陈某要求何某返还其四件古董，包括雍正官窑红釉碗一只、民国粉彩瓶一只、同治官窑粉彩蝶一只、乾隆民窑蓝釉盘一只的诉讼请求，由于陈某对要求返还的瓷器的具体品种、颜色等并未举示证据予以说明，法院亦无法核实其与何某自认返还的瓷器是否为同一，故法院对陈某的该项诉讼请求不予支持，建议双方自行核对后返还。

（二）分割方式

对于一般贵重物品的分割，法院一般会采取分割份额、拍卖、折价补偿这三种方式。但由于艺术品的个体性无法分割、为了离婚而拍卖会损害艺术品本身价值等因素，法院一般采取折价补偿的分割方式。对单个艺术品，法院一般采取将艺术品归属于一方，后对另一方折价补偿的分割方式；若有多件艺术品，则会采取将某部分艺术品给予某方，另一方拥有剩余部分的艺术品，并由所持艺术品价值较大一方对另一方给予补偿的处理方式。

1.归属方的确定

法院在判决艺术品归谁时，会考虑哪些因素呢？下面将通过案例详解5－3进行归纳总结。

---

① 北京市第二中级人民法院民事判决书，(2021)京02民终6976号。
② 北京市朝阳区人民法院民事判决书，(2019)京0105民初62115号。
③ 重庆市南岸区人民法院民事判决书，(2018)渝0108民初2797号。

案例详解 5－3　陈某诉蒋某某离婚后财产纠纷案①

案情（见图 5－7）

陈某（原告，女方）和蒋某（被告，男方，胡琴收藏家）于 2000 年 7 月 13 日登记结婚，后于 2016 年 4 月 25 日经判决离婚。陈某称，蒋某在婚姻存续期间，购买了 100 把名贵的二胡，50 件留声机、电影放映机，并且还开设了一个国粹胡琴艺术收藏馆予以收藏名贵的胡琴。陈某请求分割上述艺术品。而蒋某认为 100 把胡琴中仅有 10 余把是以婚内共同财产购买，而留声机、电影放映机是离婚后的收藏，且出卖变价后又购置其他艺术品存放于陈某处。

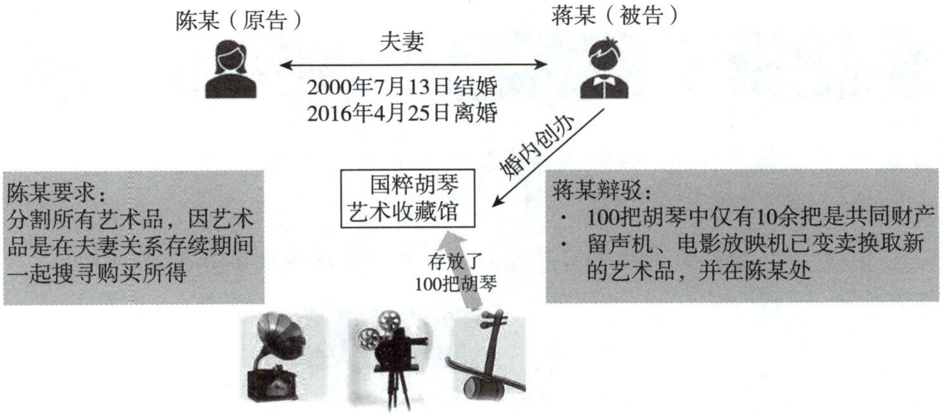

图 5－7　案例详解 5－3 案情

法律问题

1. 如何认定多件艺术品是否属于夫妻共同财产？

2. 若属于夫妻共同财产，该如何分割？

法院观点

问题 1：购买时间推定为婚内购买：蒋某作为实际购买人员，应对上述物品非夫妻共同财产承担举证责任。然蒋某未提供足够的证据证明具体购买时间，故上述物品可推定为在婚内购买。推定理由可归纳为图 5－8。

① 上海市闵行区人民法院民事判决书，（2018）沪 0112 民初 36524 号。

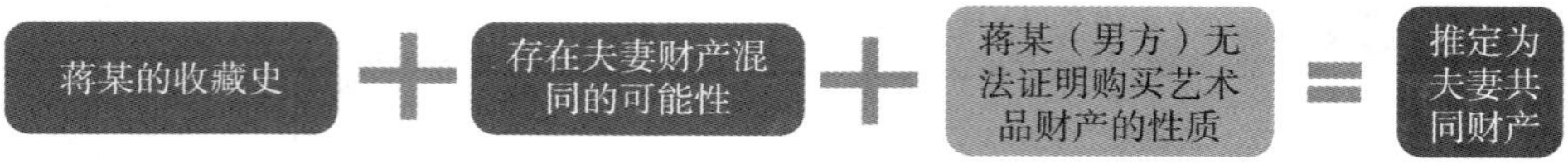

图5-8　推定多件艺术品为夫妻共同财产的理由

问题2：胡琴和放映机：鉴于胡琴价值无法确定，综合考虑上述财产混同的可能性、胡琴由蒋某收藏取得其付出较多、蒋某已建胡琴收藏馆、蒋某对胡琴喜爱度的事实，法院酌情确定其中老龙头胡琴组合共9把、老红木胡琴1把、老丝弦胡琴1把及八角龙头胡琴1把归陈某所有，其余胡琴、电影放映机均归蒋某所有，蒋某支付陈某折价款2000元。

图5-9　法院认定折价补偿的论证过程

■ 律师评析

（1）认定艺术品属于共同财产的因素及举证责任的分配如图5-10所示：

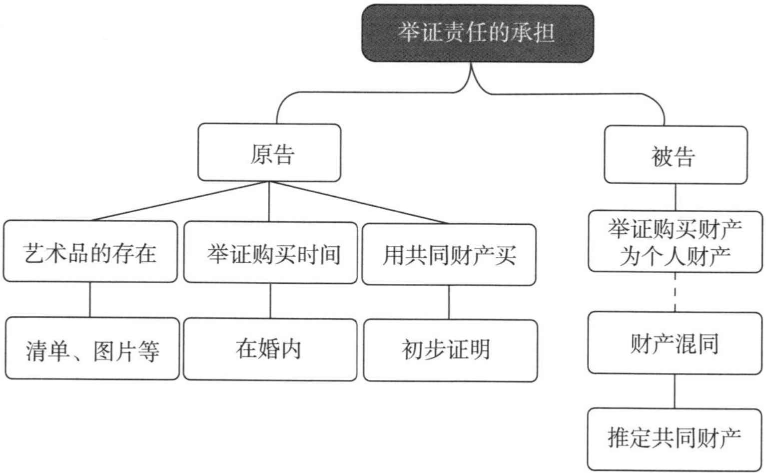

图5-10　举证责任的承担

（2）法院确定艺术品时所考量的因素——“可将艺术品价值利用最大化者”判定标准，比如对艺术品的了解、喜爱程度，对艺术品的取得、收藏、保养的付出程度，对艺术品的分割意向，在某方手中，艺术品后续保值、升值的期待可能性等。

2. 艺术品价格的确定

在司法实践中，由于艺术品的价值评估会受到多种因素的影响，如市场行情、社会稳定、收藏人及艺术家个人品质等因素都会影响艺术品交易价格，这导致艺术品本身价值高，但出售周期长，若急于出售可能会损害艺术品方的经济价值，故折价补偿的金额一般选取协商、法院酌定、市场评估三种方式。而这三种方式其实都是寻找公允线而后在线上下浮动协调，公允线的确定标准一般由艺术品的买入价格，同类艺术品现价、增值率，拍卖会等第三方平台起拍价等决定。

综上，近些年我国艺术品市场领域蓬勃发展，艺术品成交额常年位于世界首位，但相较于发达国家而言，法律领域对艺术品价格的评估与认定的发展程度仍较为滞后，我国法律目前对于艺术品这一特殊的标的物的规定较为笼统和原则，仅规定为《民法典》“物”之下的子概念，对艺术品作出较为明确规定的《艺术品管理办法》的文件效力层级又过低，无法成为指导艺术品法律问题的原则性规定，这一模糊的规定常常脱离千变万化的实践，缺乏现实指导意义。而当私人财富、婚姻家事与艺术品分割问题发生交叉时，法官对艺术品领域的陌生、法律的缺位等司法困境与亟须公平分割艺术品的司法现状之间的鸿沟越发增大，为了提高审理的效率，更多的法院采取回避处理或与其他贵重物品一样的“一刀切”式处理，忽略了艺术品本身的独特性。不论是法官在判案时还是律师在代理案件时，往往要平衡考量婚姻双方的付出、贡献与权益，维护法律权威的同时，兼顾公平正义与温情。

第六章

保险篇

第一节　大数据分析及保险介绍

随着现代经济的发展，社会公众的风险防范意识逐渐增强，对保险重要性的认识也逐步提高。当前，大部分家庭都会考虑为家庭成员或重要财产配置一定的保险。父母会为孩子购买教育年金险，子女会为老人购买商业养老保险，买车族会为车子购买车险，家庭成员可能每个人都投保了两全保险、意外险、健康险等。当然，除商业保险外，还有家庭成员在社会保障系统中缴纳的五险一金。这些都是一个家庭的保险构成部分。与之而来的问题是，夫妻离婚的时候，这些类型多样、让人眼花缭乱的保险可不可以视为夫妻共同财产进行分割？如果可以，应当如何分割？

一、大数据分析

要了解离婚财产纠纷中的保险分割问题，需要对司法实践的基本情况进行初步掌握。以“离婚＋共同财产＋保险”为关键词，以“离婚后财产纠纷、离婚纠纷、保险纠纷”为案由，限缩时间为“2021 年 1 月 1 日至 2022 年 7 月 1 日”，检索全国范围的民事判决书，共获得 365 份。下文的分析将基于该 365 份判决书展开。

在有关社会保险分割的案件中，养老保险分割纠纷出现的频率为 72.3%，公积金分割纠纷出现的频率为 23.2%，其他社会保险（医疗保险、工伤保险、生育保险、失业保险）出现的频率为 17.7%。这是因为最高人民法院《关于适用〈中华人民共和国民法典〉婚姻家庭编的解释（一）》第 25 条明确规定了养老保险、公积金属于《民法典》第1062条规定的“其他应当归共同所有的财产”，并且最高人民法院《关于适用〈中华人民共和国民法典〉婚姻家庭编的解释（一）》第80条还针对当事人在离婚时是否符合养老保险领取条件的不同而对养老保险的分割作出了不同的具体规定。而其他社会保险是否属于可分割的夫妻共同财产，法律未予明确规定。因此法律规定最详细的，且在个人社会保险账户中占比最大的养老保险与住房公积金，成为社会保险分割案件中出现频次最多的内容。而大多数案件中，其他类社会保险分割纠纷并不常见，主要原因是其涉及的数额并不高，夫妻大多协议各自账户中的社会保险归各自所有，或者直接忽略了分割，自然地各自账户归各自所有，因此其他类社会保险分割纠纷出现的频率并不高。

在有关商业保险分割纠纷的案件中，财产保险仅占2%，98%的案件为人身保险的分割纠纷。财产险出现频率低主要原因在于：商业财产保险大部分属于消费型保险，不具有返还性，保单一般不具有现金价值，并没有可供分割的经济内容。但是人身保险与之并不相同，人身保险中，年金保险、终身人寿险、定期人寿险等都属于返还型保险，其保单都具有一定的现金价值，甚至具有一定的投资属性，具备很强的财产属性，可供分割的经济内容较多。

在已检索到的保险分割案件中，96%的保险费用来自夫妻共同财产的缴纳。其中有一部分夫妻共同财产投保的保险，法院判决不予分割，这类保险主要包括以下几种情形：（1）父母以共同财产为子女投保，法院判决此类保险属于父母对子女的赠与，不予分割；（2）以共同财产投保，婚姻关系存续期间已经退保，且退保费已经用于家庭生活共同支出，不予分割；（3）虽然以夫妻共同财产缴纳保险费，但是保险事故发生之后获得保险金，且该保险金是专门用于被保险人的医疗、生活，具有人身专属性，保险金不予分割；（4）其他情形。

在人身保险分割案件中，人寿保险占比54%，其次为年金保险占比15%。人寿保险中，两全保险占比54%。这与我国社会家庭当前保险配置的结构有关联性。人寿保险与年金保险以人的身体健康、寿命为保险标的，同时又兼具投资理财性质，是现代社会家庭商业保险投保的偏好性选择，因此在保险分割纠纷案件中占比较大。

二、保险基本知识

离婚时，何种保险可以作为夫妻共同财产进行分割？这一问题并没有统一标准的答案,但某一保险可否分割还是有迹可循的。总结而言,可分割的保险具有两大确认因素,分别为保险金性质与保费来源。对于在离婚时已经取得的保险金,只要其不具备人身专属性,原则上就可以作为共同财产进行分割;对于离婚时尚在保险期内的保险,只要其缴纳的保费中包含夫妻共同财产,那相应的部分就可以进行分割。

其实,离婚时某一保险可否分割、如何分割是一个较为复杂的问题,观察维度不同,方法与标准就有所差异。如从保险性质维度,可以分别探讨社会保险的分割与商业保险的分割;从保险主体维度,可以分别探讨投保人与被保险人为同一人时的保险分割,投保人与被保险人各为夫妻一方时的保险分割,父母为子女购买的保险的分割,夫妻一方为第三人投保的保险分割,以及第三人为夫妻一方投保的保险分割;从保费来源维度,可以分别探讨以个人财产投保的保险分割,第三人财产购买的保险分割,个人婚前财产购买婚后以共同财产继续缴费的保险分割,完全以共同财产投保的保险分割。

本节作为离婚保险分割的总括,仅就知识点与结论进行铺陈。具体各类保险在不同情形下的分割方式、当事人如何根据自身需要进行保险架构设计,以及司法实践中离婚时保险分割案件中遇到的各类问题和案例分析,将在以下章节中详细展开。

(一)按保险性质

从保险性质维度,可以分别探讨社会保险的分割与商业保险的分割。

1. 社会保险的分割

社会保险是不以营利为目的的强制保险,与之相对应的是商业保险。社会保险与社会救济、社会福利、优抚安置、社会互助等共同组成一个国家的社会保障体系,是社会保障的核心内容。

我国《社会保险法》第 2 条规定的基本养老保险、基本医疗保险、工伤保险、失业保险、生育保险,就是我们俗称的“五险”。除此之外,我国还存在企业年金制度。[①] 企业年金是企业和个人自主建立的补充养老保险,是我国的补充养老保险制度,不具有强制性,是我国正在完善的城镇职工养老保险体系的“第二支

① 《企业年金办法》第 2 条规定,企业年金,是指企业及其职工在依法参加基本养老保险的基础上,自主建立的补充养老保险制度。国家鼓励企业建立企业年金。

柱”。除上述“五险”和“企业年金之外”，我国单位及其在职职工还缴存长期住房储金，这就是“住房公积金”[①]。基本养老保险、基本医疗保险、工伤保险、失业保险、生育保险、住房公积金共同组成了社会生活中统称的“五险一金”，“五险一金”是用人单位给予劳动者的保障性待遇。我国当前的社会保险体系如图 6－1 所示。

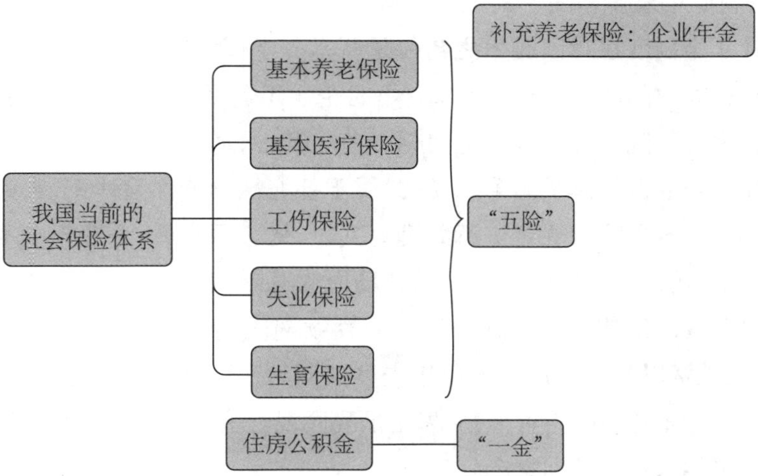

图 6－1 我国当前的社会保险体系

在离婚财产纠纷案件中，五类社会保险、住房公积金、企业年金等是经常出现的分割对象，因此本节对此一并讨论。

（1）基本养老保险

婚姻关系存续期间，男女双方实际取得或者应当取得的基本养老金属于夫妻共同财产。

离婚时夫妻一方是否符合养老保险金领取条件，直接决定离婚财产分割的内容。离婚时被请求分割一方符合基本养老金领取条件，则分割其养老保险账户中实际取得或者应当取得的基本养老金。离婚时不符合基本养老金领取条件，则仅能主张分割养老金账户中婚姻关系存续期间个人实际缴纳部分及利息。

① 《住房公积金管理条例》第 2 条规定，住房公积金，是指国家机关、国有企业、城镇集体企业、外商投资企业、城镇私营企业及其他城镇企业、事业单位、民办非企业单位、社会团体（以下统称单位）及其在职职工缴存的长期住房储金。

当事人在婚姻存续期间补缴结婚之前的养老保险费,或者在离婚后补缴婚姻存续期间应当缴纳的养老保险费,应当如何进行分割?核心点在于补缴费用的来源。如果补缴费用源于婚姻关系存续期间的夫妻共同财产,则该部分缴纳费用应当作为夫妻共同财产进行分割;反之,则不应当分割。至于补缴行为发生的时间、养老金请领的时间,可在所不问。

(2)企业年金

企业年金制度在我国诞生之初便是基本养老保险制度的补充者角色。我国当前现行有效的法律法规并未对离婚时企业年金可否分割、如何分割作出明确规定。多数法院认为企业年金可以分割。其一,从性质来看,企业年金制度是我国城镇养老保险体系的第二支柱,属于补充性养老保险体系,在财产分割时可以参照养老保险的规定进行处理。其二,从来源来看,企业年金本质来源为职工劳动,用人单位因劳动者提供劳动而为其缴纳企业年金,其缴纳的年金属于职工工资的组成部分。在夫妻关系存续期间,若无书面的分别财产制约定,双方的工资以及工资性收入属于夫妻共同财产,离婚时应当进行分割。少数法院则认为企业年金不可分割,理由是我国现行法律和司法解释未明确将企业年金明确纳入夫妻共同财产分割。

笔者认为,企业年金在本质上属于企业补充养老保险,应当参照养老保险金的相关规定处理。若离婚时夫妻一方符合企业年金领取条件,则其在婚姻关系存续期间实际取得或者应当取得的企业年金应当作为夫妻共同财产进行分割;如果一方不符合企业年金领取条件,则其企业年金账户中婚姻关系存续期间个人实际缴纳部分及利息属于夫妻共同财产,应予分割。

(3)基本医疗保险

法律与司法解释并未对基本医疗保险是否可以作为夫妻共同财产在离婚时予以分割作出相关规定。

离婚时基本医疗保险的分割可能涉及两笔钱,其一为当事人就业后获得的医疗保险金,其二为当事人用夫妻共同财产缴纳的基本医疗保险费。关于前者,由于其是对医疗费用的理赔款,具有人身性质,应属于个人财产,不予分割,此无争议。关于后者可否分割,法律未作具体规定,法院判决也存在分歧。但是多数法院判决基本医疗保险账户中以夫妻共同财产缴纳的部分在离婚时可以作为夫妻共同财产进行分割。

(4)失业保险

与医疗保险一样,离婚时若主张失业保险的分割,可能涉及两笔钱,其一为婚内所得失业补助金,其二为保险账户中以夫妻共同财产缴纳的失业保险费。法律对于二者能否作为夫妻共同财产进行分割缺乏明确的规定,法院判决也存在分歧。

婚内所得失业补助金,实际上是当事人在失业状态下的工资性收入的替代,因此离婚时一方请求分割对方所得失业保险金的主张法院一般会予以支持。

关于婚内以共同财产缴纳的失业保险费,多数法院判决不分割,主要理由是缺乏可分割的法律依据。笔者认为,医疗保险、失业保险账户中的个人缴纳部分,并不存在本质性区别。如果认为医疗保险账户中个人缴纳部分可作为共同财产进行分割,那失业保险应作同一处理。如此才符合同等事物同等对待,不同事物区分对待的原则。

(5)生育保险

生育保险待遇包括生育医疗费用和生育津贴两项。因此离婚时生育保险的分割,也涉及两笔钱。关于生育医疗费用、生育津贴分别是否可以在离婚时作为夫妻共同财产进行分割,法律并没有明确规定。

司法实践中生育医疗费用多被认定为个人财产,而生育津贴多被认定为共同财产。不过即使被认定为共同财产,法院也可能基于维护对妇女儿童权益而不予分割。并且如果生育津贴、生育医疗费已经用于住院医疗、子女抚育、共同生活等,则离婚时不再分割。

(6)工伤保险

工伤保险费由用人单位缴纳,职工不缴纳。因此离婚时关于工伤保险分割的纠纷,只涉及工伤补助金这一笔钱。工伤补助金是一方因受到人身损害获得的补偿,具有人身属性,根据《民法典》第 1063 条的规定,是个人财产,离婚时不能分割。

(7)住房补贴、住房公积金

根据最高人民法院《关于适用〈中华人民共和国民法典〉婚姻家庭编的解释(一)》第 25 条的规定,不论是住房补贴还是住房公积金,只要是在婚姻存续期间夫妻实际取得或者应当取得的,都属于夫妻共同财产,离婚时应予分割。但是没有具体规定公积金的分割方式。在司法实践中,针对下列不同的情形,法院作出以下不同判决:①如果住房公积金全部由个人财产缴纳,则住房公积金属于个人财产,离婚时不分割。②如果住房公积金全部以共同财产缴纳,离婚时尚未领取,则分割住房公积金的账户余额。③如果住房公积金账户缴存费用中既有共同财产,又有个人财产,离婚时不分割账户余额,仅分割共同财产缴存部分的数额。若一方主张公积金缴费来源为个人财产,应当承担举证责任,若举证不能,则推定缴费来源为共同财产。④如果当事人已在婚内提取了一部分公积金,离婚时公积金账户中尚存余额,但是该余额的缴费来源发生混同,无法分清是个人财产缴费还是共同财产缴费,则账户余额视为共同财产,平均分割;或者法院综合考虑各自婚前部分的金额、婚内支取的情况后,酌情分割。

2. 商业保险的分割

商业保险是由投保人与商业保险公司协商订立的以营利为目的的保险形式。虽以营利为目的,但商业保险本身也是社会风险化解机制当中的重要组成部分。商业保险可进一步划分为商业财产保险与商业人身保险,前者以财产及财产利益为保险标的,后者则以人的身体、生命为保险标的。

我国《保险法》并未对商业保险类型作更细致的划分。但就人身保险而言,中国保险监督管理委员会2011年发布且于2015年修订的《人身保险公司保险条款和保险费率管理办法》对各类商业人身保险作了非常详细的规定。

笔者综合前述各类规定,对商业保险的分类总结如图6-2所示。

(1)财产保险的分割

我国商业保险主要分为财产保险与人身保险,财产保险主要包括财产损失险、责任保险与信用证保险。

财产损失险,是指以各种有形财产为标的的财产保险合同。无形财产以及财产性权利不能成为财产损失险的保险标的。一个家庭投保的典型财产损失险如家庭财产保险合同。家庭财产保险合同的保险标的包括房屋主体承重结构、围护结构,室内装潢(包括室内固定安装的各类附属设施、设备,如固定安装的供电、供水、供气、供暖管道、线路和设备、卫生洁具),室内财产(包括家具、厨房用品、床上用品及服装、文体娱乐用品等)。[①]

责任保险,是指以被保险人对第三者依法应负的损害赔偿责任为保险标的的保险合同。这种赔偿责任可以是侵权责任、合同责任、法定责任等。一个家庭投保的典型责任保险如汽车保险的第三者责任险。

---

① 李玉泉:《保险法》,法律出版社2019年版,第152页。

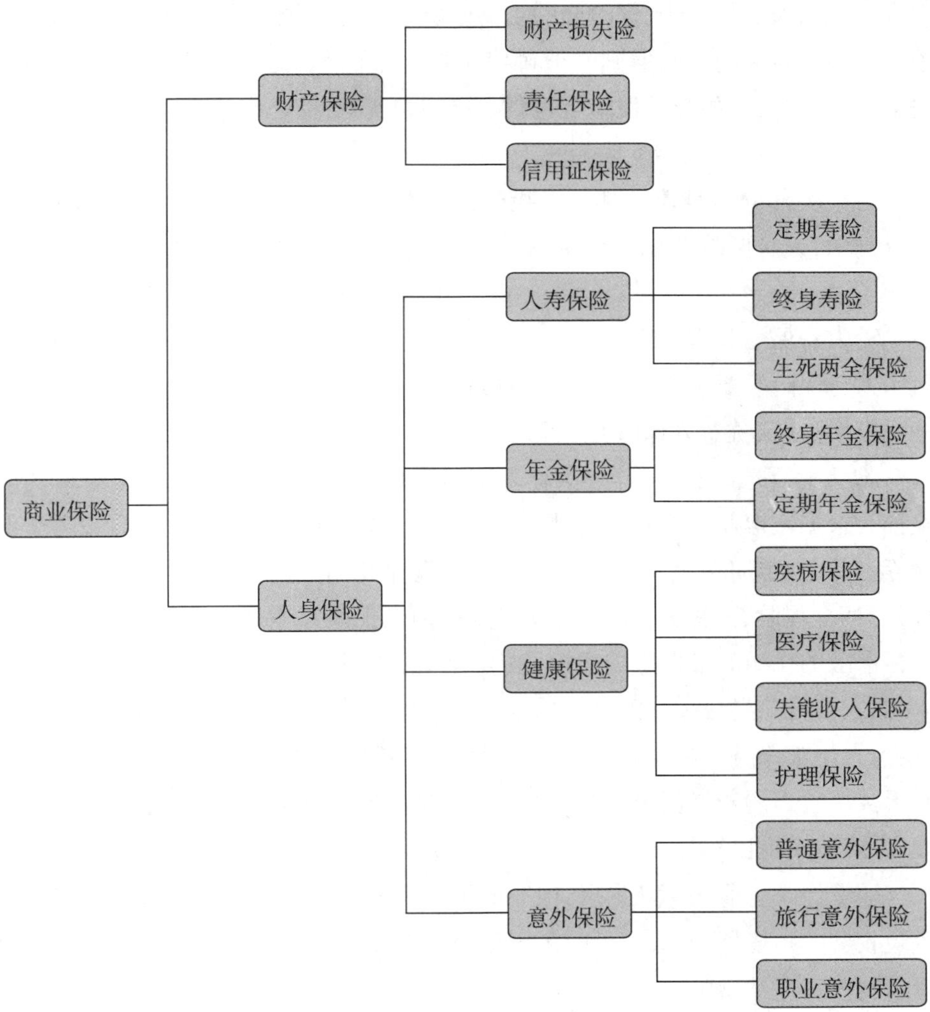

图 6－2　商业保险的分类

信用证保险，又称商业信用保险合同，是指投保人向债务人提供信用销售，当债务人因承保风险未能履行债务致使被保险人遭受信用利益损失时，保险人向被保险人承担赔偿责任的保险合同。信用证保险出现于商事交易活动中，离婚财产纠纷中极少遇见信用证保险分割纠纷。

我国法律并没有针对商业财产险分割的相关规定。在检索到的商业保险分割的法院判决中，涉及财产险分割的案件并不多。

离婚时财产保险的分割方式非常简单，保险标的归谁，财产保险/保险金就归谁。因为财产保险中,保险金的功能主要是为补偿被保险人的保险标的财产损失。而保险标的的归属则一般确定了保险金的归属。如果保险标的本身归夫妻一方所有,则相应的保险金也归夫妻一方所有;反之亦然。①

(2)人身保险的分割

由于大部分人身保险都具有投资或理财属性,财产性很强,因此在离婚财产分割中,人身保险的现金价值、保险收益、保险金等成为不可忽视的分割对象。

①人身保险基本介绍

人身保险主要包括人寿保险、年金保险、健康医疗保险(又称健康保险)、意外伤害保险(又称意外保险)。

A. 人寿保险。人寿保险,简称寿险,是以被保险人的生命作为保险标的的险种。根据银保监会的划分标准,人寿保险分为定期寿险、终身寿险和两全保险等。其中,定期寿险、终身寿险项下的保险金均为死亡保险金(又称身故保险金)。两全保险,又称为"混合保险""生死两全保险",它既有寿险的作用,也有生存保险的作用。在保险期间内,被保险人生存,则可获得生存保险金;被保险人死亡,则可获得身故保险金。两全保险的特殊性在于其项下的保险事故必然发生,无论被保险人是生存还是死亡,保险人都将支付保险金。两全保险既有利于被保险人的养老保障,也能为受益人提供生活资金支持,因此市场份额较大,保险费率也比较高。

随着保险行业的不断发展,保险的投资理财性质日益凸显。从投资模式及风险收益的角度划分,人寿保险还可划分为普通型保险、万能型保险、分红型保险以及投资连结型保险。

B. 年金保险。年金保险,是指以被保险人的生存为保险标的的保险合同。"年金",根据《现代汉语词典》的解释,是指按年支付的一定金额,用以抚慰死亡、伤残或奖酬有勋劳的人。"年金"的含义相较于其最初的"按年支付"有了一定的扩大,现在普遍指定期支付,存在按月、按季、按年多种形式。如果说人寿保险属于"死亡保险",那么年金保险则属于"生存保险"。年金保险大多数为长期性保险,保险期限长达 10 年、20 年等。常见的年金保险有养老年金保

① 肖峰:《简析离婚案件中的保险金分割》,载搜狐网,https://www.sohu.com/a/143183657_693598。

险、教育年金保险、健康年金保险等。[①]

C. 健康保险。“健康保险”和“意外保险”主要区别在于，意外保险承保外在的意外风险，健康保险承保内在的生理变化风险。其中，疾病保险中的疾病需为“内在的、非先天性的、偶发的、具有潜伏性的”。

健康险基本属于非返还型，不具有现金价值，离婚时往往不具有可供分割的内容。如我们平时经常讲到的“重疾险”就是健康保险项下的险种，一般不具有返还性。重疾险本质属于“收入损失险”。被保险人身患重疾需要长期住院接受治疗时，收入来源急剧缩减甚至丧失，需要大量的生活费、护理费、康复费，被保险人确诊时重疾险的保险人即赔付一笔保险金，帮助患者康复治疗。但若无保险事故发生，保险公司不需要支付任何款项给被保险人。

D. 意外保险。意外保险一般也不具有返还性，不具有现金价值，离婚时往往不具有可供分割的内容。

近年来，商业保险的投资属性、储蓄属性在社会经济生活中逐渐体现。由此出现返还型保险、非返还型保险与投资型保险的保险分类。返还型保险，又称“储蓄型保险”，是指被保险人生存至约定年限后保险公司有义务返还所交保费或者合同列明的保险金额的一个险种。实质上是普通的风险保险与储蓄合二为一的产物。典型的返还型保险如终身寿险、养老保险、教育险、终身医疗险等。返还型保险主要靠利率一定的储蓄实现理财目的，返还型保险的保单也具有一定的现金价值，风险与收益适中。非返还型保险，又称“保障型保险”或“消费型保险”。该类保险不包含储蓄部分。典型的非返还型保险如定期寿险、消费型大病险（定期大病保险）、意外险、医疗费用和补偿保险、财产险等。这类保险投保人交纳的保费较低，保单一般不含现金价值，不具有理财属性，基本无投资风险，大部分也无收益。投资型保险指与投资挂钩，具备投资和保障双重功能的保险。投资型保险分为三类：分红险、万能寿险、投资连结险。在这三类保险中，分红型保险最保守、风险最低、收益最低；万能寿险设置保底收益，保险公司投资策略为中长期增长，主要投资工具为国债、企业债券、大额银行协议存款、证券投资基金，存取灵活，收益可观；投资连结险主要投资工具和万能险相同，不过投资策略相对进取，无保底收益，风险较大，但潜在增值性也最大。

---

① 温世扬、武亦文：《保险法》，法律出版社2016年版，第212页。

关于离婚时人身保险的分割方式，需要分两种情况讨论。其一，婚姻关系存续期间已经获得保险金，保险金可否分割、如何分割？其二，离婚时人身保险尚在保险期内，保险可否分割、如何分割？

②已获保险金时的分割

A. 理赔保险金

本书所称理赔保险金，特指人寿保险、意外伤害保险（又称意外保险）与健康医疗保险（又称健康保险）项下的意外伤害保险理赔保险金、意外伤残理赔保险金、重大疾病保险理赔保险金、医疗保险理赔保险金等。

理赔保险金主要用于被保险人的治疗、生活等特定用途，具有人身专属性，属于《民法典》第 1063 条第 2 项规定的“一方因受到人身损害获得的赔偿或者补偿”，应为夫妻一方的个人财产，离婚时不予分割。

由于理赔保险金是用于被保险人医疗、生活等特定用途的个人财产，如被保险人住院医疗期间由其配偶实际支配理赔保险金用于被保险人的医疗活动，在相关医疗活动结束后，若有剩余，则应返还给被保险人，否则属于不当得利，被保险人有权提起不当得利返还的诉讼。

虽然人身保险理赔款具有自身特定用途，但是如果被保险人自愿（同意或者明知且无异议）改变理赔款的用途，用于家庭共同生活或者家庭共同经营，则该行为属于对个人财产的处分，被保险人离婚时无权再要求对方返还相应的保险金。

B. 误工津贴保险金

误工津贴保险金，又称收入津贴保险金，属于意外伤害保险项下或附加险项下的理赔内容。误工津贴保险金在性质上属于被保险人因受伤误工而导致收入减少的收入损失补偿，实质为工资、奖金和生产、经营收入的替代，一般不具有人身性，因此离婚时可以作为夫妻共同财产进行分割。

C. 身故保险金

根据当前学界、司法实务界的主流观点，身故保险金应属于个人财产。被保险人将特定人作为其死亡保险金受益人，该受益人大多与其有血缘、亲缘等某种特殊情感联系。从探求当事人真意出发，宜解释只想让特定人身关系的受益人得到该笔保险金。可参照“遗嘱或赠与合同中确定只归夫或妻一方的财产”的规定,将受益人依据以死亡为给付条件的保险金认定为其个人财产。①

D. 生存保险金

生存保险金属于共同财产。生存保险金,又称生存金,是指在保险合同有效期内,合同约定的日期后被保险人仍然生存时,保险公司依照合同约定向保单生存受益人给付的保险金。典型的生存保险金如教育年金险项下的教育保险金、商业养老年金保险项下的商业养老金、婚嫁年金险项下的婚姻嫁娶金等。

生存保险金具有很强的储蓄性。这类保险虽以人的寿命作为保险标的,但是财产属性较强,不应认定为个人财产。最高人民法院在《第八次全国法院民事商事审判工作会议(民事部分)纪要》中也认为,婚姻关系存续期间,夫妻一方依据以生存到一定年龄为给付条件的具有现金价值的保险合同获得的保险金,宜认定为夫妻共同财产,但双方另有约定的除外。

③尚在保险期时的分割

离婚时尚在保险期内的保险,有两种处理方式。其一,退保,分割退保费/现金价值。其二,不退保,分割现金价值,或者暂时不分割,等到取得年金、分红或者保险金之后再分割。

两全保险、年金保险、分红保险等具有投资属性、储蓄属性的保险,可能具有很高的预期利益,如果在离婚时就进行分割处理,可能会造成预期利益的损失。实践中,当事人可以根据自己的需求选择处理方案。如果需要即时取得现金价值,则可以选择退保分割退保费,或者不退保要求分割现金价值;如果想要利益最大化,则可以选择暂时不分割,待到保险利益实现时另行分割。

A. 退保

退保之后会获得一笔退保费。如果是夫妻一方以婚前个人财产投保,所得退保费属于个人财产,不予分割;如果是夫妻婚内共同财产投保,所得退保费属于夫妻共同财产,应当分割;如果是夫妻一方以婚前财产投保,婚后以共同财产继续投保,按照共同财产在所交保费中的比例,划分出退保费中的共同财产,然后进行分割。

B. 不退保

离婚时尚在保险期内的保险,当事人如果选择维持保险合同的有效性,则

① 肖峰:《简析离婚案件中的保险金分割》,载搜狐网,https://www.sohu.com/a/143183657_693598。

应当就保单的现金价值进行分割。实践中有的当事人要求分割已经缴纳的保费,这种主张往往难以得到法院的支持。因为对于尚在履行的保险合同而言,缴纳保费就如同消费,作为一种投资支出,保费一旦被保险公司受领,该笔财产就已经发生了所有权的转化,成为保险公司的财产。法院往往会根据现金价值进行保险分割,而对当事人要求分割已缴纳保费的主张不予支持。

(二)按保险主体

在保险关系中,通常会出现保险人、投保人、被保险人、受益人四类主体。保险人是与投保人订立保险合同,并按照合同约定承担赔偿或者给付保险金责任一方,通常是保险公司。投保人是与保险公司(保险人)订立保险合同,并按照合同约定负有支付保险费义务的人,俗称"买保险的人"。被保险人是财产或者人身受保险合同保障,享有保险金请求权的人。投保人可以为被保险人。受益人是指人身保险合同中由被保险人或者投保人指定的享有保险金请求权的人。投保人、被保险人可以为受益人。我国《保险法》第10条、第12条、第18条分别对这四类主体作了规定。

保险人、投保人、被保险人、受益人的关系如图6－3所示。

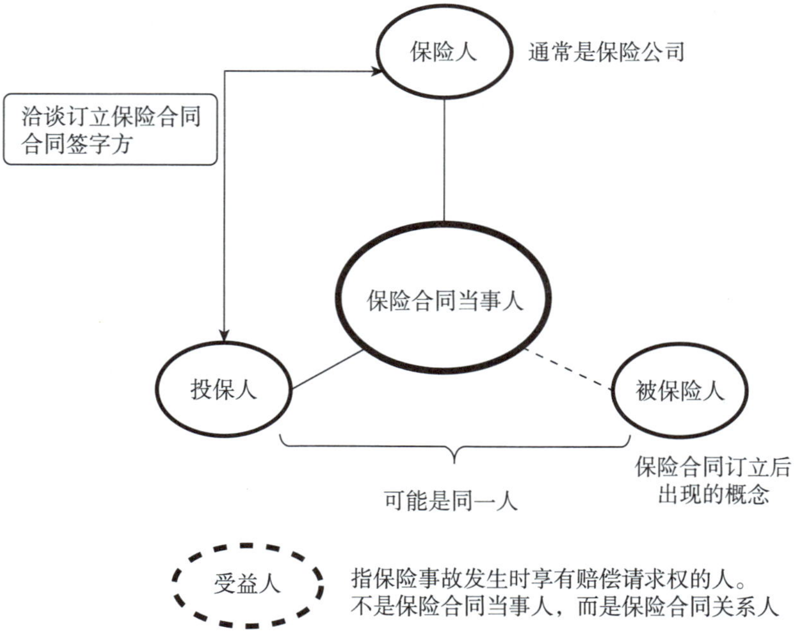

图6－3　保险中的四类主体

1. 投保人与被保险人同为夫妻一方

对于投保人与被保险人同为一人的保险，离婚时投保人可以选择退保或者继续履行保险合同。如果该保险是投保人以个人财产缴纳的保费，则不需分割；如果是以共同财产缴纳的保费，则双方折价分割退保费/现金价值；如果保费既有个人财产又有夫妻共同财产，则以夫妻共同财产在所交保费中的比例分割退保费/现金价值。

实践中若夫妻双方分别为自己购买了保险，各自享受的保险利益相差无几。对这种情况，法院可能会判决夫妻双方各自履行各自的保险，享有其下的保险利益。这样的处理可以减少纠纷解决成本，避免复杂的核算分割，维持保险合同的整体统一性。相关案例如适用案例 6－1。

适用案例 6－1 刘某诉杨某离婚后财产纠纷案①

法院认为，两份保险合同均是原、被告以各自名义所投保，其被保险人也分别为原、被告本人，为避免后续纠纷的发生，法院确定该两份保单权利归原、被告各自享有，由一方给予对方相当于保险单现金价值 50% 的补偿。

2. 夫妻互保

为配偶投保的保险，离婚时该怎么处理？有两种方案：其一，退保。然后双方分割退保费。其二，继续履行保险合同，享有保单权利的一方折价补偿对方现金价值。若选择继续履行保险合同，可以考虑变更投保人为被保险人自己；如果受益人为配偶，也可以考虑变更受益人。变更投保人和受益人，只需按照保险公司的规定进行申请即可。提请注意的是，根据《保险法》第 41 条的规定，变更受益人需要满足书面通知保险人的形式要件，否则视为未变更。

3. 夫妻为子女投保

夫妻一方或双方为子女投保的保险，离婚时该怎么处理？如果离婚时尚未退保，司法判决存在分歧。多数法院认为，为子女购买的保险应当视为对子女的赠与，不予分割。该观点进一步认为，如果离婚时已经退保，基于赠与的自愿原则，夫妻一方不能要求对方为子女重新购买保险。如果子女是父母购买的保险的受益人，而非被保险人，则不视为对子女的赠与。这种情形下可以退保分割退保费，或者不退保分割现金价值。

① 四川省阆中市人民法院民事判决书，(2021)川 1381 民初 1109 号。

少数法院则认为，为子女购买的保险合同也可以先退保再分割退保费/现金价值。

4. 夫妻一方或双方为第三人投保

夫妻一方或双方为第三人投保，比较常见的情形有，为己方父母、前婚生子女、非婚生子女购买保险。如果投保行为是双方共同作出的（双方同意），或一方投保、另一方知情且未提异议，则视为对第三方的赠与，离婚时不分割此保险。如果是夫妻一方擅自为第三方投保，则构成对夫妻共同财产的擅自处分，侵害夫妻共同财产，被侵害的一方可以主张对方以个人财产向其补偿所支出保险费用的一半。

5. 第三方为夫妻一方投保

第三方为夫妻一方投保，比较常见的情形为：一方父母在子女结婚之前为子女购买保险，结婚之后继续缴费；或者一方父母在子女结婚之后为子女购买保险。不论是婚前还是婚后购买的保险，如果没有特别约定的情况下，保险项下的生存保险金，属于《民法典》第1062条第4项规定的夫妻共同财产，保险项下具有人身性质的意外伤害保险金、医疗保险金等属于夫妻一方的个人财产；如果第三方在购买保险的同时与被保险人约定该份保险是针对夫妻一方的个人赠与，则保险项下的任何保险金、分红、收益等均属于夫妻一方的个人财产。

（三）按保费来源

1. 以个人财产投保

夫妻一方以个人财产投保的保险，离婚时不予分割。此所谓“个人财产”，包括夫妻一方的个人财产，也包括夫妻一方父母、亲友的财产。相关案例如适用案例6－2。

适用案例6－2 刘某诉胡某某离婚纠纷案[①]

法院认为，原告母亲为原告投保友邦金安缴费二十年终身年金寿险，且费用由原告父母支出，法院判决该保险为原告父母赠与原告的个人财产。被告要求分割，于法无据，法院不予准许。

① 上海市浦东新区人民法院民事判决书，(2020)沪0115民初58626号。

2. 以共同财产投保

如果双方以共同财产为夫妻一方或双方投保保险，则该保险在离婚时应作为夫妻共同财产进行分割。可以选择退保后分割退保费/现金价值，也可以选择不退保，一方享有保单利益，折价补偿另一方现金价值的一半。

如果双方以共同财产为子女投保保险，则多数法院会认定该保险属于对子女的赠与，离婚时不予分割。如果离婚时已经退保，则双方分割退保费/现金价值。

如果双方以共同财产为第三人投保，若该投保行为是双方均知情同意或无异议的，则视为对第三人的赠与，离婚时不分割。如果是一方擅自以共同财产为第三人投保，则属于擅自处分夫妻共同财产，离婚时需补偿对方保费缴纳数额的一半。

3. 既有个人财产又有共同财产

如果一方婚前以个人财产投保缴费，婚后以共同财产继续缴纳保费，则离婚时共同财产缴费部分对应的保单现金价值应当作为夫妻共同财产进行分割。计算公式为：现金价值可分割部分 = 当前现金价值总额 ×（共同财产缴费数额/总缴费数额）。相关案例如适用案例 6 – 3。

适用案例 6 – 3　刘某诉杨某离婚后财产纠纷案[①]

法院认为，被告在婚前为自己投保两全保险（分红型），保险金额 5000 元，缴费年期 10 年，并用婚前财产缴纳 10,000 元保险费。婚后继续用共同财产缴纳保费。婚姻关系存续期间，缴纳 10 年期满，获得现金价值 51,388.45 元。原、被告离婚时，原告要求分割该部分现金价值。法院认为，该现金价值 51,388.45 元应为原、被告的夫妻共同财产，应共同分割，但原、被告双方认可的被告用婚前财产 10,000 元购买保验，该 10,000 元所对应的保险现金价值 10,277.69 元应从中予以扣减，剩余的 41,110.76 元应共同分割。

三、正确认识保险

现实生活中，有保险推销员在推销保险时，向客户描述保险具有“离婚不分、欠债不还、诉讼不给、税费不交”的功能。事实果真如此吗？其实不然。本

① 四川省阆中市人民法院民事判决书，(2021) 川 1381 民初 1109 号。

节将讨论保险与债务隔离、税收政策、强制执行之间的关系，以澄清保险与前述几者之间的关系，带领大家正确认识保险的功能，走出误区。

(一)保险与债务清偿

如果保险事故没有发生，则投保人名下的人身保险的现金价值是投保人的责任财产。如果保险事故已经发生，则保险公司需要赔付保险金，如果已经指定受益人，则保险金是受益人的财产；如果没有指定受益人，则该笔保险金是被保险人的财产或遗产。

因此，如果债务人是投保人，且保险事故尚未发生，则保单现金价值是债务人的责任财产，虽然我国当前对人身保险的现金价值可否强制执行尚无统一规定，但是目前大多数法院都认为保单现金价值可以被强制执行，用以清偿投保人的债务。

如果债务人是被保险人，保险事故已经发生且没有指定受益人，则保险金是被保险人的责任财产。对于两全保险、年金保险项下的生存保险金，可以用来清偿被保险人的债务。但是如果是重大疾病保险、意外伤残保险、医疗费用保险等保险项下的保险金，为了保护被保险人的生存权利及基本生活保障，法院需要对此类保险金审慎对待，一般不会强制执行用来清偿债务。

如果债务人是受益人，保险事故已经发生且已经指定受益人，在已经领取保险金的情形下，保险金属于受益人的责任财产，可以用来清偿受益人的债务。如果保险金尚未领取，根据《民法典》第 535 条和《保险法》第 23 条第 3 款的规定，受益人的保险金请求权不能被代位行使，在此种意义上，保险可以相对避债。之所以是相对，是因为受益人一旦向保险公司请求给付保险金，受益人的债权人就可以要求以该笔保险金清偿债务，且该保险金的诉讼时效为 5 年。债务人 5 年内不向保险公司提交保险金给付申请，则丧失给付请求胜诉权。

(二)保险与强制执行

人身保险可否被强制执行是近几年的热门话题。虽然目前我国尚未对此出台统一的法律、司法解释或其他规定，但是随着浙江省高级人民法院执行局《关于加强和规范对被执行人拥有的人身保险产品财产利益执行的通知》、江苏省高级人民法院《关于加强和规范被执行人所有的人身保险产品财产性权益执行的通知》(《民法典》生效后被相应废止)、上海市高级人民法院《关于建立被执行人人身保险产品财产利益协助执行机制的会议纪要》、北京市高级人民法院《关于印发修订后的〈北京市法院执行工作规范〉的通知》等文件的下达，以及最高人民法院典型案例“邓某、兴铁一号产业投资基金合伙企业财产份额转让纠纷案”，（2020）最高法执复71号裁判的下达，当前我国大部分法院已经达成的共识是，保险的财产性利益可被执行。结合各地法院的文件，可以归纳出以下几个结论。

（1）人身保险可以被强制执行的内容：生存保险金、以现金方式支付的保单红利、保单的现金价值等不具有人身专属性的财产权益。

（2）人身保险不可被强制执行的内容，或需审慎对待的内容：重大疾病保险、意外伤残保险、医疗费用保险等具有人身专属性的保险。

（3）保险机构的协助义务：协助法院查询被执行人名下的保险、协助法院冻结、扣划保单账户内的财产性权益。

（4）案外人利益保护：（上海、江苏等地法院有赎买规定）被保险人、受益人不是被执行人的，可以在法院指定的赎买期限内支付相当于保单现金价值的款项，赎买涉案保单。法院提取赎买款项之后，不再强制执行涉案保险。

（5）强制退保：北京市高级人民法院禁止强制退保，浙江、江苏、上海等地的高级人民法院规定可以强制退保。赎买期届满后无人赎买或者案外人明确表示不赎买的，则强制退保，执行保单现金价值、红利等权益。

（三）保险与税务征收

1. 遗产税

我国大陆地区目前并未规定遗产税，因此流传保险可以规避遗产税的说法，在大陆地区属于无的放矢。近10多年，我国关于遗产税的立法动向主要分为三个阶段。

第一阶段：上升时期（2012～2017年）。

2012年9月12日，黑龙江财政部发文称，“十二五”期间，要尽快推出房产税、遗产税等财产税。2013年2月5日，国务院批转发改委等部门关于深化收入分配制度改革若干意见的通知：称要研究在适当时期开征遗产税的问题。2014年5月26日，福建省财政厅发文称要研究开征遗产税、赠与税、物业税、特别消费税，调节过高的收入。在这一时期，网传我国已经颁布《遗产税草案》《遗产税暂行条例》。

第二阶段:冷静时期(2017~2019 年)。

2017 年 8 月 21 日,财政部发函(财税函〔2017〕197 号)称:我国目前并未开征遗产税,也从未发布遗产税相关条例或条例草案。2004 年、2010 年版《中华人民共和国遗产税暂行条例(草案)》来源未知。自 20 世纪 90 年代以来,我部会同国家税务总局等部门一直在认真研究相关问题,收集、梳理了部分国家和地区遗产税通行做法,并积极关注相关国家税制发展趋势。部分开征遗产和赠与税的国家和地区近年来出现了取消或弱化该税种的趋势。下一步,我们将继续跟踪国际上遗产税的发展趋势,进一步研究遗产税有关问题。

第三阶段:重新讨论时期(新冠疫情暴发以后)。

2020 年,《论坛报》报道经合组织建议重新考虑遗产税政策。2021 年 11 月 25 日,在中央财经委员会第十次会议上,中国人民大学经济学院教授孙文凯提出,要健全以遗产税与赠与税为主体的"财富转让税",遗产税重新进入大众视野。

但是目前我国并未针对遗产税出台统一文件或通知,遑论法律法规。未来我国是否会征收遗产税,仍未可知。因此当前所谓保险可以规避遗产税的言论,或许在我国大陆地区以外的其他国家或地区确实如此,但在我国大陆地区并不适用。

2. 个人所得税

根据《个人所得税法》第 4 条的规定,保险赔款属于免征个人所得税的项目。表面来看,似乎确实属于避税,但究其本质,保险赔款是对损失的赔付,并非个人收益所得,本身就不应该缴税。

根据《国家税务总局关于未分配的投资者收益和个人人寿保险收入征收个人所得税问题的批复》第 2 条的规定,保险收益需要征收个人所得税。但是此条在 2019 年被废除。因此,当前保险分红与保险收益是否需征收个人所得税,我国并无明确规定,税收实践是不征收。在此意义上,保险确实在一定程度上起到了避税的作用。但是保险最大的意义和作用是保障,抵御突发性的危险,让生活变得更加稳定。我们要正确认识保险,不能将保险作为躲避债务、逃避责任的工具。

综上,本节针对不同保险标的、不同保险主体、不同形式的保险利益在离婚时的分割方式,作了尽可能全面的呈现。但实务案件总是复杂多变的,无论是归纳总结还是理论前瞻,都注定难以穷尽实践所有的可能。现实总是出人意料的，民事主体的行为也不会按照既定条款墨守成规，人类总会作出各种创新，而并不拘泥于法条陈列的形式，这也正是生活的魅力所在。在法条未穷尽的角落，未规定事项的处理很可能会受到举证力度、诉讼策略、法官思维尺度等各方面因素的影响。但究其本质，离婚时保险的分割最终还是要落脚于"保费来源"和"是否具有人身属性"两个关键点。在遇到新情况时，当事人也好，法律人也罢，要能够在层层现象之下找到问题的本质，抽丝剥茧，返璞归真，从而做到在诉讼发生前未雨绸缪，在诉讼过程中心中有数，处理好每一个问题。

第二节　离婚财产分割之基本养老保险与企业年金详解

随着我国社会保障制度的日渐健全，截至2021年年末，我国社会基本养老保险覆盖超10亿人。[①] 中国人民大学中国调查与数据中心公布的《中国老年社会追踪调查数据》（CLASS）显示，当前我国大部分老年人享受社会养老保险，养老金成为城市户口老年人的主要生活经济来源。在离婚案件中，养老保险的分割成为不可忽视的话题。之所以将企业年金与基本养老保险一同讨论，是因为企业年金自在我国诞生之初就与基本养老保险制度深度绑定，虽然在21世纪初期企业年金进行了一次"更名"，但是其基本定位并未改变。当前，企业年金作为我国基本养老保险制度的重要补充，是我国正在完善的城镇职工养老保险体系的"第二支柱"。基于性质相似性，故一同探讨。

一、基本养老保险

基本养老保险是否属于夫妻共同财产？不论是《婚姻法》时代还是《民法典》时代，法律级别的条文都没有明确的规定。离婚时基本养老保险权益的定性以司法解释的形式出现：婚姻关系存续期间，男女双方实际取得或者应当取得的基本养老金属于夫妻共同财产。

在《婚姻法》时代，对基本养老保险的规定集中于最高人民法院《关于适用

① 盛来运：《逆境中促发展 变局中开新局——〈2021年国民经济和社会发展统计公报〉评读》，载《国家统计局》2022年2月28日，http://www.stats.gov.cn/xxgk/jd/sjjd2020/202202/t20220228_1827972.html。

〈中华人民共和国婚姻法〉若干问题的解释(二)》(已失效)与最高人民法院《关于适用〈中华人民共和国婚姻法〉若干问题的解释(三)》(已失效)中。后来在起草《民法典》的过程中,基本养老保险始终未能步入婚姻家庭编的正式条文,基本养老保险权益分割的规定仍然以司法解释的形式体现。根据现行有效的最高人民法院《关于适用〈中华人民共和国民法典〉婚姻家庭编的解释(一)》第25条的规定,婚姻关系存续期间,男女双方实际取得或者应当取得的基本养老金属于《民法典》第1062条规定的"其他应当归共同所有的财产",离婚时应当作为共同财产进行分割。

又根据最高人民法院《关于适用〈中华人民共和国民法典〉婚姻家庭编的解释(一)》第80条的规定,离婚时夫妻一方是否符合养老保险金领取条件,直接决定离婚财产分割的内容。最高人民法院《关于适用〈中华人民共和国民法典〉婚姻家庭编的解释(一)》第80条的前身是最高人民法院《关于适用〈中华人民共和国婚姻法〉若干问题的解释(三)》(已失效)第13条。根据对比即可发现,前者几乎是对后者的原话沿用。唯一的变动是最高人民法院《关于适用〈中华人民共和国民法典〉婚姻家庭编的解释(一)》第80条在可分割部分加入了"利息"要素。这说明在近10多年中,最高人民法院对于离婚时社会养老保险的分割态度是比较明确且一致的。

由于司法解释根据离婚时一方符合领取条件与否对分割方案作了不同的分规定,因此本节将具体针对两种情形分别展开。

(一)离婚时符合基本养老金领取条件

离婚时被请求分割一方符合基本养老金领取条件,则分割其养老保险账户中实际取得或者应当取得的基本养老金。"应当取得的养老保险金"是指当事人已经符合基本养老金领取条件,但由于某种原因尚未到手的金额。

领取养老金,应当符合三个条件,分别为满足缴费年限要求、达到法定退休年龄、已经办理退休手续,如图6-4所示。

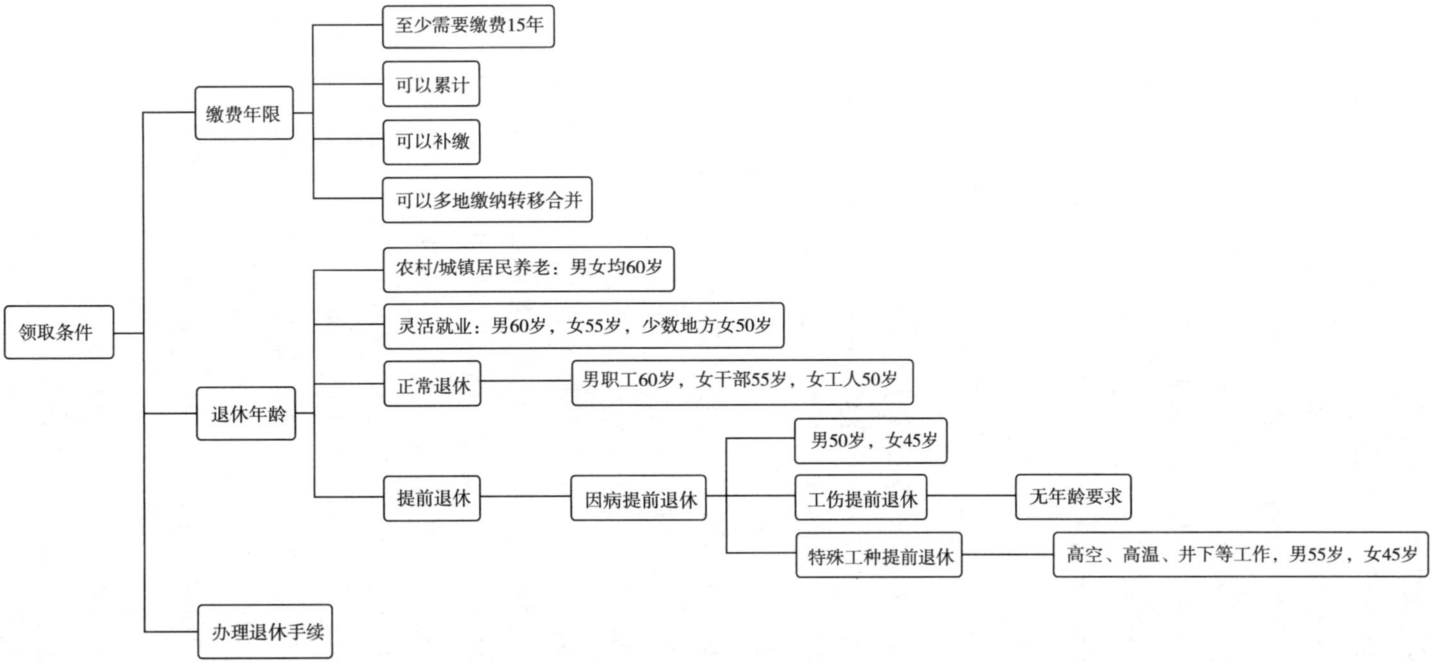

图 6–4　基本养老保险领取条件

关于缴费年限：领取养老保险金至少需要累计缴费15年。该缴费年限可以累计计算，如某人缴纳了5年之后，停止缴纳了2年，而后缴纳了10年，则前面5年与后面10年的缴纳时长可以累计计算。缴费年限可以多地转移合并计算，如某人在A地缴纳了10年的养老保险金，又在B地缴纳了7年的养老保险金，办理转移合并手续之后，可以以缴纳17年计算缴费年限。补缴之前未缴期间的养老保险，视同正常缴费。如某人前两年未缴养老保险，后一次性补缴，则该两年的养老保险视同正常缴费。

关于退休年龄：外企员工、民营企业员工、国企员工同等适用退休年龄的规定。

（二）离婚时不符合基本养老金领取条件

根据最高人民法院《关于适用〈中华人民共和国民法典〉婚姻家庭编的解释（一）》第80条的规定，离婚时不符合基本养老金领取条件，则仅能主张分割养老金账户中婚姻关系存续期间个人实际缴纳部分及利息。

1. 期待利益不可分割

离婚时夫妻一方尚未退休、不符合领取基本养老金条件，不可请求分割基本养老金。如果婚后以夫妻共同财产缴纳基本养老保险费，离婚时一方仅能分割养老金账户中婚姻关系存续期间个人实际缴纳部分及利息。

现时不可领取的养老保险金属于期待利益，最高人民法院《关于适用〈中华人民共和国民法典〉婚姻家庭编的解释（一）》第80条对于此种期待利益采取绝对否定的态度。在最高人民法院《关于适用〈中华人民共和国婚姻法〉若干问题的解释（三）》（已失效）的理解与适用中，最高人民法院表示认可养老金期待利益应属夫妻共同财产的观点。但是虽然可预期其现实利益的转化，但由于届时实际可领取的保险金会随着个人累计缴费年限、缴费工资、当地职工平均工资水平、城镇人口平均预期寿命、通货膨胀、婚姻存续期间、社会经济发展状况等多种不可估计的因素而变化，具体数额难以测算，考虑到财产分割的现实可操作性，最高人民法院最终决定根据可以计算实际数额的个人缴纳部分作为实际分割依据。

2. 学界对基本养老金期待利益处理方式的评价

当前我国司法解释与司法实践中都对未来可领取的基本养老金期待利益采取不分割的处理态度，离婚时一方仅能主张分割婚内以共同财产缴纳的基本养老保险费。关于这一处理方式,学界存在以下观点。

观点一:不分割期待利益,不符合现代婚姻家庭法的平等价值理念。若无特别约定,夫妻婚后所得的工资性收入为夫妻共有,因此,用工资积累的养老金期待利益应当属于夫妻的共同财产。若承认婚姻期间积累的养老金期待利益由夫妻共享,在离婚时由夫妻双方分割,将夫妻一方的家务劳动纳入婚姻家庭法的价值评判之中,才符合劳动价值平等的价值理念。①

观点二:不分割期待利益,可能会间接影响婚姻自由。如果配偶一方为职工而另一方为非职工或无个人收入来源的家庭劳动者,前者可能享有高额的职工养老保险,后者则仅能参保城镇居民社会养老保险或新型农村社会养老保险。该情形下配偶双方参保的养老保险无论是从缴费数额角度,还是从未来可领取的养老保险金数额的角度,都存在较大差距。如果双方在职工配偶退休之前离婚,则仅能就养老金账户中婚姻关系存续期间个人实际缴纳部分及利息进行分割,但如果在职工配偶退休之后离婚,则可以分割在婚姻关系存续期间该职工配偶实际取得或者应当取得的基本养老金,两个数额之间可能存在倍数差距。可能造成的消极导向是,职工配偶一方可能尽可能快速离婚以维护高额养老保险利益,而非职工配偶一方可能为分得更多的财产而故意拖延至退休后离婚,事实上形成了对婚姻自由意愿的限制与阻碍。我国有学者认为,虽然现在养老保险的范围几乎覆盖了全民,但是全职的家庭照顾者或者负担部分家庭照顾者的女性,其获得基本养老保险待遇与拥有稳定职业的工作者相距甚远。职工基本养老保险待遇和补充养老保险待遇能为其提供80%替代率的养老金,保证其退休后维持不低于工作状态时的生活水平。忽视养老金期待利益分割的方法对女性家庭照顾者而言是极其不利的。②

比较法对养老保险期待利益主要有三种分割方案,分别为估值分割、拖延分割和比例分割,一个国家可能将多种方案相互补充使用。估值分割以瑞士为典型代表,具体方案为:法院估算养老保险账户中未来可领取的养老金数额,然后与其他夫妻共同财产一起分割。估值分割的优点在于可以在离婚时即时取得款项,对于经济收入较低的一方配偶而言,可以缓解一定的经济压力,但是估值分割加重了法院工作负担,估算难度大,且难以保证估算准确性,实际可操作

① 陈苇、黎乃忠:《现代婚姻家庭法的立法价值取向——以〈婚姻法解释(三)〉有关夫妻财产关系的规定为对象》,载《吉林大学社会科学学报》2013年第1期。

② 张荣芳:《新型夫妻共同财产——婚姻期间的养老金权益》,载《法学评论》2018年第2期。

性差，这也是我国法院不支持离婚时分割养老保险金期待利益的主要原因。拖延分割以澳大利亚为典型代表，具体方案为：法院签发养老金扣押令给养老保险金支付机构，暂时禁止其支付养老保险金，待到领取时间法院解除扣押令再行分割。拖延分割保证了分割数额的准确性与公平性，操作简便，但是缺点在于时效性差，等待时间过长，对无经济来源的配偶一方，并无现实利益。比例分割以德国为典型代表，具体方案为：按照一定比例将一方养老保险基金转入对方新建的养老保险账户中。在我国，个人养老账户只能有一个，该方案不具有可借鉴性。

相较而言，我国现行对养老保险期待利益的处理方式虽然存在分割数额与实际应分割数额相差较大的问题，但是保障了离婚时养老保险权益分割的时效性与可操作性。笔者综合比较各国现有的对养老保险期待利益的规定，认为也并不存在绝对完美的处理方案。对于未来可领取的养老保险在离婚时应当如何分割，如何兼顾时效性和可操作性并尽可能减少实际误差，还需要立法者、学界与司法实践继续探索。

（三）补缴的养老保险费

虽然各地关于养老保险费补缴的政策可能不一而足，但是符合补缴条件的主体补缴养老保险费之后视为正常缴费的定性是统一明确的。当事人在婚姻存续期间补缴结婚之前的养老保险费，或者在离婚后补缴婚姻存续期间应当缴纳的养老保险费，应当如何进行分割？

处理上述问题最核心的点在于补缴费用的来源。如果补缴费用源于婚姻关系存续期间的夫妻共同财产，则该部分缴纳费用应当作为夫妻共同财产进行分割；反之，则不应当分割。至于补缴行为发生的时间、养老金请领的时间，可在所不问。

二、企业年金

本节将对企业年金作基本介绍，并结合案例，分析离婚时企业年金如何分割的问题。

（一）企业年金的定位

企业年金在我国诞生之初便是基本养老保险制度的补充者角色。20 世纪

90 年代，世界银行为我国提出了“三支柱养老保障体系”的参考方案。[①] 第一支柱：以工资总额缴费为资金来源的社会养老金，对应我国当前基本养老保险的统筹账户；第二支柱：强制性完全累积个人账户，对应我国当前基本养老保险的个人账户；第三支柱：由用人单位、职工等自愿承担的补充缴费养老金，对应我国当前的企业年金。20 世纪 90 年代，企业补充养老保险制度以社会基本养老保险制度补充者的角色，以自上而下的顶层设计方式，嵌入我国的养老保障体系。

2000 年以后，随着《企业年金试行办法》等法律文件的出台和实施，企业年金作为正式法律概念，替代了此前企业补充养老保险的政策性提法，但并未改变其功能定位。根据《企业年金办法》第 2 条的规定，我国企业年金是指“企业及职工在依法参加基本养老保险的基础上，自主建立的补充养老保险制度”。[②] 企业年金所需费用由企业和职工个人共同缴纳。企业年金基金实行完全积累，为每个参加企业年金的职工建立个人账户，按照国家有关规定投资运营。企业年金基金投资运营收益并入企业年金基金。

（二）企业年金的分割

我国当前现行有效的法律法规并未对离婚时企业年金可否分割、如何分割作出明确规定。与养老保险不同，企业年金没有统筹账户。个人缴纳的企业年金直接进入个人企业年金账户，单位缴纳的企业年金可以直接进入个人企业年金账户，也可以达到一定条件（如工作满一定年限，最长不超过 8 年）之后进入个人企业年金账户。企业年金基金由企业年金理事会或者法人受托机构进行管理。目前我国企业年金/职业年金总体覆盖率较低，但是相较于基本养老保险金，企业年金往往缴费数额更高，因此企业年金可否分割对离婚夫妻至关重要。

有关离婚时企业年金分割的案例中，多数法院认为企业年金可以分割，原因有二：其一，从性质来看，企业年金制度是我国城镇养老保险体系的第三支柱，属于补充性养老保险体系，在财产分割时可以参照养老保险的规定进行处理。其二，从来源来看，企业年金本质来源为职工劳动，用人单位因劳动者提供劳动而为其缴纳企业年金，其缴纳的年金属于职工工资的组成部分。在夫妻关

---

① 世界银行编写组：《老年保障：中国的养老金体制改革》，中国财政经济出版社 1998 年版，第 42 页。

② 金昱茜：《我国企业年金法律制度的检视与完善》，载《法商研究》2022 年第 3 期。

系存续期间，若无书面的分别财产制约定，双方的工资以及工资性收入属于夫妻共同财产，离婚时应当进行分割。

少数法院则认为企业年金不可分割，理由是我国现行法律和司法解释未明确将企业年金纳入夫妻共同财产分割。典型案例如适用案例6－4。

适用案例6－4 杨某诉唐某离婚后财产纠纷案①

法院认为，我国现行法律和司法解释并未将企业年金明确纳入夫妻共同财产分割。因此，原告请求分割企业年金于法无据，不予支持。

笔者认为，企业年金在本质上属于企业补充养老保险，应当参照养老保险金的相关规定处理。若离婚时夫妻一方符合企业年金领取条件，则其在婚姻关系存续期间实际取得或者应当取得的企业年金应当作为夫妻共同财产进行分割；如果一方不符合企业年金领取条件，则其企业年金账户中婚姻关系存续期间个人实际缴纳部分及利息属于夫妻共同财产，应予分割。相关案例如案例详解6－1和案例详解6－2。

案例详解6－1 唐某诉张某离婚后财产纠纷案②

裁判要旨

①离婚时不符合领取养老保险金条件，应予以分割婚内个人实际缴付的养老保险费。

②企业年金是一种补充性养老金制度，离婚时应参照养老保险金的方式进行分割。

案情

2018年10月15日，法院判决准予张某与唐某离婚。张某名下的银行存款、股金、保险等财产均未分割。唐某提起离婚后财产纠纷诉讼，要求对尚未分割的财产进行分割。关于双方的养老保险金与企业年金的缴纳情况，经审理查明，婚姻关系存续期间，张某个人实际缴付养老保险费51,639.64元、企业年金12,802元。唐某个人实际缴付养老保险费20,680.8元、企业年金5344元。

法院判决

①唐某、张某均尚未退休，不符合领取养老保险金条件，唐某应予以分割的

① 重庆市第三中级人民法院民事判决书，(2021)渝03民终208号。

② 山东省东营市中级人民法院民事判决书，(2021)鲁05民终1383号。

个人实际缴付养老保险费为20,680.8元,张某应予以分割的个人实际缴付养老保险费为51,639.64元。

②企业年金是一种补充性养老金制度,是企业及其职工在依法参加基本养老保险的基础上,自主建立的补充养老保险制度,其应参照养老保险金的方式进行分割,唐某应予以分割的个人实际缴付企业年金为5344元,张某应予以分割的个人实际缴付企业年金为12,802元。

③张某于判决生效之日起10日内向唐某支付养老保险金及企业年金款分割款共计32,220.82元,唐某于本判决生效之日起10日内向张某支付养老保险金及企业年金分割款共计13,012.4元。

案例详解6-2　周某诉蔡某离婚后财产纠纷案①

裁判要旨

企业年金在本质上属于企业补充养老保险,应当参照养老保险金的相关规定处理。离婚时一方不符合企业年金领取条件,离婚后领取的企业年金,属于婚姻关系结束后形成的财产,不能作为夫妻共同财产。对于该部分企业年金,仅能分割夫妻关系存续期间的个人缴纳部分。

案情

周某与蔡某经诉讼于2020年11月10日解除婚姻关系。在离婚生效判决中,蔡某享有的企业年金未予处理。2021年6月26日,蔡某达到法定退休年龄,并已经办理了退休手续,一次性领取了企业年金180,449.69元。婚姻关系存续期间,蔡某企业年金个人缴费部分数额为41,532元。周某诉讼要求分割蔡某所有的截至2020年7月30日的企业年金167,283.07元。

法院判决

①根据最高人民法院《关于适用〈中华人民共和国民法典〉婚姻家庭编的解释(一)》第25条的规定,夫妻在婚姻关系存续期间所得的基本养老金和住房补贴,为夫妻的共同财产,归夫妻共同所有。企业年金在本质上属于企业补充养老保险,应当参照养老保险金的相关规定处理。从夫妻共同财产形成的时间节点上看,夫妻共同财产形成在婚姻关系存续期间,婚姻关系结束后形成的财产不能作为夫妻共同财产。本案双方婚姻关系存续期间,蔡某并未退休,即并未

① 福建省邵武市人民法院民事判决书,(2021)闽0781民初1857号。

取得企业年金,故蔡某的企业年金并不是双方的夫妻共同财产。

②根据最高人民法院《关于适用〈中华人民共和国民法典〉婚姻家庭编的解释(一)》第80条的规定,夫妻关系存续期间企业年金个人缴纳部分是用夫妻共同财产缴纳的,可以作为夫妻共同财产分割。

综上,养老保险与企业年金作为我国社会保障体系的重要环节,承载着重要的社会职责。在离婚财产分割中,养老保险与企业年金的分割对于经济收入低的家庭主妇或非职工一方而言,或许能够为其生活保障提供支撑与帮助。本节从法律规定入手,结合实务案例与学界观点,对养老保险与企业年金的离婚财产分割方案作了梳理,以期为有需要的人提供一点帮助。同时也提出了一些当前法律与司法解释中存在争议的地方,希望能够为同行提供思考触点。

第三节　离婚财产分割之其他社会保险及公积金裁判实证研究

在五类社会保险中,除基本养老保险之外,法律与司法解释并未对其他四类(基本医疗保险、生育保险、失业保险、工伤保险)是否可以作为夫妻共同财产在离婚时予以分割作出相关规定。由于立法的缺位,法院在遇到相关案件时的判决不一而足,莫衷一是。本节以司法实践大数据分析为基础,加之相关法理分析,力图得出实践中法院对各类社会保险在离婚财产分割中的主流态度,以期为遇到相关问题的当事人与法律同人提供一定的参考意见。此外,虽然住房补贴/住房公积金并非社会保险的构成部分,但是作为社会保障的重要内容,在已经分别讨论了离婚财产分割中"五险"的基础上,对"一金"进行附带讨论,以求内容的完整。

一、基本医疗保险

根据《社会保险法》第23条的规定,我国基本医疗保险由用人单位和职工共同缴纳。疾病发生时,在定点医院或定点药房买药就医,对于属于医疗保险范围内的医疗支出,可以凭借医保卡报销一定比例;需要在定点医院住院接受医疗活动时,凭借医保卡、病历本可以报销医疗支出。

因此,离婚时基本医疗保险的分割可能涉及两笔钱:其一为当事人就业后获得的医疗保险金，其二为当事人用夫妻共同财产缴纳的基本医疗保险费。关于前者，由于其是对医疗费用的理赔款，具有人身性质，根据《民法典》第 1063 条的规定，应属于个人财产，不予分割，此无争议。关于后者可否分割，法律未作具体规定，法院判决也存在分歧。但是多数法院判决基本医疗保险账户中以夫妻共同财产缴纳的部分在离婚时可以作为夫妻共同财产进行分割。在检索到的案件中，基本医疗保险分割的判决情况如表 6－1 所示。

表 6－1　基本医疗保险的分割判决

法院判决	判决理由	相关案例
分割	以共同财产缴纳的部分属于夫妻共同财产，应予分割	（2021）豫 0481 民初 1017 号
		（2020）渝 0112 民初 14032 号
		（2021）鲁 0786 民初 1552 号
		（2021）黔 0102 民初 7146 号
		（2021）鲁 0602 民初 6324 号
		（2021）琼 9026 民初 3267 号
不分割	法律未明确规定可分割	（2022）粤 01 民终 2665 号
		（2021）粤 0103 民初 14562 号

关于婚姻存续期间以夫妻共同财产缴纳的医疗保险金，多数法院认为属于夫妻共同财产，离婚时予以分割。笔者赞同法院多数判决。保险理赔金因具有人身专属性而不可分割，但是以共同财产缴纳的医疗保险金不具有任何人身属性。在“个人缴纳部分”这一意义上，该部分与养老保险对应的部分不存在实质性差异，因此可类比养老保险“个人缴纳部分”的处理规则，对此部分个人缴纳的医疗保险费用可进行分割。

二、失业保险

失业保险参保主体面向所有城镇企、事业单位及其职工，城镇企业包括国有企业、城镇集体企业、外商投资企业、城镇私营企业以及其他城镇企业等各种所有制形式的企业。

虽然近年来失业保险参保人数整体呈现逐年上涨的趋势，但与养老保险和医疗保险的参保人数相比，失业保险参保人数仍然处于较低水平。这也是实践中离婚分割纠纷案件中失业保险出现频率较低的原因。

根据《社会保险法》第44条的规定，用人单位和职工按照国家规定共同缴纳失业保险费。与医疗保险一样，离婚时若主张失业保险的分割，可能涉及两笔钱：其一为婚内所得失业补助金，其二为保险账户中以夫妻共同财产缴纳的失业保险费。法律对于二者能否作为夫妻共同财产进行分割缺乏明确的规定，法院判决也存在分歧。

关于当事人请求分割对方婚内所得失业补助金的主张，笔者以“离婚+共同财产+保险”为关键词，以“离婚后财产纠纷、离婚纠纷、保险纠纷”为案由，时间限缩为“2021年1月1日至2022年7月1日”，共检索到2件案例，案号分别为：(2021)渝0112民初27473号、(2021)湘01民终7387号。2件案例中法院都支持对失业保险金进行分割，但说理均比较简单，如“失业保险补助金清算安置日后的失业补助，应为夫妻共同财产”。因为案件数量过少，笔者很难得出司法实践中的主流观点，但至少能从中窥见法院的态度。笔者认为，失业保险金，实际上是当事人在失业状态下的工资性收入的替代，因此离婚时一方请求分割对方所得失业保险金的主张应得到支持。

关于当事人请求分割婚内以共同财产缴纳的失业保险费的主张，法院判决统计结果如图6－5所示。

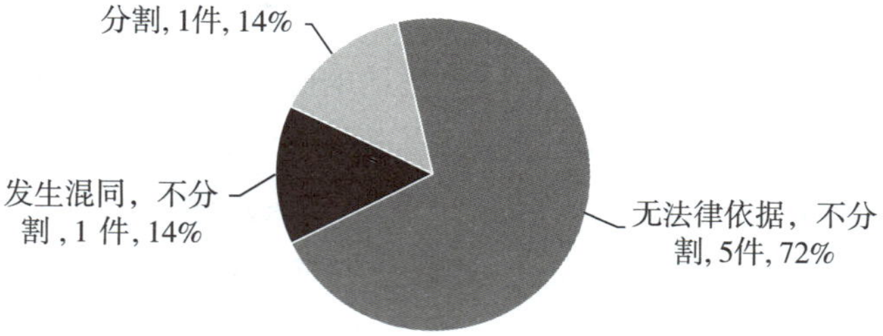

图6－5　失业保险费的分割判决

与医疗保险不同的是，多数法院判决不分割以共同财产缴纳的失业保险费，主要理由是缺乏可分割的法律依据。相关案例如适用案例6－5。

适用案例6－5　刘某诉黄某离婚后财产纠纷案①

法院认为，当事人上诉要求分割配偶的失业保险费的意见，缺乏法律依据，不予支持。

① 广东省广州市中级人民法院民事判决书，(2022)粤01民终2665号。

笔者认为，医疗保险、失业保险账户中的个人缴纳部分，并不存在本质性区别。如果认为医疗保险账户中个人缴纳部分可作为共同财产进行分割，那失业保险应作同一处理。如此才符合同等事物同等对待，不同事物区分对待的原则。

三、生育保险

根据国务院办公厅《关于全面推进生育保险和职工基本医疗保险合并实施的意见》（国办发〔2019〕10 号）的规定，自 2020 年 1 月 1 日起，生育保险与医疗保险合并。为贯彻落实上述文件精神，上海市医疗保障局、上海市人力资源和社会保障局、上海市财政局、上海市卫生健康委员会联合发布《关于本市落实生育保险和职工基本医疗保险合并实施有关事项的通知》（沪医保规〔2019〕8 号），对生育保险与医疗保险合并的工作作出了更加具体的规定。当前，我国已实现二类保险的合并工作。

生育保险与医疗保险合并，并非意味着"社保五险"变为"社会四险"。事实上，"五险"是不变的。生育保险并未因两险合并而丧失独立的法律地位，也没有影响其正常保障功能的发挥。此次合并，既没有降低公民的社保待遇，也没有加重企业的缴费负担，而是一项便民利民的政策。对于职工个人而言，合并之后生育医疗费用的报销可以用一张医保卡解决，报销更加便利。对于用人单位而言，医疗保险、生育保险各自的缴费标准不变，单位在缴费的时候生育保险与医疗保险合并在同一笔款项之下，免去了原生育保险的缴费手续，缴费更加方便。

生育保险虽然只有用人单位缴费，但是生育保险待遇包括生育医疗费用和生育津贴两项。因此离婚时生育保险的分割，也涉及两笔钱。生育医疗费用是指产检费、接生费、手术费、医药费、住院费用等由生育行为产生的医疗费用，职工未就业配偶也可以享受生育医疗费用待遇。生育津贴是指职业妇女因生育而离开工作岗位期间给予的生活费用，又叫生育现金补助。

关于生育医疗费用、生育津贴分别是否可以在离婚时作为夫妻共同财产进行分割，法律并没有明确规定，法院判决也不尽一致。

表 6 – 2　生育保险的分割判决

<table>
<tr><th colspan="2">法院观点</th><th rowspan="2">法院判决</th><th rowspan="2">相关案例</th></tr>
<tr><th>生育医疗费</th><th>生育津贴</th></tr>
<tr><td>个人财产</td><td>个人财产</td><td>不分割</td><td>(2021)鲁 0114 民初 8167 号</td></tr>
<tr><td>个人财产</td><td>共同财产</td><td>分割共同财产部分</td><td>(2020)沪 0115 民初 47988 号</td></tr>
<tr><td>共同财产</td><td>共同财产</td><td>分割共同财产部分</td><td>(2021)鲁 05 民终 1069 号</td></tr>
<tr><td rowspan="2">—</td><td rowspan="2">共同财产</td><td>维护妇女和未成年人的合法权益,不分割</td><td>(2019)宁 02 民终 753 号</td></tr>
<tr><td>已花用完毕,不分割</td><td>(2016)沪 0112 民初 31517 号</td></tr>
</table>

法院认为生育医疗费与生育津贴在离婚财产分割时均为个人财产的理由:生育津贴是生育保障制度的重要一环,其目的不仅是补偿女职工的误工损失,而且承担着社会繁衍生息和劳动力延续的社会保障任务,本质上是保障女职工在生育期间的基本生活和保健需求,具有一定的申领条件和人身专属性,因此,生育津贴及相应的生育医疗费应当认定为个人财产,离婚时配偶诉求分割无法律依据,法院不予支持。

法院认为生育医疗费是个人财产,生育津贴是共同财产的理由:生育医疗费补贴作为保障女方在怀孕、分娩期间的医疗保健需要,具有一定的人身专属性,不宜认定为夫妻共同财产;生育生活津贴作为保障女方产假期间的基本生活需要,具有类似于工资收入的性质,应当属于夫妻共同财产。

法院认为生育医疗费和生育津贴均为共同财产的理由:(1)生育医疗费是指女职工因怀孕、生育或流产,以及职工因实施计划生育手术所发生的医疗费用。当事人报销所得的生育医疗费,系以夫妻共同财产先行垫付,后由生育保险基金报销取得,因此,当事人报销所得的生育医疗费应为夫妻共同财产。(2)生育津贴是法律法规规定对女职工因生育离开工作岗位期间,给予生活费用的生育待遇,系女职工因不能工作而通过生育基金或单位发放的代替工资的费用。该费用数额及形成原因依托于职工与用人单位签订的劳动合同,具有工资性质,因此生育津贴属于夫妻共同财产。

司法实践中生育医疗费多被认定为个人财产,而生育津贴多被认定为共同财产。不过即使被认定为共同财产,法院也可能基于维护对妇女儿童权益而不予分割。并且如果生育津贴、生育医疗费已经用于住院医疗、子女抚育、共同生活等，则离婚时不再分割。

四、工伤保险

工伤保险，又称为“职业伤害保险”，是指劳动者在生产经营活动中或在规定的某些特殊情况下所遭受的意外伤害、职业病，以及因这两种情况造成死亡、暂时或永久丧失劳动能力时，劳动者及其遗属能够从工伤保险基金中得到伤残医疗服务、康复服务、伤残补偿和遗属抚恤金等方面的待遇，并仍能享有基本生活的一种保障机制。作为社会保障制度的一个组成部分，工伤保险制度发挥着重要的作用。它不仅是受到工伤事故伤害的职工维护权益的重要依据，也是维持社会稳定和社会大生产的持续性的重要保障。

工伤保险从待遇项目看，包含了三个方面含义：(1)对“伤”的保险。劳动者在生产过程中，由于发生不测致使其受到伤害，暂时地、部分地丧失劳动能力的，给予其相应的保险补偿。(2)对“残”的保险。劳动者因受包括职业病在内的职业伤害，虽经治疗休养仍不能完全康复，以致身体或智力功能部分或全部丧失的，应给予相应的物质补偿。(3)对“死亡”的保险。劳动者在劳动过程中遭受伤害而死亡时，给予其遗属相应的物质补偿。①

工伤保险费由用人单位缴纳，职工不缴纳。因此离婚时关于工伤保险分割的纠纷，只涉及工伤补助金这一笔钱。从前述工伤保险的保障范围来看，工伤补助金是一方因受到人身损害获得的补偿，具有人身属性，根据《民法典》第1063条的规定，是个人财产，离婚时不能分割。相关案例如适用案例6-6。

适用案例6-6 牛某诉丛某离婚后财产纠纷案②

法院认为，当事人由于工伤而获得的残疾赔偿金及一次性工伤医疗补助金、一次性伤残补助金、一次性伤残就业补助金属于当事人的个人财产，不予分割。

五、住房补贴、住房公积金

住房补贴是国家机关、事业单位对无住房职工或住房面积未达规定标准的职工发放的现金补贴。具体操作方式是单位将原用于建房、购房的资金转化为

---

① 任丹丹：《我国工伤保险制度法律问题研究》，吉林大学2009年硕士学位论文，第4页。

② 山东省威海市中级人民法院民事判决书，(2021)鲁10民终1450号。

住房补贴,分次或一次性地发给职工,再由职工到住房市场上通过购买或租赁等方式解决自己的住房问题。住房公积金是单位及其在职职工缴存的长期住房储金。住房补贴与住房公积金主要有两点不同:其一,对象范围不同。住房补贴发放对象包括在职员工和离退休人员,住房公积金发放对象仅包括在职职工。其二,资金构成不同。住房公积金包括个人工资扣缴与单位资助两部分,住房补贴则由单位单方面发放。

根据最高人民法院《关于适用〈中华人民共和国民法典〉婚姻家庭编的解释(一)》第25条的规定,不论是住房补贴还是住房公积金,只要是在婚姻存续期间夫妻实际取得或者应当取得的,都属于夫妻共同财产,离婚时应予分割。但是没有具体规定公积金的分割方式。在司法实践中,针对不同的情形,法院作出以下不同判决。

(1)如果住房公积金全部由个人财产缴纳,则住房公积金属于个人财产,离婚时不分割。相关案例如案例详解6-3。

案例详解6-3 史某诉李某离婚后财产纠纷案①

裁判要旨

①若一方在婚姻关系存续期间未缴纳住房公积金,则该方公积金账户余额属于个人财产,离婚时不分割。

②若离婚时一方不符合养老保险金领取条件,则离婚时分割婚姻关系存续期间缴纳的养老保险费。

案情

李某与史某原系夫妻关系,二人于2002年2月8日登记结婚。2017年史某起诉离婚,法院经审理于2019年6月27日判决:解除原告史某与被告李某的婚姻关系。离婚时双方未就住房公积金、养老保险等进行分割。离婚后史某提起离婚后财产纠纷诉讼,要求分割李某名下住房公积金和养老保险费。

根据史某的申请,法院调取了李某名下住房公积金个人查询单和社会保险个人权益记录。显示:2002年2月至2019年9月,李某未缴纳住房公积金,账户内仅有每年的结息;2002年2月至2019年9月,李某共缴纳个人养老保险28个月,个人缴费金额累计1419元。

---

① 北京市第一中级人民法院民事判决书,(2022)京01民终675号。

■ **法院判决**

①婚姻关系存续期间,李某未缴纳住房公积金,账户内仅有每年的结息,故史某要求分割李某名下住房公积金缺乏事实依据,法院不予支持。

②婚姻关系存续期间,李某共缴纳个人养老保险28个月,个人缴费金额累计1419元,且该部分共同财产在离婚诉讼中未予分割处理,故史某要求分割李某名下养老保险费于法有据,故法院酌情认定李某支付史某养老保险个人缴纳部分折价款709.5元。

(2)如果住房公积金全部以共同财产缴纳,离婚时尚未领取,则分割住房公积金的账户余额。典型案例如案例详解6-4。

案例详解6-4 田某诉李某离婚后财产纠纷案①

■ **裁判要旨**

婚姻关系存续期间以共同财产缴纳住房公积金,离婚时尚未提取该笔公积金,则双方平均分割住房公积金账户余额。

■ **案情**

田某与李某于××××年××月××日登记结婚。2020年11月20日,因感情不和离婚。婚姻关系存续期间,李某自2006年2月1日参加工作的同时缴纳住房公积金,2006年2月1日至2020年11月20日,累计缴费178个月,累计住房公积金余额为91,537.61元。离婚协议中未对住房公积金进行分割,离婚后田某将李某诉至法院,要求分割该笔住房公积金。

■ **法院判决**

李某在婚姻存续期间取得的住房公积金为91,537.61元,属于夫妻共同财产,予以平均分割。因上述款项暂无法支取,故归李某所有,李某给付田某一半补偿款。

(3)如果住房公积金账户缴存费用中既有共同财产,又有个人财产,离婚时不分割账户余额,仅分割共同财产缴存部分的数额。典型案例如案例详解6-5。

① 河北省唐山市丰南区人民法院民事判决书,(2021)冀0207民初2443号。

案例详解 6－5 于某诉车某离婚后财产纠纷案[①]

裁判要旨

若当事人公积金账户中的余额仅有一部分源于夫妻共同财产的缴纳，则在离婚分割时，不分割全部账户余额，仅折价分割缴纳的数额。

案情

于某与车某于 2011 年 8 月 15 日登记结婚。2018 年 7 月 18 日，双方协议离婚。离婚时，车某个人缴纳的养老保险金及公积金未作为夫妻共同财产予以分割，为维护合法权益，于某诉至法院。

离婚时，车某个人公积金账户余额为 15,336.58 元。自 2011 年 9 月 20 日起至 2014 年 8 月 28 日止，车某住房公积金共缴存 6040 元，车某自 2014 年 8 月 28 日后再无公积金缴存记录。即婚姻关系存续期间，共同财产缴纳公积金的费用共计 6040 元。

法院判决

双方在夫妻关系存续期间，车某缴纳的住房公积金 6040 元应为于某与车某的夫妻共同财产，车某支付给于某一半。

（4）若一方主张公积金缴费来源为个人财产，应当承担举证责任，若举证不能，则推定缴费来源为共同财产。典型案例如案例详解 6－6。

案例详解 6－6 黄某诉刘某离婚后财产纠纷案[②]

裁判要旨

一方主张其名下的住房公积金系个人财产，应承担举证责任，否则认定公积金账户余额为夫妻共同财产，离婚时予以分割。

案情

黄某诉刘某离婚后财产纠纷，要求分割刘某名下的住房公积金余额，刘某提交公积金个人缴存明细表，称 1200.31 元住房公积金系其婚前个人财产；黄某对此不确认。一审法院要求刘某提供其婚前最后一次公积金变动记录，刘某未进行举证。

① 吉林省长春市南关区人民法院民事判决书，（2021）吉 0102 民初 4738 号。

② 广东省广州市中级人民法院民事判决书，（2022）粤 01 民终 2665 号。

■ **法院判决**

关于刘某名下的住房公积金于2020年6月30日的余额1200.31元是否应予分割的问题，当事人对自己提出的主张，有责任提供证据。由于刘某提交的住房公积金个人缴存明细表，并未能反映双方结婚时刘某的公积金余额情况，且经法院释明，刘某仍未进行充分的举证，刘某应承担举证不利的法律后果。因此，刘某应向黄某支付公积金补偿款1200.31×1/2＝600元。

(5)若当事人已在婚内提取了一部分公积金，离婚时公积金账户中尚存余额，但是该余额的缴费来源发生混同，无法分清是个人财产缴费还是共同财产缴费，则账户余额视为共同财产，平均分割；或者法院综合考虑各自婚前部分的金额、婚内支取的情况后，酌情分割。典型案例如案例详解6－7和案例详解6－8。

案例详解6－7　陆某诉班某离婚后财产纠纷案①

■ **裁判要旨**

夫妻双方在婚姻关系存续期间对公积金进行了部分提取，离婚时账户中尚存部分余额，且无证据证明该部分余额属于个人财产缴纳还是共同财产缴纳，则视为共同财产平均分割。

■ **案情**

原告与被告于2014年7月认识，××××年××月××日登记结婚，2021年6月22日离婚，离婚时未对共同财产进行分割处理。离婚后，原告提起财产分割诉讼。原告主张，婚姻续存期间被告的公积金为婚内夫妻共同财产，被告应提取或以货币形式折算给原告。经审理查明，被告是一名正式编制人民教师，享有稳定工资收入和“五险一金”。双方已经在夫妻关系存续期间对住房公积金进行提取。截至2021年6月22日离婚之日，被告公积金账户尚存余额13,094.68元。

■ **法院判决**

离婚时被告公积金账户内的余额属于夫妻共同财产，被告应当分割一半给原告。

---

①　广西壮族自治区钦州市钦北区人民法院民事判决书，(2021)桂0703民初4455号。

案例详解 6－8 龚某诉张某离婚后财产纠纷案[1]

■ 裁判要旨

离婚时双方均主张分割对方的公积金账户余额。法院判决各自名下公积金仍归各自所有，相互给付对方折价款。关于折价款的金额，在综合考虑各自婚前部分的金额、婚内支取的情况后，酌情分割。

■ 案情

原告与被告原系夫妻关系，2014 年 12 月 16 日登记结婚，2019 年 2 月 11 日双方办理协议离婚手续，并签署《离婚协议》。协议中未对公积金进行分割处理。后原告提起诉讼，要求分割对方名下的公积金账户余额和养老保险。关于公积金，根据双方提交的住房公积金个人查询单，截至 2014 年 12 月 16 日原告账户余额 47,602.64 元，被告账户余额 13,918.12 元，截至 2019 年 2 月 11 日原告账户余额 3030 元，被告账户余额 108,228.74 元。关于养老保险个人缴费部分，根据双方提交的缴费信息明细，2014 年 12 月至 2019 年 1 月原告个人缴费 58,012.56 元，被告个人缴费 30,500.56 元。

■ 法院判决

关于原、被告名下的养老保险个人缴存部分及公积金账户内的资金，截至双方离婚时的余额应属夫妻共同财产，该部分财产在离婚协议中并未涉及，现双方均主张分割对方名下的部分，法院予以支持。鉴于该部分款项由有关部门统一管理且支取需要经过相应的程序，为便于双方生活，法院认为上述资金各自名下的仍归各自所有，相互给付对方折价款。关于折价款的金额，在综合考虑各自婚前部分的金额、婚内支取的情况后，酌情由被告支付原告折价款 30,000 元。

综上，虽然法律并未对医疗、失业、生育、工伤四类社会保险可否作为夫妻共同财产分割作出针对性规定，对于具有人身专属性的保险金，我们可以通过《民法典》第 1062 条、第 1063 条的规定得出结论：属于个人财产，不予分割。除此之外，仍有部分内容无法通过现有法律条文得出结论，本节对相关案件检索之后进行了判决结果梳理，力图得出实践中法院对各类社会保险在离婚财产分割中的主流态度，以期为遇到相关问题的当事人与法律同人提供一定的参考意见。

---

[1] 北京市第三中级人民法院民事判决书，(2021)京 03 民终 8696 号。

第四节　离婚财产分割之人身保险中各类保险金实务探讨

在一个家庭配置的商业保险中，可能既有财产保险也有人身保险。保险事故发生时，保险公司会支付一笔保险金。离婚时保险项下的各类保险金如何分割，是多数夫妻在离婚时会关注的问题。

财产保险的功能在于补偿保险标的财产损失，因此保险标的的归属一般决定了保险金的归属。简言之，保险标的归谁，保险金就归谁。由于财产保险的保险金分割方式比较简单，也不具有内部差异与争议性，因此本节将结合法律规定、司法案例，着重探讨人身保险项下的四类保险金（理赔保险金、误工津贴保险金、身故保险金、生存保险金）在离婚时如何分割。

一、理赔保险金

本节所称“理赔保险金”，特指人寿保险、意外伤害保险（又称意外保险）与健康医疗保险（又称健康保险）项下的意外伤害保险理赔保险金、意外伤残理赔保险金、重大疾病保险理赔保险金、医疗保险理赔保险金等。

（一）基本定性：个人财产

理赔保险金主要用于被保险人的治疗、生活等特定用途，具有人身专属性，属于《民法典》第1063条第2项规定的“一方因受到人身损害获得的赔偿或者补偿”，应为夫妻一方的个人财产，离婚时不予分割。

法院对此的处理也比较统一，认为属于个人财产，离婚时不予分割。并且此种观点也在《第八次全国法院民事商事审判工作会议（民事部分）纪要》中得到了体现。最高人民法院对此总结，婚姻关系存续期间，夫妻一方作为被保险人依据意外伤害保险合同、健康保险合同获得的具有人身性质的保险金，宜认定为个人财产，但双方另有约定的除外。

具有人身性质的理赔保险金不予分割的主要原因有二：一为人文关怀，二为防范风险。此类保险理赔金具有保障医疗与保障生活的特定用途，基于对人的基本生存权利的保护，本着人道主义关怀精神，理应不分割。再者，人寿保险、健康保险、意外伤害保险以被保险人的身体健康作为保险标的，如果将此类保险理赔保险金认定为夫妻共同财产，容易引发故意造成保险事故骗取理赔款的行为，不利于防范道德风险。

（二）若有剩余，应当返还

由于理赔保险金是用于被保险人医疗、生活等特定用途的个人财产，如被保险人住院医疗期间由其配偶实际支配理赔保险金用于被保险人的医疗活动，在相关医疗活动结束后，若有剩余，则应返还给被保险人，否则属于不当得利，被保险人有权提起不当得利返还的诉讼。相关案例如案例详解6－9。

案例详解6－9 张某诉董某不当得利纠纷案①

■ 裁判要旨

①理赔保险金具有人身性质，属于个人财产。

②理赔保险金到账之前的医疗费用支出，属于夫妻共同财产支出，不被涵括在之后到账的理赔保险金支出内。若有剩余，需返还。

■ 案情（见图6－6）

2004年2月20日，原告张某（男）与被告董某（女）登记结婚。

2011年9月20日，张某为自己购买“国寿康宁终身重大疾病保险”，该保险是针对张某身体健康所购买的险种。

2018年7月10日，张某生病，其间妻子董某照料张某，为其寻医看病，并且支出医疗费、营养费、护理费12万余元。

2018年9月17日，获得保险30万元理赔款，此时张某已住院治疗196天。在此期间，夫妻二人共同财产以及理赔保险金均由董某持有、掌控。后张某向法院提起诉讼，要求董某返还该30万元理赔款的不当得利。

① 江苏省连云港市中级人民法院民事判决书，(2021)苏07民终2294号。

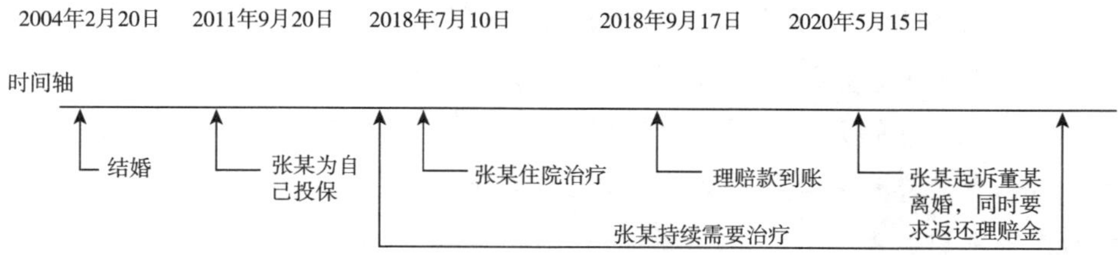

图 6－6　案例详解 6－9 案情

法律问题

1. 理赔保险金是否属于夫妻共同财产?

2. 理赔保险金到账前的医疗支出性质为何?

法院观点

1. 关于保险金性质的认定

一审、二审法院关于保险金性质的认定意见一致,均判决理赔保险金为个人财产。法院认为,婚姻关系存续期间,夫妻一方作为被保险人依据意外伤害保险合同、健康保险合同获得的具有人身性质的保险金,宜认定为个人财产,但双方另有约定的除外。本案中双方并无特别约定,因此应按照一般规则处理,认定为个人财产。

2. 关于剩余理赔保险金应否作为不当得利予以返还

两审法院存在不同观点。

一审法院认为,剩余的理赔保险金不需返还。涉案保险理赔款虽属于张某个人财产,但董某在张某生病期间积极为原告治疗。董某为张某治病所支出的费用远远超过 30 万元保险理赔款,并不存在张某诉称的将该 30 万元保险理赔款私自占有的事实。涉案 30 万元的保险理赔款不需返还。(见图 6－7)

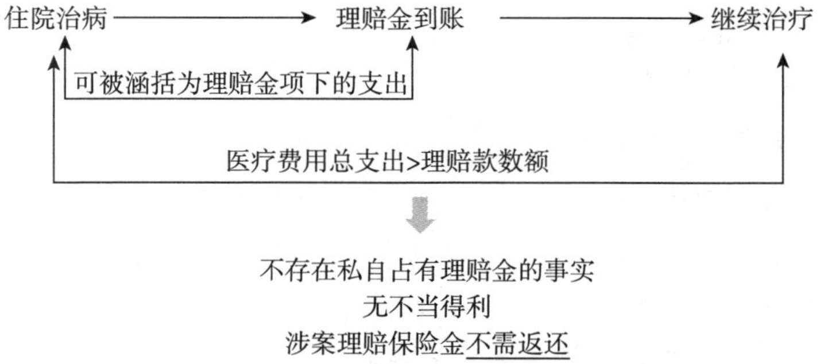

图 6－7　一审法院观点

二审法院认为,剩余的理赔保险金应当返还。董某为张某寻医看病的费用支出性质的认定,应当以保险理赔款到账前后进行区分。到账之前,因为夫妻之间有相互抚养的义务,在张某、董某有现金存款的情形下,张某住院治疗期间所产生的费用应为夫妻共同财产所支出。到账之后,为治病产生的医疗开销认定为保险理赔款项下的支出,剩余部分10万元应予以返还。(见图6-8)

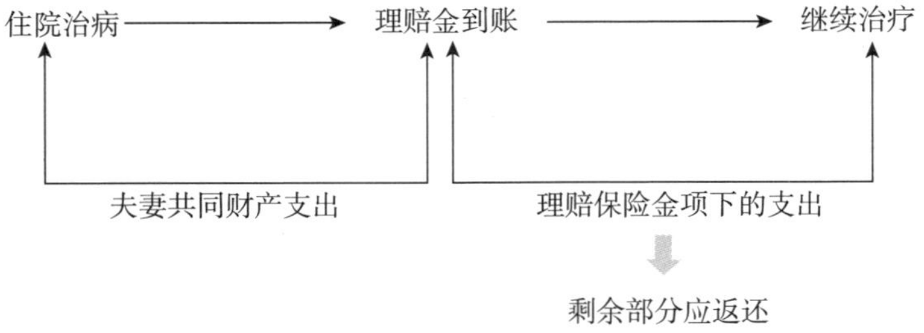

图6-8　二审法院观点

律师评析

两审法院存在观点分歧的原因在于对理赔保险金到账之前医疗支出的性质认定不同。一审法院认为理赔款到账之前的医疗费用支出可被涵括为理赔保险金项下的支出,由此认为不存在不当得利。二审法院则认为理赔保险金到账之前,住院治疗期间的费用为夫妻共同财产所支出;到账之后的医疗开销为保险理赔款项下的支出,剩余部分属于不当得利。

法院判决具有理论性与功能性的双重价值。理论性体现于法院对案件事实进行法理分析,功能性体现于法院判决的现实导向价值。二审判决对于法律事实的定性更为准确;一审判决更具积极的现实导向价值,有利于鼓励类案当事人在保险理赔金到账之前为对方积极治疗。二者各有侧重,具体如何作出判决,可能受法官价值取舍影响。

律师建议

在上述案例中,当事人董某主张其为张某康复治疗共计花费16万余元,但是部分款项缺少单据,法院最终只酌情认定董某实际支出13万元。夫妻关系存续期间,若一方生病住院时出现夫妻感情不和的情况,基于夫妻情感、共同生活人文关怀以及夫妻之间的相互扶持义务,另一方理应积极为其寻医救治。但我们也要提醒当事人,为了应对后续可能存在的诉讼纠纷,保障自身的合法权益,最好妥善保存相关支出的票据与凭证。

（三）自愿改变用途，不再返还

虽然人身保险理赔款具有自身特定用途，但是如果被保险人自愿（同意或者明知且无异议）改变理赔款的用途，用于家庭共同生活或者家庭共同经营，则该行为属于对个人财产的处分，被保险人离婚时无权再要求对方返还相应的保险金。相关案例如案例详解 6－10。

案例详解 6－10 陈某诉郑某离婚后财产纠纷案①

■ 裁判要旨

具有人身性质的理赔金为个人财产。被保险人自愿改变理赔保险金的用途，用于家庭共同生活或者家庭共同经营，属于对个人财产的处分。夫妻另一方因此而受益，可视为被保险人对该方的赠与。被保险人离婚时再主张对方返还该部分保险金，法院不予支持。

■ 案情（见图 6－9）

原告陈某（女），被告郑某（男），二人婚姻关系存续期间，郑某为陈某投保平安智胜人生终身寿险（万能型）人身保险。后陈某身患疾病，保险公司进行了保险理赔，理赔保险金 28 万元于 2014 年 9 月 24 日被转入陈某账户。

陈某于 2014 年 9 月 25 日将该笔款项转入郑某的账户，用于郑某的公司周转经营。陈某负责该公司财务，郑某负责该公司经营管理。

2017 年 9 月 27 日，因感情不合，双方协议离婚。离婚协议约定："公司及公司债权归郑某所有""郑某补偿陈某壹佰万元整人民币"，离婚协议中未对该 28 万元理赔保险金作约定。

2019 年 8 月，陈某提起诉讼，要求郑某返还 28 万元理赔保险金。陈某主张自己转给郑某 28 万元理赔款用于公司周转经营的行为属于借贷，郑某则主张该转账行为系赠与。

① 江苏省徐州市中级人民法院民事判决书，（2019）苏 03 民终 6453 号。

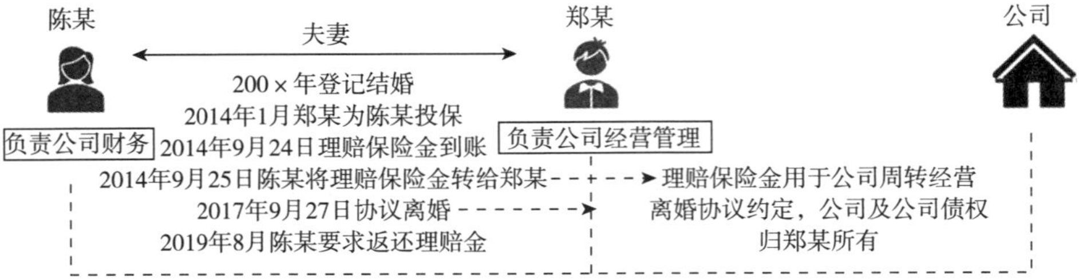

图6-9　案例详解6-10基本案情及人物关系

■ 法律问题

1. 理赔保险金是否属于夫妻共同财产?

2. 理赔保险金的用途如何认定?

3. 理赔保险金应否予以返还?

■ 法院观点

1. 具有人身性质的理赔保险金属于陈某个人财产

虽然理赔款取得的时间是在陈某、郑某婚姻关系存续期间,投保人为郑某,但被保险人为陈某,且是陈某作为被保险人依据健康保险合同获得的保险金,主要用于陈某的治疗、生活等特定用途,因其具有人身性质,应当认定为陈某的个人财产。

2. 陈某将理赔保险金转给郑某用于公司经营的行为不属于借贷

夫妻之间可以采取约定财产制,但约定应当采用书面形式。夫妻之间可以通过订立借款协议的形式出借夫妻共同财产。陈某未能提供证据证明其和郑某之间或郑某经营的公司之间存在借款的法律关系,因此对其主张的借贷法律关系不予认可。

但法院最终并未对该转账行为作出明确的定性。只是否定了借贷关系,并未肯定赠与关系或其他形式的法律关系。

3. 陈某改变了其个人财产的用途

陈某并没有将该款用于治疗、生活等特定用途,而是将该笔款项转入郑某的账户用于公司经营。公司的收入用于郑某、陈某家庭生活。另陈某负责公司财务,对上述情况明知且无异议。因此,应认定为陈某改变了其个人财产28万元的特定用途,用作了公司经营的周转资金。

4. 陈某无权再主张理赔金返还

离婚协议约定,郑某经营公司及公司债权归郑某所有,结合陈某改变理赔款用途和陈某负责公司财务的事实，对其具有特定用途的28万元没有提出单独分出的情况下，无论该28万元是作为公司的投资，还是作为公司的债权，陈某都无权再主张该笔款项。

二、误工津贴保险金

误工津贴保险金属于共同财产。误工津贴保险金，又称收入津贴保险金，属于意外伤害保险项下或附加险项下的理赔内容。误工津贴保险金在性质上属于被保险人因受伤误工而导致收入减少的收入损失补偿，实质为工资、奖金和生产、经营收入的替代，一般不具有人身性，因此离婚时可以作为夫妻共同财产进行分割。相关案例如适用案例6－7。

适用案例6－7 刘某诉张某离婚后财产纠纷案[①]

法院认为，被告获得的误工费，是对被告因误工减少的收入进行的补偿，属于工资性收入，应属于原、被告夫妻关系存续期间的夫妻共同财产，原告应获得误工费的一半。

三、身故保险金

主流观点认为身故保险金属于个人财产。身故保险金，又称死亡保险金，是指受益人因被保险人死亡而从保险公司处领取的保险金。

案例模拟6－1

■ 案情

2011年，张老头为自己投保了一份人寿保险，指定自己的女儿张小妹为受益人。2021年，张老头去世，保险公司根据合同约定，给付张小妹30万元保险金。2022年，张小妹与丈夫王小五诉讼离婚，诉讼期间，王小五要求分割张小妹在婚姻关系存续期间取得的30万元身故保险金。

■ 问题

王小五的该项主张能否得到法院支持？

① 内蒙古自治区喀喇沁旗人民法院民事判决书，（2021）内0428民初1489号。

回答

依当前主流观点,不能。

我国法律、司法解释虽然未对婚姻关系存续期间一方因案外人死亡而获得的身故保险金作出明确的性质认定,但根据当前学界、司法实务界的主流观点,身故保险金应属于个人财产。《第八次全国法院民事商事审判工作会议(民事部分)纪要》中对此明确指出,夫妻一方作为受益人依据以死亡为给付条件的人寿保险合同获得的保险金,宜认定为个人财产。最高人民法院法官肖峰有同样的观点,如果被保险人将其指定的特定人作为其死亡保险金受益人,该受益人大多与其有血缘、亲缘等某种特殊情感联系。相应地,该受益人因此获得的死亡保险金是基于其与被保险人或投保人的某种人身关系。从探求当事人真意出发,宜解释为被保险人或投保人只想让与其有某种特定人身关系的受益人本人得到该笔保险金。因此,这里可参照"遗嘱或赠与合同中确定只归夫或妻一方的财产"的规定,将夫妻一方在婚姻关系存续期间,作为受益人依据以死亡为给付条件的人寿保险合同获得的保险金认定为其个人财产。[①] 笔者亦持此种观点。

绝大多数法院判决也持此观点。相关案例如适用案例6-8。

适用案例6-8 曹某诉陈某离婚后财产纠纷案[②]

法院认为,原、被告婚姻关系存续期间,被告父亲因交通事故身亡,其生前投保驾乘车意外身故或全残险,指定受益人为被告,被告父亲逝世后,保险公司给付被告保险金200万元。人身保险是以人的寿命和身体为保险标的的保险,其与人身性质紧密相关,被告父亲将受益人指定为被告,可以认定为对被告个人的赠与,不能作为夫妻共同财产进行分割。

四、生存保险金

生存保险金属于共同财产。生存保险金,又称生存金,是指在保险合同有效期内,合同约定的日期后被保险人仍然生存时,保险公司依照合同约定向保

① 肖峰:《简析离婚案件中的保险金分割》,载公众号"开律师论法"2020年5月10日,https://mp.weixin.qq.com/s/ywmejDl0P_GGK2pBcP7ISQ。

② 辽宁省大连市普兰店区人民法院(原辽宁省普兰店市人民法院)民事判决书,(2021)辽0214民初2946号。

单生存受益人给付的保险金。其特殊之处在于给付条件不是被保险人生病、意外或死亡，而是被保险人在特定期限之内依旧生存。典型的生存保险金如教育年金险项下的教育保险金、商业养老年金保险项下的商业养老金、婚嫁年金险项下的婚姻嫁娶金等。

生存保险金主要目的是满足被保险人一定期限之后的特定需要，具有很强的储蓄性。主要是生死两全保险、年金保险、分红险、万能险等保险项下的保险金。这类保险虽以人的寿命作为保险标的，但是财产属性较强，不应认定为个人财产。最高人民法院在《第八次全国法院民事商事审判工作会议（民事部分）纪要》中也认为，婚姻关系存续期间，夫妻一方依据以生存到一定年龄为给付条件的具有现金价值的保险合同获得的保险金，宜认定为夫妻共同财产，但双方另有约定的除外。生存保险金属于共同财产，此定性无争议。如果保费是一方以个人财产支付，那么最终所得保险金扣除所交保费的剩余部分可作为夫妻共同财产分割。

综上，虽然商业保险项下各类保险金的离婚分割的实际处理存在差异，但其中仍有一定的规律可循。具体而言，对于具有人身性质的保险金，如理赔保险金、身故保险金，属于个人财产；不具有人身性质的保险金，如生存保险金、误工津贴保险金等，则属于共同财产。当然，本节只是对实践中比较常见的人身保险项下的保险金进行了讨论，难免存在挂一漏万之处，本节论及的几类保险金之外可能存在其他的保险金，同样适用上述判断标准，若保险金的取得具有人身性，则属于个人财产，离婚时不分割；若保险金具有投资理财属性、收入补偿属性等，则一般属于共同财产，离婚时可以主张分割。

第五节　离婚财产分割之人身保险的分割

在当代社会中，一方面，家庭的收入和财富积累明显增加，支付能力明显提升；另一方面，家庭人口数量的增加使家庭面临更多的人身风险，增加了保险需求，加之各家庭为了维持消费稳定，对更高消费水平和更强刚性消费的需求，对保险的需求显著增加。[①] 当前,人身保险已成为当前许多家庭财产的重要组成部分。随之而来的是,离婚时若需要对家庭购买的人身保险进行处理,则各类人身保险能否分割?如何分割?本节将结合法律规定、法院判决、学者观点,对离婚时人身财产的分割作梳理。

一、人身保险的财产权益

根据《人身保险公司保险条款和保险费率管理办法》(2015 修订),人身保险分为人寿保险、年金保险、健康保险、意外伤害保险。其中,人寿保险又分为定期寿险、终身寿险、两全保险等。人身保险分割案件在离婚财产分割占有重要地位。在有关商业保险分割纠纷的案件中,人身保险占比高达 98%。

人身保险内部关系比较复杂,一方面牵涉保险人、被保险人、投保人、受益人四方主体的利益,另一方面又涵盖包括理赔款、分红、年金等不同性质(人身性、财产性)的款项,法律往往难以对其进行方方面面的规定,司法判决对部分问题也存在分歧。厘清人身保险的各项权益,对于离婚时的处理至关重要。总结而言,人身保险权益主要包括以下几种。

(一)保险费

人身保险的保险费,简称保费,是指投保人基于保险合同向保险公司支付的费用。随着保险合同的履行,保费会转化为保险责任准备金,对于履行中的保险合同而言,支付保费如同消费,保费一旦到达保险公司的账户,就已经发生了财产权利的转化,投保人丧失对于缴纳保费的所有权,保费相应转化为保险人的资产。[②]

(二)现金价值

并非所有的保险合同均具有现金价值。一般而言,在人身保险项下,人寿保险、年金保险的保单具有现金价值,健康保险、意外伤害保险的保单不具有现金价值。

现金价值的产生基于保险费的储蓄性。以人寿保险为例,一般而言,人寿

① 王晓全、阎建军、贾昊文、李莹琪:《婚姻对家庭人身保险需求的影响——基于中国家庭金融调查(CHFS)的实证研究》,载《金融评论》2020 年第 6 期。

② 王飞、于凯:《离婚诉讼之人寿保险分割问题探讨》,载《人民司法(应用)》2010 年第 15 期。

保险的缴费期限较长，其保险费分为危险保险费和储蓄保险费两部分。在经过一定时间的缴费后，累积的储蓄保险费会在保险单上形成一笔可观的责任准备金，这就是保单的现金价值，此种现金价值随着时间的延长会不断增多。即使投保人欠缴保险费，保单上产生的现金价值也不会消灭。如果投保人欠缴保险费超过了宽限期以致合同效力中止时，保险人还可以按照合同的约定将现金价值的一部分用于折抵保险费，以延续保险合同的效力。如果投保人在保险缴费期满之前退保，则保险公司应当返还保险合同中剩余的现金价值。因此，保单现金价值有时又被称为"解约金""退保费"。

需要指出的是，在意外伤害保险和健康保险中，除了死亡、伤残的赔付具有定额给付性质之外，其就医疗费用、失能收入、护理费用等方面的赔付，均具有突出的损失填补性、短期性、缴费一次性和可得补偿性等特征，因而不具有储蓄性，也不存在保单的现金价值。[①]

（三）保单分红

保单分红，是指保单中部分保费的退回。保单分红不是作为保险公司股东享受分红，而是保险公司将单款保险产品收集的保费部分拿去投资运作，在一个会计年度末，保险公司的精算师会结合理赔情况、公司经营成本、投资收益等情况，核算出年度盈余。该年度盈余对于投保人是不透明的，是由精算师基于会计准则进行核算得出的。确定盈余后，保险公司将部分盈余进行分配。

二、离婚时人身保险的分割处理

对于（1）婚前购买且缴费结束的保险；（2）他人出钱为其中一方购买的保险；（3）婚前进行了资产隔离，已公证用个人财产购买的保险：除非双方另有约定，否则保单应属于夫妻一方的个人财产。在夫妻离婚时，该保单无须分割，保单权益亦不会受到任何影响。本节主要分析以夫妻共同财产投保的保险，以及婚前以个人财产投保，婚后以共同财产继续缴费的保险应如何分割。

若已领取保险金，需对保险金作分割处理，具体笔者已在第四节作了详细梳理，此处不再赘述。

对于离婚时尚在保险期内的保单，有两种处理方式。其一，退保，分割保单

① 温世扬、武亦文：《保险法》，法律出版社2016年版，第179页。

现金价值。其二,不退保,分割现存现金价值;或者暂时不分割,等到取得年金、分红或者保险金之后再分割。

(一)退保时的处理

退保之后,保险公司会退还保单的现金价值。关于该笔现金价值,处理方案如下:(1)若是夫妻一方以婚前个人财产投保,所得退保费属于个人财产,不予分割;(2)若是以夫妻共同财产投保,所得退保费属于夫妻共同财产,平均分割;(3)若是夫妻一方以婚前财产投保,婚后以共同财产继续投保,按照共同财产在所交保费中的比例,划分出现金价值中的共同财产,然后进行分割。

前文已述及,现金价值是由历年累积的储蓄保险费形成。缴费年限越高,现金价值越可观。人寿保险(包括两全保险)、年金保险、分红保险等具有投资属性、储蓄属性的保险,可能具有很高的预期利益,如果在离婚时就进行分割处理,可能会造成预期利益的损失。为了尽可能维护当事人的权益,有的法院会告知当事人可在取得年金、分红之后或者保险金之后再行分割。此种处理方式虽然能够保障利益,但缺乏效率。比如,人寿保险的履行期限很长,生存保险金取得的时间也比较漫长;年金保险可能会按年发放年金或分红,当事人每年都要提起离婚后财产纠纷诉讼。因此,如果当事人要求离婚时即作分割的,则可判决分割现金价值,但因此造成的预期利益的损失,由当事人自行负担。相关案例如适用案例6-9。

适用案例6-9 周某诉任某离婚后财产纠纷案①

原、被告在婚姻关系存续期间互相给对方购买保险。后双方感情破裂,被告解除其为原告购买的保险合同,原告也停止为被告的保险缴费。假若原、被告一直交纳保险费,将来的保险收益是可观的,但双方发生矛盾起诉离婚后,矛盾已经不可调和。法院只能判决双方分割退保费。

实践中,当事人可以根据自己的需求选择处理方案。如果需要即时取得现金价值,则可以选择退保分割退保费,或者不退保要求分割现金价值;如果想要利益最大化,则可以选择暂时不分割,待到保险利益实现时另行分割,但需注意勿超过3年诉讼时效期间的限制。

① 甘肃省张掖市甘州区人民法院民事判决书,(2021)甘0702民初2423号。

(二)不退保时的处理

若离婚时双方选择继续履行保险合同,对于保险合同的分割,法院优先尊重离婚协议的约定,若双方无法达成一致意见,则法院按照以下规则作出判决。

1. 处理方案:分割保单现金价值

离婚时尚在保险期内的保险,当事人如果选择维持保险合同的有效性,则应当就保单的现金价值进行分割。保单现金价值的计算与查询:每份保险的保单合同里都有保单的现金价值表,对应保单年度的现金价值。若对现金价值有疑问,还可以联系保险公司客服咨询。

对于夫妻双方分别为自己购买的保险,离婚时法院往往判决双方各自保有保单权利,补偿对方现金价值,如案例详解 6－11。

案例详解 6－11　刘某诉杨某离婚后财产纠纷案①

■ 案情(见图 6－10)

2009 年 2 月 16 日,被告杨某(女)为自己投保太平盈盛两全保险 C 款(分红型),缴费年限为 10 年,杨某用婚前财产 10,000 元缴纳了保险费,婚姻关系存续期间继续缴纳保险费。

2009 年 12 月 25 日,原告刘某与被告杨某登记结婚。

2011 年 12 月 29 日,原告刘某为自己投保平安鑫祥两全保险(分红型),缴费年期 20 年,婚姻关系存续期间缴纳保险费。离婚时尚在保险期,未退保。

2019 年 2 月 16 日,被告杨某的保险已缴满 10 年,该保单的现金价值为 51,388.45 元。

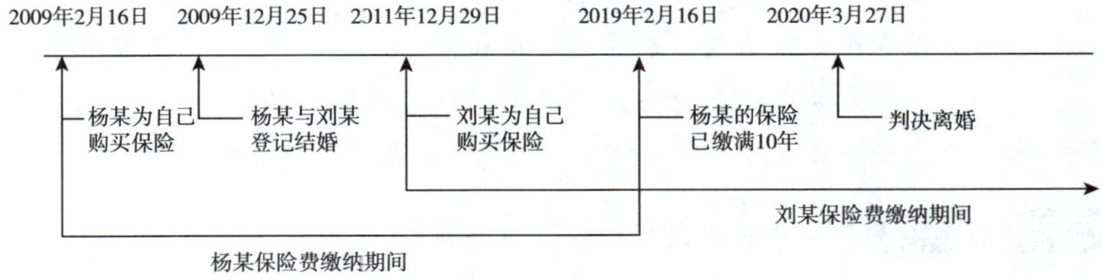

图 6－10　案例详解 6－11 案情

① 四川省阆中市人民法院民事判决书,(2021)川 1381 民初 1109 号。

2020年3月27日，原、被告经人民法院判决离婚，未对被告购买的商业保险进行处理。2021年，原告向法院提起离婚后财产纠纷诉讼，要求对未分割的财产进行分割。

■ **法律问题**

夫妻双方分别为自己购买保险，离婚时如何分割？

■ **法院判决**

(1)关于被告婚前购买，婚内继续缴费的保险，婚姻存续期间产生的现金价值应为共同财产，扣除个人财产对应的现金价值，其余的作为共同财产分割。

(2)关于原告婚内购买缴费、离婚时尚在保险期的保险，产生的现金价值属于夫妻共同财产，应予分割。

(3)两份保险的保单权利归属：为避免后续纠纷的发生，确定该两份保单权利归原、被告各自享有，由一方给予对方相当于保险单现金价值50%的补偿。

2. 当事人主张分割保费：不予支持

相较于已经缴纳的保费而言，保单的现金价值往往数额更低。因此，实践中有的当事人要求分割已经缴纳的保费，但这种主张难以得到法院的支持。正如前文所述，对于尚在履行的保险合同，缴纳保费就如同消费，作为一种投资支出，保费一旦被保险公司受领，该笔财产就已经发生了所有权的转化，成为保险公司的财产。法院往往会根据现金价值进行保险分割，而对当事人要求分割已缴纳保费的主张不予支持。相关案例如适用案例6－10、适用案例6－11和适用案例6－12。

适用案例6－10 于某诉杨某离婚后财产纠纷案①

双方于婚姻关系存续期间购买保险支出的保费属于夫妻共同财产，但在保险期间，部分保费作为保障成本被保险公司扣除，当事人主张按当时交纳的保费进行分割，实际系要求对夫妻关系存续期间已经花销的费用进行分割，法院不予支持，应当对涉案保险合同中保费对应的现金价值予以分割。

适用案例6－11 郑某诉张某离婚后财产纠纷案②

法院认为，某保险的已交纳保费等同于消费，某保险的保险金取得尚未实

---

① 山东省威海市中级人民法院民事判决书，(2020)鲁10民终3113号。

② 北京市朝阳区人民法院民事判决书，(2021)京0105民初46434号。

际发生且具有不确定性。故以保费、保险金等作为分割标准,均欠妥。保单现金价值是拟制保险公司在扣除退保手续费之后向投保人退还的费用。因此,对于履行中的某保险合同,以现金价值作为分割依据更为合理。

适用案例 6-12　桂某诉杨某离婚后财产纠纷案①

法院认为,我国法律及司法解释均未规定保险费能够成为夫妻共同财产。根据《保险法》第 14 条的规定,保险费系投保人向保险人按照约定交付的费用。而保单现金价值是指带有储蓄性质的人身保险单所具有的价值,一般是指投保人退保时或保险公司解除保险合同时,由保险公司向投保人退还的那部分金额。人寿保险保险金额是指当被保险人出现出险事件时,人寿保险公司能赔偿或给付保险金责任的最高金额,实际赔付的金额都不会超过这个金额数据。原告主张分割夫妻关系存续期间的保险费,无法律依据,不予支持。

3. 现金价值不存在时的处理

在保险缴费时间过短的情形下,可能不存在可供分割的现金价值。只有在经过一定时间的缴费后,累积的储蓄保险费才会形成保单的现金价值。分期支付的保险合同,一般交足 2 年以上保险费后,才有可能产生现金价值。合同第一年缴纳的保险费扣除新合同费和当年的自然保费及附加费后,一般没有剩余,甚至出现负数。合同第二年,缴纳的保险费扣除附加保费和当年的自然保费后一般能略有剩余,可弥补第一年的亏损,并产生现金价值。《保险法》第 43 条也规定,投保人已交足 2 年以上保险费的,保险人应当按照合同约定向其他权利人退还保险单的现金价值。

对于意外伤害保险、健康保险,可能保单本身就不存在任何现金价值。

对于上述两种保险单现金价值不存在的保单的分割,法院判决存在一定的分歧。具体有以下两种处理方式:

(1)分割缴纳的保费

有的法院采取权宜之计,判决折价分割已经缴纳的保险费,如适用案例 6-13。

① 四川省德阳市旌阳区人民法院民事判决书,(2020)川 0603 民初 2843 号。

适用案例 6-13 冯某诉江某某离婚后财产纠纷案[1]

■ 案情

被告婚内以共同财产购买了一款意外伤害保险，离婚时该保险尚在保险期，原告要求对该保险进行分割。

■ 法院判决

基于人身保险合同的特点，对于离婚时尚未到期的相关保险合同项下的权利义务，以投保人作为合同的一方当事人享有和负担为宜，合同是否继续履行、是否继续参保由投保人自行决定，保险利益由被保险人享有。针对婚姻关系中的另一方，则有权获得相关价值补偿。被告投保的意外伤害保险尚在保险期限内，被告在婚姻关系存续期间用夫妻共同财产交纳保险费 2340 元，其作为投保人和被保险人享有该保险权益，原告有权取得已交纳保险费用的折价款。故由被告给付原告折价款 1170 元。

（2）暂时不予处理

有的法院则暂时不予处理此类保险的分割事宜，告知当事人在保险合同终止或者保险利益实现后另行主张权利，如适用案例 6-14。

适用案例 6-14 桂某诉杨某离婚后财产纠纷案[2]

■ 案情

被告在婚姻关系存续期间内购买多种两全保险、年金保险、终身寿险、重大疾病保险等共 8 份，离婚时均尚在保险期，原告未提出涉案保险现金价值的相关证据。但能够查明被告婚内所缴保费共计 741,550 元，以及涉案保险未领取红利共计 77,415.31 元，原告主张将保费和红利作为夫妻共同财产进行分割。

■ 法院判决

原告主张的 8 份保险合同并未终止，无法确定案涉 8 份保险合同的保单现金价值，加之被告也不同意分割，故本案中不宜进行分割，原告可在保险合同终止或者保险利益实现后另行主张权利。关于案涉保险合同的保险利益，原告可在保险合同终止或者保险利益实现后另行主张权利。

综上，本节先介绍了人身保险项下的几类财产权益的概念，然后结合实践

① 重庆市沙坪坝区人民法院民事判决书，(2020) 渝 0106 民初 20366 号。
② 四川省德阳市旌阳区人民法院民事判决书，(2020) 川 0603 民初 2843 号。

案例，对离婚时尚在保险期内的人身保险的处理方式进行了阐述。当事人可以结合自身情形，参考本节的相关内容，作出分析与判断。在现实生活中，人身保险可能存在新的财产性权益，笔者也难以断言可以虑无不周。笔者会持续关注司法实践，对于本节尚未提及的情形，以及新出现的情形，将密切关注，及时补充，查漏补缺，力臻完善。

第六节　离婚时，为配偶投保的保险如何处理

家庭和睦、婚姻幸福时，夫妻之间相互投保是夫妻恩爱的一种表现，互相作为对方的投保人、被保险人，能够体现出夫妻之间的情谊与信任。但是一旦夫妻感情出现裂痕，此类保险主体相互交叠的保单，在双方离婚时也会存在一定的分割难题。本节将围绕夫妻之间相互投保的优势（豁免）、离婚时夫妻互保的保单如何处理、受益人未及时变更的法律后果等问题展开讨论。

一、夫妻互保的优势：豁免条款

所谓豁免条款，是指在保险合同规定的某些特定情况下，投保人完全丧失工作能力时，由保险公司获准，同意投保人可以不再缴纳后续保费，保险合同仍然有效的条款。保险豁免条款相当于为保单再加了一份保险，是保险人性化功能的体现之一。[①] 豁免条款主要有三种形式：(1)单独的附加险，这种豁免应用面比较宽，可以附加在多种主险之上；(2)附加险与特定主险相捆绑，其豁免利益有更加明确的针对性；(3)在保险合同中以条款形式出现。

豁免条款主要有以下四类触发条件：(1)轻症豁免。发生符合合同约定的轻症疾病种类之中的一种，即可豁免后期未缴保费。比如原位癌、轻微脑中风、一肢缺失等。(2)重疾豁免。发生符合合同约定的重疾种类之中的一种，即可豁免后期未缴保费。通常以投保人附加险形式存在。当投保人发生合同约定的重疾时，如癌症，则可豁免保险费。(3)全残豁免。因意外或疾病导致全残，豁免后期未缴保费。(4)身故豁免。投保人与被保险人不为同一人，当投保人

① 苗欣：《谁能获得保费豁免》，载《大众理财顾问》2007年第11期。

发生身故即可豁免被保险人的未缴保费。[①]

当前，虽然不同公司、不同保险产品对于保费豁免条件的设定存在一定区别，但是大多数商业保险都针对成人给儿童投保、成人间互相投保等不同情况，设置有相应的豁免条款。豁免条款通常出现在重疾险保险合同中。夫妻互保往往是享受豁免条款一种情形。

二、离婚时为配偶投保的保险合同效力

购买保险合同需要满足保险利益原则。所谓保险利益，是指投保人对保险标的具有某种合法的经济利益。人身保险合同以被保险人的生命或身体健康为保险标的，为了防止道德风险，投保人必需具有保险利益。即投保人需对被保险人的生命或身体具有利害关系。此种利害关系的合理基础往往体现本人关系、血缘关系、姻亲关系、劳动关系等。比如，夫妻对配偶、父母对子女的生命健康具有保险利益，因此夫妻双方可以成为对方人身保险的投保人，父母可以成为子女人身保险的投保人。但是陌生人之间并不具有此种保险利益，因此民事主体并不能随便给陌生人购买人身保险，否则难以防范道德风险。

因此在婚姻关系存续期间，夫妻之间可以相互投保。可一旦婚姻关系解除，为配偶投保的保险，投保人的保险利益陷于丧失的状态，那相应的保险合同还有效吗？回答：有效。

最高人民法院《关于适用〈中华人民共和国保险法〉若干问题的解释（三）》（2020 修正）第 4 条规定，保险合同订立后，因投保人丧失对被保险人的保险利益，当事人主张保险合同无效的，人民法院不予支持。

有学者认为，对于人身保险而言，合同订立时投保人必须有保险利益，否则合同自始无效。但是保险事故发生时或保险金给付期限届至时是否仍存在保险利益，则无关紧要。如夫妻互保，合同有效成立后夫妻离婚，即使彼此之间失去保险利益，保险合同也不会因此失效，被保险人和受益人的权利并不受影响。之所以如此，是因为保险合同有效成立后，即为被保险人或受益人的利益而存在，只要被保险人不发生变更，保险风险不会因此而增加，保险金领取权始终属于被保险人或受益人，而受益人的确定或变更必须出于被保险人的意志，强调投保人对被保险人的保险利益现实意义不大。再者人身保险，尤其是人寿保

---

① 吴辉：《夫妻互相投保好吗？》，载《理财》2018 年第 5 期。

险,不仅是一种风险保障手段,更具有储蓄投资的功能。一份人寿保险单,具有有价证券的性质。只要求保险利益存在于合同订立时的原则,可以使保险投资价值得到充分保护,并可促进这种投资价值的流通。合同订立时要求有保险利益,可以避免保险变成赌博,减少诱发谋财害命之类的道德危险。合同履行期间不要求保险利益的必然存在,则可以保证人身保险尤其是长期的寿险或健康保险合同不会被拒绝履行,否则显失公平。①

三、离婚时为配偶投保的保险处理

(一)两种方案

为配偶投保的保险,离婚时该怎么处理?有两种方案:其一,退保,然后双方分割退保费。其二,继续履行保险合同,享有保单权利的一方折价补偿对方现金价值。具体细节处理已在本章第五节详细论述,本节不再赘述。

(二)变更合同主体

若选择继续履行保险合同,可以考虑变更投保人为被保险人自己;如果受益人为配偶,也可以考虑变更受益人。变更投保人和受益人,只需按照保险公司的规定进行申请即可。提请注意的是,变更受益人需要满足书面通知保险人的形式要件,否则视为未变更。根据《保险法》第 41 条的规定,投保人变更受益人时须经被保险人同意。被保险人或者投保人可以变更受益人并书面通知保险人。保险人收到变更受益人的书面通知后,应当在保险单或者其他保险凭证上批注或者附贴批单。

(三)受益人未及时变更的认定

如果受益人约定为"配偶",离婚时没有书面变更受益人,保险事故发生的时候,受益人如何确定?根据最高人民法院《关于适用〈中华人民共和国保险法〉若干问题的解释(三)》(2020 修正)第 9 条的规定,投保人指定受益人未经被保险人同意的,人民法院应认定指定行为无效。当事人对保险合同约定的受益人存在争议,除投保人、被保险人在保险合同之外另有约定外,按以下情形分别处理:(1)受益人约定为"法定"或者"法定继承人"的,以《民法典》规定的法

---

① 李玉泉:《保险法》,法律出版社 2019 年版,第 84 页。

定继承人为受益人;(2)受益人仅约定为身份关系,投保人与被保险人为同一主体时,根据保险事故发生时与被保险人的身份关系确定受益人;投保人与被保险人为不同主体时,根据保险合同成立时与被保险人的身份关系确定受益人;(3)约定的受益人包括姓名和身份关系,保险事故发生时身份关系发生变化的,认定为未指定受益人。

据此,可以梳理出以下结论,如图 6－11 所示。

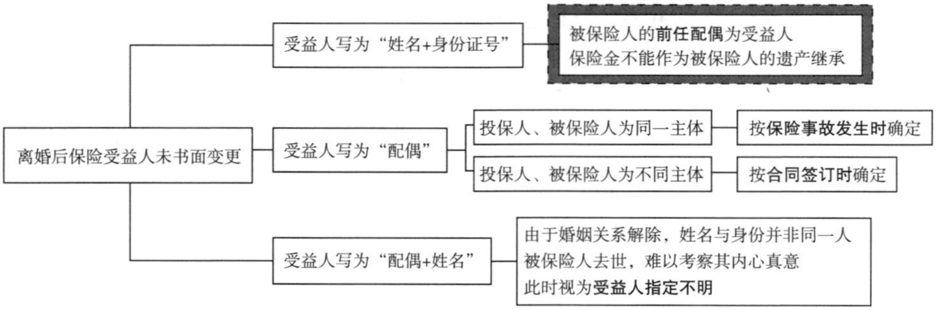

图 6－11　受益人的确定

举例而言,(1)张三与李四原为夫妻,婚姻关系存续期间张三为自己购买保险,保险受益人一栏写为“李四＋身份证号”。张三与李四离婚之后,没有书面变更受益人。后来张三车祸去世,保险公司需要赔付身故保险金 50 万元。因为受益人一栏明确写做李四的姓名与身份证号,受益人可以确定,因此李四作为受益人取得该笔身故保险金,即便二人已经离婚,也不影响李四的受益人身份。张三的继承人无权主张该笔身故保险金的继承权。

(2)张三与李四原为夫妻,婚姻关系存续期间张三为自己购买保险,保险受益人一栏写为“配偶”。张三与李四离婚之后,没有书面变更受益人。后来张三车祸去世,保险公司需要赔付身故保险金 50 万元。因为投保人与被保险人同为张三,因此受益人以保险事故发生时,即张三死亡时确定。如果张三已经再婚娶妻,则现任妻子为受益人,领取身故保险金。如果张三尚未再婚,则该笔保险金作为张三的遗产进行法定继承。

(3)张三与李四原为夫妻,婚姻关系存续期间张三的父亲为张三购买保险,保险受益人一栏写为“配偶”。张三与李四离婚之后,没有书面变更受益人。后来张三车祸去世,保险公司需要赔付身故保险金 50 万元。因为投保人与被保险人为不同主体,因此受益人以合同签订时确定。李四作为受益人取得该笔身故保险金。

(4)张三与李四原为夫妻,婚姻关系存续期间张三为自己购买保险,保险受益人一栏写为“配偶李四”。张三与李四离婚之后,没有书面变更受益人。后来张三车祸去世,保险公司需要赔付身故保险金 50 万元。由于张三与李四已经解除了婚姻关系,受益人一栏写的姓名与身份并非同一人,被保险人张三去世,难以考察起内心真意,此时视为受益人指定不明,该笔身故保险金作为张三的遗产进行法定继承。

案例详解 6－12　朱某艳诉中国平安人寿保险股份有限公司辽阳中心支公司人身保险合同纠纷案①

案情

2015 年 11 月 29 日,朱某艳投保终身寿险,投保人朱某艳,被保险人高某,身故保险金受益人朱某艳(投保时朱某艳与高某系夫妻)。并且在人身保险投保书中分别对投保人、被保险人、身故保险受益人一栏将姓名“朱某艳”3 个字体加粗、加大。

投保书上载明:身故保险金受益人姓名朱某艳,是被保险人的配偶。

保险单上载明:身故保险金受益人朱某艳。

2016 年 1 月 15 日,朱某艳与被保险人高某协议离婚。离婚后双方仍在一起居住生活。2017 年 10 月 8 日,被保险人高某因突发心梗死亡,朱某艳向保险公司报险并申请理赔。被告受理后,以受益人不明应按继承法的规定由继承人领取赔偿金为由,拒绝赔偿。

法律问题

投保书与保险单载明不一致时受益人如何认定?

法院判决

1. 投保单与保险单或其他保险凭证不一致的,以投保单为准。

本案投保单与保险单对身故受益人的约定不一致,前者受益人的约定包括姓名和身份关系。而后者只约定了姓名,没有约定身份关系。根据最高人民法院《关于适用〈中华人民共和国保险法〉若干问题的解释(二)》第 14 条第 1 款第 1 项“保险合同中记载的内容不一致的,按照下列规定认定:(一)投保单与保

① 辽宁省辽阳市中级人民法院民事裁定书,(2020)辽 10 民终 8 号。

险单或其他保险凭证不一致的，以投保单为准。但不一致的情形系经保险人说明并经投保人同意的，以投保人签收的保险单或者其他保险凭证载明的内容为准”的规定，本案中，没有证据证明投保单与保险单不一致的情形，是经保险人说明并经投保人同意的，因此，本案身故受益人应以投保单上记载的为准，是朱某艳、被保险人的配偶，应当理解为对受益人既有姓名又有身份关系的约定。

2. 保险事故发生时受益人身份关系发生变化，认定为未指定受益人。

根据最高人民法院《关于适用〈中华人民共和国保险法〉若干问题的解释（三）》第 9 条第 2 款第 3 项“约定的受益人包括姓名和身份关系，保险事故发生时身份关系发生变化的，认定为未指定受益人”的规定，本案中，受益人的约定包括姓名和身份关系，保险事故发生时，朱某艳与被保险人高某已离婚，其身份关系已发生变化，因此，本案应认定为未指定受益人。

3. 身故保险金作为遗产继承。

《保险法》第 42 条第 1 款第 1 项规定：“被保险人死亡后，有下列情形之一的，保险金作为被保险人的遗产，由保险人依照《中华人民共和国继承法》的规定履行给付保险金的义务：（一）没有指定受益人，或者受益人指定不明无法确定的”，故朱某艳不能取得身故保险金。

综上，首先本节对夫妻互保时可享有的豁免条款进行了介绍，其次结合学术观点，对离婚时为配偶投保的保险合同效力作了阐述，最后对离婚时为配偶投保的保险处理展开讨论，结合实践案例，对离婚后未书面变更受益人的保险的受益人认定问题作了分析。相关法律问题的定性与处理，以资参考。实践问题可能更加错综复杂，难以一言以蔽之，若本节有遗漏或有瑕疵，还请各位同行批评指正，不吝赐教。

第七节　离婚时，涉案外人保险的处理

案例模拟 6－2

张三（男）与李四（女）于 2000 年登记结婚，2001 年育有一子张小一。2021 年，张三与李四感情破裂，诉讼至法院离婚。经查明，婚姻关系存续期间，存在以下保险：

①1995 年,李四的父亲李老四为其购买了储蓄型保险,保险期限 15 年。投保人:李老四;被保险人、受益人:李四。李四结婚后,李老四继续为该份保险缴费。2010 年,保险期限已满,李四从保单中提取现金价值 10 万元。

②2000 年,李四结婚时,李四的父亲李老四为其购买一份年金保险,婚姻关系存续期间,李四已从该份年金保险中按年领取生存保险金。

③2000 年,李四结婚时,李四的哥哥李三为其购买一份健康医疗保险。2005 年,李四生病住院,从该份医疗保险项下获赔保险金 1 万元。

④2007 年,张三和李四共同决定为婚生子张小一购买教育年金保险,保险合同上投保人写为张三。

⑤2008 年,张三、李四分别为对方投保终身寿险、健康保险、意外伤害保险。

⑥2015 年,李四为李老四投保了一份养老年金保险。张三得知此事后,未作反对。

⑦2010 年,张三与王五(女)发展婚外恋并育有一子张小二。2015 年,张三为非婚生子张小二分别购买年金保险、健康保险、意外伤害保险各一份。

⑧2021 年,张三与李四诉讼离婚前 2 个月,张三为自己购买了一份高额年金保险。

问:以上保险离婚时分别该如何处理?

本节将着重梳理上述假设案例中涉案外人的保险的处理方式。

一、案外人为夫妻一方投保的保险

案例模拟 6－2 中的保险①、保险②和保险③,均为案外人为李四投保的保险。实践中,一方父母在子女结婚之前为子女购买保险,结婚之后继续缴费;或者一方父母在子女结婚之后为子女购买保险,都是比较常见的情形。问题是,离婚时,该类保险项下的现金价值与生存保险金是否属于夫妻共同财产?是否要进行分割?关于该问题的回答,应当区分不同情形。

(一)一般定性:属夫妻共同财产

根据《民法典》第 657 条的规定,一方将自己的财产无偿给予另一方,另一方表示接受,则成立赠与合同。在案例模拟中,保险①、保险②与保险③均为李四的亲友以自己的财产无偿为李四投保,保单所得现金价值、生存保险金均归李四所有，李四以行为表示接受，完全符合赠与合同的相关要件。

根据《民法典》第1062条的规定，若无特别约定，夫妻在婚姻关系存续期间受赠的财产属于夫妻共同财产，离婚时应予分割。结合案例模拟中的两份保险：

保险①，2000年李四结婚后李老四继续为其缴费，婚后缴纳保险费对应的现金价值部分，应属于夫妻共同财产；保险②，李老四在李四结婚后为其投保、缴费，婚内所得保险项下的生存保险金，应属于夫妻共同财产。

（二）例外1：受赠保险项下的人身性质的保险金，属于个人财产

根据《民法典》第1063条第2项的规定，一方因受到人身损害获得的赔偿或者补偿属于夫妻一方个人财产。结合案例模拟，若李四从保险③项下获得医疗理赔保险金应属于李四因人身损害所获得的补偿，具有人身专属性，属于李四的个人财产。

（三）例外2：赠与时明确约定归一方，属于个人财产

根据《民法典》第1063条第3项的规定，赠与合同中确定只归一方的财产，属于一方个人财产。结合案例模拟6－2，若李四的父亲、李四的哥哥在购买保险时与李四签订赠与合同，并在合同中写明相关保险是针对李四的个人赠与，则保险①、保险②、保险③项下的任何保险金、分红、收益、现金价值等均属于李四一方的个人财产，离婚时配偶张三无权主张分割。

二、夫妻为子女投保的保险

在夫妻双方离婚时，为子女购买的保险可能已经退保，也可能尚在保险期。针对不同情形，应作何种处理？法律或司法解释未作规定。司法实践中，法院判决也存在一定的分歧。本节将分情形进行梳理。

（一）离婚时尚在保险期

父母给子女投保的保险，若离婚时尚在保险期内，应当如何处理？法院对此存在不同的处理。

1. 多数判决：视为赠与，不分割

多数法院认为，为子女购买的保险应当视为对子女的赠与，不予分割。如浙江省高级人民法院在《关于审理婚姻家庭案件若干问题的解答》（高法民一

〔2016〕2 号）中规定，婚姻关系存续期间，夫妻一方为子女购买的保险视为双方对子女的赠与，不作为夫妻共同财产分割。同样，江苏省高级人民法院在《家事纠纷案件审理指南（婚姻家庭部分）》（江苏高院民一庭 2019 年 7 月印发）中规定，离婚时，如果为未成年子女购买的人身保险合同尚处于保险有效期的，因保险的最终利益归属于未成年子女，该保险应当视为对未成年子女的赠与，不再作为夫妻共同财产分割。典型案例如适用案例 6－15 和适用案例 6－16。

该观点进一步认为，如果子女是父母购买的保险的受益人，而非被保险人，则不视为对子女的赠与。这种情形下可以分割现金价值。相关案例如适用案例 6－17。

适用案例 6－15　田某诉边某离婚后财产纠纷案[①]

法院认为，被告为其子交纳的保费，属于对其子的赠与，具有赠与性质，从维护被保险人或受益人利益的角度来说，不宜处理。故不宜直接作为夫妻共同财产进行分割。对此部分，当事人可依相应法律关系另行主张权利。

适用案例 6－16　马某诉赵某离婚后财产纠纷案[②]

法院认为，关于原告主张的保险费用及每月保险收益，因该保险的被保险人和生存受益人均为原、被告的儿子，保险金应视为对儿子的赠与，不予分割。

适用案例 6－17　郑某诉张某离婚后财产纠纷案[③]

法院认为，保险公司支付保险金，所填补的损失是被保险人的损失，被保险人身体或寿命是保险合同的保障对象，即保险合同本质是为被保险人利益所订立的合同。我国相关保险法律也体现出以被保险人为中心的立法理念。子女为身故保险金受益人的保险，在形式和内容上与父母以子女为被保险人视为对子女赠与的情形有所区别。

2. 少数判决：可分割

少数法院则认为，为子女购买的保险合同也可以退保分割现金价值。相关案例如适用案例 6－18。

① 山东省淄博市临淄区人民法院民事判决书，（2020）鲁 0305 民初 5306 号。

② 北京市怀柔区人民法院民事判决书，（2021）京 0116 民初 5573 号。

③ 北京市朝阳区人民法院民事判决书，（2021）京 0105 民初 46434 号。

适用案例 6 - 18 王某诉刘某离婚后财产纠纷案[①]

法院认为，原、被告在夫妻关系存续期间以被告名义为女儿投保，因该保险属于婚内共同缴费，所以按夫妻共同财产进行分割。夫妻离婚后，若保险是用夫妻共同财产给孩子配置的，可选择退保分割现金价值。原告主张分割保险费用本金、分红，其计算方式不当。被告已领取的保险解约金应视为夫妻共同存款，原、被告应平均分割。

（二）离婚时已退保

父母为子女购买的保险，性质上确属赠与。如果离婚时已经退保，基于赠与的自愿原则，夫妻一方不能要求对方为子女重新购买保险。相关案例如案例详解 6 - 13。

案例详解 6 - 13 周某 1 诉马某离婚后财产纠纷案[②]

■ 裁判要旨

为孩子投保系赠与行为，退保为撤销赠与，不可强制再为赠与，但是退保所得的现金价值为夫妻共同财产，应分割。

■ 案情

原告周某 1 被告马某原系夫妻关系，育有儿子周某 2。2017 年 8 月 30 日，被告为儿子购买平安鑫利年金保险（分红型，2017）及平安安鑫保险两全保险各一份，均为年交。2021 年 7 月 12 日，双方因感情不和办理离婚登记手续，并签订《离婚协议书》。被告解除为儿子购买的保险合同，原告对退保事实不知情。2021 年 9 月 6 日，被告收到上述保险合同保单现金价值，合计 5209.88 元（4059.88 元 + 1150 元）。后原告发现被告私自退保，诉至法院要求被告重新投保，并分割涉案保险缴纳的保费。

■ 法律问题

一方擅自退保为孩子投保的保险，可否要求其重新购买？

■ 法院判决

（1）为孩子投保系赠与行为，退保为撤销赠与，不可强制再为赠与。

---

① 河北省深泽县人民法院民事判决书，（2022）冀 0128 民初 124 号。
② 河北省深泽县人民法院民事判决书，（2022）冀 0128 民初 124 号。

被告为婚生子购买保险,应视为父母对子女的单方面赠与行为。该赠与系出于自愿,并非强制义务。依据法律规定,赠与人在赠与财产的权利转移之前可以撤销赠与。故,对于原告要求被告重新投保的诉请,法院不予支持。

(2)退保所得的现金价值,为共同财产,应分割。

原告主张分割被告缴纳的保险费。法院认为,本案被告于夫妻关系存续期间支付费用购买保险,后退保,保险公司依据保险合同退还相应的保险现金价值,保险费系使用夫妻共同财产交纳,因提前退保获得的保单现金价值应为夫妻共同财产。原告要求分割缴纳保险费的主张,于法无据,法院不予支持。

(三)风险提示

夫妻为子女购买保险,在日常生活中是非常常见的情形。结合案例模拟6-2,2007年,张三和李四共同决定为婚生子张小一购买教育年金保险,投保人为张三。离婚时,该份保险有以下几点需当事人注意。

1. 可能不被视为赠与的风险

根据当前司法判例,并非所有的为子女购买的保险均被判决不予分割。案例模拟6-2中,如果张三主张保险④是夫妻共同财产,应当退保后分割现金价值,法院也可能认可其主张。如果李四想为孩子继续保有该份保险,可以及时与张三协商,变更该份保单的投保人,以避免张三擅自将该份保险退保。

2. 保费承担的风险

夫妻为子女投保的保险,如果被法院判决为对子女的赠与,维持保险合同的效力,则除双方一致同意继续为子女缴纳保费的情况外,子女的抚养方需要承担该份保险的保费。结合案例模拟6-2,如果李四取得孩子张小一的抚养权,并将保险④的投保人变更为自己,则李四作为子女抚养方,需要承担相应的保险费,且该保费可能不包含在张三需支付的抚养费中。

三、为其他案外人投保的保险

夫妻一方或双方为案外人投保,比较常见情形为,为己方父母、前婚生子女、非婚生子女购买保险。如果投保行为是双方共同作出的(双方同意),或一方投保、另一方知情且未提异议,则视为对案外人的赠与,离婚时不分割此保险。如果是夫妻一方擅自为案外人投保,则构成对夫妻共同财产的擅自处分,侵害夫妻共同财产,被侵害的一方可以主张对方以个人财产向其补偿所支出保险费用的一半。

结合案例模拟6－2，李四在婚姻关系存续期间为其父李老四投保了一份养老年金保险。张三得知此事后，未作反对。该份保险构成张三、李四夫妻二人对李老四的赠与，离婚时若张三主张分割保单现金价值，不予支持。

张三与王五（女）发展婚外恋并育有一子张小二，张三为非婚生子张小二分别购买年金保险、健康保险、意外伤害保险各一份，李四对此不知情。此为张三擅自以夫妻共同财产为张小二购买保险，属于对夫妻共同财产的侵害，离婚时李四可以主张张三以个人财产补偿婚内缴纳的保费数额的一半。

四、保险转移夫妻共同财产之辨析

实践中，在夫妻感情破裂、矛盾激化，或双方即将离婚之时，有的当事人会通过购买保险以达到转移、隐匿夫妻共同财产的目的，损害配偶的合法权利。如何辨析夫妻一方购买保险是否属于转移共同财产的行为？需要结合多种因素综合考量。

（1）保单用途。如果是为子女购买教育年金险、为老人购买养老年金险、为家庭成员购买健康医疗险等家庭成员合理需要的保险，则一般会被法院认定为合理用途（如适用案例6－19）。但并非所有以赡养、抚养、扶养为名义的保险都能够被认定为合理用途。转移财产的界定需要综合多方面因素考量。例如，夫妻一方在双方矛盾激化、感情破裂时，未与对方平等协商，擅自为己方父母购买超出家庭日常生活额度的高额保险，可能被法院认定为恶意转移重大夫妻共同财产。

适用案例6－19 钟某诉朱某离婚后财产纠纷案[①]

双方当事人于2021年离婚，一方当事人朱某在2018年至2020年累计为女儿购买重大疾病险、寿险、意外伤害险、医疗险等商业保险，保险费累计支出40,311.4元，离婚时钟某认为朱某频繁购买保险的行为属于转移共同财产，但是法院认为相关保险用途合理，属于家庭生活正常支出，不属于转移财产。

（2）购买时间。如果夫妻一方在夫妻矛盾明显激化、接近离婚之时为案外人大量购买保险，则很有可能是其利用保险转移财产的行为。

---

① 广东省佛山市中级人民法院民事判决书，（2021）粤06民终10575号。

(3)保费金额与经济收入的匹配度。如果夫妻一方购买超出家庭日常生活正常需要的金额的保险,购买保险一方的经济收入不足以独自支撑该份保单的正常持续,则很有可能其正在实施转移共同财产的行为。

结合案例模拟6-2,张三与李四诉讼离婚前2个月,张三为自己购买了一份高额年金保险。购买时间非常接近离婚时点、保单金额超出合理范围,具有转移共同财产的嫌疑,李四可以依此主张张三以个人财产补偿其支出的保费数额的一半。

综上,婚姻关系存续期间,夫妻双方名下的保险可能涉及婚姻关系之外的第三人,如婚生子女、非婚生子女、一方父母等。这些第三人在保险法律关系中,可能是以投保人的身份出现,也可能是以被投保人、受益人的身份出现。在涉及婚姻关系第三人的保险中,离婚时应当如何处理,正是本节试图阐明的问题。本节以假设案例为开头,以真实判例为支撑,归纳、分析出不同情形下的处理方式,以供各位当事人、同行参考。

第八节 人身保险可否被强制执行

日常生活中时常能看到有的保险推销员在推销保险时,声称人身保险可以达到"有债不还、离婚不分、执行不给"的作用。事实果真如此吗?其实不然。人身保险合同能否被强制执行一直是近几年的热门话题,随着江苏、浙江、上海等地高级人民法院相关文件的出台,加上2020年最高人民法院审理的(2020)最高法执复71号典型案例,当前我国对人身保险的现金价值可以强制执行已经基本达成了共识。本节将结合各地高级人民法院出台的规定、各地各级人民法院的相关案例,对该问题展开阐述。

一、人身保险强制执行的法理分析

人身保险的财产性价值可强制执行,主要基于以下几点原因。

(一)人身保险的财产性权益不具有人身专属性

一直以来,保险被认为不可强制执行的依据为《保险法》第23条第3款"任何单位和个人不得非法干预保险人履行赔偿或者给付保险金的义务,也不得限制被保险人或者受益人取得保险金的权利”的规定。主要原因在于被保险人、受益人对保险公司享有的保险金请求权是具有人身专属性的权利，与个人的人格、才能及其自身法律地位具有密不可分的关系，因而是只能由其自身行使的权利及义务，不可被代位行使，也不可被强制执行。

但是随着分红型人身保险、投资连结型人身保险、万能型人身保险的发展，人身保险的财产性权益内容不断增多，保单的现金价值、分红、投资收益等，并不具有人身专属性。再者《人身保险公司保单质押贷款管理办法（征求意见稿）》中明确指出，保单可以质押贷款，以投保人持有的保单现金价值为质，进一步印证，保单现金价值具有流通性，可作为被执行人的责任财产予以强制执行。

（二）投保人具有任意解除权

《保险法》第15条规定，除法律另有规定或者保险合同另有约定外，保险合同成立后，投保人可以解除合同。投保人解除保险合同，无须经过任何人的同意，投保人的该解除权是单方任意解除权。

关于法院能否代位行使解除权从而强制执行保单项下的现金价值等财产性权益，理论界存在不同的观点。反对观点认为，我国法律并未规定解除权是代位权客体，法院行使解除权缺乏法律规定。赞成观点则认为，法院代替投保人行使解除权实质上与法院划拨被执行人在银行的存款具有相同的执行原理，因为后者“本身也应该包含了一个解除存款合同的行为，否则，其划拨的存款就是储蓄单位的财产，存款人的债权请求权并未消灭，仍然可以向银行等储蓄单位要求支取存款”。①

（三）投保人及受益人的权益保护

虽然赞成观点对存款执行本质的分析具有一定的合理性。然而，银行存款债权请求权与投保人的现金价值请求权仍有一定的区别。因为保险合同的解除势必影响被保险人、受益人的利益，因此不能简单地认为法院可类推适用有关存款的执行规定。在强制执行人身保险项下的财产性权益时，应当注重对投保人与被保险人的利益保护。如赋予其赎买保单的权利，如果被保险人或者受益人赎买支付相当于保单现金价值的款项的，法院就不得再继续执行该保单的

① 李利、许崇苗：《我国保险合同解除法律制度完善研究》，载《保险研究》2012年第11期。

现金价值、红利等权益。如果赎买期届满后无人赎买或者被保险人、受益人明确表示不赎买的，法院才可以强制执行投保人（被执行人）对该保单的现金价值、红利等权益。

二、支持人身保险强制执行的法院

（一）江苏省高级人民法院

文件名称：《关于加强和规范被执行人所有的人身保险产品财产性权益执行的通知》（《民法典》生效后被相应废止）。

1. 可被执行的内容

保险合同存续期间，人身保险产品财产性权益依照法律、法规规定，或依照保险合同约定归属于被执行人的。主要包括生存保险金、现金红利、现金价值（账户价值、未到期保费），可确认但尚未完成支付的保险金（但应当充分保障被执行人及其所扶养家属的生存权利及基本生活保障）。

2. 保险公司的协助义务

协助查询、冻结、处置被执行人所有的人身保险产品及其财产性权益。

于查询当日协助反馈人身保险合同编号、名称、类型、购买日/到期日、产品状态、退保可获得的现金价值（账户价值、未到期保费）、产品对应的回款资金账户、联系电话等信息。

3. 法院查询

执行人员应当出具本人工作证和执行公务证，并出具执行裁定书、协助执行通知书等法律文书。

若申请执行人无法提供被执行人所有的人身保险所属保险公司或合同编号，法院工作人员可持工作证、执行公务证、协助执行通知书到江苏省保险行业协会进行查询。

4. 协助冻结通知书内容

①需冻结的保险合同编号、被执行人姓名、身份证号码、冻结期限等；

②禁止保险公司将保险合同的财产性权益支付给被执行人；

③禁止保险公司将保险合同约定有权获得该财产性权益的权利人变更为被执行人以外的人；

④禁止保险公司对保险合同约定的红利支付方式进行变更等可能影响执行的事项。

5. 利害关系人利益保护

(1)及时通知

投保人为被执行人,且投保人与被保险人、受益人不一致的,人民法院扣划保险产品退保后可得财产利益时,应当通知被保险人、受益人。

(2)"赎买保单",则法院不再执行

被保险人、受益人同意承受投保人的合同地位、维系保险合同的效力,并交付相当于退保后保单现金价值的财产替代履行的,法院不再执行保单的现金价值。

(3)"不赎保单",则法院强制退保

被保险人、受益人未交付相当于退保后保单现金价值财产的,法院可以要求投保人签署退保申请书,并向保险公司出具协助扣划通知书。投保人下落不明或者拒绝签署退保申请书的,人民法院可以直接向保险公司发出执行裁定书、协助执行通知书,要求保险公司解除保险合同,并协助扣划保险产品退保后的可得财产性权益,保险公司负有协助义务。

(二)浙江省高级人民法院

文件名称:《关于加强和规范对被执行人拥有的人身保险产品财产利益执行的通知》。

1. 可被执行的内容

传统型、分红型、投资连结型、万能型人身保险产品、依保单约定可获得的生存保险金、以现金方式支付的保单红利、退保后保单的现金价值,均属于投保人、被保险人或受益人的财产权。

2. 保险机构的协助义务

协助法院查询、冻结、处置被执行人的人身保险财产利益。

执行人员应当出具本人工作证和执行公务证,并出具执行裁定书、协助执行通知书等法律文书。

3. 强制退保

法院需提供投保人签署的退保申请书,但被执行人下落不明,或者拒绝签署退保申请书的,执行法院可以向保险机构发出执行裁定书、协助执行通知书要求协助扣划保险产品退保后可得财产利益,保险机构负有协助义务。

4. 冻结内容

不允许被执行人提取该财产利益；不允许将保单约定有权获得该财产利益的权利人变更为被执行人以外的第三人，或对保单约定的红利支付方式进行变更，执行法院应在协助冻结通知书中载明要求协助的具体内容。

5. 犹豫期内的保险

保单尚在犹豫期内的，保险产品退保后，人民法院可执行被执行人缴纳的保险费。

（三）上海市高级人民法院

1. 协助机构

中国人寿、太保寿险、平安人寿、友邦人寿、工银安盛人寿、泰康人寿、新华保险、上海人寿。

2. 可被执行的内容

被执行人为投保人的，可冻结或扣划归属于投保人的现金价值、红利等保单权益。

被执行人为被保险人的，可冻结或扣划归属于被保险人的生存金等保险权益。

被执行人为受益人的，可冻结或扣划归属于受益人的生存金等保险权益。

3. 不可被执行的内容

鉴于重大疾病保险、意外伤残保险、医疗费用保险等产品人身专属性较强、保单现金价值低，但潜在可能获得的保障大，人民法院应秉承比例原则，对该类保单一般不作扣划。

4. 保险机构的协助义务

（1）协助查询

一般当场完成；特殊情况可延长至7个工作日。

查询所需要的形式要件有：《协助执行通知书》原件和执行人员工作证件。《协助执行通知书》应注明被执行人姓名、证件号码，并明确需要协助查询反馈的被执行人名下保单信息的具体内容，包括保单号、承保公司、投保人、生效日期、累计缴纳保费、现金价值（如有）等。现场执行的，执行人员应出示工作证件原件（工作证、执行公务证），同时提供上述证件复印件；如通过法院专递寄送协助执行相关文书，则须一并寄送上述证件复印件；电子查询的，一并提交上述两证电子版。

(2)协助冻结

一般15日内完成;特殊情况最多可延长7日。执行人员需出示《协助执行通知书》《执行裁定书》原件。协助冻结文书应据相关查询反馈查询结果,明确需冻结、查封的保单号及冻结限额、期限。冻结期限不超过3年。

(3)协助扣划

不在上海的,通过内部渠道流转至相关公司;无法有效流转的,由法院委托异地法院执行。执行人员需出示《协助执行通知书》《执行裁定书》原件。协助扣划文书应载明被执行人的身份信息、需协助扣划的保单信息、扣划金额、法院账户信息及其他要求协助的具体内容。

5. 案外人利益的保护

(1)不少于15日赎买期限

冻结或扣划投保人(被执行人)的现金价值、红利等保单权益,投保人(被执行人)与被保险人或受益人不一致时,人民法院应秉承审慎原则,保障被保险人或受益人相关赎买保单的权益。人民法院冻结上述保单权益后,应给予不少于15日赎买期限。

(2)"赎买保单",则法院不再执行

被保险人或者受益人赎买支付相当于保单现金价值的款项的,由赎买人直接交予人民法院。人民法院应提取该赎买款项,不得再继续执行该保单的现金价值、红利等权益。

(3)"不赎保单",则法院强制执行

赎买期届满后无人赎买或者被保险人、受益人明确表示不赎买的,法院可以强制执行投保人(被执行人)对该保单的现金价值、红利等权益。

6. 保单减保的适用

人民法院要求协助执行的金额,小于投保人(被执行人)的保单现金价值的,保险机构可按规定对保单作减保处理,协助法院扣划相应现金价值;若保险机构无法对该保单作减保处理的,应作出说明,并在协助扣划保单全部现金价值后一并交由人民法院处理。

赎买政策同样适用于保单减保。

(四)北京市高级人民法院

文件名称:《北京市法院执行工作规范》。

1. 法院查询

向保险机构查询被执行人的投保情况。

2. 可被执行的内容

对被执行人所投的商业保险,人民法院可以冻结并处分被执行人基于保险合同享有的权益,但不得强制解除该保险合同的法律关系。保险公司和被执行人对理赔金额有争议的,对无争议的部分可予执行;对有争议的部分,待争议解决后再决定是否执行。对被执行人所设的用于缴纳保险费的账户,人民法院可以冻结并扣划该账户内的款项。

3. 不可强制退保

不得强制解除该保险合同法律关系。

4. 冻结账户

被执行人所设的用于缴纳保险费的账户,人民法院可以冻结并扣划该账户内的款项。

(五)对比

表6-3　四省市高级人民法院关于人身保险强制执行规定对比

法院名称	查询主体	协助机构	可执行	不可执行	保单赎买	强制退保
浙江省高级人民法院	法院	保险机构	明确	无	无	可以
江苏省高级人民法院	法院	保险协会	明确	明确	有	可以
上海市高级人民法院	法院	特定8家保险机构	明确	明确	有	可以
北京市高级人民法院	法院	保险机构	笼统	无	无	禁止

三、不支持人身保险强制执行的法院

如前所述,当前法院的主流观点是认为人身保险的财产性权益是可以被执行的,因此不支持强制执行人身保险权益的法院并不多。

广东省高级人民法院在《关于执行案件法律适用疑难问题的解答意见》中认为,人身保险关系人的生命价值,如果被执行人同意退保,法院可以执行保单的现金价值,如果不同意退保,法院不能强制被执行人退保。如果人身保险有指定受益人且受益人不是被执行人,保险金不作为被执行人的财产,人民法院不能执行。如果人身保险没有指定受益人或者指定的受益人为被执行人,发生保险事故后理赔的保险金可以认定为被执行人的遗产,可以用来清偿债务。

四、最高人民法院关于人身保险强制执行的典型案例

案例详解 6－14 邓某、兴铁一号产业投资基金合伙企业财产份额转让纠纷案[①]

最高人民法院观点

1. 人身保险产品的现金价值可以强制执行

最高人民法院《关于适用〈中华人民共和国民事诉讼法〉执行程序若干问题的解释》第 32 条规定,被执行人财产报告义务的对象包括"债权、股权、投资权益、基金、知识产权等财产性权利"。最高人民法院《关于人民法院民事执行中查封、扣押、冻结财产的规定》第 2 条第 1 款规定,人民法院可以查封、扣押、冻结登记在被执行人名下的不动产、特定动产及其他财产权。

商业保险产品属于前述法律规定的可以执行的其他财产权利的范围。意外伤害、残疾保障类人身保险产品虽然具有一定的人身保障功能,但其根本目的和功能是经济补偿,其本质上属于一项财产性权益,具有一定的储蓄性和有价性,除《民事诉讼法》第 244 条及最高人民法院《关于人民法院民事执行中查封、扣押、冻结财产的规定》第 5 条规定的被执行人及其所扶养家属的生活必需品等豁免财产外,人民法院有权对该项财产利益进行强制执行。

人身保险的保单现金价值系投保人交纳的,为了支付后年度风险之用的费用,与保险事项发生后,保险公司应当支付的保险金不同,并不具有人身依附性的专属性,也不是被执行人及其所扶养家属所必需的生活物品和生活费用。在保险金给付之前,投保人保险现金价值享有确定的物权所有权。法院有权对保单的现金价值及利息等财产性权益予以冻结并强制扣划。

2. 人身保险产品的现金价值应如何执行

根据最高人民法院《关于限制被执行人高消费及有关消费的若干规定》第 3 条第 8 项关于被执行人为自然人的,不得支付高额保费购买保险理财产品的

---

① 最高人民法院执行裁定书,(2020)最高法执复 71 号。

规定精神,如被执行人拒不执行生效法律文书确定的义务,其可以单方面行使保险合同解除权而未行使,致使债权人的债权得不到清偿,人民法院在此情形下可以强制被执行人予以行使,代替投保人解除所购的保险合同。

如果法院的执行裁定未明确强制要求保险公司解除保险合同,可以实现保单现金价值,投保人也可以继续与保险公司协商,由符合条件的第三人行使介入权,即案外人享有赎买保单的权利。

综上,人身保险的财产性权益能否被强制执行,前几年争论颇多,近年来,随着各地高级人民法院相关文件的出台,以及最高人民法院审理的典型案例,人身保险的现金价值可以被强制执行已成法院的主流观点。除了部分被执行人为逃避执行、转移财产而投保之外,更多的可能是被执行人为自己或其家庭未来人身规划的投资。一旦执行保单现金价值,解除保险合同,对被执行人及合同关系人影响较大。故法院为了保护被执行人的利益,往往将保单现金价值放在比较劣后的执行顺位,在未穷尽其他财产执行的情形下,尽量不直接执行保单现金价值。①

第九节　各类功能下的保险架构设计

在一份保单之下,存在以下几方主体:保险人、投保人、被保险人、生存受益人、身故受益人。其中,前三者属于保险合同当事人,在所有的人身保险中,一定含有这三类主体;后两者属于保险合同关系人,在部分人身保险合同中,被保险人可能并未指定受益人,未指定受益人时,被保险人的法定继承人将作为保险受益人。

随着现代商业保险的发展,保险的种类不断增多,功能不断扩大。保险客户可以通过对投保人、被保险人、受益人的合理设置,达到一定的目的。本节将针对实践中保险客户比较常见的功能需求,对各类功能下的保险架构设计进行介绍与梳理。

---

① 史小峰:《强制执行保单现金价值的路径思考》,载《人民法院报》2021年11月3日,第7版。

一、功能一:家企风险隔离

欲通过保险隔离家企债务风险,保单架构最核心的设计是:企业主及其配偶不做投保人、受益人。因为企业主往往是债务人,一旦企业主被认定为需要对企业债务承担无限连带责任,则其需以个人财产对企业债务进行清偿。若企业主是投保人,则其名下保险的现金价值很可能被法院强制执行。若企业主的配偶做投保人,一旦企业主的债务被认定为属于夫妻共同债务,则企业主配偶名下的保险也极有可能被法院强制执行。因此,若想隔离家企风险,保单的投保人不能为企业主及其配偶。

隔离家庭与企业债务风险,笔者提供以下两种架构方案供参考。

(一)方案一

第一步:投保。投保人:企业主的父母;被保险人:企业主本人;受益人:企业主子女或企业主父母。

第二步:遗嘱。企业主父母订立遗嘱,若企业主父母去世,保险单现金价值由企业主子女继承。

架构解读:

(1)投保人是保单现金价值的所有者,以企业主父母作为投保人,则现金价值是企业主父母的个人财产,无须用来清偿企业主的个人债务,实现了保单现金价值与债务的隔离。

(2)受益人是保险金的所有者,指定企业主子女或者企业主父母作为受益人,则保险金不会成为被保险人(企业主)的遗产,而是企业主父母/子女的个人财产,无须用来清偿企业主的个人债务,实现了保险金与债务的隔离。

(3)企业主父母订立遗嘱的目的在于:若无此份遗嘱,企业主父母去世时,保单的现金价值被企业主继承,而后需偿还企业主个人债务;遗嘱的订立使现金价值归企业主子女所有,无须用于偿还企业主的债务。订立遗嘱时,需注意要满足遗嘱的法定形式,否则遗嘱可能被认定为无效。具体而言,如果是自书遗嘱,需遗嘱人亲笔书写,签名,注明年、月、日。如果是代书遗嘱,应当有两个以上见证人在场见证,由其中一人代书,并由遗嘱人、代书人和其他见证人签名,注明年、月、日。如果是打印遗嘱,应当有两个以上见证人在场见证。遗嘱人和见证人应当在遗嘱每一页签名,注明年、月、日。如果是以录音录像形式立的遗嘱,应当有两个以上见证人在场见证。遗嘱人和见证人应当在录音录像中记录其姓名或者肖像,以及年、月、日。前述遗嘱所规定的见证人,不能是无民事行为能力人、限制民事行为能力人以及其他不具有见证能力的人;不能是继承人、受遗赠人;也不能是与继承人、受遗赠人有利害关系的人。企业主父母也可去公证机构办理公证遗嘱,相关要件、程序等,公证机构自会遵行。

(二)方案二

如果企业主父母的个人财产不足以支撑保单的正常持续,则可以采取方案二。具体分以下几步。

第一步:赠与。在财务状况良好时,企业主赠与企业主父母一笔资金,并在赠与合同中约定赠与资金用于投保。

第二步:投保。投保人:企业主父母;被保险人:企业主;受益人:企业主子女。

第三步:遗嘱。企业主父母订立遗嘱,若企业主父母去世,保险单现金价值由企业主子女继承。

架构解读:(1)赠与时间选在财务状况良好之时,是为了避免被认定为恶意逃债。若赠与时间与企业主个人债务危机时间接近,则很可能触发《民法典》第538条规定的债权人撤销权。债务人(企业主)以无偿转让财产的方式无偿处分财产权益,影响债权人债权的实现,债权人可以请求人民法院撤销债务人(企业主)的赠与行为。也可能触发《企业破产法》第31条规定的管理人撤销权。法院受理企业破产申请前一年内,如果债务人无偿转让财产,管理人有权请求人民法院予以撤销。

(2)投保人是保单现金价值的所有者,以企业主父母作为投保人,则现金价值是企业主父母的个人财产,无须用来清偿企业主的个人债务,实现了保单现金价值与债务的隔离。受益人是保险金的所有者,指定企业主子女或者企业主父母作为受益人,则保险金不会成为被保险人(企业主)的遗产,而是企业主父母/子女的个人财产,无须用来清偿企业主的个人债务,实现了保险金与债务的隔离。

(3)遗嘱之功能同"功能一方案一"所述。遗嘱形式需注意的地方亦同前"功能一方案一"所述。

二、功能二:预防婚变

若夫妻双方家庭经济状况差异较大,一方父母为避免子女婚姻风险,提前做筹划,欲通过保险预防子女婚变,则保单架构设计的核心为:保险合同、赠与合同、遗嘱三管齐下。

情景假设:张三与李四结婚,张三的父母欲通过保险防范张三的婚姻以后可能出现的婚变风险。则可以进行如下设计。

第一步:投保。投保人:张三父母;被保险人:张三;受益人:张三。

第二步:赠与合同。约定张三父母为张三购买的保险属于对张三一人的赠与。

第三步:遗嘱。张三父母通过遗嘱确定将现金价值在内的全部保单权益全部由张三一人继承。遗嘱形式要求见“功能一方案二”。

架构解读:(1)若无赠与合同,则该份保险项下获得的生存保险金属于夫妻共同财产。根据《民法典》第1062条第1款第4项的规定,夫妻在婚姻关系存续期间所得的受赠财产,为夫妻的共同财产,归夫妻共同所有。张三父母为张三投保的行为属于赠与,若无特别约定,婚姻存续期间张三通过保险获得的经济权益均属共同财产。但根据《民法典》第1063条第3款的规定,遗嘱或者赠与合同中确定只归一方的财产,属于夫妻一方的个人财产。

(2)若无遗嘱,张三父母身故之后,保单的现金价值作为遗产被张三继承,但属于夫妻共同财产。根据《民法典》第1062条第1款第4项的规定,夫妻在婚姻关系存续期间所得的继承财产,为夫妻的共同财产,归夫妻共同所有。同样,根据《民法典》第1063条第3款的规定,遗嘱或者赠与合同中确定只归一方的财产,属于夫妻一方的个人财产。张三父母订立遗嘱可以保证张三继承的财产在离婚时不会被分割。

三、功能三:财富传承

香港富豪李嘉诚曾说:“别人都说我很富有,拥有很多财富。其实真正属于我个人的财富是给自己和亲人买了足够的保险。”“我们李家每出生一个孩子,我就会给他购买一亿元的人寿保险。这样确保我们李家世世代代,从出生开始就是亿万富翁。”这足以证明保险在财富传承中的重要价值。

情景假设:张老三是家族企业的董事长,张老三的家族人丁兴旺,儿辈有张

一、张二、张三、张四等，孙辈有张小一、张小二、张小三、张小四等。张老三目前年事已高，欲通过保险实现财富传承，笔者提供以下两种方案供参考。

（一）方案一

张老三可以购买多份大额年金保险或终身寿险，投保人、被保险人均为张老三自己，每份保险分别指定一名受益人。通过指定受益人，可以保证财富的定向传承。还可以通过选择不同的保单额度，实现对特定后代的特殊关照。并且张老三作为被保险人，若日后后代存在不当言行，张老三可以变更受益人，实现对资产有控制的传承。

（二）方案二

张老三可以通过保险金信托，实现家族财富的传承。张老三作为投保人，为自己购买一份保险，然后将保险项下的保险金作为信托财产与信托公司签订信托合同，通过指定信托受益人，实现家族财富的传承。具体如图 6－12 所示。

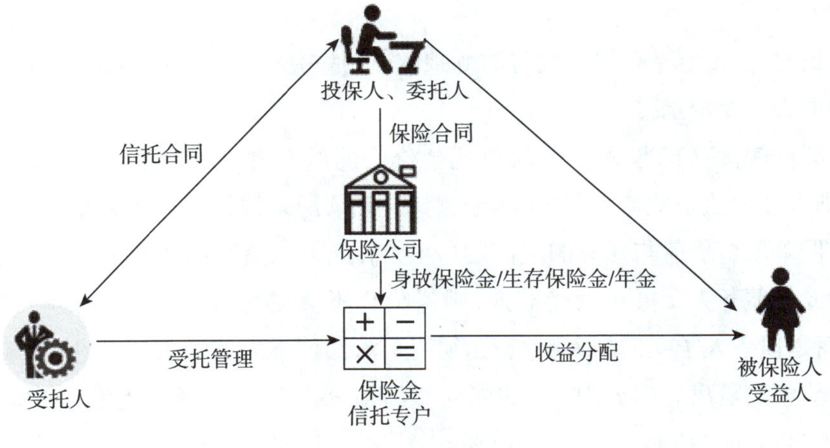

图 6－12　保险金信托示意图

所谓保险金信托，在不同的国家或地区又被称为人寿保险金信托、人寿保险信托等，是指以保险金或保单受益权作为信托财产，由委托人和信托机构签订信托合同，当保险合同约定的保险金赔偿或给付条件符合时，保险公司将保险金交付于受托人，由受托人依照信托合同进行管理和运用，并按约定方式与时间将信托财产及其收益交付于信托受益人的活动。

相较于方案一，将保险与信托相结合的方案二更有利于保护保险受益人的权益。对于缺乏合理规划资金能力的受益人,或者容易挥霍浪费的受益人,或者容易被侵占资产的受益人,保险金信托将保险金转变为信托机构管理的信托财产,可有效避免上述情形的发生。此外,保险金信托还可以实现资金的保值增值。信托机构通常具有较为丰富的投资理财经验,通过专业人员的管理运用,可望获得较高的投资收益。①

四、功能四:个人债务隔离

欲通过保险隔离个人债务,保单架构最核心的设计是债务人及其配偶不做投保人、受益人。因为一旦债务被认定为夫妻共同债务,则夫妻双方名下的保险极有可能被法院强制执行。

隔离个人债务风险,笔者提供以下两种方案供参考。

(一)方案一

第一步:投保。投保人:债务人的父母;被保险人:债务人;受益人:债务人的子女。

第二步:遗嘱。债务人父母订立遗嘱,若债务人父母去世,保险单现金价值由债务人子女继承。

架构解读:(1)投保人是保单现金价值的所有者,以债务人父母作为投保人,则现金价值是债务人父母的个人财产,无须用来清偿债务人的个人债务,实现了保单现金价值与债务的隔离。(2)受益人是保险金的所有者,指定债务人子女或者债务人父母作为受益人,则保险金不会成为被保险人(债务人)的遗产,而是债务人子女的个人财产,无须用来清偿债务人的个人债务,实现了保险金与债务的隔离。(3)遗嘱之功能同"功能一方案一"所述。遗嘱形式需注意的地方亦同前"功能一方案一"所述。

(二)方案二

投保人、被保险人:债务人父母。受益人:债务人本人。

架构解读:此种保单设计之下,并不能完全隔离个人债务。债务人作为被保险人,是其父母身故保险金的受益人。如果身故保险金已经被债务人领取,

---

① 任自力、曹文泽:《保险金信托的法律构造》,载《法学》2019 年第 7 期。

则该笔保险金可被强制执行。如果保险金尚未被领取,则债务人存在一个对保险公司的身故保险金请求权。根据《民法典》第 535 条和《保险法》第 23 条的规定,债务人享有的身故保险金请求权由于具有人身专属性,不可被代位行使,仅在这个意义上,此种方案可以隔离债务。且如果 5 年内债务人不行使该身故保险请求权,则会超过身故保险金诉讼时效,保险公司可以拒绝支付。因此,债务人应当尽可能不成为保单的投保人、受益人。

综上,保险客户可以通过不同的保单架构设计以实现特定的功能。但是需注意的是,并不存在可以解决一切问题的保单。当前社会的财富管理与传承是一门综合性学问,并不存在何种单独工具是可以一以避之的。正确认识保险的功能与价值,我们既要拒绝“保险骗人”的偏见,也不要夸大地认为保险可以解决一切问题。

第七章

夫妻共同债务篇

第一节　夫妻共同债务的认定及处理

夫妻共同债务的认定及处理在我国婚姻家事纠纷领域是一个较为普遍且不容忽视的问题，从《婚姻法》（已失效）到《民法典》，夫妻共同债务的认定问题在法律规范与实务判断上经历了复杂的发展过程。时至今日，立法与司法实践中形成了“共同意思表示”“家庭日常生活需要”“夫妻共同生活或者生产经营”这三个标准用以判定夫妻共同债务，虽仍有美中不足，但为法律实务提供了较为清晰的参考指引。本节将基于大数据分析，从上述三个判断标准出发，在讲解有关知识点的过程中融入具体案例进行讨论，用数据夯实理论，将理论融于实践。

一、数据分析

以“夫妻共同债务”为关键词，分别以“民间借贷纠纷”“债权转让合同纠纷、债权人撤销权纠纷、被继承人债务清偿纠纷”“离婚纠纷、离婚后财产纠纷”为案由进行检索，针对不同案由，分别限缩时间与地域范围，共得到286份有效判决书。

在286件有效案件中，认定为夫妻共同债务的案件与未认定的案件恰好各占50%。在予以认定的案件中，有67件是因为债务“用于夫妻共同生活”，这一裁判理由案件最多；有15件是因为债务“用于夫妻共同生产经营”；有20件是因为“家庭日常生活需要”；还有41件是因为有共同签字、事后追认等“共同意思表示”。

二、夫妻共同债务的认定要点

对于夫妻共同债务的认定,究其本质,其实是在债权人信赖利益保护与债务人配偶承担额外债务的风险之间进行价值平衡。债务性质的认定标准虽有法律上的明文规定,但法条中出现的概念较为模糊,给司法留出了很大自由裁量空间,给法律实务人员带来了疑问和研究重点。因此在认定债务性质的过程中,法院除了有适用法律时的事实判断与价值判断,还有对各方当事人利益的价值衡量。

当下用于夫妻共同债务认定的法律规范是《民法典》第 1064 条,该条确定了三个认定标准:第一,举债基于夫妻双方的共同意思表示;第二,债务用于家庭日常生活需要;第三,根据债权人的举证推定为债务用于夫妻共同生活或者共同生产经营。下面笔者将以这三个标准为出发点,结合实务案例展开具体分析。

(一)共同意思表示

《民法典》第 1064 条第 1 款明确列举了夫妻双方共同签字以及非举债方事后追认两种夫妻共同意思表示的形式,但当前司法实践对于夫妻共同意思表示的情形认定不限于此;第 1064 条第 2 款规定的债权人举证的基于夫妻共同意思表示的其他情形,也属夫妻共同债务。实务中既不能过宽地认定夫妻共同意思表示的范围,否则不利于债务人配偶知情权、同意权的保障;也不能过窄地认定夫妻共同意思表示的范围,否则不利于债权人合法真实债权的维护。

1. 共同签名

共同签名,即我们常提到的“共债共签”,这是争议最小的一种情形。法院普遍认为,只要在字据上有夫妻双方基于真实意思的签名,就属于有共同举债的合意,债务系夫妻共同债务。

有两种情况需要特别注意。第一,仅有债务人单方签字,尽管字据上称债务系夫妻共同使用,也不符合“共债共签”原则,不能根据字据将债务认定为夫妻共同债务(如适用案例 7 - 1)。第二,即便债权人出示的字据中有债务人配偶的签名,如果签名是伪造而来,也不能根据该签名进行认定(如适用案例 7 - 2)。

适用案例7-1 黄某凤诉张某鹏等民间借贷纠纷案[①]

二审法院认为，黄某凤为证明借贷关系的成立，提供了由张某鹏签字的转账凭证。张某鹏虽对黄某凤主张的借贷事实没有异议，但考虑其与黄某凤是直系亲属关系以及本案发起时间正值张某鹏、肖某琛离婚诉讼的实际情况，转账凭证上张某鹏单方签名认可的借款并不产生夫妻两人自认债务、共同偿还的法律后果。张某鹏仍需进一步举证证明借款时，肖某琛也有明确的借款意思表示。在长达5年的时间里，张某鹏、肖某琛从未有过还款，黄某凤也未曾向张某鹏或肖某琛进行过催讨，亦未有证据证明肖某琛有确认债务、同意还款的明确意思表示，显然与常理不符。故张某鹏未能举证证明肖某琛对案涉款项亦有明确的借款意思表示，应当承担举证不能的不利后果。张某鹏自认系争款项为借款，并同意黄某凤的全部陈述与诉讼请求，一审法院据此作出判决，无不妥，本院予以确认。现张某鹏在二审期间要求对于借款利息不予承担。本院认为，张某鹏在一审庭审中，同意黄某凤的全部诉请，现未有证据证明张某鹏的自认行为是在受胁迫或是重大误解的情况下作出，故张某鹏要求撤回一审中的自认，有违诚信原则，本院不予采纳。

适用案例7-2 查某国诉何某明等民间借贷纠纷案[②]

法院认为，现有证据不足以证明张某芳在两份《借款协议书》中签名，不能认定张某芳存在共同借款的意思表示。张某芳与何某明虽为夫妻关系，但原告与何某明存在长期借贷关系，从借贷金额也应知何某明的借款非用于夫妻共同生活。原告要求张某芳承担共同还款责任依据不足，本院不予支持。

2. 事后追认

事后追认一般指债务人配偶在债务发生后明确向债权人表达对债务的认可与还款的意愿，主要形式有口头承认，和债务人一起签订还款承诺书、还款计划，以短信、微信、电子邮件等形式与债权人联络表示承认债务。

3. 其他的共同意思表示

对于《民法典》第1064条所称的“共同意思表示”应参照《民法典》第140条作广义理解，不仅限于上述共同签名和事后追认两种情形。但尽管有了参

---

① 上海市第二中级人民法院民事判决书，(2021)沪02民终11763号。

② 上海市松江区人民法院民事判决书，(2021)沪0117民初13864号。

照，在法律文本方面尚无对“共同意思表示”的穷尽列举或者判别标准的阐释，这需要在司法实践中摸索。

一方面，有的地方法院出台了相关规定，将实践中比较典型和常见的情形作为“其他共同意思表示”列举出来。如江苏省高级人民法院在《家事纠纷案件审理指南（婚姻家庭部分）》中明确列举，签字时债务人配偶在场但未作出明确反对意思表示，以及通过其他共同意思表示形式认可的债务，应当认定为夫妻共同债务。浙江省高级人民法院在《关于妥善审理涉夫妻债务纠纷案件的通知》中也有类似的规定，共同作出口头承诺、共同作出某种行为等也是夫妻共同意思表示的表现形式。若有证据证明配偶一方对负债知晓且未提出异议的，如存在出具借条时在场、所借款项汇入配偶掌握的银行账户、归还借款本息等情形的，可以推定夫妻有共同举债的合意。这些规定为实务拓宽了思路，提供了重要的认定要点。但实践中，对上述“知晓且未提出异议”的理解各有不同。有的法院认为，非举债方要对债务及其具体数额都知晓且无异议才属于有举债合意；有的法院认为，非举债方仅需知晓举债事实且无异议就可以；还有的法院认定标准更为宽泛，在举债方有经营活动的背景下，其配偶只要知道其因经营需要对外举债就会被认定为有举债合意。

另一方面，上述共同签名和事后追认的情形可归为明示的意思表示，应当还有其他情形也可以构成共同意思表示，但由于缺少明确的标准，实践中对其他情形所持的态度各异。

如“非举债方明确表达还款意愿”，多数法院认为这属于非举债方的事后追认，因此基于夫妻共同意思表示，债务应认定为夫妻共同债务；但也有法院认为，非举债方向债权人表达还款意愿，可能只是为了让债权人不再讨债、保护家人生活安宁的无奈之举，意愿的表达不是真实自愿的，故不存在举债的合意，债务不属于夫妻共同债务。[①]

又如“非举债方代为清偿债务”，多数法院认为这是事后追认，债务属于夫妻共同债务；但也有法院认为，委托转交的情形在生活中很常见，即使非举债方代为清偿，也不能排除受债务人委托的可能性，不应将债务直接认定为夫妻共同债务。

---

① 王轶、包丁裕睿：《夫妻共同债务的认定与清偿规则实证研究》，载《华东政法大学学报》2021年第1期。

综上,“共同意思表示”这一标准下,可分为共同签名、事后追认和其他情形三个子标准。其中,“其他的共同意思表示”的认定最复杂、争议最大,在发生纠纷时,债权人应充分举证说明非举债方意思表示的明确性,非举债方应为自己对债务的不知情作出充分的解释,而法院也应结合案件背景对在案证据作谨慎的考量。

4. 例外情形

现实情况下,尽管客观上已达到了“共同意思表示”的标准,但如果存在一些能够对在案证据予以反驳的情形,也应给予重视。①

第一,债权人未举证婚姻关系的存在。因举债方不配合或存在其他阻却条件,债权人无法举证债务人存在有效的婚姻关系,则应排除债权人主张的“债务人之配偶”的连带责任。

第二,债务人夫妻之间有明确的分别财产制。如果债权人明知或应知债务人夫妻双方实行分别财产制,则债务不属于夫妻共同债务。

第三,明确的按份债务。如果债权人与夫妻双方将债务明确约定为按份债务,则可排除夫妻共同债务的法律性质。

(二)家庭日常生活需要

“家庭日常生活需要”的支出属于夫妻共同债务的这一定性首次明确出现在民事立法中是在2021年开始施行的《民法典》第1060条。

1. 法律效果

《民法典》第1060条首次明确表明了家庭日常生活需要的支出给夫妻双方带来的法律效果:夫妻一方因家庭日常生活需要而负担的债务,以夫妻双方共同承担为原则,以另有约定的情形为例外,且夫妻内部的约定不能对抗善意第三人。

就该法律效果,我们结合案例模拟7-1和案例模拟7-2展开分析。

案例模拟7-1 老李诉小王、小丽民间借贷纠纷案

案情

2019年5月,小王为支付孩子的学费向老李借款3万元,小王出具借条明

① 刘征峰:《共同意思表示型夫妻共同债务的认定》,载《法学》2021年第11期。

确记载“借款为我个人周转使用，与我妻子小丽无关，小丽不承担责任”，小王、老李均在借条上签名，小丽对此事知情。

2021年5月，小王仍未还钱，老李将小王诉至法院，要求其清偿，并认为该债务用于债务人家庭日常生活，属于小王和小丽的共同债务，小丽应承担连带责任。

人物关系如图7－1所示：

图7－1　案例模拟7－1人物关系

法律问题

小王的3万元借款属于小王与其配偶小丽的夫妻共同债务吗？

案例模拟7－2　小军诉建国、小丽民间借贷纠纷案

案情

2019年5月，建国为支付孩子的学费向小军借款3万元，建国出具借条记载“借款自用，今年12月就还”，未提及妻子小丽的责任，建国、小军均在借条上签名，小丽对此事知情。

2021年5月，建国仍未还钱，小军将建国诉至法院，要求其清偿，并认为该债务用于债务人家庭生活所需，属于建国和小丽的共同债务，小丽应承担连带责任。

人物关系如图7－2所示：

图7－2　案例模拟7－2人物关系

法律问题

建国的3万元借款属于建国与小丽的夫妻共同债务吗？

《民法典》第1060条规定的“夫妻一方因家庭日常生活需要而实施的民事法律行为，对夫妻双方发生效力，但是夫妻一方与相对人另有约定的除外”应指

借贷双方明确排除债务人配偶的连带责任、约定所涉债务为债务人自身的个人债务。如果只是阐明债务系个人使用,没有提到配偶的责任,不属于上述“另有约定”的情况。故案例模拟 7 - 1 中,3 万元是债务人的个人债务;案例模拟7 - 2 中,3 万元是夫妻共同债务。

2. 判断标准

“家庭日常生活需要”是一个十分宽泛的概念,需要实践中具体界定,总结来看,我国法院在判定时主要考虑以下几个方面:

(1)举债主体

既然是“家庭生活”,举债主体应是夫妻双方,既包括登记结婚的合法夫妻,也包括构成事实婚姻[①]的夫妻。

(2)举债用途

立法者、司法者与学界都对“家庭日常生活需要”这一概念作出了解读。

最高人民法院认为,家庭日常生活需要包括日常的吃穿用度花销、子女的抚养教育经费、老人赡养费、家庭成员的医疗费用等,具体可以参照国家统计局发布的城镇居民家庭消费的八个种类。[②]

地方法院也提出了指导意见。如浙江省高级人民法院在出台的《关于妥善审理涉夫妻债务纠纷案件的通知》中指出,家庭日常生活需要是指夫妻双方及其共同生活的未成年子女在日常生活中的必要开支事项,如正常的衣食住行消费、日用品购买、医疗保健、子女教育、老人赡养、文化消费等。

法院在具体个案中也提到了家庭日常生活需要的范围,即日常的衣食消费、日用品购买、子女抚养教育、老人赡养等各项费用。相关案例如适用案例7 - 3。

适用案例 7 - 3 宋某诉马某芬民间借贷纠纷案[③]

法院认为,家庭日常生活需要的支出,即通常情况下必要的家庭日常消费,主要包括日常的衣食消费、日用品购买、子女抚养教育、老人赡养等各项费用,是维系一个家庭正常生活所必需的开支。本案上诉人马某芬在上诉状中自认

---

① 1994 年 2 月 1 日之前男女双方已经符合结婚实质要件,但没有进行结婚登记,按事实婚姻处理。

② 国家统计局有关统计资料显示,我国城镇居民家庭消费种类主要分为八大类,分别是食品、衣着、家庭设备用品及维修服务、医疗保健、交通通信、文娱教育及服务、居住、其他商品和服务。

③ 吉林省辽源市中级人民法院民事判决书,(2020)吉 04 民终 353 号。

与宋某分居多年，在外打工，家里的事一概不知。但根据其在一审庭审中的陈述，宋某与马某芬是夫妻关系，家中有老人需要赡养，有孩子正在中学就读。因此宋某向宋某1借款1万元，数额并未明显超出家庭日常生活需要。根据最高人民法院《关于审理涉及夫妻债务纠纷案件适用法律有关问题的解释》（已失效）第2条的规定，夫妻一方在婚姻关系存续期间以个人名义为家庭日常生活需要所负的债务，债权人以属于夫妻共同债务为由主张权利的，人民法院应予支持。一审判决认定事实清楚，适用法律正确，应予维持。

参与立法的专家学者也作出了相应的解释①，认为家庭日常生活需要是维系一个家庭正常生活所必需的开支，立足点在于“必要”。

综合来看，家庭日常生活需要的主要范围在于夫妻双方与未成年子女、赡养的老人、其他共同居住的近亲属进行的“日常性”与“必要性”消费。

（3）债务数额

因各地的经济水平与各个家庭的收入消费水平不同，债务数额上难以形成统一的标准，因此地方法院在大量实务案件的基础上给出了针对本地域的一些标准。如浙江省高级人民法院就以20万元为标准，单笔举债或对同一债权人举债金额在20万元以上的，一般不认定为是家庭日常生活需要，原则上不属于夫妻共同债务。又如，天津法院以上一年度天津居民人均消费支出的3倍为标准，举债数额超出这一标准倾向于被认定为举债方的个人债务，以2021年的数据为例，如举债超出99，564元（33，188元×3＝99，564元）则难以将债务认定为属于家庭日常生活需要。

根据前文，笔者整理了286份民事判决书，对系争债务数额和裁判原因进行了简要分析，此处笔者展开论述。在认定为夫妻共同债务的173件案件中，有20件法院给出的裁判理由是“债务属于家庭日常生活需要”。对这20件案件的数额进一步展开统计，有8件案件债务数额在“5万元以下”，有9件案件债务数额在“5万元至10万元”之间，有2件案件债务数额在“10万元至20万元”之间，剩余1件案件因债务数额涉及举债方的大病治疗费用，数额为24.5万元。

基于上述浙江省高级人民法院的规定以及目前的数据统计，20万元可大致作为区分家庭日常生活需要与否的参考数额。

---

①　黄薇：《中华人民共和国民法典婚姻家庭编释义》，法律出版社2020年版，第70页。

(4)其他因素

对于"家庭日常生活需要",在判定时认定标准不是绝对的,应因地制宜、因时制宜,债务用途与债务数额只是最重要的两个条件,此外,当地的经济水平、债务人一家的职业与收入、债务人家庭资产都可纳入考虑范围。

实践中,有的法院会仅根据案涉债务数额进行判断,也有的法院会综合考虑债务人对外举债的次数、用途等多重因素更加谨慎的予以判定。

(三)基于债权人举证的推定情形

《民法典》第1064条第2款规定,"夫妻一方在婚姻关系存续期间以个人名义超出家庭日常生活需要所负的债务,不属于夫妻共同债务;但是,债权人能够证明该债务用于夫妻共同生活、共同生产经营或者基于夫妻双方共同意思表示的除外"。基于此,债务人以个人名义所负的超出家庭日常生活需要的债务原则上属于个人债务,如果债权人可以对债务用途进行举证,则债务可能被认定为夫妻共同债务。此时,债权人举证的方向有二:债务用于夫妻共同生活;债务用于夫妻共同生产经营。

1. 债务用于夫妻共同生活

首先,就概念与特点而言,此处讨论的用于夫妻共同生活的债务,承担责任的主体也是夫妻两人,但债务用途比较广泛,主要是购房、购车、投资等非家庭日常生活需要的用途,债务数额一般也比较大、超出了家庭日常生活需要。

其次,"夫妻共同生活"的概念外延宽于"家庭日常生活需要",两者存在许多相似的地方。第一,在金额上,用于夫妻共同生活的举债金额大于家庭日常生活需要的数额,有的是几十万元,有的是几百万元。第二,在用途上,用于夫妻共同生活的债务用途十分广泛,可能不具有日常性。第三,在承担责任的主体和范围上,用于夫妻共同生活的债务由夫妻双方以举债金额为限承担连带责任,但用于家庭日常生活需要的债务夫妻双方是以夫妻共同财产为限承担连带责任。第四,在举证责任上,对于用于夫妻共同生活的债务,债权人不仅要证明债务存在,还要证明该债务实际直接或间接地用于夫妻共同生活;但对于用于家庭日常生活需要的债务,最高人民法院认为债权人证明债务存在、债务符合当地一般认为的家庭日常生活范围即可。第五,在判定逻辑上,应先判定债务是否属于家庭日常生活需要,再判定是否属于夫妻共同生活。

最后,通过对检索案件的整理,笔者发现了以下三个要点:第一,一方仅以购房、购车等夫妻共同生活所需的理由向他人借款，非举债方不予确认时，如果债权人未能提供充分证据，则借款不属于夫妻共同债务。第二，债务存续期间，借款人将极小数目的钱款转账给其配偶使用并不能代表借款整体的用途，也不能因此认定为该债务的全部是夫妻共同债务，实践中一般将债务的性质进行具体分割，划分出属于家庭日常生活需要的部分与超出的部分。第三，举债后，夫妻之间存在频繁和较大额转账的情况下，即便借款没有明确指向夫妻共同生活的用途，也可以认为双方共同使用了，是夫妻共同债务。

适用案例 7－4 车某兰诉汤某敏等民间借贷纠纷案①

法院认为，本案中，被告于某栋向原告借款 30 万元用于炒股，该债务已超出家庭日常生活需要，现原告也未能提供证据证明该债务系基于两被告共同意思表示，或用于夫妻共同生活、共同生产经营，故原告主张系争债务系夫妻共同债务、汤某敏应承担共同还款责任，缺乏法律依据，本院不予支持。

适用案例 7－5 薛某飞诉洪某丹等民间借贷纠纷案②

本案中，关于夫妻共同债务的认定，现原告未能举证证明案涉借款用于被告周某与被告洪某丹夫妻共同生活、共同生产经营或者基于夫妻双方共同意思表示，故原告要求被告洪某丹与被告周某共同承担案涉债务的诉请，法院不予支持。

适用案例 7－6 孟某等诉孙某民间借贷纠纷案③

(1)从财产混同程度看，本案借款发生在孙某和孟某婚姻关系存续期间，虽然孙某辩称借款发生之时已经与孟某分居，但 2017 年至 2021 年二人转账往来金额高达上百万元，可见双方经济并未独立而是彼此混同。

(2)从借款用途上看，孙某及孟某在另案中自认 2018 年 1 月购车的首付款系用孟某东的转账款 10 万元支付，由此，孙某关于自己对本案借款及用途毫不知情之辩称实难令人信服。另外，孙某称其支付孟某的 160 余万元款项均源于其申请的贷款，而款项用于孟某做生意所需的资金周转，孙某既愿意为孟某的

---

① 上海市浦东新区人民法院民事判决书，(2021)沪 0115 民初 79678 号。
② 上海市宝山区人民法院民事判决书，(2021)沪 0113 民初 12857 号。
③ 上海市第一中级人民法院民事判决书，(2021)沪 01 民终 13186 号。

生意资金周转而申请贷款，应认定其期待收益用于夫妻共同生活，至于最终是否能够获取收益系经营风险，并不影响款项本身的用途。

(3)从借款去向上看，本案借款发生期间，孟某多次向孙某转账共计50余万元，孙某称孟某向其转账的款项系归还其个人借款而非将本案借款用于夫妻共同生活，但未提供证据证明双方之间存在借贷关系，故法院对孙某的辩称不予采信，应认定该款在夫妻共同生活中已趋于混同。

综上，一审法院认定本案借款用于夫妻共同生活，属于夫妻共同债务，法院予以认同。

2. 债务用于夫妻共同生产经营

这种情形涉及商事经营，具体认定时较为复杂，笔者将根据不同的经营形式展开分析。

(1)有限责任公司与股份有限公司

当债务涉及有限责任公司和股份有限公司时，可将债务分为“公司经营中的债务”与“个人借款投资公司所负的债务”。

就前者而言，原则上公司作为独立的法人，由其自身承担对债务的清偿责任，但是，实践中也有例外。首先，如果股东滥用法人独立地位，构成《公司法》第20条的情形，需要对公司的法人人格予以否定，则此时滥用权利的股东需承担连带责任。如果在这个过程中，其配偶因此受益，则该债务属于夫妻共同债务。其次，若公司经营不善无法就债务进行清偿，则此时仍未缴清出资的股东需承担补缴责任，那么该股东的配偶也可能承担连带责任。最后，若债务人以个人名义为公司提供担保，其配偶因此而受益，该担保之债属于夫妻共同债务。

就后者而言，个人借款投资公司属于自然人债务，如债务人配偶因此而受益，债务亦属于夫妻共同债务。

总结实践经验，以下情形常被认定为夫妻共同经营：其一，夫妻双方承认共同经营公司；其二，非举债方担任公司的法定代表人、董监高等重要关键职务；其三，非举债方为公司大股东，对公司发展产生较大影响；其四，非举债方与公司无涉，但间接分享债务人的经营收益，甚至债务人的公司收益是家庭全部生活来源。

(2)农村承包经营与个体工商户

这两种情形在夫妻共同债务的认定中极为特殊，发生了举证责任的倒置。《民法典》第56条规定：“个体工商户的债务，个人经营的，以个人财产承担;家庭经营的,以家庭财产承担;无法区分的,以家庭财产承担。农村承包经营户的债务,以从事农村土地承包经营的农户财产承担;事实上由农户部分成员经营的,以该部分成员的财产承担。”上述规定属于对《民法典》第1064条的特殊规定,由于农村承包经营和个体工商户多以家庭共同经营的形式出现,会出现紧密的财产混同,债权人可以要求农户以家庭财产承担债务,此时债权人仅需就经营事实予以举证,举证责任在债务人配偶一方,若其能够证明其未参与经营,才由仅参与土地承包经营的一方承担债务。

(3)合伙企业与个人独资企业

合伙企业中的普通合伙人、个人独资企业的设立人,都对企业债务承担无限连带责任。如企业经营过程中夫妻一方对外举债,在债务人配偶存在实际参与决策、参与生产经营、有明确授权、共同受益等情况,可认定为借款属于夫妻共同债务。

3.判断要点总结

以上,笔者就夫妻共同生活和夫妻共同生产经营的重要问题进行了分析讨论,可总结提炼出在判定过程中的“一个标准”与“两个推定”。

“一个标准”,即“共同受益”这一标准。现实社会中,夫妻共同生活的支出情形各异,共同经营的形式也各有不同,这为当事人举证的内容、限度和标准出了难题。为了更加客观地判定债务性质,目前实务界与学术界基本达成了一个共识,即判定债务是否用于夫妻共同生活或者共同生产经营,根本上要判定债务人的配偶是否因为债务人的对外举债行为直接或间接受益。

“两个推定”,即“推定为确定的受益”与“推定为可能的受益”。确定的受益,如借款直接用于夫妻共同购房、购车、装修房屋、度假等,如果可以证明债务直接用于夫妻共同生活,非举债方一定受益于债务人的举债,法院会倾向于将债务认定为夫妻共同债务。间接的受益,如借款用于投资债务人个人经营的公司、个人技能培训等,这些用途本身难以看出对家庭有何贡献,但是从间接受益的角度来看,如果可以证明借款投资或经营后取得了回报与家庭共享、借款参加个人技能培训在工作上获得了更高的收入与家庭共享使非举债方获益,实践中也倾向于将债务认定为夫妻共同债务。

综上,本节以《民法典》第1064条为规范基础,提炼出“共同意思表示”“家庭日常生活需要”“债务用于夫妻共同生活或者生产经营”这三个夫妻共同债务的判断要点。由于法律多在宏观、抽象的层面予以规定,故实践中对各个标准的考量与认定细节既有共识也有差异，希望本节在法律规范与实践思路方面的分析能够为梳理夫妻共同债务的认定要点与思路，提供一些参考与借鉴。

第二节　夫妻共同债务研究之日常家事代理探析

夫妻共同债务的认定过程实际上是对维护交易安全、便利经济交往与保护夫妻利益、便利家庭生活的利益平衡过程。《民法典》第1060条首次肯定了日常家事代理制度，第1064条明确将夫妻一方因家庭日常生活需要而负的债务认定为夫妻共同债务，这在法律规范层面为简化夫妻间代理行为、保护交易安全、提高交易效率等方面提供了重要指引。本节将以“日常家事代理”为视角，通过对日常家事代理的发展历程、范围界定、法律效果和举证责任四个方面的分析说明，结合具体案例，反映日常家事代理的适用实况，探讨日常家事代理与夫妻共同债务认定的关系。

一、日常家事代理的发展历程

日常家事代理是男尊女卑时代的法制产物，起源于古罗马法。在彼时的夫权家族制下，女性婚后几乎不享有财产权和订立合同的法律能力，但平日里又需要完成购买柴米油盐等维持家庭生活的必要活动。因此，对于操持家务的妻子给予其丈夫的委任，妻子获得处理日常家事的权限，这一权限被称为“锁匙权”，由此产生的债务由丈夫负责。[①] 近代以来，夫妻权利日趋平等，妻子的“锁匙权”被夫妻双方都享有的家事代理权所取代。这是法律所赋予或默认的，对于夫妻任何一方与第三人实施日常家务或生活需要方面的法律行为，其效力及于夫妻二人。日常家事代理的出现，既方便家庭日常生活，又免去外部交易的第三人与已婚女性缔结交易的疑虑。

随着社会的发展，在现代，每一个自然人都可以在对应的民事行为能力下完成一定的行为，并取得相应的法律效果，日常家事代理权也发生了变化。一方面，夫妻的任何一方，无论是男性还是女性，都可以独自缔结合同完成交易，

① 贺剑：《夫妻财产法的精神——民法典夫妻共同债务和财产规则释论》，载《法学》2020年第7期。

取得家庭日常生活所需的商品和服务;另一方面,交易第三人也无须担心已婚当事人的缔约及履约能力。

从国内法律历史沿革来看,日常家事代理的雏形出现于 1980 年修改的《婚姻法》(已失效)第 13 条第 2 款与 2001 年最高人民法院《关于适用〈中华人民共和国婚姻法〉若干问题的解释(一)》(已失效)第 17 条,但上述规定仅阐明了夫妻任何一方对夫妻共同财产的平等处理权,并未提及日常家事代理以及它与夫妻共同债务的关系。

2018 年,最高人民法院出台了《关于审理涉及夫妻债务纠纷案件适用法律有关问题的解释》(已失效)。其中,第 2 条规定:"夫妻一方在婚姻关系存续期间以个人名义为家庭日常生活需要所负的债务,债权人以属于夫妻共同债务为由主张权利的,人民法院应予支持。"这在司法解释的层面将日常家事代理与夫妻共同债务联系起来,为日常家事代理的民事立法提供了思路。

2021 年施行的《民法典》首次以民事立法的形式确立了日常家事代理制度,将其规定在第 1060 条中。同时,《民法典》第 1064 条还将这一制度与夫妻共同债务的认定相关联,规定"夫妻一方在婚姻关系存续期间以个人名义为家庭日常生活需要所负的债务,属于夫妻共同债务",即夫妻一方基于日常家事代理权的对外举债原则上属于夫妻共同债务。至此,我国的日常家事代理制度在法律层面正式确立。

二、日常家事代理的概念与范围界定

"日常家事代理"作为一个较为抽象的名词,无论是学术界还是实务界尚无确切而统一的定义,故需要在司法实践中通过经验的不断积累确定其范围与边界。

(一)与"家庭日常生活需要"的关系

由于法律规范并非直接采用"日常家事代理"这个专业术语,而是采用了"家庭日常生活需要"这一表达,故上述两个概念之间的关系需要进行初步讨论。一方面,日常家事代理为家庭日常生活需要提供了代理权利上的支持,使夫妻任何一方为了家庭日常生活需要而从事法律行为的效果及于夫妻两人,由双方共同承担责任。另一方面,家庭日常生活需要为日常家事代理明确了边界,超出"家庭日常生活需要"这个边界则无从谈起日常家事代理。实践中,因两个概念均指向“家庭日常生活”，故彼此间范围基本一致。

（二）与“夫妻共同债务”的关系

日常家事代理涉及的法律行为有许多，既包括所有权转移、抵押权设立这样的处分行为，也包括订立合同这样的负担行为。对上述负担行为的认定与处理可能与“夫妻共同债务”存在交叉。

在认定夫妻共同债务时，某项举债是否属于日常家事代理是重要的考量因素之一，夫妻一方基于日常家事代理权而对外举债，原则上债务被认定为夫妻共同债务。故“日常家事代理”与“夫妻共同债务”是部分重叠的关系，日常家事代理是夫妻共同债务的三个判断标准之一，夫妻共同债务只涉及日常家事代理的负担行为部分。

（三）日常家事代理的范围界定

从比较法的角度来看，德国法明确规定了日常家事代理的范围：第一，满足日常生活需要；第二，服务对象必须是家庭而非个人；第三，对外举债的数额应符合当事人家庭实际情况。法国民法的判定规则：第一，考察家庭生活情况；第二，判断负债所用于从事的活动是否有益；第三，还需考量除债务人夫妻之外的第三人的主观状态。我国的司法实践，大致从以下四个要点进行考量。

1. 行使主体

立法上明确将行使日常家事代理权的主体限定为“夫妻”，这既包括在民政部门进行结婚登记的合法夫妻，也包括构成事实婚姻的夫妻。

最高人民法院曾表示，“家事代理的范围一般包括，家庭日常生活所需的吃穿用度、子女抚养教育经费、老人赡养费、家庭成员的医疗费用等”①，《民法典》也规定日常家事代理的范围在于“家庭”日常生活需要。故日常家事代理不仅限于夫妻双方的支出，而应当涵盖夫妻以及夫妻之外、家庭之内的其他家庭成员的日常生活需要，其中，“其他家庭成员”主要包括未成年子女、夫妻双方赡养的老人和其他同居的近亲属。

---

① 最高人民法院民法典贯彻实施工作领导小组主编：《中华人民共和国民法典婚姻家庭编继承编理解与适用》，人民法院出版社2020年版，第167页。

2. 行为的性质与目的

参与立法的专家学者认为日常家事是指为满足正常夫妻共同生活和家庭生活所必需的，非属人身性的一切事务。[①] 这一观点在两方面帮助我们加深理解。其一，就日常家事代理的用途而言，立足点在于"必要"，是维持家庭生活所必需的支出；其二，日常家事代理不适用单纯的身份行为，因为身份行为通常都是关于身份关系的处分行为而不是负担行为，并不涉及家庭日常生活需要，日常家事代理无从适用。

最高人民法院认为，日常家事代理的范围包括日常的吃穿用度花销、子女的抚养教育经费、老人赡养费、家庭成员的医疗费用等。部分地方法院也提出了指导意见，如浙江省高级人民法院在《关于妥善审理涉夫妻债务纠纷案件的通知》中指出，家庭日常生活需要是指夫妻双方及其共同生活的未成年子女在日常生活中的必要开支事项，如正常的衣食住行消费、日用品购买、医疗保健、子女教育、老人赡养、文化消费等。法院在具体个案中也提到了日常家事代理的范围，即日常的衣食消费、日用品购买、子女抚养教育、老人赡养等各项费用。[②]

结合上述观点，只有包含财产行为的情形才适用日常家事代理，且在用途上，债务必须实际用于满足夫妻及其他家庭成员的日常生活需要。

3. 价值数额范围

笔者认为，在考量价值数额时，应综合采用客观标准和主观标准。

（1）客观标准

地方法院在大量实务案件的基础上给出了针对本地域的一些标准。如上一节所述，浙江省高级人民法院就以 20 万元为标准，单笔举债或对同一债权人举债金额在 20 万元以上的，一般不认定为属于日常家事代理的范围，原则上不属于夫妻共同债务。又如，天津法院以上一年度天津居民人均消费支出的 3 倍为标准，举债数额超出这一标准则超出了日常家事代理的范围，债务倾向于被认定为举债方的个人债务。但同时，这些指导意见中提出的数字标准仅能为当地的司法裁判提供客观上的量化指引，且由于每个家庭的经济状况、消费习惯存在差异，对于客观标准不应完全机械地遵从。

---

① 黄薇：《中华人民共和国民法典婚姻家庭编释义》，法律出版社 2020 年版，第 70 页。

② 参见宋某诉马某芬民间借贷纠纷案，吉林省辽源市中级人民法院民事判决书，（2020）吉 04 民终 353 号。

(2)主观标准

尽管许多地方法院针对本地区的实际情况提出了债务金额上的指导意见,为司法实践提供了更加细致的量化标准,但由于现实状态的复杂性,客观标准无法完全适用于所有情形,因此在判定日常家事代理范围时,还应综合考虑个案债务人的家庭日常消费水平、职业与收入等情形。

故,在债务数额判定方面,应以主观标准为原则,在主观标准无从查知时,辅以客观标准作为本地区较为普适、公平的尺度进行推定。

4. 其他考量因素

“日常家事代理”的判断标准不是绝对的,应因地制宜、因时制宜,债务用途与债务数额只是最重要的两个条件,此外,当地的经济水平、债务人家庭资产、债务人对外举债的次数等因素都应纳入考虑范围。

下面笔者将通过案例详解 7－1 展示日常家事代理的认定与分析逻辑。

案例详解 7－1 陈某某诉邱某某、许某某民间借贷纠纷案①

案情

2020 年 2 月,被告邱某某向原告陈某某借款 5 万元,至今仍有 2.9 万元未归还。2019 年至 2020 年,被告邱某某多次借款,四处欠债。

2020 年 8 月 17 日,被告邱某某和被告许某某离婚,许某某一直从事幼教工作。另外,2020 年 6 月 23 日,被告许某某从其个人账户支付房价款 16 万余元。2020 年 10 月,案外人向被告许某某转账支付 60 万元。2020 年 10 月 18 日,被告许某某从其个人账户支付房价款 62 万元。

人物关系如图 7－3 所示:

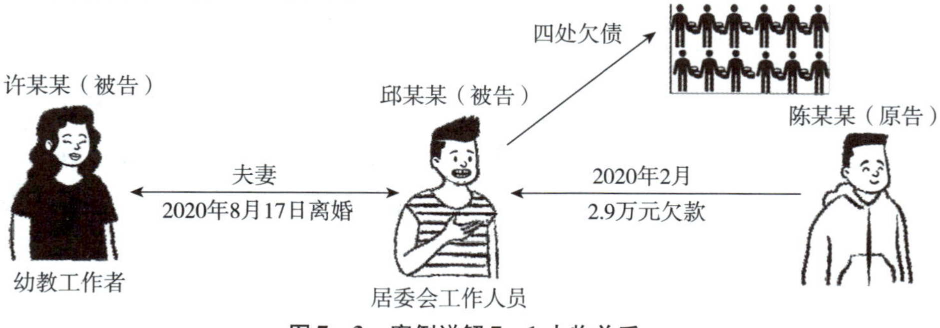

图 7－3 案例详解 7－1 人物关系

① 上海市黄浦区人民法院民事判决书,(2021)沪 0101 民初 25079 号。

■ 法律问题

案涉2.9万元的借款金额在日常家事代理的范围内吗?

■ 法院观点

虽然从金额来看,2.9万元尚未超出上海普通家庭的日常生活需要,在日常家事代理的范围内,但综合考虑被告邱某某在同一时期内向多人借款累计数额巨大,故案涉借款作为其中的一部分应认定为超出家庭日常生活需要,债务数额积少成多已经超出了家庭日常生活需要的范围,且经法院查明债务用途也未指向家庭生活,故2.9万元的借款不在日常家事代理范围之中。

上述案例是对日常家事代理范围界定与判定要点的现实综合应用。一方面,该案例说明了债务用途与债务数额的关键核心作用,它们是判断日常家事代理范围最重要的两个尺度。本案中,法院既单独就2.9万元这一数额作出初步判定,又充分结合债务用途这一关键因素作出认定。另一方面,该案例表明在界定日常家事代理时,各因素的考量不是孤立的而应是全面的,本案中仅从数额来看,2.9万元可推定为基于日常家事代理权的举债,但同时法院也在债务用途上发现了资金流向的偏差,在综合考虑的基础上进行了判定。

三、行使日常家事代理权的法律效果

对于日常家事代理范围的对外举债,以夫妻双方共同承担债务为原则,以另有约定的情形为例外,夫妻内部约定不能对抗善意第三人。

《民法典》第1060条规定:"夫妻一方因家庭日常生活需要而实施的民事法律行为,对夫妻双方发生效力,但是夫妻一方与相对人另有约定的除外。夫妻之间对一方可以实施的民事法律行为范围的限制,不得对抗善意相对人。"

原则上,夫妻一方基于日常家事代理而对外举债,债务属于夫妻共同债务,由夫妻双方共同承担清偿责任。但也存在例外情形,即"另有约定"。债务人与债权人双方如果明确排除债务人配偶的连带责任,则举债仅是举债方的个人债务。[①] 值得注意的是,如果债务人只是向债权人阐明债务系个人使用,没有提到配偶的责任,不足以构成信赖,无法排除夫妻共同债务的可能,否则容易造成对债权人的不公平。

---

① 贺剑:《〈民法典〉第1060条(日常家事代理)评注》,载《南京大学学报(哲学·人文科学·社会科学)》2021年第4期。

另外，若夫妻双方曾约定分别财产制，如果交易相对人是善意的，确实不知道夫妻的内部约定，则该约定对其无效，仍然由夫妻双方共同对外承担清偿责任，但在内部关系中，夫妻二人可以以分别财产制为根据进行各自的责任划分。

四、举证责任

日常家事代理行为会涉及外部关系与内部关系。在夫妻内部关系上，应由提出主张的夫妻一方承担证明责任；在夫妻外部关系上，应由债权人承担证明责任，这是“谁主张，谁举证”原则的体现。

从举证内容来看，最高人民法院认为，承担证明责任的一方应当证明债权债务关系存在、债务符合家庭日常生活范围，只要提出这两种初步证据即可。但有些学者指出，从权衡与保护非举债方利益的角度来看，承担证明责任的当事人还应从“用途论”的角度对债务确实为家庭日常生活需要所负、在日常家事代理范围内进行举证，充分证明债务的用途。另外，未举债的债务人配偶欲予推翻，可在抗辩、反驳或者反诉时证明案涉债务并非用于家庭日常生活、或者债权人与债务人将债务另约定为个人债务、或者债权人知道或应当知道债务人夫妻对家事代理权有限制（如夫妻分别财产制、家事代理的数额限制等），则足以证明案涉债务为债务人的个人债务，非举债方不承担责任。

综上，日常家事代理的认定对夫妻共同债务而言具有重要意义，原则上，属于日常家事代理范围的债务属于夫妻共同债务，但实践中也应结合案情进行具体分析，辨别是否存在例外情形，由此实现各方当事人的利益平衡。

第三节　夫妻共同债务研究之举证责任简探

本节将结合《民法典》和《民事诉讼法》的有关规定，以夫妻共同债务的三个认定标准为出发点，分别讨论外部关系与内部关系中不同主体的举证责任，并结合实务案例，把知识点与司法实践融合进行说理。

一、概述

从法律关系来看，夫妻共同债务的认定问题既可能发生在外部关系的争议中，如债权人与债务人、债务人配偶之间的民间借贷纠纷；也可能发生在夫妻内部关系的争议中,如夫妻双方的离婚纠纷、离婚后财产纠纷等。在分配举证责任时,应将内外部关系区别开来,明确各个主体的举证责任。

此外,无论是外部关系还是内部关系,衡量各当事人对夫妻共同债务的举证责任都离不开实体法的规定。根据《民法典》第1064条的规定,夫妻共同债务的认定需要检视以下三个要件:夫妻双方有共同意思表示、举债为家庭日常生活需要、债务用于夫妻共同生活或共同生产经营。同时,举证责任的分配也离不开《民事诉讼法》这一程序法规定的原则,即"谁主张,谁举证"的原则。

二、共同意思表示要件的举证责任分配

《民法典》第1064条第1款明确列举了"夫妻双方共同签名"和"夫妻一方事后追认"两种情形,还用"等"字作为兜底的表达,即还有其他属于夫妻共同意思表示的情形,举债也可以认定为夫妻共同债务。

(一)共同签名

就证明责任而言,在外部关系中应由债权人证明债务的发生、债务数额、债务人夫妻双方提供了真实自愿的签名。在内部关系中,应由主张共同承担债务的夫妻一方当事人承担证明责任。实践中,内部关系的证明责任承担主体不是固定的,可能是债务人,也可能是非举债方。有的是债务人一方在离婚诉讼中提出主张,要求配偶与其一同对共同债务承担责任(如适用案例7-7)。有的是非举债方代债务人清偿了所负债务,后主张债务为共同债务,要求债务人归还应由其支付的部分(如适用案例7-8)。

适用案例7-7 叶某诉罗某离婚纠纷案①

法院认为,原告主张借款453,562元用于服装店经营及房屋装修,请求确认前述债务为夫妻共同债务,但前述债务数额较大,超出家庭日常生活所需,原告未提供证据证明债务系基于原、被告共同意思表示所负,且大部分借款债务并非形成于原告主张的装修期间,原告也未提供证据证明资金使用情况,故本院对其有关确认夫妻共同债务的诉讼请求不予支持。

---

① 浙江省三门县人民法院民事判决书,(2021)浙1022民初3096号。

适用案例 7－8 高某诉胡某离婚后财产纠纷案[①]

法院认为，原告高某与被告胡某签订的《离婚协议》中关于财产分割的条款系当事人双方的真实意思表示，对双方均具有法律约束力。原告高某已返还原、被告夫妻共同债务即尚欠义乌农商银行借款本息 89,077.77 元，故被告胡某应按协议约定承担上述债务的 50% 即 44,538.89 元。被告胡某未按协议约定承担相应的银行债务，已经构成违约，故其应支付原告高某 44,538.89 元并赔偿自起诉之日起全国银行间同业拆借中心公布的同期贷款市场报价利率（LPR）计算的利息损失。

（二）事后追认

事后追认一般指债务人配偶在债务发生后以口头、书面、信件、短信等方式明确向债权人表达对债务的认可与还款的意愿，追认发生的时间可以在诉讼前，也可以在诉讼过程中。

无论是外部关系还是内部关系，应由提出主张的一方承担举证责任。具体而言，债权人或者主张共同承担债务的夫妻一方当事人若能够提供非举债的配偶对债务进行明确追认的有力证据，如还款承诺书、聊天记录等，则法院倾向于将债务认定为基于夫妻共同的意思表示而形成的夫妻共同债务。

（三）其他共同意思表示的情形

对于《民法典》第 1064 条所称的“共同意思表示”应作广义理解，不应仅限于上述共同签名和事后追认两种情形。但在法律文本方面没有对“共同意思表示”阐释判别标准，这便给当事人的举证内容和标准带来了极大的不确定性。

基于上述司法适用的困境，可以参照《民法典》第 140 条有关意思表示的规定，即意思表示可以分为明示的意思表示、默示的意思表示和沉默。除共同签名和事后追认这样的明示的意思表示，根据法律规定应当还有其他情形，但由于缺少明确的标准，实践中对其他情形的认定态度各异，这也给承担举证责任的主体带来了一定的困难与风险。通过总结分析已有案例，司法审判中有一些共识可供参照。

---

① 浙江省义乌市人民法院民事判决书，(2021)浙 0782 民初 8834 号。

第一，虽然是债务人单方举债，但能够证明债务实际上为债务人配偶使用，属于以默示的方式形成举债合意，债务系夫妻共同债务。相关案例如适用案例7－9。

适用案例7－9　赵某亮诉郎某燕等债权转让合同纠纷案①

法院认为，法律规定，夫妻双方共同签名或者夫妻一方事后追认等共同意思表示所负的债务，以及夫妻一方在婚姻关系存续期间以个人名义为家庭日常生活需要所负的债务，属于夫妻共同债务。本案中，被告郎某燕借款后，款项实际系被告李某使用，可以确定该40万元借款系二被告共同意思表示所负的债务，应属夫妻共同债务。

第二，能够证明借款转账时债务人配偶是收款方，或者事后由债务人配偶偿还借款，这些行为在实践中多数会认定为共同意思表示，债务属于夫妻共同债务。相关案例如适用案例7－10。

适用案例7－10　卢某君诉高某等民间借贷纠纷案②

法院认为，本案中，根据原告提供的其与高某的微信聊天记录，被告高某对于配偶李某舟在婚姻存续期间向原告借款是明知的，且在原告最初催告时不持异议并表示同意一并归还，且已归还部分款项，因此构成对于李某舟借款的事后追认，故原告主张被告高某承担共同还款责任，于法有据，本院予以支持。

第三，能够证明债务人配偶知晓债务存在和具体数额，未明确作出不认可的意思表示，属有举债合意，债务是夫妻共同债务。相关案例如适用案例7－11。

适用案例7－11　李某诉周某斌、张某蕾民间借贷纠纷案③

法院认为，本案中，根据周某斌、张某蕾之间的手机微信内容，可知张某蕾对周某斌出具10万元借条一事是明知的，但并未作出对该笔债务不予认可的意思表示，且与周某斌商议该笔债务的处理问题，据此，应当认定张某蕾通过默认方式体现出与周某斌共同举债的意思表示。

---

① 浙江省桐庐县人民法院民事判决书，(2021)浙0122民初4036号。

② 上海市松江区人民法院民事判决书，(2021)沪0117民初8594号。

③ 甘肃省高级人民法院民事裁定书，(2018)甘民申1264号。

第四，能够证明债务人配偶以卖房、积极筹款、以物抵债等行为积极还款，多数法院认为这表明了举债合意。相关案例如适用案例7－12。

适用案例7－12 罗某忠诉管某等民间借贷纠纷案①

法院认为，本案中，在庹某与罗某忠的配偶管某的短信沟通中，庹某表示“我们也不想拖……筹款的事也在进行”“我这边筹到的钱到位就马上给你们”“我们在尽力筹款，房子的事也还在努力”等，表明庹某不但对管某向罗某忠借款的事实清楚，而且具有共同还款的意思表示，且通过自己的积极行为如筹款或者卖房等形式来共同归还罗某忠的钱款。庹某应当对管某的债务承担共同还款责任。

此外，由于法律文本的模糊，实践中有较大的裁量空间，上述情形也只能作为参照。基于这一背景，举证方与抗辩方之间常会形成“举证—抗辩—再抗辩”的状态。对于举证方而言，若能充分证明债务人配偶对债务的具体情况（数额、用途等）明确知情且同意负担，则已尽基本举证义务将自身风险降低；对抗辩方而言，在举证方已尽基本举证责任后，应能够提供相应证据用以反驳，表明自己不知债务存在，或者知晓债务存在但一直有异议，可以有效地增强对自身利益的保护。

三、家庭日常生活要件的举证责任分配

家庭日常生活需要一般指满足正常夫妻共同生活和家庭生活所必需的支出，目前立法与司法上并未形成对“家庭日常生活需要”的统一概念，部分地方法院也只是给出了参照意见，这就使得认定标准与举证责任的分配出现了混乱。

最高人民法院认为，对于夫妻一方为家庭日常生活所负的债务，原则上应当推定为夫妻共同债务，债权人只需要证明债权债务关系存在、债务符合当地家庭日常生活范围即可，不需要举证证明该债务用于家庭日常生活。② 如果举债人的配偶一方反驳认为不属于夫妻共同债务，则由其证明所负债务并非用于夫妻共同生活。

---

① 上海市第一中级人民法院民事判决书，（2021）沪01民终10283号。

② 程新文、刘敏、方芳、沈丹丹：《〈关于审理涉及夫妻债务纠纷案件适用法律有关问题的解释〉的理解与适用》，载《人民司法（应用）》2018年第4期。

但地方法院在实践中出现了两种不同的观点。一种观点与最高人民法院的观点一致(如适用案例7－13)。另一种观点则认为,应由债务人配偶或者未主张共同承担债务的夫妻一方当事人承担举证责任,如果其无法证明,则应认定该债务属于为家庭日常生活所负的夫妻共同债务(如适用案例7－14)。

适用案例7－13 吕某诉张某惠民间借贷纠纷案①

法院认为,本案中,因赵某明未在借据上签名及追认,吕某也未举证证明张某惠所借的55万元是为家庭日常生活、夫妻共同生活、共同生产经营或基于夫妻双方共同意思表示所负债务,故吕某请求赵某明承担共同还款责任本院不予支持。

适用案例7－14 蒋某跃诉曹某芬等民间借贷纠纷案②

法院认为,因两被告系夫妻,该笔借款亦发生在两被告夫妻关系存续期间,且借款金额亦未超出家庭日常生活所需,故该笔债务可以认定为系两被告的夫妻共同债务。虽然被告倪某新对此予以否认,但两被告并未提供任何证据证明,故原告要求两被告共同归还借款,并无不当,本院予以准许。

实践中举证责任的分配存在较大差异,笔者总结如下:

(1)对于外部关系中的债权人、内部关系中主张共同承担债务的夫妻一方当事人而言,如果其可以证明债权债务关系存在、债务的数额与用途符合当地一般认为的家庭日常生活范围、债务确实为债务人家庭日常生活所用,法院极有可能将债务认定为夫妻共同债务。

(2)对于外部关系中的债务人配偶、内部关系中未主张共同承担债务的夫妻一方当事人而言,如果在抗辩、反驳或者反诉时证明案涉债务并非用于家庭日常生活、或者债权人与债务人将债务另约定为个人债务、或者债权人知道或应当知道债务人夫妻对家事代理权有限制(如夫妻分别财产制、家事代理的数额限制等),则足够证明案涉债务为债务人的个人债务,自己不承担责任。

四、夫妻共同生活、共同生产经营要件的举证责任分配

举债用于夫妻共同生活、共同生产经营属于夫妻共同债务认定的例外情

① 辽宁省鞍山市中级人民法院民事判决书,(2020)辽03民终1444号。

② 上海市宝山区人民法院民事判决书,(2021)沪0113民初23787号。

形。即夫妻没有共同举债的意思表示、债务也超出家庭日常生活需要的情形下,债务本应不属于夫妻共同债务,但法律将“债权人举证债务用于夫妻共同生活或者共同生产经营”纳入夫妻共同债务的认定范围。

(一)举证责任承担主体

从举证责任的承担主体来看,基于《民法典》第 1064 条第 2 款和《民事诉讼法》“谁主张,谁举证”原则,外部关系中应由债权人来举证,内部关系中应由主张共同承担债务的夫妻一方当事人来举证。

尽管对于债权人而言,存在较大的举证困难,但一方面,债权人对债权债务关系的发生本身具有较强的控制能力,为保护债权顺利实现,债权人本身在借贷发生时可以通过“共债共签”的方式避免风险;另一方面,超出家庭日常生活需要的债务数额较大、不具有家事代理的特征,为了不让债务人配偶承受无辜而巨大的负担,此类债务本就被排除在夫妻共同债务之外,是因为债权人举证债务实际用于夫妻共同生活或共同生产经营才将债务人配偶牵涉进来,故要求债权人承担举证责任有利于实现权利与义务的统一。

与外部关系不同,夫妻双方因长期共同生活,发生争议时各方举证也更为容易一些,那么如果不给主张共同承担债务的夫妻一方当事人分配更严格的举证责任,则对配偶方较为不公。因此,在“债务用于夫妻共同生活或者共同生产经营”的情形下分配举证责任时,应给主张共同承担债务的夫妻一方当事人分配比债权人更严格的举证责任。

(二)举证内容和限度

从举证内容和限度来看,相关法律规定的宏观性与概括性较强,给司法实践留下了较大的裁量空间。通过总结司法判例,我们可以立足于“一个标准,两个方面”加以讨论与判定。

第一,“一个标准”,即“共同受益”这一标准。现实社会中,夫妻共同生活的支出情形各异,共同经营的形式也各有不同,这为当事人举证的内容、限度和标准出了难题。为了更加客观地判定债务性质,目前实务界与学术界基本达成了一个共识,即判定债务人的配偶是否因为债务人的对外举债行为存在直接或间接受益。

案例详解 7-2　何某某诉顾某某、朱某某民间借贷纠纷案①

案情

被告朱某某与顾某某系夫妻关系，两人于 2013 年登记结婚，婚后朱某某无固定收入，由顾某某承担全部家庭开支。2014 年至 2020 年，为家庭开支和投资所需，被告顾某某向原告何某某借款共计 1600 万元。后债务人顾某某未履行还款义务，原告何某某诉至法院。

人物关系如图 7-4 所示：

图 7-4　案例详解 7-2 人物关系

法律问题

案涉 1600 万元借款是否为两被告的夫妻共同债务？

法院观点

是夫妻共同债务。非举债方朱某某并无举债的意思表示，1600 万元的数额也超出了家庭日常生活需要。但考虑朱某某于婚后便不再工作，无工资收入，其虽辩称并未参与顾某某的生意经营，但顾某某的公司设立于两人婚姻关系存续期间，朱某某担任监事，其对顾某某对外进行借贷是知晓的，顾某某借款或用于生活、或用于生产经营，朱某某因借款而实际受益，故朱某某理应对婚姻关系存续期间的债务承担连带清偿责任。本案法院的立场比较明确，以“共同受益”的标准，将丈夫的对外举债认定为了夫妻共同债务。

第二，“两个方面”，即夫妻共同生活、夫妻共同生产经营两个方面。

就“夫妻共同生活”而言，举证人应从债务用途方面进行举证。债务用途可分为两种：直接用途与间接用途。

直接用途如借款用于夫妻共同购房、购车、装修房屋、度假等，举证人如果可以就直接用途进行举证，既然债务直接用于夫妻共同生活，非举债方也必然

---

① 上海市青浦区人民法院民事判决书，(2021) 沪 0118 民初 9359 号。

获益，法院会倾向于将债务认定为夫妻共同债务。

间接用途如借款用于投资、个人技能培训等，这些用途本身难以看出对家庭有何贡献，但是从间接层面来看，如果举证人可以举证借款投资后取得了回报与家庭共享、借款参加个人技能培训在工作上获得了更高的收入与家庭共享，实践中也倾向于将债务认定为夫妻共同债务。

就"共同生产经营"而言，应基于不同的生产经营的形式来分配举证责任。目前生产经营形式复杂多样，包括公司、合伙、个体工商户、农村承包经营户等。

对于公司等具有独立人格的法人，原则上公司生产经营所产生的债务属于公司债务，不涉及股东个人，更不涉及夫妻共同债务的认定。但也存在例外情形，如当公司法人人格遭到否认、自然人为公司提供担保等情形可能涉及自然人责任与夫妻共同债务的认定。此外，夫妻双方在公司经营中扮演的角色也需加以讨论。有的公司由夫妻双方出资经营，两人分别是法定代表人、董事、监事、总经理、控股股东等重要角色，若举证方以债务人配偶的职务的角度发力举证，一般会将债务认定为夫妻共同债务；[①]有的公司由举债方经营，债务人配偶并未参与，此时若举证方在债务人配偶的收入来源、从债务人经营处受益的多少等方面举证，也容易取得有利于己的结果。当举证方证明了事实，抗辩方也可以在"未获益"方面反驳，避免承受合法利益的减损。

合伙的情形较为特殊，由于普通合伙人承担无限连带责任，债务人夫妻会承受更大的风险。对此，债权人或者主张共同承担债务的夫妻一方当事人负有举证责任，可从债务人配偶从经营中受益、实际参与了经营等方面进行举证，同样，抗辩方可主要从未曾受益的角度进行反驳。

较为特殊的是农村承包经营和个体工商户两种情况，成为共同生产经营情形下举证主体的例外。根据《民法典》第56条的规定，在这两种情况下，举证方成为了债务人的配偶，需要充分证明自己没有参与农村承包经营或个体工商户的经营。但前提是债权人或主张共同承担债务的夫妻一方当事人证明了家庭共同经营的基本事实。[②] 原因在于，农村承包经营与个体工商户多以家庭共同经营的形式出现，普遍出现紧密的财产混同，难以为债权人所知具体的财产区

① 王轶、包丁裕睿:《夫妻共同债务的认定与清偿规则实证研究》，载《华东政法大学学报》2021年第1期。

② 王雷:《〈民法典(草案)〉婚姻家庭编夫妻共同债务制度的举证责任配置》，载《当代法学》2020年第3期。

分，容易涉及夫妻共同经营与夫妻共同债务的问题。故基于经营所产生的债务推定为家庭债务具备正当性，应由债务人及其配偶一方承担证明责任。

综上，本节以“夫妻双方有共同意思表示”“举债为家庭日常生活需要”“债务用于夫妻共同生活或共同生产经营”这三个要件为着眼点，分别讨论了不同情形下的举证责任。

值得注意的是，当事人在举证以及法院在判断时存在先后的逻辑顺序。首先，应先对债务人夫妻双方是否有举债的共同意思表示进行证明或考量，如果有，则债务应认定为夫妻共同债务；如果无，则继续根据债务数额、债务用途等因素继续证明或考量。其次，如果债务在家庭日常生活需要的范围内，则可以认定为夫妻共同债务；如果超出了这个范围，则需进一步进行证明。最后，根据“共同受益”的标准，如非举债方通过债务人的举债获得了利益，则可以将债务认定为共同债务；如果没有，则最终可以认定为债务人的个人债务。

另外，举证与抗辩实际上是一个动态的过程，举证方在积极主张事实的同时，抗辩方也可以采取如下方式表达立场、维护利益：第一，诉讼过程中对原告主张进行否认；第二，提出积极的诉讼抗辩，并对事实承担举证责任，此时举证方可作诉讼否认；第三，若原告为外部关系的债权人或内部关系的债务人，针对原告的诉讼请求，作为被告的非举债方还可以进一步提出反诉，并对其主张承担举证责任。

夫妻共同债务法律适用过程中，需要结合法律规定的认定标准和程序法上的原则分配举证责任，展现当事人围绕夫妻共同债务形成“请求—抗辩—再抗辩”的动态诉讼过程，通过举证责任的分配实现对各方当事人利益的平衡。

第四节　非婚（恋爱）同居、婚内分居之夫妻共同债务认定

夫妻共同债务的研究离不开对债务发生的时间、原因以及男女双方所处婚姻阶段的讨论。从法律意义上讲，民政部门的登记是男女双方结婚与离婚的形式要件，但“登记”仅代表了法律层面的效力，然事实常有更多不同。如男女双方一直没有登记结婚，但是在事实层面以夫妻名义长期同居；又如，男女双方在登记结婚之前恋爱同居，虽无“登记”这一形式要件，但也与真实的婚姻生活无

异；再如，夫妻双方虽未办理离婚手续，但因种种原因感情不和已经分居生活。上述几种状态，我们将其划分为两种情形——非婚（恋爱）同居、婚内分居，在此状态下男女双方因日常生活、共同生活、共同生产经营的支出产生的债务是否属于夫妻共同债务呢？

本节将结合真实案例，以上述两种情形为视角，分别讨论夫妻共同债务的认定。

一、非婚（恋爱）同居

非婚（恋爱）同居是指未在民政部门进行结婚登记，且不属于婚外同居的男女在一起长期稳定的共同生活、自愿建立共同生活体。① 需特别强调的是，本节的讨论排除了违反一夫一妻制的婚外同居情形，既然没有公示程序，但一般非婚（恋爱）同居的当事人并不隐瞒彼此的同居关系，有公开性，使周边亲朋好友知其同居状态。

对于“非婚（恋爱）同居”，可以根据“结婚意愿的有无”具体区分为两种情形：其一，男女双方不仅追求同居的状态，而且有追求婚姻的意愿，只是仍处恋爱阶段时机不成熟或者缺乏法律意识而没有进行登记；其二，男女双方不具有缔结婚姻的目的，只是以同居的方式共同生活而不愿受婚姻约束。这一区分为我们认定共同债务提供了重要的前提条件。

与非婚（恋爱）同居紧密关联的一个概念是“事实婚姻”，最高人民法院《关于适用〈中华人民共和国民法典〉婚姻家庭编的解释（一）》第 7 条以时间为主要标准，对“事实婚姻”设定了认定标准。即 1994 年 2 月 1 日之前未办理结婚登记而以夫妻名义共同生活的男女，如符合结婚实质要件，构成事实婚姻。由此可得三个认定标准：第一，以夫妻名义共同生活的时间应在“1994 年 2 月 1 日之前”；第二，未办理结婚登记，但以夫妻名义同居；第三，符合结婚的实质要件。其中，第一条、第二条的内涵比较明确，但第三条需要继续展开阐述。

根据《民法典》第 1046 条、第 1047 条、第 1048 条、第 1051 条的规定，结婚的实质要件有四：第一，在意愿上，男女双方真实自愿地愿意缔结婚姻；第二，在年龄上，男不得早于 22 周岁，女不得早于 20 周岁；第三，在亲属关系上，直系血亲或者三代以内的旁系血亲不能结婚；第四，不能违反一夫一妻制。

① 何丽新：《论事实婚姻与非婚同居的二元化规制》，载《比较法研究》2009 年第 2 期。

结合上述对非婚(恋爱)同居的分类,我们将之与事实婚姻整合,总结出以下三种法律状态。第一,当非婚(恋爱)同居发生在1994年2月1日之前时,如果当事人都有结婚的意愿、符合结婚的实质要件,但未进行登记,可以认定为事实婚姻,在法律规制与法律保护方面与登记结婚的情况无异,因此,一方对外举债如符合夫妻共同债务的认定标准,则债务属于夫妻共同债务,由双方共同承担。第二,当非婚(恋爱)同居同样发生在1994年2月1日之前时,如果当事人至少一方没有缔结婚姻的意愿,缺乏了结婚的实质要件,便不属于事实婚姻,更不属于登记结婚,一方的对外举债也不会属于夫妻共同债务。第三,当非婚(恋爱)同居发生在1994年2月1日之后时,无论当事人有没有结婚的意愿,在未登记的情况下都不构成事实婚姻,一方的对外举债不属于夫妻共同债务。

可以看出,上述三种情形中,只有第一种与合法婚姻无异,可能涉及夫妻共同债务问题。剩余两种皆不构成合法的婚姻关系,单方对外举债也不会构成夫妻共同债务,那么各自的举债就只能由个人独自承担责任吗?下面将展示三个真实案例,分别说明案件的审理思路与法院立场。

案例详解7-3 小陈诉老宋、小刘民间借贷纠纷案[①]

■ 案情

原告小陈与被告老宋系亲戚关系,原告小陈是被告小刘的姐夫,被告老宋与小刘于2002年起同居生活,一直未办理结婚登记手续。

2015年12月2日,两被告向原告小陈借款11万元,并由老宋向原告出具借条一份,载明"因本人生意需要向小陈借人民币拾壹万整"。两被告在借款后,曾分居生活,2017年年底小刘回到老宋处生活,其间老宋向小刘支付10万元用于装修房屋。

人物关系如图7-5所示:

图7-5 案例详解7-3人物关系

---

① 河南省淮滨县人民法院民事判决书,(2022)豫1527民初571号。

法律问题

1. 小刘与老宋之间是否构成合法的婚姻关系?

2. 小刘是否对案涉11万元借款承担共同的清偿责任?

法院观点

1. 只是同居关系,不是合法夫妻。

2. 小刘应承担共同还款的责任。两被告在借款时以夫妻名义已共同生活多年,在借款当天,系由两被告共同前往原告处借款,说明小刘对该借款事实是明知的,案涉借条上虽无其签字,但结合本案原、被告之间的关系,应当认定为两被告系以夫妻名义对外向原告共同举债的意思表示。此外,2017年,两被告仍在一起过年且在此期间老宋又向小刘支付10万元用于装修。结合借款的产生时间、上述双方的经济往来及共同生活情况,案涉借款应为两被告共同生活期间产生的债务,应共同承担。

律师评析

相较于后述的案例详解7-4与案例详解7-5,本案例的特别之处在于两被告一直保持着同居且未进行结婚登记的状态,故解决民间借贷纠纷时关键有二:第一,判定两被告的长期同居状态是否构成事实婚姻;第二,判定如果不是事实婚姻,个人对外举债是否用于双方的共同生活、共同生产,进而判定是否属于共同债务。

案例详解7-4 刘某甲诉陈某某、刘某乙民间借贷纠纷案①

案情

2007年9月,被告陈某某与被告刘某乙相识并确立恋爱关系,在两人同居期间,刘某乙之父、原告刘某甲出借8万元给两被告开办门店经营。2007年12月3日,两被告登记结婚,婚后感情破裂,于2011年2月18日办理了离婚登记。离婚协议中,双方确认夫妻共同债务有刘某甲8万元、王某某2.6万元,约定夫妻共同债务在男方具备偿还债务能力的情况下偿还,优先偿还王某某债务。

法律问题

两被告同居期间的8万元借款是否属于夫妻共同债务?

① 湖南省永兴县人民法院民事判决书,(2016)湘1023民初2344号。

■ 法院判决

本案债权债务关系发生在两被告婚前同居期间，虽然两人没有登记结婚，但在两被告共同生活期间产生，且两人共同使用，两被告离婚时将该债务确认为夫妻共同债务，故有双方的共同追认与用于夫妻共同生活的充分证据，债务属于共同债务，应共同承担。

案例详解7－5　阎某甲诉刘某、阎某乙买卖合同纠纷案①

■ 案情

2003年12月，被告刘某与被告阎某乙恋爱并同居生活，2006年9月1日，两人登记结婚。2011年12月30日，两人协议离婚。原告阎某甲与被告阎某乙系父女关系。

2005年6月15日，阎某甲将其服装门市及服装转让给刘某，刘某尚欠原告货款91,224.8元。2006年4月21日，刘某开办服装门市，再次欠原告货款61,056.8元，刘某分别出据了欠条。半年后，原告曾向刘某主张债权，但刘某并未偿还。现原告起诉，要求被告刘某偿还货款152,281.6元及按银行同期贷款利率计算的利息。

■ 法律问题

案涉152,281.6元的借款是否为两被告的夫妻共同债务？

■ 法院判决

因本案两笔欠款均产生于两被告结婚登记之前，系刘某以其个人名义分别向原告出具，一般情况下应当认定为刘某的个人债务。现刘某在诉讼中主张该债务发生在同居生活、共同经营服装店期间，应属被告人在同居期间的共同债务。根据“谁主张，谁举证”的民事诉讼原则，刘某对此应当承担举证责任。但现在刘某并不能证明该欠款即该债务系双方在同居期间为共同生产、生活所形成，故不属于共同债务。

■ 律师评析

相较于案例详解7－3，上述两案例的特殊性在于，两被告在恋爱同居之后进行了结婚登记，具备合法婚姻的形式要件。两案例的相似性在于，系争债务皆为债务人的婚前负债，但当事人对债务属于个人债务还是共同债务存在争

---

① 重庆市第二中级人民法院民事判决书，(2013)渝二中法民终字第00999号。

议。对此,判断的关键是债务是否用于债务人与其配偶婚前同居时的共同生活、共同生产。法院在裁判时,以十分重要的一条规定作为参照,即最高人民法院《关于人民法院审理未办结婚登记而以夫妻名义同居生活案件的若干意见》第11条,该条规定:"解除非法同居关系时,同居期间为共同生产、生活而形成的债权、债务,可按共同债权、债务处理"。如果同居期间一方对外举债,原则上属于个人债务,但如果债务用于双方同居期间的共同生产、生活,则债务属于共同债务;如果一方对外举债,债务没有用于双方同居期间的共同生产、生活,则债务属于举债人的个人债务,由其独自清偿。

另外,还需从时间节点、法律适用等细节处继续进行讨论。尽管案例详解7-4和案例详解7-5的被告都在同居后登记结婚,但由于债务人单方举债的时点为登记结婚前,属于婚前负债,不会因为后续登记结婚而改变其性质,故不能适用《民法典》第1064条有关夫妻共同债务的规定。

二、婚内分居

除了上述情形,男女双方登记结婚后,夫妻感情疏离甚至破裂,可能会出现双方分居生活但未登记离婚、未在法律上解除婚姻关系的情况。从形式上看婚姻关系依然存在,但实质上已无共同的生活,此时一方对外举债,债务还属于夫妻共同债务吗?

夫妻共同债务的认定要件分别为"共同意思表示""家庭日常生活需要""夫妻共同生活或者共同生产经营",要么夫妻双方存在举债合意,要么两人在生活消费方面具有紧密性与共同性,否则债务不宜认定为夫妻共同债务。但在婚后分居的情形下,夫妻双方的生活存在疏离,消费与支出也会随之缺乏共同性与紧密性,符合"家庭日常生活需要"和"夫妻共同生活或者共同生产经营"的债务会大大减少,但并不会完全消失。在分居情形下,以子女抚养为典型的法定的抚养、扶养、赡养等义务的履行,仍然属于"家庭日常生活需要",即使在分居期间,对此也可以判定为夫妻共同债务。因此,实务中针对此类问题,更应就债务用途、发生时间、夫妻关系进行细致的考察,以获得公平的结果。下面笔者将展示案例详解7-6用以说明法院在个案中的审判思路与认定要点。

案例详解 7-6　李某诉生某离婚纠纷案[①]

案情

2016 年 4 月，原告李某与被告生某登记结婚。2020 年 2 月至今两人分居，孩子李某某随被告生某一同生活，现李某提起诉讼要求离婚析产。

经查，被告生某称因支付房租、生活开销等需要，其自 2020 年 12 月起陆续向银行和自然人进行小额借款（每次数额均在 10 万元以下），认为这些借款发生在婚姻关系存续期间、为家庭生活所用，属于夫妻共同债务。

法律问题

分居后生某的借款是否属于夫妻共同债务？

法院判决

被告生某主张的借款、信用贷款均发生在双方分居后，而被告提供的证据不足以证明相关借款、信用贷款用于家庭日常生活，不宜认定为夫妻共同债务。

从上述案例的分析思路来看，相较于“债务发生于婚姻存续期间”这一“时间标准”，法院更加侧重对“用途标准”的考量。虽然形式上婚姻关系仍在，但夫妻二人已分道扬镳，无论是现实生活还是情感心意都不以一个家庭单位进行，此时对债务的性质应以实质审查为主，即对债务用途的审查，如是否用于子女的抚养、老人的赡养、共有房屋的贷款归还、个人消费等。[②] 如果夫妻双方分居，但非举债方因配偶的举债而获益，或者债务人举债用于家庭成员的发展，债务依然属于夫妻共同债务；反之，如果一方举债仅用于个人，只因债务发生在婚姻存续期间或符合家庭日常生活需要的债务数额便判定为夫妻共同债务，则显然不公平，且违背权利与义务相统一的原则。

但同时也应注意，债权人难以探知债务人的家庭关系和夫妻感情，很可能对债务人夫妻分居的事实不清楚，如果仅因为分居的事实成立就直接将债务否认为夫妻共同债务势必会不当削减债权人的合法权益。故在债权人“不知道且不应当知道”债务人夫妻分居的情形下，应保护其信赖利益，综合在案证据进行裁判。另外，举证责任在婚后分居这一问题上亦存在特殊性，即非举债的配偶需要对分居的事实进行证明。无论是在夫妻外部关系中债权人主张非举债的配偶承担责任，还是在夫妻内部关系中举债方主张债务为夫妻共同债务，实践

---

① 上海市浦东新区人民法院民事判决书，(2021)沪 0115 民初 13024 号。

② 李洪祥、曹思雨：《夫妻共同债务规则的法理逻辑》，载《交大法学》2021 年第 1 期。

中多为非举债的配偶提出分居的事实以免除自己的清偿责任。根据“谁主张，谁举证”的原则，应由提出分居事实的非举债方承担举证责任，通过人证、财务往来、分居协议等证据证明其主张。

综上，本节以当事人在恋爱、婚姻所处的不同阶段为着眼点，就非婚（恋爱）同居和婚后分居两个方面展开了讨论。总结来看，尽管不同情形下当事人所处的现实背景与法律规制不同，但是在判断一方对外举债的债务性质时，法院都抓住了一个要点——债务用途。如果债务用于男女双方的共同生活、共同生产，则债务属于两人的共同债务，双方承担共同的清偿责任；如果债务没有用于男女双方的共同生活、共同生产，则债务只是举债方的个人债务。

第五节　夫妻共同债务研究之担保之债的认定

在当下复杂的经济社会中，为降低交易风险，保障债权顺利实现，担保这一法律制度合时而生。一般而言，担保制度有两个方面：由债务人或第三人提供物保、由第三人担任保证人承担保证责任。在司法实践中，担保之债作为一种典型的债务类型，不仅牵涉债权人、债务人、担保人三方主体，并且涉及债务人或担保人之配偶的责任，因此，在认定担保之债时，势必会与夫妻共同债务存在交叉。

本节将分别把为自然人提供担保和为法人、非法人组织提供担保作为研究对象，一方面以夫妻共同债务为着眼点，就担保之债的性质认定进行知识点上的逻辑性讲解；另一方面引用部分司法案例，用以展示实务态度和倾向，拓展和深化知识点。

一、为自然人提供担保

本节探讨的“为自然人提供担保”包括两个部分：其一，债务人配偶为债务提供担保，即夫妻一方作为债务人对外举债，其配偶作为担保人为债务承担担保责任；其二，夫妻一方单独对外提供担保，涉及担保人配偶的责任。下面将分别进行详细讨论。

(一)债务人配偶为债务提供担保

既然债务人配偶是债务的担保人,说明其对债务的具体情况知晓,且真实明确地认可在债务人到期不能清偿时由自己承担责任。同时,根据《民法典》第1064条有关夫妻共同债务认定的规则,夫妻双方共同签名或者夫妻一方事后追认等共同意思表示所负的债务属于夫妻共同债务。那么,配偶作为非举债方,对债务已知晓并认可自身承担的担保责任,这是不是与债务人一同有对外举债的合意呢?又是否因为夫妻双方有举债合意所以债务属于夫妻共同债务?

对于上述问题,有以下两种思考路径。

第一,是夫妻共同债务,可视为债务加入,配偶是共同债务人。对夫妻共同债务的认定标准之一是"夫妻双方对举债有共同意思表示",非举债方成为担保人,意味着其对债务人的举债行为是明知的,还意味着对夫妻共同举债予以认可,符合共同意思表示的标准,此时应视为配偶有共同举债的意思表示。在此前的司法裁判中也有这样的观点,即配偶在诉讼过程中对借款的发生及其所负责任均无异议,债务人与担保人夫妻二人构成共同意思表示,债务属于夫妻共同债务。相关案例如适用案例7-15。

适用案例7-15　林某嘉诉龚某颖等民间借贷纠纷案①

法院认为,债务发生于被告孙某豪与龚某颖夫妻关系存续期间,而且龚某颖亦系《借款协议》的签约一方,在其作为担保人签名的担保条款中,明确以上海××路××弄××号××层残值作为担保,如不够归还欠款,还将承担还清欠款的责任,表明龚某颖对借款的发生及其所负清偿责任均无异议。事实上在借款发生后龚某颖确亦履行了向原告支付部分借款利息的义务,龚某颖的上述行为使原告有理由相信借款的发生基于两被告夫妻双方共同意思表示,故对原告要求被告龚某颖承担连带清偿责任的诉请,予以支持。

第二,不是夫妻共同债务,配偶只是担保人,不是共同债务人。债务人配偶作为担保人签字仅对自身承担的担保责任予以认可,并没有与债务人共同举债的意思表示。有的法院在裁判中就明确表示,非举债方只是作为担保人在字据上签字确认,并非有举债的共同意思表示,债务仅是债务人的个人债务。相关

---

① 上海市闵行区人民法院民事判决书,(2021)沪0112民初11451号。

案例如适用案例7－16。

适用案例7－16 张某婉诉王某璐等民间借贷纠纷案[①]

法院认为，本案中，被告王某璐只是作为担保人在字据上签字确认，并非两被告共同意思表示所负的债务，原告也并未提供证据证明被告张某良所负的债务用于夫妻共同生活、共同生产经营。故对原告主张本案借款属于夫妻共同债务的意见，本院不予采纳。

笔者更认同第二种观点，非举债方为其配偶的举债担保并不会使债务构成夫妻共同债务。

第一，从法律关系上看，担保与债务加入虽然都使债权实现得到了进一步的保障，但并非完全一样的概念。担保是三方主体形成了两层法律关系，即债权人与债务人之间构建起借贷的法律关系，债权人与担保人之间构建起担保的法律关系，其中，担保关系从属于借贷关系，无借贷则无担保。[②] 此外，相较于债务人，担保人的抗辩权、责任范围、权利时效等方面均有特殊性。[③] 债务加入是两方主体形成了一层法律关系，即债权人与原债务人、后加入的债务人之间构建起借贷关系，由所有债务人共同对债务承担清偿责任，债务人在抗辩权、权利时效方面是完全一样的。因此，债务加入和担保不能混为一谈，在非举债方作为担保人的情形下，其角色就是担保人，而非共同债务人，否则其作为担保人签字和作为共同举债人签字并无任何区别。既然结果都是使债务成为夫妻共同债务，则“担保人”的身份界定和区分，则在此情形下失去意义。

第二，从利益平衡上看，在认定夫妻共同债务时，应平衡好债权人利益与非举债方的利益，将债务人配偶的担保行为作为夫妻共同意思表示会导致法律对担保人的保护被架空，非举债方只是因为拥有债务人配偶这一身份就会比其他担保人在法律保护上有所减损是不公平、不合理的。

综上，当非举债方为其配偶对外举债提供担保时，其身份只是担保人，债务不是夫妻共同债务。

---

① 上海市普陀区人民法院民事判决书，(2021)沪0107民初14493号。

② 崔建远：《论保证规则的变化》，载《中州学刊》2021年第1期。

③ 刘贵祥：《民法典关于担保的几个重大问题》，载《法律适用》2021年第1期。

（二）夫妻一方对外提供担保产生担保之债

担保之债属于从债务，从属于债权人与债务人之间的借贷关系，故在讨论夫妻一方的担保之债时限定的情形为债务人到期未能清偿完毕，需由担保人承担责任，此时便涉及担保之债是否为夫妻共同债务的问题。下面笔者将分两种情形加以讨论。

1. 情形一：担保人的配偶在有关担保的字据上签字

担保人为债务提供担保时，债权人往往要求其配偶也参与进来以降低交易风险。在实践中，存在多种方式要求担保人配偶签字，最终产生不同的法律效果。

一是签订无异议函或者在担保合同的"配偶栏"处签字，担保之债不构成夫妻共同债务。担保人配偶通过签订无异议函或在"配偶栏"签字，仅表明"知悉并同意保证人提供担保"，但担保之债与担保人配偶无关，只是担保人的个人债务。若最终担保人配偶无承担共同还款责任的意思表示，法院一般会将该担保之债认定为担保人的个人债务。

二是在担保合同的"担保人"一栏与担保人一同签字，担保之债构成夫妻共同债务，夫妻双方对债务承担无限连带责任。担保人的配偶在"担保人"一栏签字，应认定为明确表示其愿意与担保人共同承担担保之债，实务中法院也会据此将担保之债认定为夫妻共同债务。

三是签订承诺函，担保之债构成夫妻共同债务，以夫妻共同财产为限承担责任。承诺函的内容与形式是多种多样的，可根据实际情况进行变动，但最为典型的是担保人配偶在承诺函上签字表示认可担保之债为夫妻共同债务，但只能以夫妻共同财产为限承担责任。

2. 情形二：担保人的配偶未在有关担保的字据上签字

此种情形下，无法从夫妻共同意思表示的角度对担保之债的性质进行判定，也因对外担保这一行为缺乏家庭日常生活需要的必要性难以认为其属于日常家事代理的范围，则只能转向夫妻共同生活或共同生产经营的判定标准进行考量。

此前最高人民法院曾在《关于夫妻一方对外担保之债能否认定为夫妻共同债务的复函》（以下简称9号复函）中指出，夫妻一方的对外担保之债不应当认定为夫妻共同债务。但之后最高人民法院的民事裁定书又再次表达了立场，阐明9号复函仅是针对个案的回复,不具有普遍适用的效力。详见适用案例7-17。

适用案例7-17 姬某岭诉赵某金融借款合同纠纷案①

本案中,案涉贷款发生于姬某岭和赵某婚姻关系存续期间,虽然姬某岭系以其个人名义为该笔贷款提供担保,但该笔贷款系用于青岭公司,而姬某岭时任该公司法定代表人,且持有该公司50%的股权,二审法院据此认定姬某岭为青岭公司提供担保不仅为了公司经营,也为个人收益,并无不当。因青岭公司系赵某与姬某岭婚后设立的公司,所得收益已形成夫妻共同财产,二审法院认定青岭公司的经营状况同时与赵某、姬某岭的夫妻共同财产有直接关系,亦无不当。姬某岭虽非从事个体经营或者承包经营,但其经营青岭公司的收入已形成夫妻共同财产。故在赵某未提供证据证明青岭公司的收益未形成夫妻共同财产的情况下,本案债务应以赵某与姬某岭的夫妻共同财产以及姬某岭的个人财产清偿。

赵某提出本案应适用9号复函,但该复函系针对个案作出的回复,不具有普遍适用的效力,且本案情形与复函答复的案件情形并不相同,故对赵某该主张不予支持。

事实上,在担保人配偶未签字的情形下,认定担保之债的性质给司法实践留下了较大的裁量空间。针对这一争议较大且缺少法律规范的问题,一些地方法院出台了认定意见,如四川省高级人民法院在2016年出台了《关于审理民间借贷纠纷案件若干问题的指导意见》,其中第42条给出了关于夫妻一方对外担保的认定规则,即"夫妻一方非因家庭利益而以个人名义为他人债务提供担保的,担保债务原则上应认定为个人债务。如果夫妻一方基于家庭利益而为他人提供担保的,或者担保利益归属于家庭的,则担保债务应认定为夫妻共同债务。"该意见点明了债务用于夫妻共同生活或者共同生产经营的本质,即"共同受益",在认定担保之债的性质时,也应以"共同受益"为立足点。夫妻双方如因对外担保而受益,对担保之债共同承担责任也是应有之义。

因此,在夫妻双方有签字确认等共同意思表示的情况下,先以各自表现出来的意思表示判定是否有共同成为债务人或担保人的合意。如有,则可认定为

① 最高人民法院民事裁定书,(2019)最高法民申2302号。

夫妻共同债务；如无，则需进一步以“共同受益”为标准进行分析。①

担保行为作为一种单务法律行为，就理论层面上而言，担保人仅负担义务但不享有权利。然而，一方面，在现实中担保人可以与债务人约定有偿担保，当有偿担保为家庭带来利益时，对外担保之债应被认定为夫妻共同债务；另一方面，即使担保人与债务人约定为无偿担保，但在担保人的家庭可以从中受益的情形下，无偿担保之债仍然可以被认定为夫妻共同债务。如上所述，在无担保人配偶签字的情况下，就要紧紧抓住“共同受益”这一关键点，通过衡量担保人家庭是否因对外担保而获益来审慎地判定债务性质。

二、为法人、非法人组织提供担保

当下较为常见的商业经营形式主要有公司、合伙企业、个人独资企业、农村承包经营、个体工商户等，笔者将以上述几种法人与非法人组织为切入点进行讨论。

维持生产经营一般需要大量的资金投入，许多公司、企业往往会通过贷款的方式缓解资金紧张的问题。同时，经营过程中的贷款金额较大、风险较高，债权人也希望债权能够得到保障。在这样的现实背景下，债权人会要求一名或多名自然人为贷款的法人、非法人组织提供担保，以保障债权人的权益。针对为法人、非法人组织担保的问题，笔者将从以下三种情形展开阐述。

（一）担保人为自己经营的法人、非法人组织提供担保，担保人配偶与经营无关联

在日常经营过程中，法定代表人或实际控制人为拉拢资金、保障经营，往往由自己为经营的公司、企业提供物保或成为保证人，给债权人吃下一颗定心丸。

这里所说的“自己经营”是指担保人系公司的法定代表人、实际控制人、董事、监事、总经理等重要人员，合伙企业的合伙人，个人独资企业的设立人等，它们都与经营实体有高度的利益关系。同时，担保人之配偶与经营无关联，在经营中并未发挥作用。那么担保人为这些法人、非法人组织生产经营而提供的担保是否属于其与配偶的夫妻共同债务呢？

这依然要按照前文所述的思维顺序来分析。若夫妻双方对该担保之债形

① 黄辉、陶然：《夫妻单方担保之债并非合意配偶无责》载《法治日报》2021年7月18日，第6版。

成了合意，那么由于存在夫妻举债合意，该债务自然可以被认定为夫妻共同债务。但如夫妻双方无共同担保的合意，则需把握“共同受益”这个标准，综合考虑担保人对外担保给家庭生活带来利益的可能性来判断担保之债是否属于夫妻共同债务。

如果担保人因给自己经营的法人、非法人组织提供了担保而使个人财产增加，且增加的财产使其家庭受益，那么就符合“共同受益”这一标准，即使担保人配偶没有参与生产经营，也由于其间接共享了经营收益而应与担保人共同承担责任，担保之债属于夫妻共同债务。最为典型的情况是，担保人配偶全部的生活来源为担保人经营的收入，这可以间接而有力地说明担保人因担保而增加的财产使配偶受益，将担保之债认定为夫妻共同债务是公平合理的，能够实现权利与义务的统一。典型案例如林某诉朱某等民间借贷纠纷案，浙江省宁海县人民法院(2021)浙0226民初4300号民事判决书。值得注意的是，在用“共同受益”标准判定的情形中，如将担保之债认定为夫妻共同债务，担保人本身因担保行为而增加个人利益，以及担保人配偶因担保人财产的增加而受益这两个要点缺一不可。

(二)担保人为夫妻共同经营的法人、非法人组织提供担保

此处的“夫妻共同经营”主要有以下三种情况：(1)夫妻双方分别担任公司的董事、监事、总经理、经理、法定代表人等重要职务或实际控制人；(2)夫妻双方均为公司股东，甚至只有夫妻两人是股东；(3)夫妻双方在合伙企业、个人独资企业、农村承包经营、个体工商户中实际参与了经营或者对决策、经营发挥了重要作用。

如果夫妻双方对担保一事达成了合意，因有了担保的共同意思表示，担保之债属于夫妻共同债务。但是如果缺乏上述合意，则需从共同生活或共同生产经营的角度分析。如果夫妻一方为共同经营的法人、非法人组织提供担保，公司势必会因此而受益，最终利益又会归属于参与经营的夫妻双方，担保之债自然也应认定为夫妻共同债务。因此，在这类情形下，夫妻一方提供担保，由于配偶总归要从共同生产经营中受益，故该担保之债属于夫妻共同债务。[①]

---

① 朱澍之：《论保证人配偶在保证债务中的责任承担》，载《法制与社会》2021年第12期。

（三）担保人夫妻双方与被担保的法人、非法人组织均无关联

在实务中，不乏自然人为其亲属、朋友开办的企业进行担保的情形。

在认定担保之债的性质时，还是要先后以“共同意思表示”和“共同受益”为思维进路。如果担保人配偶对担保之债予以认可，那么该债务是夫妻共同债务；如果担保之债不为配偶所知或没有得到配偶的认可，只是担保人单方基于情谊而为，且对自己的家庭并无利益贡献，则该债务属于担保人的个人债务；反之，如果担保人对外担保获得了利益且与家庭共享，达到了“共同受益”的标准，则担保之债应为夫妻共同债务。

总之，在自然人为法人、非法人组织提供担保的情形下，都应以《民法典》第1064条所示的“共同意思表示”和“债务用于共同生活、共同生产经营”为基准，从担保人配偶的意思表示和其因担保之债所获利益的多少两个角度进行判定。

综上，本节以担保之债为中心，分别就“为自然人提供担保”和“为法人、非法人组织”提供担保进行了讨论与分析。无论何种情形，在判定担保之债的性质时，应遵循以下思维进路：第一，分析夫妻双方是否对担保之债有共同意思表示，如有，则担保之债为夫妻共同债务；如无，则继续分析；第二，以“共同受益”为标准，分析担保之债的发生是否给担保人配偶带来了利益，如有，则担保之债为夫妻共同债务；如无，则担保之债不是夫妻共同债务。

第六节　夫妻共同债务研究之刑民交叉问题探究

——涉罚金、没收财产、犯罪退赔等问题

“债务”作为一个抽象概念，其涉及的内容与法律关系纷繁复杂，有时还涉及刑事领域的财产刑、犯罪分子违法所得的追缴或退赔等问题。司法实践中，当出现刑民交叉的情形时，夫妻共同债务的认定难度也会增加，需在法理逻辑与案例总结的基础上进行探究与分析。本节将就夫妻共同债务认定过程中牵涉的犯罪问题展开讨论，结合相关法律规范与司法案例，以罚金刑、没收个人财产和犯罪分子违法所得的退赔这三个主题为研究视角，解析实务难题、深化专业认识。

一、案例展示

2017年1月22日，山东省青岛市中级人民法院作出刑事判决，判处被告人徐翔犯操纵证券市场罪，判处有期徒刑5年6个月，并处罚金人民币110亿元，徐翔与另外两名同案犯还须将93亿余元的违法所得上缴国库。至此，备受关注的“徐翔案”有了法律上的定论。与此同时，由于本案刑事判决书涉及罚金、追缴违法所得等财产方面的问题，这便留下了讨论与分析夫妻共同债务的重要问题。

案　例　徐翔等操纵证券、期货市场罪①

2009年至2015年，被告人徐翔成立多家有限责任公司及合伙企业；被告人王巍成立A公司与B公司，均主要从事证券市场投资。其间，两人借用他人名义开设证券账户，以自有资金进行证券交易或者要求他人按其指令进行证券交易。徐翔实际控制139个证券账户，王巍实际控制50个证券账户。

2010年至2015年，被告人徐翔单独或伙同另外两被告，先后与13家上市公司的实际控制人合谋，利用信息优势，连续买卖、接盘、抛售涉案股票，累计使用资金424亿余元，非法获利共计93亿余元及持有定向增发股票1.4亿余股。

2017年，法院对该案作出刑事判决，徐翔入狱服刑。徐翔服刑期间，其妻应某提起诉讼要求离婚与析产，至今离婚诉讼尚未审理终结。但因本案案涉数额特别巨大，处罚金额创造中国证券史之最，资产甄别的难度极高，徐翔家人及朋友的部分财产也一并被查封与冻结，这给他们的生活带来诸多不便。

从刑事的角度来看，“罚金”作为财产刑的一种，是对犯罪分子的惩罚，“违法所得”属于犯罪分子非法利益的增加，应当上缴国库或者物归原主、退赔给被害人。从民事的角度来看，如犯罪行为或生效判决发生在犯罪分子婚姻存续期间，便涉及上述因刑罚而支出的财产是否属于夫妻共同债务的问题。

二、罚金

罚金作为一种财产刑，是一种向国家支付金钱的刑事责任承担方式，刑法要求犯罪的行为人为自己实施的犯罪行为承担财产上的责任，罚金一般用于财

① 山东省青岛市中级人民法院刑事判决书，(2016)鲁02刑初148号。

产犯罪中。[①] 我国《刑法》第34条第1款第1项明确将“罚金”列为一种附加刑，并规定应当根据犯罪情节决定罚金的数额。

基于上述基本概念我们进一步讨论，无罪的配偶一方是否应该对犯罪分子应付的罚金承担连带责任，罚金是否为夫妻共同债务？为缴纳罚金而对外举债是否属于夫妻共同债务？

（一）向国家缴纳的罚金

这一问题常出现于夫妻离婚纠纷、离婚后财产纠纷等案件中，当事人将婚内产生的犯罪罚金作为财产争议的一部分，请求法院判定其性质，以划分各自应得的财产与所负的债务。

首先，就实务分析而言，笔者以“夫妻共同债务 + 罚金 + 非法经营”为全文关键词，以“离婚纠纷、离婚后财产纠纷、离婚后损害责任纠纷”为案由，检索全国范围内的民事判决书，共得到8份。其中，有4份法院认为缴纳罚金是犯罪分子个人犯罪行为所受到的处罚，应由其个人来承担，有2份当事人在离婚协议中已将罚金明确为个人债务，还有2份只是在判决书当中提到了上诉三个关键词并未予以认定。从对上述案件的简要分析中可以看出，法院倾向于将罚金认定为犯罪分子个人承担，不应让其无罪的配偶无辜承担财产损失。

其次，就法律规范而言，刑法追求由犯罪分子缴纳罚金这个结果，对于资金来源在所不问。民法对罚金的性质也没有作出具体规定，因此我们进一步在法理层面进行分析。

最后，就法律原则而言，“罪责自负”是刑法的基本原则，这意味着国家在作出刑罚处罚时，不能将犯罪人应承担的刑事责任转嫁给第三人。因为刑事责任是最为严厉的责任，具有极强的人身专属性。[②] 如果打破这一原则，可能出现封建时代“连坐”的现象，刑法惩治犯罪与保障人权的有机平衡将难以实现。因此犯罪分子被判处罚金只能由自己承担，不能牵涉无罪的配偶。实践中，有的法院在处理离婚案件时就明确表示，“罚金刑是犯罪分子个人的犯罪行为导致，属于犯罪分子个人应承担的刑事责任，以剥夺犯罪人金钱为内容”，故在离婚纠纷

---

① 冯亚东：《罪刑关系的反思与重构——兼谈罚金刑在中国现阶段之适用》，载《中国社会科学》2006年第5期。

② 郑延谱：《罪责自负原则——历史演进、理论根基与刑法贯彻》，载《北京师范大学学报（社会科学版）》2014年第4期。

中应将罚金认定为犯罪分子的个人债务(如适用案例7-18)。但少数观点认为,行为人从事非法经营、非法吸收公众存款、骗取贷款等犯罪活动,目的是增加家庭收入,行为所获收益部分亦用于家庭开支,既然无罪的配偶有所受益,那么对于罚金的缴纳,无罪一方也应承担责任。实践中,一般由主张罚金为夫妻共同债务的当事人,即犯罪分子举证说明其犯罪行为给家庭带来了利益,否则罚金支出属于犯罪分子的个人债务。

适用案例7-18 秦某诉连振某离婚纠纷案①

关于上诉人提出的罚金系夫妻共同债务的主张,法院认为,罚金刑是犯罪分子个人的犯罪行为导致,属于犯罪分子个人应承担的刑事责任,以剥夺犯罪人金钱为内容,上诉人主张为共同债务,依据不足,法院不予支持。

(二)为缴纳罚金而对外举债

犯罪分子被判处罚金后,其本人或配偶可能会为了缴纳罚金而对外举债,如果事后未予清偿,债权人可能诉至法院主张该债务为夫妻共同债务,要求夫妻双方承担责任。

此种情形中,应采用夫妻共同债务的认定标准加以衡量。

首先,如果对外举债时夫妻有共同的意思表示,则构成了夫妻双方对共同债务的认可,尽管债务为犯罪分子个人所用,但用途的偏差并不妨碍夫妻共同债务的成立。

其次,若缺乏共同意思表示,则需分析罚金是否为家庭日常生活需要。显然,因犯罪而被判处的罚金缺乏家庭支出的必要性与日常性,不符合“家庭日常生活需要”的标准。

最后,若缺乏共同意思表示,还需考虑为缴纳罚金所负的债务是否用于夫妻共同生活或共同生产经营。与上述情形相同,主流观点认为,根据“罪责自负”原则,罚金属于犯罪分子个人应承担的责任,为缴罚金而借款不是用于夫妻共同生活,故此类债务不属于夫妻共同债务。少数观点认为,若无罪的配偶因犯罪分子的犯罪行为而受益,应共同分担罚金,故为缴罚金而借款属于用于夫妻共同生活,债务为夫妻共同债务。

---

① 天津市第二中级人民法院民事判决书,(2014)二中民一终字第0538号。

笔者赞同实务中的主流观点。对于夫妻直接向国家缴纳的罚金，基于“罪责自负”原则，只能由犯罪者本人承担，而不应及于配偶和其他家庭成员。但也应意识到，由于现实中夫妻之间存在紧密的财产混同，执行罚金时，执行机关很难区分各个部分的财产是夫妻共有还是个人所有，只要是犯罪分子所控制的资产，均可能被作为罚金执行的对象，这会给无罪的配偶带来一定风险。就对外举债以缴罚金而言，除非夫妻双方对负债有共同的意思表示，否则此类债务属于犯罪分子的个人债务。

再回到此前展示的“徐翔案”，应某作为徐翔之妻并未从事相关的违法犯罪活动，罚金刑的执行应只针对徐翔本人，不能株连配偶及其他家庭成员，这是“罪责自负”原则在实践中的深入贯彻。

三、没收财产

没收财产是一种财产刑、附加刑，是将犯罪人个人财产的一部或者全部无偿收归国有的刑罚方法，与罚金刑类似，目的在于对财产犯罪的行为人施以惩戒。但与罚金刑不同的是，我国《刑法》第 59 条第 1 款规定，没收财产的范围只能是“犯罪分子个人所有财产”，第 2 款再次强调“没收财产的时候，不得没收属于犯罪分子家属所有或者应有的财产”。值得注意的是，无论是将犯罪分子个人财产的一部分还是全部没收，法律还规定了应当对犯罪分子个人及其扶养的家属保留必需的生活费用，这是刑法在规范层面对惩治犯罪与保障人权的平衡。

实践中，由于有了相关的法律规定，故法院倾向于将刑罚中“没收财产”的部分认定为犯罪分子的个人债务，与无罪的配偶没有关系。此外，如需为犯罪分子个人及其扶养的家属保留必需的生活费用，往往要求保留的人自行向法院申请，法院不会主动对应留的费用作出区分。

关于“没收财产”，《刑法》在第 60 条还有对债务清偿的规定，涉及夫妻共同债务的问题，可区分为以下四种情形。

第一，债权人在法院执行前没有请求，则不涉及此处的以没收的财产清偿债务的问题；第二，债权人在法院执行前请求了，但债务系非正当债务，如赌债，也不涉及以没收的财产清偿的问题；第三，债权人对正当债务向法院提出请求，如果债务为犯罪分子的个人债务，则需在没收犯罪分子财产时以债务数额为限清偿，如果无法完全清偿，债权人可另外通过私下沟通、提起民事诉讼等方式保障债权实现；第四，债权人对正当债务向法院提出请求，如果债务为犯罪分子与其配偶的夫妻共同债务，则需在没收犯罪分子财产时以债务数额的一半为限清偿，另一半的债务由无罪的配偶承担责任。

总之，法律规定对“没收财产”的范围是较为明确的，只能没收犯罪分子个人的财产，与无罪的配偶无关。但实践中，法院执行时很难就财产性质进行仔细甄别，因此有时会对犯罪分子的家人造成利益损害。

四、对违法所得的退赔

与上述两种情形不同，“对违法所得的退赔”不是一种刑罚，也没有给犯罪分子施加额外的义务，只是将犯罪分子非法取得的财物物归原主。我国《刑法》仅在第 64 条规定，“犯罪分子违法所得的一切财物，应当予以追缴或者责令退赔；对被害人的合法财产，应当及时返还”，但并未进一步指出是否由犯罪分子个人承担返还的义务。那么，对违法所得的退赔会不会成为犯罪分子夫妻双方的共同责任呢？为了进行退赔而对外举债，债务是夫妻共同债务吗？

无论是“夫妻内部对违法所得退赔的性质的区分”，还是“为了退赔而对外举债的性质的认定”，都应区分两种情形进行回应。

其一，犯罪分子从事赌博、吸毒等违法犯罪活动中所负的债务，属于个人债务。最高人民法院《关于适用〈中华人民共和国民法典〉婚姻家庭编的解释（一）》第 34 条第 2 款规定，“夫妻一方在从事赌博、吸毒等违法犯罪活动中所负债务，第三人主张该债务为夫妻共同债务的，人民法院不予支持”。法条所述的赌债、毒债是典型的基于不法原因而生的债务，赌博、吸毒的行为甚至构成犯罪，这样的债务本身就是无效的，更不属于夫妻共同债务，仅由犯罪分子个人进行退赔。此外，对此处的“赌博、吸毒等违法犯罪活动”应作扩大解释，“为了还赌债而借的钱、为了还毒资而借的钱”都在第 2 款的涵摄范围内，故只由犯罪分子承担清偿与退赔的责任。

其二，其他情形。如借款构成了非法吸收公众存款罪、合同诈骗罪等，需要从法理逻辑上讨论，以共同意思表示和共同受益为标准得出两种结论。从法理逻辑与实务案例来看，仍需以《民法典》第 1064 条作为考量的基点，以“共同意思表示”、“家庭日常生活需要”和“夫妻共同生活或共同生产经营”三个要点为标准，进行进一步衡量。下面笔者将通过案例详解 7－7 阐释实务中的认定逻辑。

案例详解7－7　王某诉陈某某、卞某某民间借贷纠纷案①

案情

2015年至2018年，原告王某以套取金融机构信贷资金的方式，共借款给被告陈某某210万元，陈某某出具借条两张，均为陈某某一人书写签字，借款原因均写明“个人资金周转需要”。

被告陈某某与被告卞某某系夫妻关系，两被告系上海某公司股东，其中陈某某占股51%，卞某某占股49%，且卞某某系法定代表人。

另查，陈某某犯合同诈骗罪判处有期徒刑12年，责令退赔王某等人5,963,600元。陈某某至今未还款项，现原告王某诉至法院。

人物关系如图7－6所示：

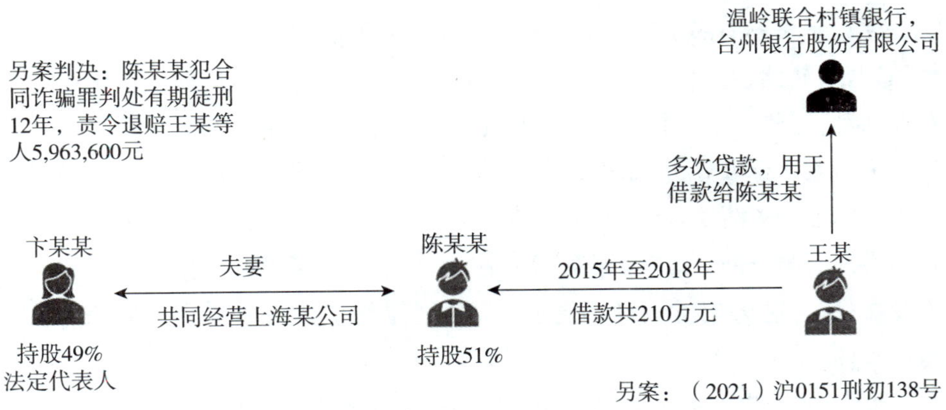

图7－6　案例详解7－7人物关系

法律问题

案涉210万元款项是否为两被告的夫妻共同债务？

法院观点

不是夫妻共同债务。对于该笔款项，卞某某既未签字确认也未追认，没有举债的意思。两被告虽为上海某公司的股东，卞某某是法定代表人，但原告未能证明借款用于共同经营该公司，故210万元不属于夫妻共同债务。

从这一典型案件可以看出，债务人举债构成犯罪，以及为进行退赔而对外

① 上海市崇明区人民法院民事判决书，(2022)沪0151民初341号。

举债，无罪的配偶也可能共同承担退赔的责任。逻辑在于，违法所得的退赔与罚金、没收财产不同，它只是以法律的方式和手段物归原主。① 债权人与犯罪的债务人之间合法的民事法律关系不受刑事犯罪的干扰，只是当债务人构成犯罪侵害了债权人及社会经济秩序时，在公法上以退赔的形式保护债权人的合法权益、保护社会稳定的经济秩序。因此，若犯罪分子非法占有他人财物、为退赔而对外举债时，配偶作出了共同意思表示，或者配偶因犯罪分子的犯罪行为受益（如非法吸收公众存款用于共同生活给家庭带来了利益），虽然配偶不构成犯罪，但因为有了共同举债的意思表示或因举债而受益，债务在民事领域已经构成夫妻共同债务，那么延伸到刑事领域，当犯罪的债务人需要就违法所得进行退赔，或者需借款进行退赔时，配偶也应共同承担退赔或清偿债务的责任，如此才能构成权利与义务的统一。

无论是夫妻内部就违法所得之退赔的责任划分，还是为退赔而举债的债务性质判定，赌债、毒债、为了还赌债而借的钱、为了还毒资而借的钱都用于违法犯罪活动，这些属于犯罪分子的个人债务。其他情形则需要结合民法上夫妻共同债务的判定标准分析，如构成夫妻共同债务，则无罪的配偶需一同承担违法所得退赔或债务清偿责任；如不构成夫妻共同债务，则由犯罪分子个人承担责任。再回到第一部分的“徐翔案”，笔者认为，如果应某没有因徐翔的犯罪行为而受益，那么这93亿余元便不属于夫妻共同债务，应某不应对违法所得的退赔承担责任。

综上，本节以“徐翔案”作为切入点引出了夫妻共同债务与刑事领域的交叉问题，主要就罚金、没收财产和违法所得的退赔这三个问题，从法律规范、法理逻辑和实务案例三个方面展开分析。就“罚金”而言，根据“罪责自负”的原则，应当由犯罪分子自己承担责任，但为了缴纳罚金夫妻双方共同对外举债的情形除外；就“没收财产”而言，根据《刑法》的规定，亦应当由犯罪分子自己承担；然就“违法所得的退赔”而言，根据法律规定与法律逻辑，应区分不同的情形进行分析，无罪的配偶一方也存在承担退赔责任的可能。

---

① 成越、成延洲：《责令退赔制度中刑民交叉争议的解决》，载《人民司法（应用）》2017年第19期。

附　　录

第一节　房产分割归属一览表

一、房产属于个人财产还是夫妻共同财产

购买时点	首付	还贷	登记名义	司法实践观点
婚前	个人财产	个人财产	出资方	个人财产
			夫妻双方/另一方	共同共有，出资方多分
	个人财产	夫妻双方	首付方	个人财产，对另一方予以补偿（共同还贷支付的款项及其相对应财产增值部分）
			夫妻双方/另一方	共同共有，首付方多分
	夫妻双方	夫妻双方	夫妻一方	如果能论证“以结婚为目的”购房，按照共有处理； 否则，出资性质为“借贷”或“赠与”，按照个人财产处理
			夫妻双方	共同共有
	一方父母	一方父母	己方子女	个人财产
			双方子女/另一方子女	共同共有
	一方父母	夫妻双方	己方子女	个人财产，对另一方予以补偿（共同还贷支付的款项及其相对应财产增值部分）
			双方子女/另一方子女	共同共有
	双方父母	双方父母	一方子女	按份共有
			双方子女	按份共有
	双方父母	夫妻双方	一方子女	共有（没有进一步细分）
			双方子女	共有（没有进一步细分）

续表

购买时点	首付	还贷	登记名义	司法实践观点
婚后	个人财产	个人财产	出资方	个人财产
			夫妻双方/另一方	共同共有
	个人财产	夫妻双方	首付方	共同共有
			夫妻双方/另一方	共同共有
	夫妻双方	夫妻双方	夫妻一方	共同共有
			夫妻双方	共同共有
			子女	分辨是否有真实赠与意思
			子女和夫妻一方或双方	共同共有
	一方父母	一方父母	己方子女	个人财产
			双方子女/另一方子女	分辨真实意思,出资方多分
	一方父母	夫妻双方	己方子女	共同共有
			双方子女/另一方子女	共同共有
	双方父母	双方父母	一方子女	共同共有
			双方子女	共同共有
	双方父母	夫妻双方	一方子女	共同共有
			双方子女	共同共有

二、房屋及相关的可分割利益

房屋及相关的利益		个人财产	夫妻共同财产
房屋本身		×	√
房屋在婚内的增值	婚内的共同还贷	√	
	租金	√	
	装修增值	要看装修费是否源于夫妻共同财产	
	市场行情变动产生的增值	×	

第二节　股权、合伙份额分割归属一览表

一、股权

（一）股权是否属于婚内共同财产

1. 夫妻出资购买

（1）股权（除股票）

购买时间	资金来源	登记名义	司法实践情况
婚前	全部婚前出资	登记在一方/双方名下	股权不属于夫妻共同财产，但股权婚后除孳息和自然增值以外的增值属于夫妻共同财产
	部分婚前出资 + 部分婚后出资	登记在一方/双方名下	仅婚内出资部分对应的股权属于夫妻共同财产
	全部婚后出资	登记在一方/双方名下	全部股权属于夫妻共同财产
婚后	全部婚后出资	登记在一方/双方名下	全部股权属于夫妻共同财产
	全部婚后出资	登记在子女名下	如果认定为子女代持，那么股权属于夫妻共同财产；如果认定为赠与子女，那么股权不属于夫妻共同财产
	婚后未实缴出资	登记在一方/双方名下	全部股权属于夫妻共同财产

（2）股票

时间	取得途径（皆登记购买方名下）	司法实践情况		
		股票本金	自然增值部分①	主动增值部分②
婚前购买	婚前一方个人财产购买，婚内股票未发生交易	个人财产	个人财产	该种情形未发生主动增值
	婚前一方个人财产购买，婚内股票发生交易	个人财产	首次交易日之前，为个人财产；首次交易日之后，为夫妻共同财产	首次交易日无主动增值部分；首次交易日之后，为夫妻共同财产

① 自然增值，是指买入的股票因通货膨胀或市场行情的变化而产生的收益，与投资者无关。
② 主动增值，是指因投资者的经营行为或投资行为而产生的收益，如抛售股票所得利益。

续表

<table>
<tr><td rowspan="2">时间</td><td colspan="2" rowspan="2">取得途径
（皆登记购买方名下）</td><td colspan="3">司法实践情况</td></tr>
<tr><td>股票本金</td><td>自然增值部分</td><td>主动增值部分</td></tr>
<tr><td rowspan="3">婚内购买</td><td rowspan="2">婚内用个人财产购买</td><td>婚内股票未发生交易</td><td>个人财产</td><td>个人财产</td><td>该种情形未发生主动增值</td></tr>
<tr><td>婚内股票发生交易</td><td>个人财产</td><td>首次交易日之前，为个人财产；首次交易日之后，为夫妻共同财产</td><td>首次交易日无主动增值部分；首次交易日之后，为夫妻共同财产</td></tr>
<tr><td colspan="2">婚后用夫妻共同财产购买</td><td colspan="3">夫妻共同财产</td></tr>
</table>

（3）股票期权

<table>
<tr><td colspan="2">取得时间</td><td rowspan="2">司法实践情况</td></tr>
<tr><td>授予日</td><td>行权之日</td></tr>
<tr><td>婚前</td><td>婚前</td><td>一方个人财产</td></tr>
<tr><td>婚前</td><td>婚内</td><td>根据行权条件、等待期与婚姻关系存续期间重叠的期间等因素计算共同财产比例，区分个人财产与夫妻共同财产</td></tr>
<tr><td>婚内</td><td>婚内</td><td>原则上为夫妻共同财产</td></tr>
<tr><td>婚前</td><td rowspan="2">离婚后</td><td rowspan="2">根据行权条件、行权价款出资来源、等待期与婚姻关系存续期间重叠的期间等因素计算共同财产比例，区分个人财产与夫妻共同财产</td></tr>
<tr><td>婚内</td></tr>
</table>

2. 其他途径获得股权

<table>
<tr><td>时间</td><td>获得途径</td><td>登记名义</td><td>司法实践情况</td></tr>
<tr><td rowspan="2">婚前</td><td>夫妻一方父母提供全部出资</td><td>登记在己方子女名下</td><td>股权不属于夫妻共同财产，但股权婚后除孳息和自然增值以外的增值属于夫妻共同财产</td></tr>
<tr><td>夫妻一方继承遗产</td><td>登记在被继承人名下</td><td>股权不属于夫妻共同财产，但股权婚后除孳息和自然增值以外的增值属于夫妻共同财产</td></tr>
<tr><td rowspan="2">婚后</td><td>夫妻一方父母提供全部出资</td><td>登记在己方子女名下</td><td>如果认定为子女代持，那么股权不属于夫妻共同财产；如果认定为赠与子女，除非赠与合同明确规定归一方所有，一般属于夫妻共同财产</td></tr>
<tr><td>夫妻一方继承遗产</td><td>登记在被继承人名下</td><td>一般属于夫妻共同财产，除非遗嘱明确规定归一方所有</td></tr>
</table>

（二）股权的分割方式

是否涉及其他股东利益	公司类型	夫妻是否协商一致	裁判方式
不涉及公司其他股东利益	一人公司	夫妻协商一致	(1)股东一方配偶不愿持有股权,解散公司。 (2)股东一方配偶正常经营,根据协商给予另一方相应的经济补偿。 (3)非股东一方配偶成为股东,一人公司变更登记为普通的有限责任公司。 (4)股东一方配偶将全部股权转让给他人,非股东一方配偶获得股权转让款
		夫妻无法协商一致	(1)股东一方配偶不愿意继续经营,另一方配偶也不愿意接手的,依法对公司进行清算,了结债权债务后,若有剩余资产,平分给当事人。 (2)双方均想要公司股权,且不排斥与另一方共同经营的,一人公司变为普通有限责任公司。 (3)双方均想要公司股权,且排斥与另一方共同经营的,双方竞价,由价高者取得一人公司股权,另一方获得相应的经济补偿。 (4)双方对于股权分配给谁没有争议,对于补偿价格有争议,可以聘请第三方机构进行评估
	夫妻公司	夫妻协商一致	(1)双方协议共同经营,且明确各自的持股比例,履行股权变动的相关手续。 (2)双方合意解散公司,依法对公司进行清算,了结债权债务后,若有剩余资产,平分给当事人。 (3)双方协议分立公司,即新设两个一人公司。 (4)双方协议变更公司,即其中一方转让股权,而将公司变更为一人公司
		夫妻无法协商一致	(1)双方都不愿持有公司股权,依法对公司进行清算,了结债权债务后,若有剩余资产,平分给当事人。 (2)双方均对于分得股权或经济补偿无偏好,但不愿与对方共同经营,由双方就股权的经济补偿进行竞价,由价高者取得股权,另一方获得经济补偿,原公司变为一人公司。 (3)双方均想持有股权,且不反对与对方共同经营,但对于份额不能协商一致,法院判令夫妻各持股50%,并作相应的股权变更登记。 (4)双方均想持有股权,且反对与对方共同经营,法院可判决"夫妻公司"依法分立为两个一人有限责任公司,原公司资产各分一半;法院也可以判决公司归一人所有

续表

<table>
<tr><th>是否涉及其他股东利益</th><th>公司类型</th><th>夫妻是否协商一致</th><th>裁判方式</th></tr>
<tr><td rowspan="4">涉及公司其他股东利益</td><td rowspan="2">股份有限公司（除夫妻公司）</td><td>夫妻协商一致</td><td>按照协商结果处理</td></tr>
<tr><td>夫妻无法协商一致</td><td>先按照市价分割，市价分割有困难的，人民法院可以根据数量按比例分配</td></tr>
<tr><td rowspan="2">有限责任公司（除一人公司、夫妻公司）</td><td>夫妻协商一致</td><td>（1）双方合意将股权部分或者全部转让给非股东一方配偶，需要经其他股东半数以上同意且放弃优先购买权。
（2）双方合意股东一方配偶继续持股，另一方获得相应的经济补偿。
（3）双方合意将股权转让他人，双方平分股权转让款</td></tr>
<tr><td>夫妻无法协商一致</td><td>（1）双方都想获得更多股权。一是就股权归属竞价，由出价高的一方获得股权，另一方获得相应的经济补偿；二是在不愿竞价的情况下，法院裁决平分股权。
（2）双方都不想要股权。先看股权有无对外转让的可能，如果可以转让，那么平分出售股权获得的财产；若无人愿意受让股权，那么只能平分股权。
（3）双方对股权转让价格无法达成一致意见，可以由夫妻双方约定由第三方机构评估，从而确定补偿金额</td></tr>
</table>

（三）股权价值的确定办法

办法	司法实践情况
夫妻协商一致	夫妻共有股权的财产价值，首先应由夫妻双方协商确定。即便双方协商确定的股权价值过分低于或过分高于股权的实际价值，法院也应该尊重
专业机构评估	实践中，专业机构评估股权价值的基准往往是“公司净资产”。根据司法判例来看，专业机构的评估意见有较强的权威性。基于不充分的公司财务材料形成的评估意见，若不能举证有严重问题，依旧有效。 但是，选择专业机构评估股权价值，会有两个问题：一是成本高昂；二是操作复杂。公司并非离婚案件的当事人，无义务在股东离婚案件中披露营运和财务信息或接受强制审计

续表

办法		司法实践情况
法院酌情确定	以股权转让价格确定股权价值	在实践中，股权转让价格一般是由股东方配偶与他人协商确定的，非股东方配偶通常并未参与股权转让价格的协商过程，可能认为股权转让价格较低
	股权拍卖	考虑到有限责任公司的封闭性特征，其股权流动性较差，公司外部第三人无法预估股权的真实价值，参与竞拍的积极性有限
	以出资额确定股权价值	虽然将出资额作为股权转让价值简单明了，但这种方法实际上混淆了股权与出资的概念，既没有把收益也没有把亏损考虑在内，无法得出公允的市场价值。出资额只能反映股权的初始价值，与股权真实价值的偏离程度较大
	以公司净资产确定股权价值	股权的价值系由固定资产、流动资金、知识产权、专有技术及产品盈利能力等多种因素构成。公司净资产并不能完全反映股权的真实价值

（四）常见的诉讼请求

诉讼请求	举证责任	实践情况
诉请分割股权份额	1. 证明被告持有股权，且股权属于婚内共同财产 2. 证明“其他股东同意股权转让且放弃优先购买权” 途径：①提供案外的证据；②当事人申请追加其他股东为第三人	为了让诉讼请求能被切实履行，最好同时请求法院判令“被告配合原告办理股权变更登记”
诉请被告支付股权折价款	1. 证明被告持有股权，且股权属于婚内共同财产 2. 证明股权的价值 途径：①双方就股权折价款协商一致；②原告举证其主张的股权价值的依据；③原告申请由中介机构对股权价值进行评估	需要考虑被告是否有能力支付折价款。在一些情况下，被告更愿意分割股权份额。 少数情况下，第二个举证责任会被减轻。一些法院为避免讼累、及时解决纷争，在原、被告都没有充分举证或申请评估的情况下，愿意根据现有的公司资料，酌情确定股权折价款
诉请分割股权转让款	1. 证明股权转让款的存在 2. 证明股权转让款属于婚内共同财产	股权转让如果有违约金，也可以主张。不支持计付利息
诉请分割分红	1. 证明分红的存在 2. 证明分红属于婚内共同财产	不支持计付利息

续表

诉讼请求	举证责任	实践情况
诉请分割股权出资额	原则上,出资额不能分割	例外:在"夫妻公司"或一人公司中,夫妻双方协商一致解散公司时,出资额会作为公司清算的财产的一部分被分割
诉请分割公司资产	原则上,公司资产不能分割	例外:在股东的财产与公司的财产混同时,公司财产即使未经清算审计,也不影响夫妻在离婚分割时对公司资产进行分割。这种"财产混同"常见于一人公司和"夫妻公司"的情形

二、合伙份额

(一)合伙份额是否属于夫妻共同财产

购买时间	资金来源	登记名义	司法实践情况
婚前	全部婚前出资	登记在一方/双方名下	合伙份额不属于夫妻共同财产,但合伙份额婚后除孳息和自然增值以外的增值属于夫妻共同财产
	部分婚前出资+部分婚后出资	登记在一方/双方名下	仅婚内出资部分对应的合伙份额属于夫妻共同财产
	全部婚后出资	登记在一方/双方名下	全部合伙份额属于夫妻共同财产
婚后	全部婚后出资	登记在一方/双方名下	全部合伙份额属于夫妻共同财产
	全部婚后出资	登记在子女名下	如果认定为子女代持,那么合伙份额属于夫妻共同财产;如果认定为赠与子女,那么合伙份额不属于夫妻共同财产
	婚后未实缴出资	登记在一方/双方名下	全部合伙份额属于夫妻共同财产

(二)合伙份额的分割方式

<table>
<tr><th>合伙类型</th><th>夫妻是否协商一致</th><th colspan="2">合伙协议有无特别约定、其他合伙人的意见</th><th>裁判方式</th></tr>
<tr><td rowspan="4">个人合伙</td><td rowspan="3">夫妻协商一致，合伙人一方同意转让部分或全部合伙财产份额</td><td colspan="2">合伙协议有约定</td><td>按照合伙协议约定进行</td></tr>
<tr><td rowspan="2">合伙协议无约定</td><td>其余合伙人同意转让</td><td>顺利转让</td></tr>
<tr><td>其余合伙人不同意转让</td><td>①法院判决折价给未参与合伙的一方；
②法院判决在待分割的夫妻共同财产中分割另一价值相当财产给未参与合伙的一方；
③法院判决直接分割出资财产；
④法院判决在离婚纠纷案中不处理合伙相关财产问题，告知当事人自行协商或者另案起诉</td></tr>
<tr><td colspan="3">夫妻无法协商一致，合伙人一方不愿转让合伙份额</td><td>①折价补偿给未参与合伙的一方；
②在夫妻共同财产中分割另一价值相当财产给未参与合伙的一方；
③证据不足，法院判决仅对出资款进行分割；
④涉及案外人利益，法院判决在离婚纠纷案中不处理合伙相关财产问题，告知自行协商或另案起诉</td></tr>
<tr><td rowspan="6">普通合伙企业</td><td rowspan="5">夫妻双方协商一致，合伙人一方同意转让部分或全部合伙财产份额</td><td colspan="2">合伙协议有约定</td><td>按照合伙协议约定进行</td></tr>
<tr><td rowspan="4">合伙协议无约定</td><td>其余合伙人同意转让</td><td>取得合伙人地位</td></tr>
<tr><td>其余合伙人不同意转让，在同等条件下行使优先购买权</td><td>对转让所得财产进行分割</td></tr>
<tr><td>其余合伙人不同意转让，不行使优先购买权，但同意该合伙人退伙或者削减财产份额</td><td>对结算后的财产进行分割</td></tr>
<tr><td>其余合伙人不同意转让，不行使优先购买权，也不同意该合伙人退伙或者削减财产份额</td><td>视为全体合伙人同意转让，该配偶依法取得合伙人地位</td></tr>
<tr><td colspan="3">夫妻双方无法达成一致，合伙人一方不愿转让合伙份额</td><td>①法院判决折价给未参与合伙的一方；
②法院判决在待分割的夫妻共同财产中分割另一价值相当财产给未参与合伙的一方</td></tr>
</table>

续表

<table>
<tr><th>合伙类型</th><th>夫妻是否协商一致</th><th>合伙协议有无特别约定、其他合伙人的意见</th><th>裁判方式</th></tr>
<tr><td rowspan="3">有限合伙企业</td><td rowspan="2">夫妻双方协商一致，合伙人一方转让部分或全部财产份额给另一方</td><td>合伙协议有约定</td><td>按照合伙协议约定进行</td></tr>
<tr><td>合伙协议无约定</td><td>提前30日通知其他合伙人，取得合伙人地位</td></tr>
<tr><td colspan="2">夫妻双方无法达成一致，
合伙人一方不愿转让合伙份额</td><td>①法院判决折价给未参与合伙的一方；
②法院判决在待分割的夫妻共同财产中分割另一价值相当财产给未参与合伙的一方；
③法院判决在离婚纠纷案中不处理合伙相关财产问题</td></tr>
</table>

第三节　离婚保险分割一览表

一、养老保险的分割

<table>
<tr><th>离婚时，是否符合养老金领取条件</th><th>分割内容</th><th>分割方式</th></tr>
<tr><td>是</td><td>婚姻关系存续期间男女双方实际取得或者应当取得的基本养老金</td><td rowspan="2">折价补偿
各自保有养老账户</td></tr>
<tr><td>否</td><td>以夫妻共同财产缴纳的养老金账户中的个人实际缴纳部分及利息</td></tr>
</table>

二、养老保险金的领取条件

<table>
<tr><th>要件</th><th>具体规定</th></tr>
<tr><td rowspan="4">缴费年限</td><td>至少缴费15年</td></tr>
<tr><td>可以累计</td></tr>
<tr><td>可以多地转移合并</td></tr>
<tr><td>可以补缴</td></tr>
</table>

续表

<table>
<tr><th>要件</th><th colspan="3">具体规定</th></tr>
<tr><td rowspan="9">退休年龄</td><td>农村/城镇居民养老</td><td colspan="2">男女均为 60 岁</td></tr>
<tr><td>灵活就业者</td><td colspan="2">男 60 岁,女 55 岁;部分地区女 50 岁</td></tr>
<tr><td rowspan="3">正常退休</td><td colspan="2">男职工 60 岁</td></tr>
<tr><td colspan="2">女干部 55 岁</td></tr>
<tr><td colspan="2">女工人 50 岁</td></tr>
<tr><td rowspan="4">提前退休</td><td rowspan="2">因病提前退休</td><td>男 50 岁</td></tr>
<tr><td>女 45 岁</td></tr>
<tr><td>工伤提前退休</td><td>无年龄要求</td></tr>
<tr><td>特殊工种提前退休</td><td>高空、高温、井下等工作,男 55 岁,女 45 岁</td></tr>
<tr><td>办理退休手续</td><td colspan="3">—</td></tr>
</table>

三、企业年金的分割

<table>
<tr><th colspan="2">法院观点</th><th>理由</th><th>代表案例</th></tr>
<tr><td rowspan="2">多数</td><td rowspan="2">可以分割</td><td rowspan="2">企业年金是补充性养老保险,应当参照养老保险进行分割</td><td>(2020)鲁 0503 民初 1481 号</td></tr>
<tr><td>(2021)闽 0781 民初 1857 号</td></tr>
<tr><td>少数</td><td>不可分割</td><td>我国现行法律和司法解释无明确规定</td><td>(2021)渝 03 民终 208 号</td></tr>
</table>

四、医疗、失业、生育、工伤保险的分割

<table>
<tr><th>种类</th><th>缴纳主体</th><th>分割内容</th><th>是否分割</th><th>案例/法律依据</th></tr>
<tr><td rowspan="4">医疗保险</td><td rowspan="4">单位、职工</td><td>婚内获赔保险金</td><td>不分割</td><td>《民法典》第 1063 条</td></tr>
<tr><td rowspan="3">以共同财产缴纳的保险费</td><td rowspan="3">多数判决可以分割</td><td>(2021)豫 0481 民初 1017 号</td></tr>
<tr><td>(2020)渝 0112 民初 14032 号</td></tr>
<tr><td>(2021)鲁 0786 民初 1552 号</td></tr>
</table>

续表

种类	缴纳主体	分割内容	是否分割	案例/法律依据
失业保险	单位、职工	婚内所得失业补助金	多数判决可以分割	(2021)渝0112民初27473号
				(2021)湘01民终7387号
		以共同财产缴纳的保险费	多数判决不可分割	(2022)粤01民终2665号
				(2021)渝03民终208号
				(2020)甘01民终980号
生育保险	用人单位	生育医疗费用	多数判决不可分割	(2021)鲁0114民初8167号
		生育津贴	虽多数判决为共同财产，但基于维护对妇女儿童权益而不予分割，已花费完毕也不分割	(2021)鲁05民终1069号
				(2019)宁02民终753号
				(2016)沪0112民初31517号
工伤保险	用人单位	工伤补助金	不分割	《民法典》第1063条 (2021)鲁10民终1450号

五、住房补贴、住房公积金的分割

内容	分割方式
已领取的数额	分割领取部分，已花费则不再分
未领取的账户余额	折价分割账户余额

六、商业保险的种类介绍

财产保险	财产损失险	
	责任保险	
	信用证保险	
人身保险	人寿保险	定期寿险
		终身寿险
		生死两全保险

续表

	年金保险	终身年金保险
		定期年金保险
	健康保险	疾病保险
		医疗保险
		失能收入保险
	意外保险	护理保险
		普通意外保险
		旅行意外保险
		职业意外保险

七、各类保险金的分割

保险金类型	是否分割	法律依据	代表案例
理赔保险金（人身相关）	不分割	《民法典》第1063条 《第八次全国法院民事商事审判工作会议（民事部分）纪要》	（2021）苏07民终2294号
误工津贴保险金	分割	《民法典》第1062条	（2021）内0428民初1489号
身故保险金（受益人领取）	不分割	《民法典》第1063条 《第八次全国法院民事商事审判工作会议（民事部分）纪要》	（2021）辽0214民初2946号
生存保险金（年金、两全保险）	分割	《第八次全国法院民事商事审判工作会议（民事部分）纪要》	（2021）川0504民初2310号

八、人身保险的分割

是否已退保	分割方式		代表案例
已退保	个人财产投保	不分割	（2021）粤06民终10575号
	共同财产投保	折价分割现金价值	（2021）川0192民初3090号
	个人、共同财产均投保	分割共同财产对应的现金价值	（2021）川1381民初1109号

续表

<table>
<tr><th>是否已退保</th><th colspan="2">分割方式</th><th>代表案例</th></tr>
<tr><td rowspan="3">尚在保险期</td><td colspan="2">法院不支持的主张:分割已缴保费
法院支持的主张:折价分割现金价值</td><td>(2020)鲁10民终3113号
(2021)京0105民初46434号</td></tr>
<tr><td rowspan="2">现金价值不存在、无法确定</td><td>法院判决1:折价分割已缴纳的保费(权宜之计)</td><td>(2020)渝0106民初20366号</td></tr>
<tr><td>法院判决2:暂时不予处理</td><td>(2020)川0603民初2843号</td></tr>
</table>

九、受益人为前配偶,离婚未变更,保险事故发生时受益人的确定方式

<table>
<tr><th>受益人写法</th><th colspan="2">确定方式</th></tr>
<tr><td>前配偶姓名+身份证号</td><td colspan="2">前配偶为受益人</td></tr>
<tr><td rowspan="2">“配偶”</td><td>投保人、被保险人为同一主体</td><td>按保险事故发生时确定</td></tr>
<tr><td>投保人、被保险人为不同主体</td><td>按合同签订时确定</td></tr>
<tr><td>“配偶+姓名”</td><td colspan="2">视为受益人指定不明,保险金作为被保险人遗产进行法定继承</td></tr>
</table>

十、为子女购买的保险

<table>
<tr><th>是否已退保</th><th>法院判决</th><th>代表案例</th></tr>
<tr><td>已退保</td><td>分割现金价值
不可要求投保人重新投保</td><td>(2022)冀0128民初124号</td></tr>
<tr><td rowspan="2">尚在保险期</td><td>多数判决:视为赠与,不分割</td><td>(2020)鲁0305民初5306号
(2021)京0116民初5573号</td></tr>
<tr><td>少数判决:分割现金价值</td><td>(2021)鲁0321民初22号
(2022)皖1302民初498号</td></tr>
</table>

十一、为第三方投保(为己方父母、前婚生子女、非婚生子女等第三方)

<table>
<tr><th>投保人</th><th>性质认定</th><th>是否分割</th></tr>
<tr><td>双方共同投保</td><td rowspan="2">第三方的赠与</td><td rowspan="2">不分割</td></tr>
<tr><td>一方投保,另一方知情且未提异议</td></tr>
<tr><td>一方擅自为第三方投保</td><td>侵害夫妻共同财产</td><td>以个人财产向另一方补偿所支出保险费用的一半</td></tr>
</table>

十二、不同保费来源的保险分割

保费来源	是否分割	代表案例
一方父母	不分割	(2020)沪0115民初58626号
一方个人财产		(2021)粤06民终10575号
共同财产	折价分割现金价值	(2021)川0192民初3090号
婚前投保、婚后继续缴费	分割共同财产保费部分对应的现金价值	(2021)川1381民初1109号

十三、一方父母为夫妻一方投保

婚前是否到期	是否分割		法条依据
到期	属一方婚前财产，不分割		《民法典》第1063条
未到期	无特殊约定	应当分割。属婚内受赠财产，为共同财产	《民法典》第1062条
	赠与合同约定只给一方	不分割。属婚内约定只归一方的受赠财产，为个人财产	《民法典》第1063条